LA RÈGLEMENTATION BANCAIRE INTERNATIONALE

Collection « L'esprit économique »

fondée par Sophie Boutillier et Dimitri Uzunidis en 1996
dirigée par Sophie Boutillier, Blandine Laperche, Dimitri Uzunidis

Si l'apparence des choses se confondait avec leur réalité, toute réflexion, toute Science, toute recherche serait superflue. La collection « L'esprit économique » soulève le débat, textes et images à l'appui, sur la face cachée économique des faits sociaux : rapports de pouvoir, de production et d'échange, innovations organisationnelles, technologiques et financières, espaces globaux et microéconomiques de valorisation et de profit, pensées critiques et novatrices sur le monde en mouvement...
Ces ouvrages s'adressent aux étudiants, aux enseignants, aux chercheurs en sciences économiques, politiques, sociales, juridiques et de gestion, ainsi qu'aux experts d'entreprise et d'administration des institutions.

La collection est divisée en six séries :

Dans la série *Economie et Innovation* sont publiés des ouvrages d'économie industrielle, financière et du travail et de sociologie économique qui mettent l'accent sur les transformations économiques et sociales suite à l'introduction de nouvelles techniques et méthodes de production. L'innovation se confond avec la nouveauté marchande et touche le cœur même des rapports sociaux et de leurs représentations institutionnelles.

La série *Economie formelle* a pour objectif de promouvoir l'analyse des faits économiques contemporains en s'appuyant sur les approches critiques de l'économie telle qu'elle est enseignée et normalisée mondialement. Elle comprend des livres qui s'interrogent sur les choix des acteurs économiques dans une perspective macroéconomique, historique et prospective.

Dans la série *Le Monde en Question* sont publiés des ouvrages d'économie politique traitant des problèmes internationaux. Les économies nationales, le développement, les espaces élargis, ainsi que l'étude des ressorts fondamentaux de l'économie mondiale sont les sujets de prédilection dans le choix des publications.

La série *Krisis* a été créée pour faciliter la lecture historique des problèmes économiques et sociaux d'aujourd'hui liés aux métamorphoses de l'organisation industrielle et du travail. Elle comprend la réédition d'ouvrages anciens, de compilations de textes autour des mêmes questions et des ouvrages d'histoire de la pensée et des faits économiques.

La série *Clichés* a été créée pour fixer les impressions du monde économique. Les ouvrages contiennent photos et texte pour faire ressortir les caractéristiques d'une situation donnée. Le premier thème directeur est : mémoire et actualité du travail et de l'industrie ; le second : histoire et impacts économiques et sociaux des innovations.

La série *Cours Principaux* comprend des ouvrages simples, fondamentaux et/ou spécialisés qui s'adressent aux étudiants en licence et en master en économie, sociologie, droit, et gestion. Son principe de base est l'application du vieil adage chinois : « le plus long voyage commence par le premier pas ».

Hassan Agourrame

La règlementation bancaire internationale

Genèse, évolution et impact sur le « business model » des banques

L'Harmattan

5-7, rue de l'École-Polytechnique ; 75005 Paris

http://www.editions-harmattan.fr/

ISBN : 978-2-343-22901-0
EAN : 9782343229010

Table des matières

PRÉFACE DE L'AUTEUR

Ce modeste travail doit être envisagé sous un double aspect :

Un aspect pratique dans ce sens où il n'est pas uniquement livresque, et ce bien qu'il ait également fait appel à d'illustres auteurs ; il est avant tout le fruit d'une longue et riche expérience que j'ai eu la chance et le privilège d'acquérir tout au long de ces années passées à la Banque du Maroc, au sein de cette « grande école » qui est la direction de la supervision bancaire.

L'autre aspect est académique, et ce dans la mesure où ce travail a été également agrémenté et enrichi par un minutieux travail de recherche qui s'est soldé par le choix et la sélection d'une riche bibliographie qui est à même de mieux m'aider à traiter les grandes interrogations soulevées dans le cadre de ce travail ainsi que la problématique formulée au départ. Tout ceci a conféré à ce travail cette dimension académique. Tout cela sans aucun a priori idéologique, corporatiste ou autre. C'est pour cela que je tiens à rendre un vibrant hommage et à présenter mes vifs remerciements à tous ces auteurs qui ont été d'un apport indéniable pour réussir et asseoir l'ossature de cet ouvrage.

Ces deux aspects s'enrichissent mutuellement, et ce par une sorte de dialectique. L'aspect pratique ne cesse de questionner le cadre théorique et académique pour puiser en lui des réponses à tous ses questionnements et des solutions à cette problématique. C'est la méthodologie adoptée tout au long de cet ouvrage ; les deux approches « positive » et « normative » se succèdent et s'enrichissent mutuellement.

Tout ceci fait que cet ouvrage s'adresse à un public très large :

Des professionnels qui y trouveront des analyses se rapportant au fonctionnement des banques, aux risques auxquels elles s'exposent en permanence, à leur gouvernance, au dispositif de supervision bancaire, à la réglementation bancaire ainsi qu'aux débats que celle-ci a toujours suscités, qu'elle suscite encore aujourd'hui et qu'elle ne cessera de susciter.

Des étudiants, chercheurs et universitaires qui, en plus de ces aspects pratiques déjà évoqués, y trouveront une référence exhaustive sur le cadre théorique se rapportant à tous ces thèmes ainsi qu'un outil didactique qui les aiderait dans leur mission.

Tout ceci est expliqué dans un style didactique, simple, donc accessible à tout le monde.

INTRODUCTION GÉNÉRALE

Dans tous les pays, le secteur bancaire est fortement réglementé, et ce tant du point de vue de l'entrée à la profession que de l'exercice de l'activité ; l'accès à la profession nécessite souvent un ticket d'entrée sous forme, en plus d'un agrément, d'un capital minimum.

Historiquement, l'intervention des pouvoirs publics dans le secteur bancaire a pris plusieurs formes et aspects, dont certains sont préventifs et d'autres curatifs :

– **Le cloisonnement des activités bancaires « narrow banking »** : il est considéré comme l'une des premières formes de répression ou de restriction des activités bancaires ; il est apparu au début du 20e siècle aux États-Unis d'Amérique. Pour éviter tout risque de crise bancaire, l'idée consiste alors à éclater les banques en deux parties complètement distinctes et indépendantes. Les premières seraient exclusivement chargées de la collecte des dépôts et la gestion des moyens de paiement ; lesquels dépôts seraient alors sécurisés en étant placés auprès de la Banque centrale ou en bons du Trésor. Les secondes joueraient quant à elles le rôle d'intermédiation entre emprunteurs et épargnants, et ce en finançant leurs actifs exclusivement par leurs fonds propres apportés par leurs clients/actionnaires.

Le McFadden Act, approuvé en 1927 et le Glass-Steagall Act, voté au Congrès américain en 1933, restent les cas les plus concrets de cloisonnement des activités bancaires. Alors que le premier procède à un cloisonnement géographique, et ce en interdisant la création de filiales bancaires interétatiques, dont l'objectif est de favoriser la compétition entre les banques de chaque État ; le second, quant à lui, prône une séparation fonctionnelle des activités, et ce en séparant les métiers de banques de dépôt de ceux des banques d'investissement (ou d'affaires).

– **La répression financière** : elle se manifeste par un contrôle direct des activités des banques par l'État, et ce à travers le plafonnement des taux d'intérêt nominaux, l'encadrement du crédit et la constitution de réserves obligatoires faiblement ou non rémunérées.

– **La libéralisation financière ou « free banking »** : elle se caractérise par l'absence de toute réglementation ; elle est l'antipode de la répression financière et se fixe pour objectif l'efficacité productive, et ce à travers l'approfondissement financier et l'amélioration de l'allocation des ressources.

– **La garantie (ou l'assurance) des dépôts** : c'est un dispositif destiné à prévenir les phénomènes de paniques bancaires, et ce à travers un mécanisme d'indemnisation des déposants en cas de faillite de leur banque.

– **Prêteur en dernier ressort** : c'est une fonction assurée par les banques centrales et qui consiste, pour elles, à intervenir pour restaurer la liquidité des banques et des marchés en cas de crise.

– **La réglementation prudentielle** : elle consiste en un ensemble de règles d'ordre prudentiel et comptable qui sont imposées aux banques pour assurer, notamment, leur solvabilité et leur liquidité. Comme on va le voir, cette réglementation est en constante évolution, et ce en vue d'une modernisation du secteur bancaire allant dans le sens d'une adaptation des règles de son fonctionnement à des acteurs et à des opérations qui sont en constante évolution, mais également comme réaction visant à essayer d'éviter toute faillite ou crise bancaire.

Par ailleurs, étant donné les liens qu'entretiennent, de plus en plus, les systèmes bancaires et financiers sur le plan international, les régulateurs bancaires essaient, au sein du Comité de Bâle et depuis sa création en 1974, de définir une réglementation qui s'appliquerait de manière uniforme à toutes les banques actives à l'international. L'objectif étant d'une part, d'uniformiser les règles de concurrence entre les différents systèmes bancaires nationaux et d'autre part, d'asseoir des systèmes bancaires fiables et solides, seuls garants d'une croissance saine et pérenne de l'économie.

Au Maroc, les relations entre les autorités de régulation et les banques sont passées par trois phases :

– **Phase de répression financière** : elle caractérise la période d'avant 1991 et durant laquelle les banques n'avaient aucune marge de manœuvre ni pour développer leur part de marché, ni pour améliorer leur rentabilité. Cette période a coïncidé avec le programme d'ajustement structurel (le PAS) auquel était soumis le Maroc.

– **Phase de libéralisation des activités des banques** : elle a été entamée au début des années 1990 et s'est caractérisée par le démantèlement de tout type d'intervention des pouvoirs publics. C'est la période de libéralisation des activités des banques. Cette libéralisation a sensiblement et progressivement accru la marge de manœuvre des institutions financières.

– **Phase de modernisation du dispositif de supervision bancaire**, et ce en vue de sa conformité aux meilleurs standards et pratiques internationaux.

Les questions que tout un chacun peut se poser, et auxquelles on va essayer d'apporter des réponses dans ce travail, sont les suivantes :

Pourquoi un cadre réglementaire et institutionnel spécifique à l'activité bancaire ? Autrement dit, quelles sont les raisons qui ont poussé les gouvernements des différents pays à intervenir dans leurs systèmes bancaires de manière plus exigeante que dans les autres secteurs d'activité ? Pourquoi cette réglementation est-elle uniforme sur le plan international ? Pourquoi vouloir l'imposer à tous les pays, y compris ceux dont les systèmes bancaires et financiers sont, pourtant, peu développés, donc incapables de concurrencer ceux des pays développés ?

Plusieurs économistes ont essayé de trouver des réponses à certaines de ces questions, et ce en essayant d'élaborer un fondement théorique à la réglementation bancaire.

Le survol de ces essais théoriques nous permettra de voir que les justifications apportées aux interventions des autorités sont controversées. De même, si tout le monde s'accorde à dire qu'une réglementation bancaire est essentielle pour asseoir un système bancaire sécurisé, stable, efficient et résilient, les instruments utilisés n'ont jamais fait l'unanimité des différents intervenants : profession, régulateurs et économistes.

C'est d'ailleurs l'une des explications de l'évolution sans cesse du cadre réglementaire issu des Accords de Bâle : « Bâle I » en 1988, « Bâle I et demi » en 1996, « Bâle II » en 2006, « Bâle III » en 2010 enfin « Bâle IV » en 2017.

À l'occasion de chacune de ces réformes, qui interviennent souvent après une faillite ou une crise bancaire, un débat s'en est suivi sur l'efficacité de la réglementation à éviter ou, du moins, à réduire la fréquence de telles crises et faillites, objectif qui est pourtant censé être sa raison d'être.

Ces débats et ces interrogations, qui suivent chaque réforme du cadre réglementaire, sont d'autant plus légitimes que la réglementation occasionne des coûts pour les banques (coûts d'opportunité et diverses dépenses requises en compétences humaines et en systèmes d'information adéquats).

En plus, cela provoque des changements dans les comportements des banques, dans la structure de leurs bilans ainsi qu'au niveau de leur « business model ». Tout cela se répercute, bien entendu, sur leurs clients, et ce à travers le coût de financement et le volume des crédits alloués et peut alors avoir un impact non négligeable sur la croissance économique.

Cet impact est encore plus évident pour des clients comme les PME/TPE, qui constituent l'essentiel du tissu économique d'un pays comme le Maroc, et qui ne peuvent pas accéder aux marchés financiers comme source de financement alternative ; lesquels marchés sont d'ailleurs très peu développés dans ces pays, et ce même pour répondre aux besoins de financement des grandes entreprises.

Tout cela nous amènera à poser la problématique des réactions des banques, notamment celles des pays à « économie d'endettement » comme le Maroc, et sur leur capacité à s'adapter à ce contexte en constante mutation. Ceci d'autant plus que, si en plus on a un doute sur l'efficacité de cette réglementation, alors il devient plus que légitime pour les banques de s'interroger sur son opportunité.

En effet, comme on va le voir, force est de constater que, malgré tout cet arsenal réglementaire qui est de plus en plus sophistiqué et contraignant pour les banques, les défaillances bancaires se succèdent, et on peut même dire qu'elles se ressemblent.[1]

Alors, il est légitime de revendiquer une réglementation qui, tout en étant efficace, serait la moins contraignante possible pour les banques dans leur fonction de financement de la croissance et la moins pénalisante pour des pays à « économie d'endettement » comme le Maroc où les banques représentent la source principale de financement pour tous les agents économiques ; l'épargne étant insuffisante, le taux de bancarisation est encore très faible et les marchés financiers sont encore peu développés.

À partir de tout cela, il devient ainsi légitime de formuler la problématique de la nécessité d'une réglementation optimale qui, tout en essayant de garantir la stabilité financière, se présenterait également comme une réglementation simple et moins contraignante.

À notre avis, en se basant sur les enseignements que l'on pourrait tirer des différentes crises et faillites bancaires précédentes, cette réglementation optimale est celle qui responsabiliserait davantage les actionnaires, et ce par l'intermédiaire des instances de gouvernance des banques.

Cette proposition part de l'évidence qu'aucune réglementation ne pourrait prétendre être efficace si les managers des banques ne sont pas bien encadrés par les actionnaires pour éviter toute prise excessive de risques.

Dans notre esprit et c'est ce que l'on va essayer de démontrer, la meilleure réglementation est celle qui privilégie les aspects qualitatifs qui sont, selon nous, les plus efficients, car moins coûteux pour les banques, et plus efficaces. Comme on va le montrer également, le pilier II de Bâle II a d'ailleurs été une idée géniale ; s'il a été appliqué, on n'aurait vraisemblablement pas vécu la dernière crise avec tous les ravages qu'elle a causés.

---

[1] Les exemples de Daiwa, Barings et la Société Générale France, que l'on va examiner dans la suite de ce travail, sont édifiants à cet égard.

L'objectif de ce travail est aussi l'occasion de montrer, à titre d'illustration, que le modèle marocain, que ce soit de banque universelle ou de supervision bancaire proactive se basant sur les risques et privilégiant un dialogue permanent et une concertation très étroite entre le régulateur et la profession, a montré son efficacité.

Le présent travail se présente alors comme suit :

Dans un premier chapitre, on abordera la genèse, les soubassements et l'évolution de la réglementation bancaire internationale. On passera alors en revue toute la réglementation bancaire et son évolution, et ce depuis la création du Comité de Bâle en 1974. Ce sera aussi l'occasion d'examiner les hypothèses et les arguments sur lesquels se sont basés les architectes de la réglementation bancaire internationale, au sein de ce Comité, pour édicter leurs recommandations.

Dans un deuxième chapitre, on présentera les fondements théoriques de cette réglementation. On procédera alors à un examen critique de ces théories, et ce pour voir dans quelle mesure elles ont atteint leur objectif, à savoir donner une certaine rigueur scientifique et partant, une légitimité aux recommandations du Comité de Bâle.

Dans un troisième chapitre, on essaiera de proposer quelques éléments de ce que doit contenir une réglementation optimale, c'est-à-dire celle qui est de nature à assurer une stabilité financière tout en minimisant les contraintes qui pèsent sur le « business model » des banques, donc sur la croissance et le bien-être social.

Dans un dernier chapitre, on s'intéressera à l'expérience marocaine comme illustration d'une réglementation optimale, dont nous avons donné une esquisse au chapitre précédent, et qui répond à notre problématique formulée au départ.

Le choix de l'expérience marocaine comme illustration de notre problématique n'est pas fortuit ; il n'est pas non plus dicté par une sorte de subjectivisme ni, encore moins, par un chauvinisme de quelque nature que ce soit. Cela relève plutôt d'une forte conviction acquise, et ce à la suite d'une riche expérience de plus d'une vingtaine d'années passées à la Banque du Maroc au sein de la direction de la supervision bancaire.

Cette conviction est d'ailleurs, comme on va le présenter, confortée et étayée, tout au long des années et de plus en plus, par les appréciations, largement positives, des institutions financières internationales et qui ne peuvent être qu'objectives.

En effet, à l'issue de la dernière mission d'évaluation du secteur financier[2], le Maroc est considéré par les institutions financières internationales comme se situant au niveau des meilleures pratiques internationales en matière de supervision bancaire.

Tout ceci nous permet de considérer l'expérience marocaine comme un cas d'école. C'est également l'illustration de notre problématique formulée au départ, à savoir proposer une réglementation baptisée optimale.

D'autre part, l'un des objectifs du comité de Bâle, depuis sa création, consiste à uniformiser les règles de concurrence au sein du système bancaire international. Par conséquent, la réglementation bancaire prudentielle étant censée être uniforme sur le plan international, l'expérience marocaine peut être présentée comme un cas d'école.

---

[2] Le Maroc a reçu trois missions, conduites par la Banque mondiale, pour l'évaluation de son secteur financier, respectivement, en 2002 puis en 2007 et 2015. Ce programme est connu sous le nom FSAP (Financial Sector Assessment Program).

CHAPITRE PREMIER

GENÈSE, SOUBASSEMENTS ET ÉVOLUTION DE LA RÉGLEMENTATION BANCAIRE INTERNATIONALE

SECTION I : Genèse et soubassements de la réglementation bancaire internationale

Paragraphe I : Le Comité de Bâle

La réglementation bancaire de presque tous les pays tire sa substance des recommandations du Comité de Bâle qui est abrité par la Banque des règlements internationaux au sein de son siège social situé à Bâle en Suisse, d'où ce Comité tire son nom.

La Banque des règlements internationaux (BRI) a été créée en 1930. C'est la plus vieille institution financière internationale, et ce avant le Fonds monétaire international (FMI) et la Banque mondiale. Son statut juridique est celui d'une société anonyme dont les actionnaires sont des banques centrales. Les actionnaires initiaux étaient les banques centrales de six pays : Belgique, France, Allemagne, Royaume-Uni, Italie et États-Unis d'Amérique. Chaque banque disposait de seize mille actions qu'elle pouvait placer chez ses clients. La Réserve fédérale américaine a préféré céder sa part à trois banques américaines qui possédaient chacune seize mille actions : JP Morgan, First National Bank of New York et First National Bank of Chicago.

Quant au contexte de sa création, sa naissance remonte à la fin de la Première Guerre mondiale, et ce lorsque l'Allemagne était astreinte, par le Traité de Versailles de 1919, à de lourdes « réparations » de guerre. L'objectif était alors de forcer ce pays à payer les vainqueurs de la guerre qui se sont, eux-mêmes, lourdement endettés auprès des banques privées de la City de Londres et de Wall Street.

Ainsi, on peut lire dans l'article 231 du Traité de Versailles, « Les gouvernements alliés et associés déclarent et l'Allemagne reconnaît que l'Allemagne et ses alliés sont responsables, pour les avoir causés, de toutes les pertes et de tous les dommages subis par les Gouvernements alliés et associés et leurs nationaux en conséquence de la guerre, qui leur a été imposée par l'agression de l'Allemagne et de ses alliés. »

Cet article constitue ainsi la base juridique des réparations imposées à l'Allemagne vaincue. Une commission des réparations était chargée d'en évaluer le montant, d'en établir les délais de paiement et d'en déterminer la répartition entre les pays bénéficiaires.

La BRI a alors été créée et désignée comme liquidateur chargé de gérer la question des paiements des réparations imposées à l'Allemagne par ce traité, d'où son nom (Bank of international settlement ou BIS). Elle doit prendre en charge la collecte, l'administration et la distribution des rentes payables au titre de ces dommages.

La BRI vise également à promouvoir la coopération entre les banques centrales.

Étant donné que la mission qui lui a été confiée au départ n'avait plus lieu d'être une fois la question des réparations réglée, ses activités deviennent entièrement concentrées sur la coopération entre banques centrales et autres organismes dans la poursuite de la stabilité monétaire et financière, et ce à travers les réunions régulières des gouverneurs des banques centrales et leurs experts et qui se tiennent à son siège à Bâle. Son rôle majeur aujourd'hui est d'être un conseil et un lieu d'échanges, de réflexions et de force de propositions pour les banques centrales.

Elle devient ainsi chargée de préparer, au sein du comité de Bâle, les normes et règles prudentielles applicables à l'ensemble des banques de la planète. Cette dernière fonction en fait l'institution financière internationale la plus importante du système financier mondial. En effet, comme on va le voir, en décidant du montant de fonds propres que les banques commerciales doivent garder en réserve, c'est l'essence même du système bancaire et son système de « réserves fractionnaires » qui est dictée par cette institution.

Par ailleurs, à la suite de graves perturbations survenues sur les marchés bancaires et monétaires internationaux, notamment la faillite, en juin 1974, de la banque HERSTATT en Allemagne occidentale, suivie en octobre par celle de la Franklin national bank aux États-Unis, Peter Cooke, directeur à l'époque de la Banque d'Angleterre, propose la réunion d'un comité des banques centrales et des organismes de réglementation et de surveillance bancaire des pays du Groupe des dix (G10). Sa proposition trouve un écho favorable, puisque les régulateurs bancaires décident d'intervenir et d'instaurer des normes de sécurisation et de prévention du risque systémique. C'est ainsi qu'un comité a été institué en 1974 par les gouverneurs des banques centrales des pays du G10 sous l'appellation « Comité sur les règles et pratiques de contrôle des opérations bancaires » devenue aujourd'hui, « Comité de Bâle sur le contrôle bancaire » (CBCB). Il rassemble les autorités de contrôle des banques et est composé de hauts représentants de ces autorités et banques centrales d'Allemagne, de Belgique, du Canada, d'Espagne, des États-Unis, de France, d'Italie, du Japon, du Luxembourg, des Pays-Bas, du Royaume-Uni, de Suède et de Suisse.

Deux grands objectifs ont été assignés à ce Comité : éviter les crises bancaires et uniformiser les règles de concurrence entre les systèmes bancaires nationaux, en plus d'une mission d'améliorer la coopération entre autorités de tutelles bancaires.

Concrètement, trois domaines d'action ont été privilégiés, le Comité devrait :

– examiner et coordonner les modalités de partage des responsabilités en ce qui concerne le contrôle de l'activité bancaire internationale ;

– contribuer au renforcement de la solvabilité des banques actives à l'international ;

– établir une harmonisation des réglementations bancaires à l'échelle internationale, et ce afin de lutter contre toute distorsion aux règles de concurrence.

Le Comité de Bâle joue également un rôle de forum informel promouvant l'échange d'informations sur l'évolution de la réglementation et des pratiques de surveillance à l'échelon national ainsi que sur d'autres évènements d'actualité dans le domaine financier.

Toutefois, étant donné que le Comité de Bâle n'est pas issu de l'Organisation des Nations Unies (ONU), à l'instar du FMI et de la Banque mondiale, ses recommandations n'entraînent pas d'obligation juridique et les documents qu'il publie ne sont pas contraignants juridiquement ; ils constituent un simple engagement moral de ses membres. Par conséquent, il ne fait qu'édicter des normes et règles à caractère général et il appartient ensuite à chaque autorité nationale de les transposer sur le plan national selon le dispositif qu'elle juge adéquat.

À titre d'exemple, les États-Unis d'Amérique sont réputés être réticents chaque fois qu'il s'agit de mettre en œuvre les recommandations du Comité.

Les dernières en date, celles issues des Accords de Bâle II, « ... ne s'appliquent qu'à 15 % des banques et institutions de crédit américaines. »[3]

Malgré cela, l'audience du Comité dépasse le cadre des seuls États membres du G10 et s'étend à de très nombreux pays. La raison réside dans le fait que les agences de notation donnent beaucoup d'importance au respect de ses recommandations lors de leurs évaluations des systèmes bancaires nationaux. De même, le respect de ses recommandations constitue l'un des critères sur lesquels se base le programme d'évaluation des secteurs financiers nationaux, connu sous le nom FSAP (financial sector assessment program). Ce programme d'évaluation est conduit par la Banque mondiale ; il consiste à s'assurer de la conformité du dispositif de supervision bancaire de chaque pays aux 25 principes fondamentaux pour un contrôle bancaire efficace tels qu'ils sont édictés par le Comité de Bâle.

Le Comité rassemble aujourd'hui les superviseurs de 27 pays : l'Argentine, l'Australie, la Belgique, le Brésil, le Canada, la Chine, la France, l'Allemagne, Hong Kong SAR, l'Inde, l'Indonésie, l'Italie, le Japon, la Corée du Sud, le Luxembourg, le Mexique, les Pays-Bas, la Russie, l'Arabie Saoudite, Singapour, l'Afrique du Sud, l'Espagne, la Suède, la Suisse, la Turquie, le Royaume-Uni et les États-Unis.

Toutefois, son organe de gouvernance est le groupe des gouverneurs de banques centrales et des responsables du contrôle bancaire des pays du G10 (the group of central bank governors and heads of supervision : GHOS).

Les pays membres sont représentés par leur banque centrale ainsi que par l'autorité responsable du contrôle prudentiel des activités bancaires, au cas où il ne s'agirait pas de la banque centrale.

Le secrétariat du Comité, qui est assuré par la Banque des règlements internationaux à Bâle en Suisse, est composé de spécialistes du contrôle bancaire détachés, pour une période déterminée, par les institutions membres du Comité. Il occupe une place particulière, puisqu'il rédige, notamment, tous les documents soumis au Comité par les groupes de travail. Il s'assure également que les autorités de tutelle des pays, n'appartenant pas au groupe des pays du G10, sont constamment informées des travaux en cours. Pour ce faire, le secrétariat publie un rapport semestriel sur l'évolution internationale en matière de contrôle bancaire.

Les procédures de décisions internes mettent en œuvre trois niveaux différents. En amont tout d'abord, le Comité de Bâle rend compte au comité des gouverneurs des banques centrales des pays du G10 qui se réunit tous les

---

[3] GOURIEROUX Christian, « Bon ou mauvais usage des notations », in *Revue d'économie financière*, Année 2008, pp. 259-263. Fait partie d'un numéro thématique, « Crise financière : analyses et propositions ». Mis en ligne par persee.fr.

mois à la Banque des règlements internationaux. À cette occasion, les gouverneurs déterminent les grandes orientations des travaux du comité de Bâle. En outre, c'est le comité des gouverneurs qui adopte les textes les plus importants.

Ensuite, les travaux du Comité de Bâle, qui se réunit selon une périodicité de trois à quatre séances par an, sont préparés dans le cadre de sous-groupes techniques qui sont chargés d'élaborer des rapports à soumettre pour approbation au Comité plénier.

Paragraphe II : Genèse et soubassements de la réglementation bancaire internationale

À la date de création du Comité, il n'y avait aucune réglementation qui s'appliquerait de manière uniforme à toutes les banques actives à international.

La première ébauche d'une telle réglementation a été publiée à la suite de la première réunion du Comité intervenue en 1975. Cette publication, connue sous le nom de « Concordat de Bâle », a été faite en 1975 puis révisée en 1983 et 1990 sous le titre « Rapport sur le contrôle des établissements des banques à l'étranger ».

Cette publication marque déjà le début d'une réflexion sur la nécessité d'avoir une réglementation uniforme sur le plan international, et ce dans la mesure où elle part du constat selon lequel, à cette époque, il n'y avait même pas de définition commune de ce qui est une banque. Tel établissement étranger, considéré comme banque par l'autorité d'origine, peut ne pas l'être aux yeux de celle du pays d'accueil et vice versa. Par cette uniformisation de la définition, l'objectif du Comité est de s'assurer qu'aucun établissement bancaire étranger n'échappe au contrôle. Contrôle qui reste, bien entendu, à cette époque, encore différent d'un pays à l'autre.

Ces mesures ne traitent qu'un volet modeste de la régulation bancaire, celui de la surveillance des banques à l'international, mais c'est un début. Le Concordat de Bâle allait ainsi apparaître très vite limité face à de nouveaux défis, d'autant plus que la finance internationale, en plein essor, exige une harmonisation des réglementations bancaires, et ce afin de lutter contre toute distorsion aux règles de concurrence.

Même si c'est la faillite de la banque allemande HERSTATT qui a été à l'origine de la création du Comité de Bâle, il fallait attendre celles des Caisses d'épargne américaines pour que les régulateurs bancaires, au sein de ce Comité, décident de se pencher sérieusement sur l'élaboration de normes qui s'appliqueraient de façon uniforme à toutes les banques actives à l'international.

Pourtant, même si la banque HERSTATT était de taille moyenne, sa faillite a causé une grave crise sur le marché des changes sur lequel elle était très active. Le marché interbancaire de New York a été paralysé, ce qui a failli entraîner la chute de plusieurs autres établissements. Il résulta de cette faillite la mise en évidence des risques systémiques liés à une internationalisation, de plus en plus poussée, des activités des banques.

S'agissant de la crise ayant conduit à la faillite des caisses d'épargne américaines, elle s'est déroulée en deux phases où plusieurs facteurs ont contribué à son alimentation.

La première phase, survenue en 1981 et 1982, était née d'un déséquilibre structurel de leur bilan qui était constitué, du côté de l'actif, par des crédits hypothécaires à très long terme et du côté du passif, par des dépôts d'épargne liquide ou à court et moyen terme. C'est alors une exposition au risque global de taux d'intérêt qui a été mal gérée. La hausse des taux d'intérêt, intervenue dès 1981, a fait que leurs ressources, qui se renouvellent plus vite que leurs emplois, deviennent de plus en plus chères, alors que la rémunération de leurs emplois est restée fixe, puisqu'ils sont immobilisés à long terme et à taux fixe. La durée classique d'un prêt immobilier étant en général de 30 ans à annuités constantes.

La seconde phase de la crise était issue de l'élargissement de leur champ d'activité, et ce à la suite de grandes vagues de déréglementations parachevées en 1982 et qui se sont traduites par une grande liberté laissée aux caisses d'épargne pour investir à leur guise dans les secteurs les plus divers. Cette liberté, qui avait pour objectif de compenser la baisse de la marge d'intérêt induite par la hausse des coûts de leurs ressources, s'est traduite par une prise de risques excessive. Les investissements étaient souvent choisis pour leur haut rendement, ce qui est indissociable d'un niveau élevé de risque : opérations hasardeuses et spéculatives, notamment sur l'immobilier commercial, marchés à terme de taux d'intérêt, investissements massifs dans des « junk bonds » ou obligations à haut risque, etc.

À cela s'ajoute la légèreté des nouveaux dirigeants qui, par leur mauvaise gestion accompagnée parfois de malversations, ont pris des risques inconsidérés les conduisant tout droit à la faillite.

Enfin, cette phase est également due au laxisme des régulateurs qui, cédant au lobbying des caisses d'épargne et tablant sur un redressement spontané, ont déréglementé à outrance sans contrôle rapproché. Face à ces pratiques, les autorités de contrôle et de réglementation du secteur des caisses d'épargne ont fermé les yeux, au lieu d'user de leur pouvoir pour limiter les prises de risques ou fermer les établissements insolvables.

À cette faillite des caisses d'épargne américaines s'ajoutent les problèmes de surendettement de la plupart des pays en voie de développement qui ont été acculés à mettre en place des programmes d'ajustements structurels.

Les membres du Comité partaient alors d'un double constat, à savoir d'une part, les fluctuations observées sur les marchés financiers internationaux et d'autre part, la manifestation, à une échelle macroéconomique, du risque crédit (risque pays). Ces deux facteurs avaient alors considérablement affecté la solvabilité des banques.

Par ailleurs, les travaux effectués dans le cadre du Comité avaient mis également en évidence d'importantes distorsions aux règles de concurrence entre banques de pays différents. Dès lors, le Comité de Bâle a poursuivi un double objectif : renforcer la solvabilité des banques internationales et supprimer les distorsions de concurrence.

C'est dans ce contexte qu'est né le premier Accord de Bâle. Les premiers travaux de grande ampleur du Comité aboutissent ainsi à la publication, en 1988, d'un Accord sur un ratio international de solvabilité, baptisé « ratio Cooke », du nom de l'instigateur du Comité.

En effet, Peter Cooke, directeur à l'époque de la Banque d'Angleterre et également secrétaire du Comité de Bâle sur le contrôle bancaire, affirmait, en 1990, que les deux objectifs fondamentaux de l'Accord de 1988 sur les fonds propres des banques étaient « ... de renforcer la stabilité du système bancaire international et de supprimer une source importante d'inégalité concurrentielle pour les banques, découlant de différences en matière d'exigences et de surveillance nationales. »[4]

La première tentative de mettre en place une sorte de convergence entre différents pays, concernant les normes de fonds propres des banques, était ainsi une réponse à ce que Peter Cooke et le Comité de Bâle sur le contrôle bancaire considéraient comme « ... l'existence d'un unique marché bancaire international, extrêmement concurrentiel. »[5]

Toutefois, certains observateurs ont considéré cet Accord comme une réponse spécifique au développement rapide de l'activité bancaire internationale par les banques japonaises au cours des années 1980.

---

[4] BISIGNANO Joseph, « Qui ont été les privilégiés de Cooke ? : Perdants et gagnants de la réglementation des fonds propres », in *Revue d'économie financière*, Année 2003/73, pp.77-96. Fait partie d'un numéro thématique, « Bâle II : Genèse et enjeux ». Mis en ligne par persee.fr,

[5] *Ibid.*

Autrement dit, l'un des principaux objectifs, des initiateurs de cet Accord, était de réduire ce qu'ils considéraient comme un avantage concurrentiel en matière de coûts de financement pour les banques japonaises.

En effet, juste avant la mise en place de cet Accord, soit en 1986, près de la moitié des actifs bancaires étrangers aux États-Unis était japonais. De même, en 1987, G. CORRIGAN, président de la « Federal reserve bank of New York », exprimait son souhait de voir les normes de fonds propres des banques japonaises se rapprocher des « normes internationales émergentes. »[6]

La pression exercée sur la communauté internationale, en vue d'adopter une forme d'accord sur les fonds propres par rapport au risque crédit, est ainsi venue des États-Unis et du Royaume-Uni. En 1986, les Américains ont d'ailleurs commencé par adopter un programme de pondérations par rapport aux risques, contenant des définitions des fonds propres similaires à celles en vigueur au Royaume-Uni. D'autre part, vers la fin de la même année, les deux pays ont présenté des documents de consultation similaires sur la définition et l'évaluation de l'adéquation des fonds propres des banques. Enfin, ils ont adopté un accord commun en 1987, dont l'objectif est de « ... fournir une base que d'autres pays, notamment le Japon (...) pourraient suivre ». À l'appui de cet accord commun, le président de la Réserve fédérale Paul VOLCKER insistait sur « ... l'intérêt pour la compétitivité des banques américaines. »[7]

C'est ainsi que le premier Accord de Bâle de 1988 (ratio Cooke ou Bâle I) prévoit que le contrôle bancaire s'articulera désormais autour d'un ratio de solvabilité fixé à 8 %.

L'intérêt principal de ce ratio est de signifier que la capitalisation (à travers une norme quantitative de fonds propres) est le pivot essentiel de la réglementation prudentielle. En effet, dans la mesure où les fonds propres constituent l'ultime moyen de couvrir les pertes, ils sont censés permettre, du même coup, de limiter les défaillances des banques et par conséquent, éviter les coûts concomitants (publics ou privés) de leur restructuration et leur sauvetage.

SECTION II : Évolution de la réglementation bancaire internationale

Comme on l'a vu, le ratio Cooke constitue la première règle commune qui est censée s'imposer à toutes les banques actives à l'international. Elle sera suivie des autres Accords qui sont Bâle I et demi, Bâle II, Bâle III et Bâle IV.

---

[6] *Ibid.*
[7] *Ibid.*

Paragraphe I : Le premier Accord de fonds propres, publié en 1988 sous le nom « ratio Cooke », devenu après Bâle I

Avant cet Accord formel de Bâle de 1988, une réglementation de fonds propres bancaires existait déjà dans la plupart des pays. Elle exigeait un montant minimum de fonds propres. C'est le ratio de levier, il est sous forme d'un ratio de fonds propres non pondérés, défini comme étant le rapport entre la situation nette et le total actif (fonds propres/total actifs).

Bien entendu, cette réglementation n'était pas suffisante ; tout d'abord, en raison de l'absence d'une harmonisation à l'échelle internationale, la définition des fonds propres ainsi que le ratio lui-même étaient très différents d'un pays à l'autre ; ensuite, les risques ne sont pas pris en compte, l'actif est pris en tant que bloc homogène. À cela s'ajoute le fait que, dans certains pays, la réglementation était laxiste, ce qui constituait un avantage compétitif pour les banques implantées dans ces pays.

L'Accord Bâle I doit alors être considéré comme l'élément fondateur de la réglementation bancaire internationale. Deux objectifs fondamentaux ont été assignés à ce nouveau dispositif :

– renforcer la solidité et la stabilité du système bancaire international ;

– faire en sorte que ce dispositif soit équitable et présente un degré élevé de cohérence dans son application aux banques des différents pays, et ce afin d'atténuer les inégalités concurrentielles existant entre les banques internationales.[8]

Ce premier Accord part d'une évidence, à savoir que le risque d'insolvabilité d'une banque résulte d'une part, des pertes susceptibles d'être occasionnées par la réalisation des risques auxquels elle s'expose à travers l'ensemble de ses activités et d'autre part, de sa capacité à absorber ces pertes. Pour garantir la solvabilité d'une banque, deux aspects devraient alors faire l'objet d'une attention particulière : son profil de risque et sa capitalisation.

Le ratio Cooke met alors en évidence le principe selon lequel, le financement de chaque risque doit comprendre un montant minimum de fonds propres susceptibles de couvrir les pertes qui seraient générées par ce risque, seule façon de garantir la solvabilité, donc la pérennité de chaque banque.

Concrètement, l'objectif du ratio Cooke est d'exiger que chaque fois qu'une banque prend un engagement à son actif et à son hors bilan (d'un montant total de 100), cela l'obligerait à disposer au préalable d'un montant

---

[8] Comité de Bâle sur le contrôle bancaire, « Convergence internationale de la mesure et des normes de fonds propres », juillet 1988, mise à jour en date d'avril 1998, p. 1.

minimum de fonds propres (de 8) pour couvrir les éventuelles pertes. D'où le ratio de 8 %.

Ainsi, de cette façon, si le régulateur arrive à s'assurer que les fonds propres de chaque banque sont en permanence suffisants pour couvrir ses pertes potentielles, il aura atteint son objectif de garantir la solvabilité de la banque et par voie de conséquence, protéger les dépôts de la clientèle.

Comment les régulateurs ont-ils fait pour traduire cette philosophie dans l'architecture de l'Accord ? C'est ce que l'on va voir en examinant la façon dont ce ratio a été conçu et confectionné, et ce à la fois du côté du numérateur, du dénominateur que du ratio lui-même.

1.1. S'agissant du numérateur, l'importance des fonds propres apparaît clairement dans le fait qu'ils sont susceptibles de :

– fournir un moyen d'absorber les pertes ;

– rassurer les déposants et les investisseurs potentiels en leur démontrant la prédisposition des actionnaires à s'engager de manière permanente et conséquente à l'égard de leur banque, et ce en exposant leurs fonds aux risques ;

– fournir des ressources exemptes de frais financiers fixes, puisqu'ils ne sont pas assortis d'un taux d'intérêt ;

– constituer un moyen de financement convenable des actifs immobilisés de la banque.

Les dettes, à condition d'être à long terme, peuvent remplir la dernière fonction, mais pas les autres.

Pour cela, « Le Comité estime que l'élément essentiel des fonds propres, sur lequel il convient de mettre principalement l'accent, est composé du capital social et des réserves publiées. »[9]

Cette catégorie de fonds propres représente le noyau dur et est qualifiée de « fonds propres de base », c'est la qualité supérieure des fonds propres, et ce puisqu'ils sont constitués du capital, de la prime d'émission ou d'apport, des réserves et du report à nouveau créditeur.

Toutefois, étant donné que, lors des consultations, « … les pays membres du Comité estiment également que plusieurs autres composantes importantes et légitimes des fonds propres d'une banque peuvent être incluses dans le système de mesure », cela a amené le Comité à arriver à « … la conclusion qu'il convenait de définir les fonds propres selon deux catégories. »[10] : les

---

[9] *Ibid.*, p. 3.
[10] *Ibid.*

« fonds propres de base » et les « fonds propres complémentaires » ; ces derniers étant composés, notamment, des dettes subordonnées et des provisions pour risques généraux.

L'introduction de cette deuxième catégorie de fonds propres, proposée par le lobby de la profession, se base sur les enjeux suivants :

– étant donné que la rentabilité financière d'une banque (rentabilité des fonds propres ou return on equity ou ROE) est fournie par le rapport entre le résultat net et ses fonds propres, tout ce qui réduit le dénominateur ou augmente le numérateur est de nature à l'améliorer. Les actionnaires ont alors intérêt à réduire l'importance des fonds propres et à augmenter celle des dettes, et ce pour profiter de l'effet de levier de l'endettement. De plus, la réduction des fonds propres a pour effet de réduire également les coûts d'une éventuelle faillite pour les actionnaires ;

– les dirigeants de la banque, quant à eux, ne peuvent agir que sur l'actif, et ce en choisissant les actifs les plus rentables, donc les plus risqués. C'est la seule façon, pour eux, d'augmenter la rentabilité susceptible de plaire aux actionnaires, renforçant ainsi leur pouvoir de négociation.

Conséquence de tout cela, un ratio de solvabilité trop élevé, synonyme d'une exigence de fonds propres élevée, risque de conduire à un effet inverse, à savoir pousser les banques à opter pour les actifs les plus risqués, et ce en vue de compenser la baisse de la rentabilité ROE induite par l'augmentation de la part des fonds propres dans leur passif.

Comment alors faire en sorte pour que les banques puissent respecter ce ratio, sans, pour autant, réduire leur rentabilité qui est, comme on l'a vu, inversement proportionnelle aux fonds propres ? La solution trouvée est l'inclusion, dans les fonds propres complémentaires, d'un type de passif qui a un caractère hybride et se situe à la frontière entre dettes et capitaux propres. Il s'agit des dettes subordonnées qui recouvrent « … divers instruments qui allient certaines caractéristiques du capital et certaines particularités de l'endettement. »[11]

En effet, d'un côté et comme le premier terme l'indique, ce sont bien des « dettes », et ce dans la mesure où elles sont remboursables et rémunérées par un taux d'intérêt et non par une part du bénéfice, sous forme de dividende. Ce faisant, elles n'affectent pas le ROE, puisqu'elles n'entrent pas dans son dénominateur. De l'autre côté, leur remboursement est subordonné à celui de tous les autres créanciers ; d'où le terme « subordonnées ». Autrement dit, en cas de liquidation de la banque, les détenteurs de ces dettes sont traités comme

[11] *Ibid.*, p. 4.

des actionnaires, ce qui fait qu'ils seront les derniers à être remboursés en cas de liquidation de la banque.

Enfin, ces dettes sont également soumises à d'autres conditions ; tout d'abord, en cas d'un résultat négatif, nul ou même positif et faible, les souscripteurs à ces dettes n'auront droit, à l'instar des actionnaires, à aucune rémunération. Le régulateur peut, en effet, interdire de rémunérer ces dettes, même en cas d'un résultat positif, et ce au cas où il estimerait que la situation financière de la banque l'exige. Ensuite, même si ces dettes arrivent à échéance, leur remboursement est subordonné à une autorisation préalable du régulateur qui peut s'y opposer. Enfin, leur durée initiale ne doit pas être inférieure à cinq ans.

Dans ce cas, les banques pourront être tentées d'opter systématiquement pour ces dettes au lieu des fonds propres de base. Pour les empêcher d'en abuser comme levier d'endettement, il a « … été décidé que les instruments de dette subordonnée à terme ayant une échéance initiale minimale de plus de cinq ans peuvent être incorporés dans les éléments complémentaires des fonds propres, mais seulement à concurrence de 50 % du noyau, et sous réserve de mécanismes d'amortissement adéquats. »[12] C'est-à-dire que les dettes subordonnées, ayant une durée résiduelle de cinq ans, doivent être déduites des fonds propres (amorties) à concurrence d'un cinquième par an, et ce pour éviter de les déduire d'un seul coup, ce qui risque d'affecter la solvabilité de la banque.

D'autre part, une autre limite s'applique au total des fonds propres complémentaires qui ne peuvent être « … admis dans la deuxième catégorie qu'à concurrence d'un montant égal à celui du noyau. »[13]

1.2. Du côté du dénominateur du ratio, pour distinguer les actifs risqués de ceux qui le sont moins, l'actif n'est plus considéré comme un bloc homogène comme dans le ratio de levier, les régulateurs ont introduit des pondérations, dont le taux est censé être proportionnel aux risques.

En effet, « Le Comité considère que la meilleure méthode pour évaluer le niveau des fonds propres des banques est celle du ratio des risques pondérés, dans laquelle les fonds propres sont rapportés à différentes catégories de risques nés d'actifs ou d'engagements hors bilan, pondérés selon de grandes catégories de risque relatif. (…) L'échelle des pondérations a été simplifiée au maximum, pour ne retenir que cinq coefficients : 0, 10, 20, 50 et 100 % » :[14]

---

[12] *Ibid.*, p. 5.
[13] *Ibid.*, p. 3.
[14] *Ibid.*, p. 6.

– les actifs pondérés à 0 % sont ceux considérés comme étant à risque nul (valeurs en caisse, avoirs chez la banque centrale et engagements sur l'État) ;

– ceux pondérés à hauteur de 20 % représentent les créances interbancaires. Les régulateurs estiment que, du moment que les banques sont censées être soumises à une réglementation prudentielle et à un contrôle par le régulateur, elles doivent alors être considérées comme moins risquées que les autres entreprises ;

– les actifs dont la pondération est fixée à 50 % incluent les crédits hypothécaires qui, du moment que, comme leur nom l'indique, sont assortis d'une hypothèque en faveur de la banque, sont considérés comme moins risqués que les autres créances ;

– toutes les autres créances se voient appliquer une pondération de 100 %.

Pour les éléments hors bilan, « Le Comité considère qu'il est de la plus haute importance que toutes les opérations hors bilan soient prises en compte par le dispositif de mesure des fonds propres. » Pour cela, « ... toutes les catégories d'engagements hors bilan, y compris les nouveaux instruments, seront converties en équivalent risque crédit », et ce « ... en multipliant les montants nominaux du principal par un facteur de conversion, les valeurs ainsi obtenues étant alors pondérées en fonction de la nature de la contrepartie. »[15]

Une autre spécificité de cet Accord est le traitement réservé aux risques souverains ; « ... le Comité s'est parfaitement rendu compte de la difficulté d'élaborer une méthode satisfaisante pour incorporer le risque pays au dispositif de mesure. » C'est dans ce sens qu'il a proposé, dans son premier document établi aux fins de consultation, deux possibilités ; soit « ... opérer une différenciation simple entre les créances sur les institutions internes (administrations centrales, secteur officiel et banques) et les créances sur l'étranger » ; soit établir « ... une distinction à partir d'une approche fondée sur le choix d'un groupe de pays définis (et) considérés comme ayant une cote de crédit élevée. (…) Les commentaires adressés au Comité par les banques et associations bancaires des pays du G10, durant la période de consultation, ont été très largement favorables à la seconde solution »[16] et c'est elle qui a été adoptée par le Comité.

Ainsi, si une créance détenue par une banque sur son pays est considérée comme non risquée, donc pondérée à 0 %, il n'en est pas de même lorsqu'il s'agit d'une créance sur un pays étranger. En effet, dans la mesure où, comme on l'a vu, la publication de cet Accord a coïncidé avec l'éclatement de la crise de surendettement des pays en voie de développement, une distinction est

---

[15] *Ibid.*, p. 9.
[16] *Ibid.*, p. 7.

ainsi faite entre créances sur le groupe, « ... composé de membres à part entière de l'OCDE ou de pays ayant conclu des accords spéciaux de prêt avec le FMI dans le cadre des Accords généraux d'emprunt du Fonds », qui sont pondérées à 0 %, et les créances sur les autres États à qui on affecte d'une pondération de 100 %. Par ailleurs, tout pays même membre de ce groupe, mais ayant procédé « ... à un rééchelonnement de sa dette extérieure souveraine, est néanmoins exclu, pour une période de cinq ans, du groupe ainsi défini. »[17]

1.3. Quant au ratio lui-même, le Comité a décidé de fixer une norme minimale à laquelle les banques actives à l'international devront se conformer. Cette « ... norme devrait se situer à un niveau qui soit compatible avec l'objectif visant à assurer au fil du temps des ratios de fonds propres fondés sur des bases saines et compatibles pour toutes les banques internationales. En conséquence, le Comité confirme que la norme-objectif minimale de fonds propres par rapport aux actifs à risques pondérés devrait être fixée à 8 % (dont un noyau de fonds propres d'au moins 4 %). »[18]

1.4. Partant de ses caractéristiques, peut-on affirmer d'ores et déjà que le ratio Cooke est susceptible d'atteindre les objectifs pour lesquels il a été conçu, à savoir limiter les crises et les faillites bancaires et éviter les distorsions aux règles de concurrence ?

Plusieurs séries de critiques peuvent être adressées à cet Accord, les unes sur le plan de sa cohérence et sa logique d'ensemble, les autres sur son côté pratique et opérationnel.

1.4.1. Sur le plan de sa cohérence et sa logique ayant guidé sa conception, il s'agit de se situer au sein du dispositif, et ce en vue d'appréhender chacun de ses éléments pour voir en quoi ils répondent aux objectifs qui leur ont été assignés. Comme on va le voir, sa conception résiste mal à une critique logique et rationnelle ; on peut dire qu'il comporte déjà en lui ses propres limites.

D'abord, le critère choisi pour déterminer le système des pondérations ne se base pas sur le profil de risque de la contrepartie, mais sur sa nature institutionnelle. Or, à l'intérieur de chaque catégorie, des différences en matière de profil de risque peuvent exister.

Ainsi, appliquer une pondération de 100 % à toutes les entreprises qui opèrent dans les autres secteurs de l'économie est tout simplement injuste et imprudent. Les pondérations doivent refléter le profil de risque de chaque contrepartie et qui est censé dépendre, notamment, de la taille, du secteur

---

[17] *Ibid.*
[18] *Ibid.*, p. 10.

d'activité, de l'ancienneté et du mode de gouvernance. D'autre part, deux entreprises, l'une au bord de la faillite et l'autre en pleine santé, seront pondérées de la même façon, soit à 100 %.

De même, appliquer une pondération de 20 %, de façon uniforme, à toutes les banques (quels que soient leur profil de risque, leur taille, systémique ou pas, leur mode de gouvernance, etc.) est difficilement défendable.

Cela est de nature à pousser une banque, peu prudente, à prêter aux clients plus risqués, à la recherche d'un rendement plus élevé. C'est l'arbitrage risque/rentabilité. L'attitude et la réaction de chaque banque dépendront alors des degrés d'aversion et d'appétence aux risques, donc de sa stratégie. Ce sont, en fin de compte, ces facteurs qui vont déterminer la solvabilité d'une banque et non le respect de ce ratio.

Par ailleurs, cet Accord ne prend pas en considération l'évolution, dans le temps, de la qualité de signature de chaque contrepartie, qui peut s'améliorer comme se dégrader avec le temps.

Autrement dit, tel qu'il est conçu, ce ratio peut conduire à une prise excessive de risques, donc à l'objectif opposé à celui pour lequel il a été conçu. On parle alors de « risque de fonds propres ».

Ce risque est encore plus accentué dans le cas d'une banque présentant une situation financière dégradée ; elle aura d'autant plus tendance à adopter un comportement risquophile que sa situation financière est déjà déséquilibrée. Étant donné que ses fonds propres sont déjà largement entamés et les bénéfices futurs ont moins de chances d'être perçus, alors la faillite devient fort probable ; par conséquent, les inconvénients d'une prise de risques excessive deviennent négligeables. Dans de telles circonstances, la rationalité recommande plutôt de choisir un risque élevé, sachant qu'une telle stratégie n'a que des avantages pour une banque n'ayant plus rien à perdre.

Cela va conduire de telles banques à remplacer les prêts moins risqués, à rendements moins élevés, par des prêts plus risqués à rendements plus élevés.[19]

D'un autre côté, s'agissant de l'objectif d'uniformiser les règles de concurrence, l'appartenance à l'OCDE ne garantit pas une mesure fiable du risque pays et les banques des pays hors OCDE se voient alors pénalisées, puisque leur risque sera aligné sur le risque souverain, au lieu d'une pondération de 20 %. Elles auront alors du mal à accéder aux marchés financiers internationaux.

---

[19] CHIAPPORI Pierre-André et YANELLE Marie-Odile, « Le risque bancaire : un aperçu théorique », in *Revue d'économie financière*, 1996/37, pp. 97-111. Fait partie d'un numéro thématique, « Le prix du risque ». Mis en ligne par persee.fr.

Par ailleurs, toujours à ce niveau, « … le Comité établit une distinction entre les placements à court terme (…) et les prêts (…) à plus long terme accordés à des banques » avec des pondérations de 20 % pour les créances sur toutes les banques, où qu'elles soient enregistrées, à condition que leur échéance résiduelle soit d'un an au maximum. Par contre, si « … les créances à plus long terme sur des banques enregistrées au sein de l'OCDE seront affectées d'une pondération de 20 % ; (celles) à plus long terme sur des banques hors de l'OCDE seront pondérées à 100 %. ». La raison avancée par le Comité est que la « … gestion de la liquidité sur le marché interbancaire est perçue comme comportant un faible risque. »[20]

Par conséquent, puisque les crédits à court terme qui sont accordés aux banques des pays hors OCDE ont été pondérés à 20 %, les banques vont préférer ces types de crédit et c'est d'ailleurs cet arbitrage qui allait constituer l'une des causes de la crise asiatique de 1997.

En effet, « … de décembre 1993 à juin 1997, les créances transfrontalières des banques déclarantes BRI sur la Corée, l'Indonésie, la Thaïlande, la Malaisie et les Philippines, soit les 5 pays asiatiques qui seront frappés plus tard par la crise financière, ont augmenté de 134 % (…). » Par ailleurs, en « … juin 1997, 64 % des prêts bancaires émis par les pays déclarants à la BRI à destination des 5 pays en crise étaient des prêts à court terme et 45 % représentaient des créances sur des banques (…). Seule une faible proportion des prêts était destinée aux gouvernements. »[21]

La principale critique de cet Accord est alors l'absence de relation entre les exigences de fonds propres réglementaires et le profil de risque de chaque banque. Ce système de pondérations risque alors d'avoir des effets pervers quant à son impact sur la prise de risques des banques qui seront incitées à procéder à un arbitrage en fonction des actifs les plus risqués.

De même, l'Accord comportait d'autres distorsions évidentes aux règles de concurrence qu'il est, pourtant, censé corriger. Ainsi, en « … 1992, les banques américaines disposaient d'une plus grande proportion d'actifs dans la catégorie de pondération est à 0 % et d'une proportion moins importante d'actifs dans les catégories de pondération à 100 %, par rapport aux banques japonaises. Certains ont fait valoir que la charge totale ainsi imposée aux banques américaines serait marginalement inférieure. »[22]

---

[20] Comité de Bâle sur le contrôle bancaire, « Convergence internationale de la mesure et des normes de fonds propres », *op.cit.*, p. 7.

[21] BISIGNANO Joseph, « Qui ont été les privilégiés de Cooke ? : Perdants et gagnants de la réglementation des fonds propres », o*p.cit.*

[22] *Ibid.*

Une autre critique et non des moindres réside dans le fait que cet Accord ne prend en compte que le risque crédit. D'ailleurs, il va être amendé en 1996 pour y inclure le risque de marché (c'est Bâle un et demi). Cet amendement apporté à l'Accord Bâle I a concerné à la fois le numérateur et le dénominateur du ratio.

S'agissant du dénominateur, il comprend désormais deux risques : le risque crédit et le risque de marché.

Quant au numérateur, une autre catégorie de fonds propres a été introduite, il s'agit des « fonds propres surcomplémentaires » et qui comprennent :

– les dettes subordonnées ayant une durée supérieure ou égale à deux ans ; on a ainsi abaissé la maturité de ces dettes qui était de cinq ans pour « les fonds propres complémentaires »

– et les dettes subordonnées d'une durée supérieure ou égale à cinq ans et non prises en compte, et ce en raison des limites fixées par Bâle I et selon lesquelles, d'une part, cette catégorie de dettes ne doit pas dépasser 50 % du noyau dur et d'autre part, les fonds propres complémentaires ne doivent pas dépasser les fonds propres de base.

Par ailleurs, dans la mesure où cette catégorie a été ajoutée à la suite de l'inclusion du risque de marché dans le dénominateur du ratio, elle doit également être affectée exclusivement pour la couverture de ce risque ; le risque crédit étant censé être couvert par les fonds propres de base et complémentaires tels qu'ils sont définis par Bâle I. De même, cela veut dire également que cette réforme ne va pas se traduire par des exigences supplémentaires de fonds propres pour les banques.

Pour calculer les exigences de fonds propres relatives au risque de marché, le Comité de Bâle avait proposé un système forfaitaire, mais qui a été jugé par les banques comme étant à la fois lourd et imprécis. Elles ont alors proposé d'utiliser les instruments sophistiqués qu'elles ont déjà développés pour leur gestion de ce risque en interne. Il s'agit de la méthode « valeur en risque » ou VeR, plus connue sous le nom de VaR « value at risk »[23]. Les régulateurs ont fini par accepter, en posant certaines conditions.

Les autres risques en restent exclus : risque de liquidité, risque global de taux d'intérêt, qui a, pourtant, été à l'origine du déclenchement de la crise des caisses d'épargne américaines, risque opérationnel qui va, comme on va le voir, être la cause de la faillite pour la Barings et a causé de lourdes pertes pour Daiwa.

---

[23] On reviendra en détail sur cette méthode par la suite.

Enfin, appliquer un même ratio de 8 % à toutes les banques est également difficilement justifiable. Ce ratio est une moyenne, et comme chaque moyenne, il cache des disparités entre les assujettis.

Malgré tout ça, cet Accord a été salué comme un tournant en matière de réglementation bancaire internationale.

Ainsi, comme on a pu le constater, « ... à l'instar (d'ailleurs) de toute réglementation, les normes de fonds propres basées sur les risques contenaient un risque caché, le risque des conséquences involontaires ».[24]

La raison à cela est que chaque réglementation, en s'efforçant souvent de satisfaire en même temps plusieurs objectifs contradictoires, finit par avoir des conséquences réelles parfois différentes des conséquences envisagées ou souhaitées.

1.4.2. Sur le côté pratique et opérationnel de cet Accord, quelques années après sa publication, plus exactement en 1995, deux grandes banques (Barings et Daiwa) allaient subir de lourdes pertes. Comme on va le voir, les problèmes vécus par ces banques prouvent qu'un ratio de fonds propres ne suffira jamais à éviter ce genre de défaillances ; les lourdes pertes subies par ces deux banques ne sont pas dues à une insuffisance de fonds propres, mais aux défaillances humaines et des procédures de contrôle.

S'agissant de la Barings, c'est une banque d'affaires, la plus ancienne banque d'Angleterre, elle est fondée en 1762. Elle était l'une des banques les plus grandes et les plus stables du monde.

Elle a fait faillite, et ce à la suite des placements hasardeux effectués par l'un de ses traders, Nick LEESON, qui ont causé une perte de plus d'un milliard de dollars.

La banque néerlandaise ING Group l'a rachetée en créant la filiale ING Barings, et ce pour la somme symbolique d'une livre sterling. Elle a dû, bien entendu, assumer tous les engagements de Barings Bank.

Le trader Nick LEESON était spécialisé dans le trading des produits dérivés. Il était employé dans la succursale de la banque à Singapour.

L'origine de la faillite de cette banque est très classique de ce qui risque de se passer dans une salle de marchés, et ce si un minimum de vigilance (contrôle interne) n'est pas assuré. Le trader prenait d'importantes positions à découvert sur l'indice Nikkei en tablant, plutôt en pariant, sur la hausse de la bourse japonaise. Il vendait alors des contrats à terme sur cet indice. Le retournement de la bourse va déclencher une série de pertes ; pour les cacher

---

[24] BISIGNANO Joseph, « Qui ont été les privilégiés de Cooke ? : Perdants et gagnants de la réglementation des fonds propres », *op.cit.*

à sa hiérarchie, il a créé un compte d'erreurs. Au lieu de chercher à liquider ses positions, il va au contraire les augmenter en espérant un retournement positif de la bourse qui va compenser les positions déjà perdantes.

En recourant à la méthode VaR, autorisée comme on l'a vu par les architectes de Bâle I, il pariait cette fois-ci sur le fait que l'indice Nikkei ne chuterait pas en dessous d'un certain seuil.

Seulement, ironie du sort, les positions sur l'indice Nikkei s'envolèrent, et ce à la suite du tremblement de terre de Kobe qui provoqua une chute brutale de l'indice. Ce fut l'évènement qui a démasqué les pertes.

Où se situent les failles ayant conduit à ce désastre ?

– La première faille réside dans le contrôle interne de la banque qui s'est avéré totalement défaillant. En effet, l'un des principes de base sur lesquels repose un système de contrôle interne est la gestion des conflits d'intérêts (identification et séparation des tâches qui présentent un conflit d'intérêt réel ou potentiel). Le trader cumulait les tâches de « front office », qui prend des positions ouvertes, et celles du « back office » qui est censé comptabiliser les opérations, faisant ainsi remonter les résultats (pertes dans ce cas) à la hiérarchie.

D'autre part, la fonction du « middle office », qui est censée contrôler a priori la nature des opérations effectuées par le trader ainsi que le respect des limites qui lui sont imposées, a failli à sa mission. C'est de cette façon que ce trader a pu à la fois prendre des positions à découvert, dépassant les montants autorisés, et dissimuler ces dépassements et ces pertes.

– L'autre défaillance est humaine, le trader a fraudé selon sa hiérarchie, et ce d'une part en dissimulant les pertes et d'autre part en dépassant ses limites de positions et en s'engageant dans des opérations non autorisées.

– À cela s'ajoute la responsabilité de l'audit interne qui n'a pas pu détecter et contrôler la stratégie du trader.

– Enfin, on peut ajouter aussi un évènement externe qui a provoqué la chute de l'indice boursier, c'est le tremblement de terre de Kobe.

2.1.2. Quant au cas de Daiwa Bank, elle était à l'époque l'une des 20 premières banques au monde en matière de taille d'actifs et la 12e banque commerciale du Japon.

Elle a annoncé le 26 septembre 1995 que sa succursale de New York avait perdu plus d'un milliard de dollars sur une période de 11 ans.

Son cas est similaire à celui de la Barings, elle était également victime de la fraude de son trader new-yorkais, Toshihide IGUCHI qui était responsable des opérations sur obligations de Daiwa à New York. Il avait, lui aussi, dépassé ses limites de positions autorisées sur le marché des bons de Trésor américain. Pour cacher ces positions, il a fabriqué de faux documents.

Pourtant, après la faillite de Barings, les responsables japonais avaient rassuré les régulateurs et la profession quant à l'efficacité des procédures appliquées dans leurs pays. Or, comme on peut le constater, ce n'est pas l'insuffisance des fonds propres qu'il faut incriminer, mais plutôt l'échec de la banque dans la mise en œuvre des systèmes appropriés de contrôle interne et de gestion des risques.

En effet, le fait que les pertes aient pu être dissimulées pendant une période de 11 ans a montré clairement que le contrôle et la supervision des activités commerciales de ce trader étaient insuffisants. Par ailleurs, les deux audits effectués chez Daiwa, en 1989 et en 1994, n'ont pas permis de détecter les pertes.

Dans le cas de Daiwa, il y'a eu un autre facteur aggravant, c'est le manque de transparence de la direction de la banque et des régulateurs japonais. Ainsi, après que ce trader a dévoilé ses agissements à ses supérieurs dans une confession écrite, Daiwa a mis les autorités de contrôle japonaises au courant de cette affaire. Seulement, au lieu de révéler l'affaire aux autorités américaines, Daiwa, avec la complicité de sa direction et de celle des plus hautes autorités de son pays, a continué d'adresser de faux relevés à la Réserve fédérale de New York.

Les experts de la profession et les médias ont été choqués par la façon dont la perte avait été dissimulée dans une première fois sur une période de 11 ans puis par les cadres supérieurs de Daiwa après que ce trader a avoué ses pertes aux dirigeants de Daiwa, et ce dans une lettre du 13 juillet 1995.

À la différence de Barings, qui a été rachetée par le groupe néerlandais ING, faute de pouvoir faire face aux pertes accumulées par son trader, Daiwa a pu continuer ses activités en constituant, toutefois, une provision couvrant l'intégralité des pertes. La banque a dû également vendre certains actifs pour couvrir le trou.

Même si, comme on l'a vu, l'Accord Bâle I n'a pas pu résister à un simple examen critique, il a fallu attendre les scandales de la Barings et de Daiwa pour convaincre les membres du Comité de s'atteler à une révision et un approfondissement des règles. En effet, ces deux escroqueries ont soulevé de sérieux doutes quant aux politiques de gestion des risques suivies par les banques.

Paragraphe II : Pour une approche intégrant les aspects qualitatifs : l'Accord Bâle II

D'autres scandales similaires à ceux de la Barings et de la Daiwa peuvent éclater, et ce dans la mesure où les problèmes résident ailleurs :

– la non-prise en compte de tous les risques (risque opérationnel, entre autres) ;

– la cupidité des traders, dont le mode de rémunération les incite à prendre davantage de risques ; leurs revenus étant constitués en majorité de salaires variables qui dépendent de leurs performances en matière de volume d'activité ;

– la défaillance des dispositifs de contrôle interne et de gestion des risques qui sont censés identifier les risques en vue d'élaborer des garde-fous sous forme de procédures capables d'éviter que ces risques ne se matérialisent en pertes ;

– implication et application insuffisantes de l'organe d'administration à travers, notamment, le comité d'audit et la fonction d'audit interne ;

– le manque de transparence des dirigeants de la banque et des régulateurs (cas de Daiwa).

Comme on va le voir, l'Accord Bâle II, avec ses trois piliers, peut être considéré comme une réponse à ces limites.

Ainsi, comme on a pu le constater, si le premier Accord n'a pas pu éviter des faillites bancaires, objectif pour lequel il a été conçu, c'est parce qu'il n'a pas pu prendre en compte l'ensemble des risques auxquels sont exposées les banques. Plus particulièrement, le risque opérationnel a été fatal pour la Barings et a coûté cher à Daiwa. L'Accord Bâle II va ainsi inclure le risque opérationnel dans le ratio de solvabilité, à côté des risques de crédit et de marché.

De même, en se limitant à la seule règle d'exigence quantitative sous forme de fonds propres, l'Accord Bâle I n'a donné aucune importance aux problèmes de gouvernance et de transparence, ni aux dispositifs de contrôle interne et de gestion des risques à mettre en place pour l'encadrement des comportements des managers qui prennent les risques au nom de la banque.

En effet, il y a un autre aspect qu'il convient de souligner, c'est le caractère endogène du risque bancaire ; il n'est jamais totalement subi par la banque, mais résulte, au moins pour partie, de décisions explicites prises en fonction à la fois de la rentabilité des opérations correspondantes et du niveau de risque qui en résulte (accorder ou non un crédit, couvrir ou non une position, diversifier ou non un portefeuille, agir dans des marchés organisés ou de gré à gré, etc.).

En se limitant au risque provenant du client, la vision du risque bancaire, dominante jusqu'ici, a participé à l'instauration d'une culture de gestion des risques uniquement concentrée sur un système de gestion en aval, et ce par une couverture en fonds propres. Or, assurer la pérennité d'une banque nécessite également des actions et des mesures préventives et qui sont prises le plus en amont possible.

C'est l'un des objectifs centraux de la réforme apportée par Bâle II qui va ainsi essayer de remédier à cela, et ce en ajoutant deux autres exigences réglementaires d'ordre qualitatif cette fois, à savoir le pilier II, pour la gouvernance et le pilier III, pour la transparence garantissant la discipline de marché.

En d'autres termes, l'état d'esprit du pilier II de cette réforme est qu'il ne suffit plus de contraindre les banques à détenir un niveau minimum de fonds propres, mais de les aider à mettre en place un meilleur dispositif de gestion des risques.

D'autre part, à travers le pilier III, l'Accord Bâle II tend à donner plus de poids au jugement des marchés, tant dans la mesure des risques que dans le jugement global de la solidité des banques. Il est censé ainsi discipliner les acteurs.

Ainsi, selon ses promoteurs, cet Accord est conçu de façon à refléter effectivement les risques et à éliminer les arbitrages réglementaires, et ce afin d'asseoir une concurrence équitable et faire coïncider les fonds propres réglementaires (pilier I) et les fonds propres économiques (pilier II).

Toutefois, il y'a lieu de rappeler qu'avant la publication de l'Accord Bâle II, le comité de Bâle avait déjà tendance à privilégier les aspects qualitatifs dans l'élaboration de ses recommandations. La publication, en septembre 1997, des « 25 principes pour un contrôle bancaire efficace »[25] et la méthodologie de leur évaluation par la Banque mondiale en constituent le tournant. Ce document expose les principes que chaque autorité de contrôle doit respecter pour disposer d'un contrôle bancaire efficace.

Ces recommandations s'attaquent ainsi à un autre volet, à savoir la responsabilité des régulateurs dans les faillites bancaires et les crises financières. En effet, la réglementation ne peut pas suffire à elle seule pour

---

[25] Comité de Bâle sur le contrôle bancaire, « Principes fondamentaux pour un contrôle bancaire efficace », septembre 2012.

endiguer les faillites bancaires, encore faut-il que chaque pays dispose d'un dispositif de supervision bancaire adéquat et doté de tous les moyens humains, techniques et méthodologiques nécessaires. Ces moyens sont justement déclinés par le comité de Bâle en 25 principes puis en 29 dans la version de 2012, et que chaque pays doit respecter. Il s'agit des meilleures pratiques en matière de contrôle bancaire.

Le nouveau dispositif est ainsi fondé sur trois piliers qui, s'ils sont mis en œuvre correctement, se renforceront mutuellement. Il comporte :

– des exigences quantitatives (pilier I),

– des exigences qualitatives, et ce par une surveillance prudentielle sur mesure et adaptée au profil de risque de chaque établissement pris individuellement (pilier II)

– et un contrôle par le marché à travers une communication financière sensiblement améliorée et assurant une discipline des acteurs (pilier III).

2.1. Le premier pilier : Exigences minimales de fonds propres

Le pilier I est un ratio de solvabilité. Bâle II concrétise ainsi l'idée déjà affirmée par Bâle I et selon laquelle, la capitalisation est le principal moyen d'atteindre l'objectif de stabilité financière.

S'agissant du numérateur du ratio, à la définition des fonds propres donnée par Bâle I, on a ajouté une autre catégorie qui a été introduite en 1996, et ce lorsque le risque de marché a été intégré dans le dénominateur du ratio. Il s'agit des « fonds propres surcomplémentaires » et qui sont destinés justement et uniquement à couvrir le risque de marché.

Pour le dénominateur du ratio, Bâle II introduit trois nouveautés visant à prendre en compte le plus fidèlement possible les conditions d'activité des banques :

– tout d'abord, la typologie des risques est renforcée ; trois types de risques (le risque crédit, le risque de marché et le risque opérationnel) sont pris en compte au lieu de deux auparavant ;

– ensuite, la méthode d'évaluation des risques de marché (la VaR en l'occurrence), déjà développée par les banques, peut être appliquée aux risques crédit et opérationnel ;

– enfin, contrairement au système de pondérations adopté par le premier Accord et qui ne prend en compte que la nature institutionnelle de la contrepartie, le pilier I vise principalement à accroître la sensibilité des fonds propres des banques à leurs risques. Pour cela, il va intégrer les nouvelles techniques développées par les banques pour mesurer et gérer leurs risques et déterminer ainsi leurs exigences de fonds propres.

2.1.1. Le risque crédit

Pour le risque crédit, Bâle II offre aux banques deux approches possibles pour calculer leurs exigences de fonds propres réglementaires :

– la méthode standard, où l'appréciation des risques est déterminée à l'extérieur de la banque, et ce selon les notations octroyées par les « organismes externes d'évaluation du crédit » (OEEC)[26]

– et la méthode « notations internes ou NI », où l'appréciation des risques découle de notations internes fournies par les banques à leurs contreparties et qui va leur permettre de déterminer leur niveau de fonds propres réglementaires. Elle se divise elle-même en deux méthodes, l'une « NI simple » ou « approche IRB de base » et l'autre « NI complexe » ou « approche IRB avancée. »

L'objectif étant de parvenir à une meilleure tarification des risques, et ce contrairement à Bâle I où les pondérations ne dépendaient pas du profil de risque de la contrepartie. Cette évolution est alors censée être défavorable au financement des crédits les plus risqués et qui profitaient dans Bâle I d'une sorte de mutualisation implicite, et ce du fait d'une insuffisante différenciation : une seule pondération pour toutes les contreparties faisant partie d'une même catégorie institutionnelle.

Le Comité de Bâle s'attend d'ailleurs à ce que les banques évoluent vers les méthodes les plus avancées, et ce au fur et à mesure de l'amélioration de leur capacité de mesure et de gestion des risques ; pour ce faire, il a introduit des incitations en ce sens dans le dispositif sous forme d'économies en fonds propres. En effet, pour échapper au bon vouloir des agences de notation et pouvoir calculer, elles-mêmes, leur niveau de fonds propres réglementaires, les banques ont, bien entendu, intérêt à passer à l'approche « NI complexe » le plutôt possible, et ce en développant leur propre modèle. Elles réaliseront ainsi des économies en fonds propres qui seront finement adossés à leurs risques. Ce passage est toutefois subordonné à certaines conditions et à l'accord de l'autorité de contrôle.

Ainsi, dans l'esprit des architectes de cet Accord, en conduisant à une plus grande différenciation dans le traitement des risques de crédits, ce système va permettre aux banques d'estimer par elles-mêmes, aux moyens de leurs informations internes, la charge en fonds propres, c'est-à-dire le montant des fonds propres nécessaires pour couvrir le risque crédit.

Pour ce faire, la banque note ses clients à partir d'informations publiques et celles recueillies en interne pour les classer ensuite en portefeuilles

---

[26] Il s'agit des agences de notation ; les plus connues sont « Standard & Poor's », « Moody's » et « Fitch Rating » ; établies, respectivement, en 1868, 1908 et 1913.

homogènes. On distingue trois éléments clés caractérisant chacune des catégories d'actifs couvertes par le dispositif notations internes (NI) :

– « les composantes du risque » qui sont fournies par les banques et qui donnent les estimations des paramètres du risque ;

– « les fonctions de pondération », il s'agit des « moyens permettant de traduire les composantes du risque en actifs pondérés puis en exigences de fonds propres » ;

– « les exigences minimales », « c'est-à-dire les normes minimales que les banques doivent respecter pour appliquer l'approche notations internes (NI) à une catégorie donnée. »[27]

En effet, à un horizon donné, une banque est censée avoir les moyens lui permettant de prévoir le montant des pertes qu'elle s'attend à supporter sur son portefeuille. Ces pertes attendues (PA) sont calculées pour chaque contrepartie et ainsi sur l'ensemble de son portefeuille. Pour un crédit considéré isolément, les composantes du risque comprennent les mesures de :[28]

– « probabilité de défaut » (PD) : c'est la probabilité que le débiteur ne puisse pas remplir ses engagements contractuels, elle mesure le risque de défaut du débiteur ;

– « perte en cas de défaut » (PCD) : c'est la perte occasionnée en cas de défaut du débiteur ; il s'agit du pourcentage de perte que la banque subirait par rapport au montant du crédit débloqué au moment du défaut ;

– « exposition en cas de défaut » (ECD) : c'est le montant du crédit qui est exposé au moment du défaut. Elle correspond au montant total du crédit déduction faite des remboursements et des garanties réelles ;

– l'échéance effective (EE) : c'est-à-dire la durée résiduelle du crédit, dont l'ampleur influence, bien entendu, le risque de non-remboursement.

La perte attendue (PA) sur le portefeuille d'une banque est alors égale au produit de ces trois paramètres. Connaissant leur valeur pour chaque actif, l'institution est censée être capable de mesurer les pertes attendues et par voie de conséquence, déterminer le montant des fonds propres requis.

À l'intérieur de la méthode « notations internes », « le Comité a prévu deux grandes approches : une approche fondation et une approche avancée. Dans la première, les banques fournissent en général leurs propres estimations pour PD et appliquent aux autres composantes celles de l'autorité de contrôle. Dans

---

[27] Comité de Bâle sur le contrôle bancaire, « Convergence internationale de la mesure et des normes de fonds propres », dispositif révisé, version compilée, juin 2006, p. 65.
[28] *Ibid.*, p. 57.

le cadre de l'approche avancée, les établissements font davantage appel à leurs évaluations internes pour PD, PCD et ECD ainsi qu'à leur propre calcul de l'échéance effective (EE), sous réserve, toutefois, du respect des exigences minimales. »[29]

Cependant, ce qui complique les données, c'est que la perte effective sur un crédit peut être supérieure ou inférieure à cette perte attendue (PA), notamment selon que l'état de l'économie est favorable ou non. Or, la banque est également préoccupée par le montant des pertes inattendues (PI) ; autrement dit, par l'incertitude des pertes également.

En effet, « l'approche NI se fonde sur la mesure des pertes inattendues (PI) et attendues (PA) ».[30]

C'est justement l'objet des modèles de risque crédit que de mesurer cette incertitude des pertes. Elle est généralement traduite par la « value at risk » (VaR) du portefeuille, c'est-à-dire la perte maximale potentielle pouvant survenir à l'horizon choisi avec une certaine probabilité, par exemple 1 %, ou à un intervalle de confiance de 99 %. Celle-ci détermine le montant des pertes non anticipées (PI), donc celui des fonds propres nécessaires pour les couvrir.[31]

Pour déterminer la VaR, il est nécessaire de construire la fonction de densité des pertes sur l'ensemble du portefeuille.[32]

L'idée centrale des modèles de risque crédit est que l'incertitude des pertes résulte, en définitive, du caractère volatil des PD et des PCD ou, si l'on préfère, de l'incertitude du nombre final de défauts et de celle du taux de recouvrement.[33]

Or la volatilité des PD dépend, elle-même, de deux types de facteurs :[34]

– des facteurs de risque spécifiques à chaque emprunteur

– et des facteurs de risque systématiques communs à tous les emprunteurs.

Ce sont ces derniers facteurs qui écartent les PD de leurs moyennes historiques et expliquent la migration d'un emprunteur d'une classe de risque (définie par sa PD) vers le défaut.

---

[29] *Ibid.*, p. 65.
[30] *Ibid.*, p. 57.
[31] DIETSCH Michel, « De Bâle II vers Bâle III : les enjeux et les problèmes du nouvel accord », in *Revue d'économie financière*, Année 2003, No. 73. Fait partie d'un numéro thématique, « Bâle II : Genèse et enjeux », pp. 325-342. Mis en ligne par persee.fr.
[32] *Ibid.*
[33] *Ibid.*
[34] *Ibid.*

Étant donné que le risque spécifique est normalement neutralisé par la diversification, et ce en raison de la loi des grands nombres ou de la mutualisation des risques, le risque global du portefeuille provient alors principalement du risque systématique (ou général).

Ainsi, les PD sont liées au facteur systématique par une fonction de PD « conditionnelle » qui transforme des réalisations des facteurs systématiques (les différents états de l'économie) en taux de défaut.

Une PD conditionnelle est alors construite pour chaque emprunteur et pour chaque état de l'économie. En situation de récession, la plupart des emprunteurs verront, par exemple, leur PD croître. Cette PD conditionnelle est distincte de la PD « historique » de l'emprunteur ou de sa classe de risque.

Par ailleurs, toujours dans une approche de portefeuille, le risque d'un crédit est aussi fonction de sa contribution aux risques d'un portefeuille, c'est-à-dire de la corrélation entre ce crédit et les autres crédits figurant dans le même portefeuille. De ce fait, un crédit, dont la valeur est davantage corrélée avec celle des autres crédits du même portefeuille, est considéré comme plus risqué.[35]

Par conséquent, dans les modèles de risque de crédit, les effets de diversification du portefeuille sont ainsi pris en compte par le biais des corrélations entre actifs. Si le portefeuille est bien diversifié, ce qui est généralement le cas dans la banque de détail, les difficultés financières propres à chaque emprunteur n'affectent pas profondément l'institution de crédit, et ce en raison des effets de diversification et de mutualisation liés à la loi des grands nombres. C'est le fameux concept de « granularité » introduit dans cet Accord.

Ainsi, les emprunteurs les moins risqués, les grandes entreprises en l'occurrence, sont supposés être davantage sensibles aux cycles, alors que ceux plus risqués (les PME notamment), leurs difficultés sont supposées provenir plutôt du risque spécifique (importance du capital humain, existence d'une comptabilité fiable, etc.) que du caractère cyclique de leurs activités.

Le principal avantage des modèles de portefeuille de risque crédit est alors d'intégrer correctement les effets de la diversification des portefeuilles. C'est dans ce sens que le Comité a affiné l'analyse des risques de crédit, et ce en définissant cinq grands portefeuilles entre lesquels les banques vont devoir classer leurs engagements de bilan et hors bilan : « a) entreprises, b) emprunteurs souverains, c) banques, d) clientèle de détail et e) actions.

---

[35] *Ibid.*

La catégorie “entreprises” comporte cinq sous-catégories de financements spécialisés, tandis que celle de “clientèle de détail” en comprend trois. »[36]

Un emprunteur peut ainsi se voir assigner une valeur de ce paramètre plus ou moins forte selon le caractère plus ou moins cyclique de son activité.

Ces catégories générales peuvent faire l’objet de subdivisions : ainsi, dans le portefeuille relatif aux entreprises, les PME font l’objet d’un traitement différent des grandes entreprises et le portefeuille de détail comprend, aux côtés des particuliers, les entrepreneurs individuels et les TPE.

L’Accord Bâle II a ainsi développé, pour chaque type de risques, plusieurs options tenant compte de la capacité des banques à investir dans des instruments de gestion sophistiqués. Ces modèles, une fois validés par les superviseurs, seront utilisés non seulement pour calculer les fonds propres réglementaires, mais également les fonds propres économiques.[37]

Les banques sont censées alors faire évoluer la gestion de leurs risques en fonction des meilleures pratiques de la profession. Elles pourront désormais traduire ces changements dans le calcul de leurs fonds propres réglementaires, et ce en utilisant la méthode appropriée en fonction de leurs systèmes de gestion interne.

D’autre part, contrairement à Bâle I, où la pondération reste toujours la même, ici la dégradation de la qualité de signature d’un emprunteur devrait se traduire par une augmentation de fonds propres requis et vice versa.

De même, les modèles internes ne permettent pas uniquement d’estimer le montant des pertes et ainsi celui des fonds propres requis, ils fournissent également des indications sur la stratégie à adopter pour atteindre un objectif d’efficience et de rentabilité optimale, et ce en définissant une politique de distribution sectorielle et géographique des crédits et leur déclinaison sur le plan opérationnel sous forme de limites à leurs engagements. Autrement dit, cela les inciterait à prendre davantage en compte le risque dans leurs décisions de crédit.

En effet, ces modèles ont l’avantage de permettre aux banques de :

– procéder à une évaluation de la rentabilité corrigée du risque à travers, notamment, le calcul du RaRoc (risk adjusted return on capital). Ceci consiste à mesurer le taux de rendement d’une activité, en corrigeant le niveau de fonds propres requis par le risque y afférent. Le montant des fonds propres économiques ainsi défini permet de mesurer la performance financière réelle

---

[36] Comité de Bâle sur le contrôle bancaire, « Convergence internationale de la mesure et des normes de fonds propres », *op.cit.*, p. 57.

[37] On reviendra plus tard sur cette notion de « fonds propres économiques », Cf. pilier II.

de l'activité, et ce en rapportant les bénéfices attendus aux fonds propres nécessaires pour couvrir les risques qui y sont associés ;

– bien gérer leur portefeuille, et ce à l'aide de cette rentabilité corrigée du risque, ainsi calculée. Ce faisant, cela permet de comparer les performances réelles de leurs différents engagements ;

– réaliser un arbitrage entre les différents métiers, et ce pour une allocation rationnelle de leurs fonds propres, réalisant ainsi un pilotage stratégique de leurs activités. Cela pourrait, par exemple, se traduire par une filialisation, une externalisation ou carrément une cessation de certaines activités trop peu rentables, car trop consommatrices en fonds propres.

Ces modèles sont censés ainsi favoriser une approche à la fois plus prudente, mais aussi plus performante de la gestion des activités des banques.

Dans l'esprit des architectes de cet Accord, les banques sont les mieux placées pour contrôler les risques, et ce dans la mesure où elles en sont les initiatrices. Une réglementation prudentielle efficace consisterait alors à la décentraliser tout en incitant les banques à s'autocontrôler.

La fonction du régulateur se limiterait, dans ce cas, à s'assurer de la qualité de cet autocontrôle, c'est-à-dire de vérifier que les estimations de pertes fournies par les modèles internes correspondent bien aux pertes effectivement constatées et que les fonds propres déclarés sont effectivement suffisants pour absorber les pertes.

Par conséquent, pour être autorisées à utiliser les approches notations internes pour le calcul de leurs fonds propres réglementaires, les banques doivent remplir et satisfaire à un ensemble de critères et conditions.

Ainsi, dans ce document, le Comité[38] expose en douze points les exigences minimales requises pour l'admission à l'approche NI :

1) composition des exigences minimales, 2) conformité aux exigences minimales, 3) conception du système de notation, 4) opérations liées au système de notation du risque, 5) gouvernance et surveillance d'entreprise, 6) utilisation des notations internes, 7) quantification du risque, 8) validation des estimations internes, 9) estimations prudentielles de PCD et ECD, 10) exigences pour la prise en compte du crédit-bail, 11) calcul des exigences de fonds propres applicables aux expositions sur actions, 12) exigences de communication financière.

Quant aux critères et conditions qui doivent être respectés par une banque pour être habilitée à appliquer l'approche « notations internes », on citera juste

---

[38] Comité de Bâle sur le contrôle bancaire, « Convergence internationale de la mesure et des normes de fonds propres », *op.cit.*, p. 97.

ceux et celles qui relèvent de saines pratiques de gouvernance en matière de gestion du risque crédit.

Chaque banque doit alors donner l'assurance à l'autorité de contrôle, notamment :

– qu'elle respecte certaines exigences minimales, dont plusieurs sont représentées par des objectifs que doivent atteindre ses systèmes de notation du risque ;

– que les pratiques générales de gestion du risque de crédit, mises en place, suivent l'évolution des directives de saine gestion émises par le Comité de Bâle et l'autorité de contrôle ;

– que le modèle ou la procédure possède de bonnes capacités prédictives et que son utilisation ne risque pas de fausser les exigences de fonds propres réglementaires.

D'un autre côté, « ... la banque doit être dotée de procédures pour évaluer les attributions de notations fondées sur un modèle permettant, notamment, d'identifier et de circonscrire les erreurs liées aux carences connues du modèle, et pour améliorer véritablement et de manière permanente la performance. »[39]

D'autre part, « Tous les principaux éléments des processus de notation et d'estimation doivent être approuvés par le conseil d'administration de la banque ou un comité ad hoc et la direction générale. Ces instances doivent connaître les principes généraux du système de notation du risque utilisé et en comprendre les modalités figurant dans les rapports de gestion qui leur sont remis. »[40]

De même, la direction générale doit « ... bien connaître la conception du système de notation et son fonctionnement, approuver les différences importantes entre la procédure établie et la pratique et s'assurer en permanence de sa bonne marche. » Pour cela, elle « ... doit discuter régulièrement avec le personnel chargé du contrôle du (risque) crédit des résultats du processus de notation, des domaines ayant besoin d'être améliorés et de la progression des efforts mis en œuvre pour remédier aux insuffisances identifiées ». Elle doit également « ... faire part (à l'organe) d'administration ou au comité ad hoc nommé par lui de tous les changements ou exceptions majeurs par rapport aux politiques établies qui auront un impact significatif sur le fonctionnement du système de notation. »[41]

---

[39] *Ibid.*, p. 103.
[40] *Ibid.*, p. 107.
[41] *Ibid.*

Enfin, l'audit interne « … doit revoir au moins une fois l'an le système de notation de la banque et son fonctionnement, y compris la fonction crédit, les estimations PD, PCD et ECD ainsi que la conformité à toutes les exigences minimales applicables. (…) Certaines autorités de contrôle nationales peuvent également demander un audit externe des processus d'attribution des notations et une estimation des caractéristiques de pertes. »[42]

Pour cela, tous les éléments clés d'un modèle et du processus de modélisation devraient être parfaitement documentés. Cette documentation est destinée à prouver que la banque respecte bien les « … normes minimales et traite tous les sujets y afférents tels que la différenciation des portefeuilles, les critères de notation, les responsabilités des parties qui notent les emprunteurs (…), les parties ayant autorité pour approuver les exceptions, la fréquence des révisions de notations et la surveillance du processus de notation par la direction de la banque. » Par ailleurs, les raisons du choix des critères de notations internes doivent également être documentées et des analyses doivent être effectuées pour montrer que ces critères et procédures sont en mesure de fournir des notations permettant de différencier les risques de façon significative.

Les critères et procédures de notation doivent être révisés périodiquement, et ce « … afin de déterminer s'ils restent pleinement applicables au portefeuille actuel et aux conditions du moment. Il est, en outre, nécessaire de documenter les principales modifications apportées au processus de notation des risques. Cette documentation doit, notamment, permettre de discerner celles qui ont été effectuées après la dernière révision prudentielle. Le dispositif d'attribution des notations, dont la structure de contrôle interne, doit également être documenté. »[43]

En d'autres termes, les banques sont tenues de consigner par écrit tous les détails relatifs à la conception et au fonctionnement de leurs modèles internes de notation.

Les banques doivent également satisfaire aux exigences de communication financière définies dans le cadre du troisième pilier.

En définitive, pour le Comité de Bâle, le « … système de notation recouvre l'ensemble des processus, méthodes, contrôles ainsi que les systèmes informatiques et de collecte des données qui permettent d'évaluer le risque crédit, d'attribuer des notations internes et de quantifier les estimations de défaut et de pertes. »[44]

---

[42] *Ibid.*, p. 108.
[43] *Ibid.*, p. 103.
[44] *Ibid.*, p. 98.

Il incombe, en définitive, à la banque de convaincre son autorité de contrôle de l'efficacité prédictive de son système de notation et de montrer qu'il n'en résulte aucune distorsion quant aux exigences de fonds propres réglementaires.

À cet égard, la mesure la plus simple du risque de crédit, l'approche standard, est très proche de Bâle I et c'est pour cela d'ailleurs que ce nouveau dispositif, en encourageant les banques à construire des systèmes de notations sophistiqués, leur permettra, du même coup, de faire un meilleur usage de la connaissance de leurs risques. Les connaissances des experts de la banque sont ainsi stockées et exploitées pour une meilleure gestion des risques.

2.1.2. Le risque opérationnel

Il est défini par le Comité de Bâle comme étant « … le risque de perte résultant d'une carence ou une défaillance inhérente aux procédures, aux personnes, aux systèmes internes ou à des évènements extérieurs. Cette définition inclut le risque juridique, mais exclut le risque stratégique et de réputation. »[45]

On reconnaît dans cette définition les facteurs, les causes et les responsabilités ayant conduit aux défaillances de la Barings et de Daiwa.

Par ailleurs, contrairement aux autres risques (crédit et de marché), cette définition présente la particularité de partir des conséquences, des effets du risque opérationnel (les pertes en l'occurrence), pour remonter aux causes. En d'autres termes, le point de départ du traitement prudentiel de ce risque s'appuie sur la notion de perte.

Ceci est tout à fait normal, il s'explique par le fait que les pertes opérationnelles représentent la seule donnée disponible, et ce faute de disposer a priori d'une mesure de « l'exposition » comme pour les risques crédit et de marché.

D'autre part, le risque opérationnel soulève plusieurs autres spécificités et difficultés :

– les causes (internes et externes) et les conséquences sont souvent étroitement imbriquées, ce qui rend nécessaire une analyse fine des évènements pour identifier les mécanismes qui sont à l'œuvre[46]. De même, elles peuvent être multiples (Daiwa) ;

---

[45] *Ibid.*, p. 157.

[46] NOUY Danièle, « Le champ du risque opérationnel dans Bâle II et au-delà », in *Revue d'économie financière*, Année 2006/84. Fait partie d'un numéro thématique, « Le risque opérationnel », pp. 11-24. Mis en ligne par persee.fr.

– le risque opérationnel concerne, par définition, de nombreux acteurs et activités et opérations, et ce à tous les échelons du dispositif organisationnel de la banque et dans tous ses métiers ;

– les évènements du risque opérationnel sont subis de façon aléatoire, et ce contrairement aux autres risques qui sont endogènes à la banque ; ce qui fait que l'on ne peut pas imposer des limites pour la gestion de ce risque ;

– contrairement aux autres risques (notamment de crédit et de marché), le risque opérationnel n'est pas un risque financier ;

– le facteur temps est un élément important ; certains évènements ne pouvant apparaître qu'au bout d'un délai plus ou moins long (par exemple : délai avant de découvrir une fraude). Comme cela a été le cas pour Barings et Daiwa ;

– enfin, la plupart des banques souffrent de manque de base de données sur leurs pertes.

C'est, finalement, une culture de vigilance et de contrôle qu'il faut construire et diffuser au sein d'un nombre élevé possible de collaborateurs, en particulier ceux des entités « périphériques » (agences de petite taille qui sont éloignées des centres de décision et de contrôle, salles de marchés, etc.).

Malgré toutes ces difficultés, le Comité de Bâle estime que le risque opérationnel doit être traité comme les autres risques. Il a alors proposé trois approches pour déterminer l'exigence de fonds propres réglementaires au titre de ce risque, et ce par ordre croissant de complexité et de sensibilité au risque :

– approche indicateur de base ;

– approche standard ;

– approche de mesure avancée (AMA : advanced measurement approach).

Dans « l'approche indicateur de base », le calcul des exigences de fonds propres repose sur un calcul forfaitaire assis sur le produit net bancaire (PNB) moyen des trois derniers exercices ayant dégagé un résultat positif.

L'exigence de fonds propres, selon cette approche, est ainsi égale à 15 % de la moyenne des PNB, calculée sur 3 ans.

Quant à « l'approche standard », son application exige des banques de ventiler leurs activités en huit lignes de métier : « financement des entreprises », « activités de marché », « banque de détail », « banque commerciale », « paiement et règlement », « fonctions d'agent », « gestion d'actifs » et « courtage de détail ».

L'exigence de fonds propres, relative à une année donnée, est alors égale à la somme des PNB, positifs ou négatifs, des huit lignes de métiers, multipliée par le coefficient de pondération[47] correspondant et qui dépend du degré de risque de chaque ligne métier.

Lorsque l'exigence de fonds propres, au titre d'une année donnée, est négative, elle est prise en compte en tant que valeur nulle.

Le Comité de Bâle laisse le choix à chaque autorité de contrôle d'autoriser une banque à appliquer « l'approche standard alternative » et pour laquelle l'exigence de fonds propres est égale :

– aux exigences de fonds propres relatives aux lignes de métiers de « banque de détail » et « banque commerciale » qui sont égales à la moyenne, sur trois ans, des encours de crédits bruts pondérés par 15 %, multipliée par 0,035 ;

– auxquelles on ajoute celles des six autres lignes de métiers, qui sont égales à la moyenne, sur trois ans, du PNB correspondant à ces lignes de métiers, affectée d'un coefficient de pondération de 18 %.

Ces moyennes sont déterminées sur la base des trois derniers PNB calculés sur une période d'un an et arrêtés à fin juin ou à fin décembre de chaque exercice.

Enfin, « l'approche mesure avancée » représente en revanche une application directe de la définition du risque opérationnel sur laquelle elle prend appui.

Elle laisse à chaque banque le soin d'estimer sa propre charge en fonds propres, et ce à partir de ses données de pertes et de ses modèles internes, ce qui est censé garantir une plus grande sensibilité aux risques réels. Les données de pertes utilisées doivent répondre strictement à la définition du risque, et ce pour bien exploiter le maximum de pertes et d'évènements au sein du champ défini pour le risque opérationnel.

Cette approche reconnaît également les efforts des banques en matière de maitrise ou de couverture de ce risque.

Ceci ne manque, toutefois, pas de soulever des difficultés techniques, et ce dans la mesure où cela nécessite l'existence d'une base de données des pertes assez large, sur laquelle doit se baser la modélisation des risques opérationnels.

---

[47] Les coefficients de pondération varient de 12 %, pour les lignes de métiers les moins risquées (« Banque de détail », « Courtage de détail » à « Gestion d'actifs ») à 18 % pour celles plus risquées (« Financement des entreprises », « Activités de marché » et « Paiement et règlement ») ; en passant par celles pondérées à 15 % (« Banque commerciale » et « Service d'agence »).

En effet, l'utilisation de la méthode avancée, définie par l'Accord Bâle II, rend indispensable la mise en place d'une procédure de collecte des pertes liées au risque opérationnel, permettant ainsi d'alimenter de façon décentralisée une base de données historique. Ces données sur les pertes doivent d'ailleurs être déclarées aux régulateurs.

C'est à partir d'une telle base que seront possibles la connaissance, l'analyse des coûts du risque opérationnel et l'alimentation des modèles internes de calcul des fonds propres réglementaires.

Cette modélisation est, toutefois, une modélisation des connaissances et non des données ; les données ne constituant qu'un élément alimentant la connaissance, l'expertise humaine en constitue l'élément fondamental.

Ainsi, dans l'esprit de Bâle II, l'exposition au risque opérationnel doit être évaluée et réduite, comme pour tout type de risque.

Dans cette perspective, il est possible d'appliquer au risque opérationnel une approche comparable à celle utilisée pour les autres risques tels que le risque crédit ou le risque de marché :

– une identification et une évaluation des risques auxquels est exposée une banque (cartographie des risques opérationnels) ;

– une évaluation des moyens mis en œuvre pour réduire cette exposition au risque ou en limiter l'impact, notamment par le dispositif de contrôle interne ou les plans de continuité d'activité ;

– une estimation des risques résiduels conduisant à une décision de gestion claire sur leur prise en compte par l'établissement.

La mesure du risque opérationnel doit alors être d'une fiabilité comparable à celle des risques crédit et de marché avec, notamment, un intervalle de confiance de 99 %.

Les banques ont, bien entendu, intérêt à passer de l'approche la plus simple à la plus complexe, et ce au fur et à mesure qu'elles développent des systèmes et des pratiques de mesure plus élaborés du risque opérationnel. Pour cela, elles doivent satisfaire à des critères ou à des conditions spécifiques.

Comme pour le passage aux approches notations internes pour le risque crédit, tous ces critères tournent essentiellement autour de la gouvernance d'entreprise. Ainsi, il ressort du document du Comité de Bâle que, pour être autorisée à appliquer cette approche, la banque doit satisfaire à plusieurs conditions dont, notamment :[48]

---

[48] Comité de Bâle sur le contrôle bancaire, « Convergence internationale de la mesure et des normes de fonds propres », *op.cit.*, p. 163.

– disposer d'un système de gestion du risque opérationnel avec une conception saine et mise en œuvre avec intégrité ; ce système doit être intégré aux autres systèmes de gestion des risques de l'établissement ;

– disposer d'une fonction de gestion du risque opérationnel indépendante, responsable de la conception et de la mise en œuvre du dispositif de gestion du risque opérationnel de l'établissement ;

– disposer de ressources suffisantes au sein des principales lignes de métier et des unités de contrôle et d'audit ;

– son conseil d'administration et sa direction générale participent activement à la surveillance du dispositif de gestion du risque opérationnel.

L'autorité de contrôle peut imposer à une banque une période initiale de surveillance de l'approche choisie, et ce avant qu'elle ne soit autorisée à l'utiliser aux fins du calcul des exigences de fonds propres réglementaires. Cette période permettra à l'autorité de déterminer la crédibilité et la pertinence de l'approche. Cette prudence est valable aussi pour les autres risques.

2.1.3. Le risque de marché

Les risques de marché sont « … définis[49] comme risques de pertes sur des positions de bilan et hors bilan, et ce à la suite des variations des prix du marché.

Ils recouvrent :

– les risques relatifs aux instruments liés aux taux d'intérêt et titres de propriété du portefeuille de négociation ;

– le risque de change et le risque sur produits de base encourus pour l'ensemble de la banque. »

Pour le risque de marché, rien n'a changé, et ce depuis son inclusion en 1996 dans le dénominateur du ratio. Le calcul des exigences de fonds propres pour la couverture de ce risque ne consiste pas à donner des directives détaillées aux assujettis ; les superviseurs se sont retrouvés dans l'obligation de déléguer la mesure de ce risque aux banques. Désormais, ce sont elles qui déterminent la mesure sur laquelle les fonds propres réglementaires seront assis.

En effet, pour le Comité, la « … valeur en risque (VeR) constitue un outil important pour le suivi des expositions agrégées aux risques de marché et permet de comparer, sur une base commune, le risque encouru dans différents segments de marché et lignes de métier. Le modèle VeR d'une banque devrait permettre d'identifier et de mesurer les risques résultant de toutes ses activités

---

[49] *Ibid.*, p. 171.

de négociation, être incorporé dans l'évaluation interne globale de ses fonds propres et faire l'objet d'un processus rigoureux de validation continue. »

Par ailleurs, les « ... estimations du modèle VeR devraient être sensibles à l'évolution du profil de risque du portefeuille de négociation. »[50] Pour cela, le Comité de Bâle a émis des recommandations pour une évaluation prudente des risques de marché.

Ainsi, il ressort du même document du Comité[51] que les « ... banques doivent mettre en place et maintenir des systèmes et des contrôles adéquats permettant de donner à leur direction et aux autorités de contrôle l'assurance que leurs estimations en matière d'évaluation sont prudentes et fiables. ». Pour cela, ces « ... systèmes doivent être intégrés aux autres systèmes de gestion des risques de l'établissement » et comporter les éléments suivants :

– Des politiques et procédures d'évaluation documentées, qui définissent, notamment et de façon précise « ... les responsabilités des différentes unités contribuant à la détermination des évaluations, les sources d'informations de marché et l'examen de leur pertinence, la fréquence des évaluations indépendantes, l'heure des prix de clôture, les procédures d'ajustement des évaluations, les procédures de vérification au cas par cas et de fin de mois. »

– Une remontée de l'information du département chargé du processus d'évaluation jusqu'à un membre autorisé de la direction générale, et ce selon un circuit clairement défini et indépendant de la salle de marchés.

S'agissant des modèles utilisés, ceux-ci doivent avoir déjà fait leurs preuves, sur une longue durée, quant à leur capacité et leur fiabilité concernant la mesure des risques, et ce avec une précision raisonnable.

De même, il « ... importe que les banques se dotent de procédures garantissant une validation appropriée de leurs modèles internes par des entités qualifiées indépendantes du processus d'élaboration desdits modèles (et ce), afin de garantir que ceux-ci reposent sur des principes sains et qu'ils incorporent de façon adéquate tous les risques significatifs. »[52]

Ainsi, en déléguant aux banques le calcul des fonds propres réglementaires par l'usage de leurs modèles internes, les superviseurs se reconvertissent dans l'élaboration de principes généraux et dans la surveillance des systèmes de contrôle interne : évaluation de la performance des modèles utilisés, des procédures de mise à jour des données, de la qualité et de l'indépendance des jugements rendus par les comités d'audit, de la séparation des fonctions et de la bonne communication des limites aux unités opérationnelles.

---

[50] *Ibid.*, p. 227.
[51] *Ibid.*, pp. 174-175.
[52] *Ibid.*, p. 221.

Pour cela, le Comité estime qu'il appartient aux autorités prudentielles de « ... s'assurer que les banques utilisant des modèles disposent de systèmes de gestion des risques de marché reposant sur des principes sains et mis en œuvre de manière intègre. » Elles doivent alors édicter « ... des critères qualitatifs auxquels les banques doivent répondre avant d'être autorisées à utiliser l'approche des modèles internes. »[53]

2.2. Le pilier II : Processus de surveillance prudentielle

Il vient compléter le premier, et ce en examinant « ... les principes essentiels de la surveillance prudentielle et comporte des recommandations concernant la gestion des risques ainsi que la transparence et la responsabilité prudentielles. »[54]

En effet, alors que le premier pilier ne porte que sur les exigences minimales valables pour toutes les banques, indépendamment de leur taille, de leurs risques spécifiques ou de leur mode de gouvernance, soit un ratio uniforme de 8 % ; le pilier II prévoit un processus de surveillance prudentielle de l'adéquation des fonds propres sur mesure, et ce pour chaque banque prise individuellement.

Le processus de surveillance prudentielle « ... vise non seulement à garantir que les banques disposent de fonds propres adéquats pour couvrir l'ensemble des risques liés à leurs activités, mais également à les inciter à élaborer et à utiliser de meilleures techniques de surveillance et de gestion des risques. »[55]

Comme on l'a dit lorsque l'on a exposé les limites de Bâle I, la taille des banques et leur modèle économique varient parfois très fortement d'un établissement à l'autre, raison pour laquelle une règle différenciée s'impose, le pilier II vient ainsi remédier à cette lacune. C'est l'individualisation du ratio de solvabilité ; il n'y a plus de ratio standard de 8 %, on recommande que chaque banque adapte sa solvabilité à ses risques, ce qui aboutit à des ratios par profil de risques.

Pour cela, c'est à l'organe de direction qu'il appartient de « ... veiller à ce que son établissement soit doté de fonds propres suffisants, au-delà des exigences minimales de base, pour couvrir les risques auxquels il est exposé. »[56]

---

[53] *Ibid.*, p. 210.
[54] *Ibid.*, p. 223.
[55] *Ibid.*
[56] *Ibid.*

Par cette différenciation du ratio, Bâle II introduit un nouveau concept, à savoir les « fonds propres économiques », lorsque le pilier I ne parle que de « fonds propres réglementaires. »

Les premiers correspondent alors au montant nécessaire pour faire face aux pertes inattendues et qui doivent être calculées activité par activité. Pour ce faire, cette catégorie de fonds propres prend en compte les risques « exceptionnels » qui sont plus larges que ceux pris en compte dans le calcul des fonds propres réglementaires. Il peut s'agir :

– des « … risques ressortant du premier pilier, mais pas entièrement pris en compte par le processus défini au titre de ce pilier (risque de concentration du crédit, par exemple) » ;

– de « … facteurs qui ne sont pas pris en compte par le processus du premier pilier (risque de taux d'intérêt dans le portefeuille bancaire, risque d'entreprise et risque stratégique, par exemple). »[57]

De même, la dimension macroéconomique du risque est également prise en compte pour le calcul des fonds propres économiques, et ce du moment que la solvabilité d'une contrepartie est sensible à l'évolution de la situation économique générale du pays.

D'autre part, dans le cadre de leur homologation des méthodes avancées, notamment l'approche NI pour le risque crédit et l'approche de mesure avancée pour le risque opérationnel, « … les autorités de contrôle doivent également s'assurer que les banques concernées continuent à respecter les normes minimales requises ainsi que les exigences en matière de communication financière. »[58]

Par ailleurs, le Comité estime que la couverture de tous ces risques exceptionnels ne doit pas passer forcément par une augmentation des fonds propres, elle peut se faire par l'intermédiaire d'un ensemble de dispositifs mis en place sur la ligne d'activité concernée. Autrement dit, le mode de gouvernance et la qualité du management, par exemple, peuvent constituer une couverture face à ces pertes exceptionnelles.

Chose intéressante, en effet, « … le Comité admet l'existence d'un lien entre le montant des fonds propres détenus par une banque, au regard de ses risques, et la rigueur et l'efficacité de ses processus de gestion des risques et de son dispositif de contrôle interne ». Autrement dit, dans l'esprit des rédacteurs de ce document, « … l'augmentation des fonds propres ne devrait pas être considérée comme l'unique moyen de réagir à un accroissement des risques ; (…) (les fonds propres) ne permettent pas de régler, à eux seuls, le

[57] *Ibid.*
[58] *Ibid.*, p. 224.

problème de procédures de contrôle ou de gestion des risques fondamentalement insuffisantes ». Le mode de gouvernance et la qualité du management doivent également être envisagés. Le Comité considère ainsi que la « … structure de contrôle interne d'une banque est essentielle pour le processus d'évaluation des fonds propres. »[59]

C'est ce que l'on a relevé à travers l'analyse des causes ayant conduit aux problèmes rencontrés par Barings et Daiwa.

L'importance du processus de surveillance prudentielle réside ainsi dans le fait qu'il est de nature à inciter les banques à élaborer et à utiliser les meilleures techniques de surveillance et de gestion des risques.

Ainsi, contrairement à Bâle I qui n'était qu'un simple ratio, ce nouvel Accord va, par l'intermédiaire de son pilier II, s'intéresser au fonctionnement interne de la banque ; il se fonde sur une responsabilisation de l'organe de direction et de l'organe d'administration à l'égard du régulateur et des marchés. Le premier est responsable des risques pris par la banque et c'est à lui que revient la tâche de veiller à la mise en place d'une gestion adaptée de ces risques, ce qui implique des règles, des procédures, un contrôle interne, une fonction de conformité et une communication uniforme au sein de l'organisation. De même, il est responsable de l'adéquation du niveau de fonds propres au profil de risque de la banque.

Quant à l'organe d'administration, il doit définir la tolérance de l'établissement aux risques et « … s'assurer que les dirigeants établissent un dispositif d'évaluation des divers risques, élaborent un système permettant de mettre ces risques en relation avec le niveau de fonds propres de la banque et définissent une méthode de surveillance de la conformité aux politiques internes. » L'organe d'administration devrait également adopter et favoriser « … des contrôles internes rigoureux ainsi que des politiques et des procédures consignées par écrit, et qu'il s'assure que les dirigeants les diffusent efficacement dans l'ensemble de l'établissement. »[60]

La logique qui sous-tend cette réforme est simple : elle suggère le passage d'une méthode purement quantitative et forfaitaire à une méthode ajoutant le qualitatif au quantitatif, la rendant ainsi plus sensible à la qualité intrinsèque des risques. Plus précisément, elle vise à réconcilier les fonds propres économiques et les fonds propres réglementaires. Ceux-ci ne reflètent plus ceux-là qui doivent être plutôt calculés par les banques pour mesurer les risques réels.

---

[59] *Ibid.*, pp. 223-228.
[60] *Ibid.*, p. 225.

C'est le fameux « processus d'évaluation interne de l'adéquation des fonds propres (internal capital adequacy assessment process - ICAAP) ». Les banques sont obligées d'avoir un modèle interne d'allocation des fonds propres. Les fonds propres internes doivent correspondre aux fonds propres nécessaires pour couvrir tous les risques identifiés par une banque. Leur calcul repose sur les méthodes développées par chaque banque pour prendre en compte leurs spécificités.

D'autre part, outre un appel au renforcement de la gouvernance des banques, cet Accord, à travers son pilier II, interpelle directement les autorités de supervision bancaire qui devront revoir la pertinence de leurs instruments de contrôle et d'analyse des risques bancaires.

Ainsi, le Comité considère qu'il « … incombe aux autorités de contrôle de juger de la qualité de l'évaluation interne par les banques de leurs besoins en fonds propres en fonction des risques et d'intervenir, si nécessaire. »[61]

Par conséquent, ce pilier donne la latitude aux autorités de supervision d'exiger un montant supplémentaire de fonds propres pour chaque banque, et ce en fonction de son profil de risque (sa taille, son mode de gouvernance, ses risques, notamment ceux non pris en compte par le pilier I, etc.).

D'ailleurs, sur les quatre principes exposés dans le pilier II, trois concernent les autorités de contrôle qui doivent, notamment, examiner et évaluer les stratégies et procédures mises en place par les banques pour évaluer en interne leur niveau de fonds propres, et ce en vue de prendre les mesures prudentielles appropriées.[62]

L'objectif étant de s'efforcer d'intervenir tôt pour éviter que les fonds propres ne deviennent inférieurs aux minima requis, et ce compte tenu des caractéristiques de risque d'une banque donnée.[63]

Pour que les autorités de surveillance puissent parvenir à déterminer le montant additionnel de fonds propres au titre du pilier II, elles doivent avoir des compétences et une méthodologie requises pour cela. Elles doivent être en mesure de réagir rapidement et de manière flexible aux changements survenant dans l'environnement d'un établissement ou au sein de l'établissement lui-même. Lorsque, par exemple, une banque court d'importants risques de taux d'intérêt ou suit une stratégie commerciale risquée, l'autorité de surveillance peut alors lui demander soit de rectifier ses méthodes de gestion, soit à ce que ces risques soient couverts par davantage

---

[61] *Ibid.*, p. 223.
[62] *Ibid.*, p. 229.
[63] *Ibid.*, p. 232.

de fonds propres, permettant à l'établissement d'être mieux armé pour affronter d'éventuels chocs.

Pour cette raison, on ne peut pas parler du pilier II sans lui ajouter « les 29 principes fondamentaux pour un contrôle bancaire efficace » tels qu'ils sont édictés par le Comité de Bâle. En effet, le Comité estime que, par l'intermédiaire de son pilier II, ce processus de surveillance prudentielle est un complément des recommandations prudentielles émises dans ces « principes », notamment la méthodologie utilisée pour l'évaluation de leur application et leur respect par chaque autorité de contrôle nationale.

Par ces principes, le Comité de Bâle s'intéresse ainsi à la qualité du dispositif de supervision bancaire de chaque pays.

Dans l'esprit des rédacteurs de ce document, le pilier II constitue ainsi une plateforme qui est de nature à favoriser « un dialogue actif entre banques et autorités de contrôle », et ce dans la mesure où dès que des insuffisances ont été relevées, des mesures rapides et décisives doivent être prises pour atténuer le risque ou rétablir le niveau de fonds propres. Les moyens de la supervision seront alors orientés davantage vers les établissements, dont le profil de risque ou les pratiques justifient une telle attention.

2.3. Le pilier III : discipline de marché

Il vise à compléter les deux autres piliers. Dans l'esprit du Comité, la discipline de marché peut contribuer à la sécurité et à la solidité du système bancaire, et ce en disciplinant les acteurs.

En effet, en cherchant à promouvoir la discipline de marché par le développement d'un ensemble d'exigences de communication à la fois d'ordre quantitatif et qualitatif, le Comité estime que ceci est de nature à permettre aux acteurs du marché d'apprécier des éléments d'information essentiels tels que la qualité des fonds propres, les expositions aux différents risques et les procédures de leur évaluation et par conséquent, l'adéquation des fonds propres de l'établissement. Il considère que ces informations revêtent une importance particulière, et ce dans la mesure où le recours à des méthodes internes confère aux banques plus de latitude pour évaluer leurs exigences de fonds propres.[64]

S'agissant de la communication financière, celle-ci devrait être en ligne avec la façon dont les organes de direction et d'administration évaluent et gèrent les risques de la banque. Ainsi, les banques doivent mettre en place une politique formalisée en matière de communication financière, approuvée par l'organe d'administration. Cette politique définit l'approche choisie pour déterminer les informations à diffuser ainsi que les contrôles internes à exercer

---

[64] *Ibid.*, p. 248.

sur l'ensemble du processus. Des procédures doivent également permettre d'évaluer le caractère approprié de cette communication financière, notamment au niveau de sa validation et de sa fréquence.[65]

Quant aux informations qualitatives, le Comité part du principe que les « … risques auxquels les banques sont exposées et les techniques qu'elles utilisent pour identifier, mesurer, surveiller et contrôler ces risques constituent des facteurs importants qui sont pris en compte par les intervenants pour évaluer un établissement ». Ainsi, pour chaque type de risque, les banques doivent communiquer sur leurs objectifs et politiques de gestion des risques auxquels elles sont exposées, notamment :[66]

– leurs stratégies et procédures ;

– la structure et l'organisation de la fonction de gestion des risques correspondantes ;

– la portée et la nature des systèmes de notification et de mesure du risque ;

– les politiques de couverture ou de réduction du risque ainsi que les stratégies et procédures de surveillance de l'efficacité continue des couvertures ou des techniques d'atténuation.

Par voie de conséquence, en permettant une comparabilité par le biais d'une communication portant à la fois sur des aspects quantitatifs et qualitatifs, le pilier III assure et accroît la discipline des acteurs du marché, contribuant ainsi à la sécurité et à la solidité du système bancaire dans son ensemble.

2.4. Portées et limites de Bâle II

À ce niveau également, on va analyser les portées et limites de cet Accord à travers sa cohérence et sa logique d'ensemble ainsi que par rapport à ses aspects pratique et opérationnel.

2.4.1. Sous l'angle de sa cohérence et la logique qui ont guidé sa conception, la principale critique adressée à cet Accord réside dans les méthodes proposées pour la mesure des risques et ainsi pour la détermination du montant des fonds propres réglementaires. S'il est vrai que cet Accord offre aux banques le choix d'utiliser leurs propres outils de gestion des risques, il convient, toutefois, de reconnaître que les efforts à fournir sur les plans opérationnel, technique et financier restent importants.

Par ailleurs, les entreprises, les institutions financières et certaines banques de certains pays en développement, comme le Maroc, ne sont pas notées par

---

65 *Ibid.*, p. 251.
66 *Ibid.*, p. 253.

les agences de notation. Dans la mesure où le passage aux approches avancées nécessite de gros investissements dans les systèmes d'information et dans les ressources humaines, qui risquent de prendre beaucoup de temps, les banques de ces pays seront désavantagées, puisque les pondérations appliquées à leurs contreparties seront en majorité de 100 % qui sont réservées aux contreparties non notées.

Même chose du côté du risque opérationnel ; l'approche « indicateur de base » est très pénalisante et désavantage les banques les plus rentables, puisque les exigences de fonds propres sont assises sur le PNB. Alors que les approches avancées nécessitent des investissements en systèmes d'information et en collecte de données sur les pertes.

Tout cela constitue une distorsion aux règles de concurrence que le Comité de Bâle voulait, pourtant, corriger.

Une autre discrimination de cet Accord réside dans le fait que, même si certaines entreprises peuvent solliciter les agences pour leurs notations, celles-ci sont indexées sur le risque de leurs pays (risque souverain) et ne doivent pas alors lui être supérieures. En liant la signature de l'ensemble des agents économiques du pays à celle du risque souverain, avec des niveaux de pondérations qui peuvent s'avérer élevés, cet Accord peut avoir pour effet de rendre encore plus difficile l'accès des agents économiques, issus de certains pays en développement, aux marchés internationaux des capitaux ; ceci d'autant plus que le niveau d'épargne dans ces pays est très faible, et ce en raison de la modestie des revenus des ménages et des faibles taux de bancarisation.

Le caractère procyclique de cet Accord est également montré du doigt. Si le risque crédit auquel s'expose la banque est de nature cyclique, il est logique que les exigences minimales de fonds propres calculées le soient également. De même, l'effet procyclique est encore accru, puisque le rating se dégrade au cours des récessions, ce qui renforce l'intensité des exigences de fonds propres. Le ratio de Bâle II a, en effet, introduit un lien direct entre l'exigence de fonds propres des banques et le rating des emprunteurs.

Au lieu d'agir contre les cycles économiques, cet Accord ne fait ainsi que les accentuer. Lorsque le cycle est ascendant, les banques n'ont pas besoin de provisionner leurs actifs, elles n'ont pas besoin non plus de fonds propres supplémentaires. Toutefois, au moindre retournement de conjoncture, les crédits se font rares, et ce du moment que les créances en souffrance commencent à tomber, la réévaluation des actifs des banques nécessite des efforts de provisionnement, donc des fonds propres supplémentaires pour continuer à satisfaire aux demandes de leurs clients. Ce rationnement du crédit fait que les trésoreries des entreprises se resserrent ce qui accentue la récession. Au moment où les entreprises ont le plus grand besoin de crédit, c'est là que les banques trouvent des difficultés à répondre à leurs demandes.

D'autre part, comme on va le voir plus en détail lorsque l'on abordera Bâle IV, l'utilisation des modèles internes, pour le calcul des exigences de fonds propres, fait qu'il est difficile pour les régulateurs, pour les organes d'administration et même pour les organes de direction de s'assurer de la fiabilité de ces modèles, donc des déclarations des ratios faites par les banques. Ces modèles recourent à des formules mathématiques très complexes et à des calculs de probabilités. L'incertitude de ces modèles a alors introduit un autre risque : le « risque de modèle. »[67]

Enfin, en privilégiant les actifs notés triple « A » (AAA), cet Accord a eu un impact direct sur l'usage croissant de la titrisation par les banques, et ce en leur offrant des possibilités de « transférer » à d'autres agents économiques le risque crédit de leurs différentes créances. Ce modèle est appelé « originate to distribute ». À travers le mécanisme de titrisation, l'établissement bancaire qui cède ces crédits, dont il est à l'origine, peut ainsi continuer ses opérations avec des fonds propres intactes.[68]

2.4.2. Quant à son aspect pratique, l'Accord Bâle II, à peine entré en vigueur, allait subir un stress test réel avec la crise des subprimes. Peut-on alors, à l'image du premier Accord, se baser sur cette crise pour conclure à son inefficacité et à le tenir ainsi responsable de cette crise, la plus sévère depuis celle de 1929 ?

Comme pour les cas de Barings et Daiwa, pour répondre à ces interrogations, il est fondamental de partir de l'analyse des facteurs ayant déclenché cette crise.

Au sens le plus large, un « subprime » est défini comme étant un prêt à haut risque et qui est ainsi octroyé à des emprunteurs qui n'offrent pas de garantie suffisante, et ce par opposition au « prime » qui est un crédit accordé aux emprunteurs les moins risqués. Ce sont des clients souvent à faibles revenus et qui ont déjà enregistré des retards, voire des défauts de paiement par le passé. Leurs crédits sont alors assortis d'un taux d'intérêt majoré d'une prime de risque (subprime) pouvant être très élevée.

À la fin de 2007, les prêts subprimes représentaient environ 17 % à 18 % de l'encours de prêts aux États-Unis.[69]

Les avantages semblent doubles et évidents :

---

67 On reviendra plus tard et en détail sur la notion de risque de modèle.

68 Les problèmes posés par la procyclicité et la titrisation seront abordés en détail plus loin.

69 LABYE Agnès, « La crise financière actuelle : une application du modèle de Minsky », in *Revue d'économie financière*, 2011/2, N°102. Mis en ligne par cairn.info.

– pour le prêteur d'une part, il bénéficie de l'hypothèque qui lui sert de garantie et d'autre part, il peut obtenir de confortables marges de profit grâce à ces clients à risque ;

– du côté de l'emprunteur à risque, ce mécanisme lui permet d'accéder à la propriété, chose qu'il ne pourrait faire autrement.

Le marché de l'immobilier aurait été également encouragé par l'État américain qui souhaitait une augmentation sensible du nombre de propriétaires de leur résidence principale. Ainsi, une législation de 1977, « community reinvestment act », oblige les établissements de crédit à prêter à des personnes à revenus modestes et probablement insolvables, et ce au mépris des règles prudentielles. Certains établissements financiers américains ont alors fait du subprime leur spécialité.

La question qui s'impose est la suivante : sur quoi ces institutions financières se sont-elles basées pour prendre ce genre de risque qui semble quand même hasardeux ?

2.4.2.1. La baisse des taux d'intérêt décidée par la Réserve fédérale américaine (Fed) pour encourager l'investissement.

En effet, à la suite de la crise survenue après les attaques du 11 septembre et ayant donné un coup d'arrêt à la croissance américaine, la Fed a entamé un processus de baisse de ses taux directeurs, et ce en vue d'encourager les crédits pour booster la consommation et les investissements. Ainsi, « ... le 11 septembre, la Fed avait déjà procédé à sept baisses de taux, de 6,5 % à 3,5 %. Il est vrai que, dès le 17 septembre, elle accéléra le mouvement, en concertation avec la Banque centrale européenne (BCE), pour les abaisser quatre fois en trois mois, à 1,75 % puis trois fois jusqu'en 2003, où ses taux directeurs n'étaient plus que de 1 %, le niveau le plus bas depuis le milieu des années 1950. »[70] Ceci d'autant plus que les prêts aux États-Unis sont souvent à taux variables, pratique qui permet d'attirer les emprunteurs en période de tendance baissière des taux.

Cette baisse des taux va déclencher une ruée vers ce genre de crédits, les mensualités à payer étant alléchantes ; la spéculation sur l'immobilier et les actifs à risque allait alimenter la bulle. C'est l'attrait de l'argent facile, particulièrement pour les ménages. Les banques ont alors développé des politiques agressives et ont poussé les particuliers à emprunter dans une ambiance euphorique. Les foyers à faibles revenus, qui traditionnellement n'avaient pas accès aux crédits hypothécaires, se sont alors vus fortement sollicités.

---

[70] SEGOND Valérie, « 11 septembre : la politique "laxiste" de la Fed à l'origine de la crise actuelle ? », in *La Tribune*, 08/09/2011.

2.4.2.2. La hausse des prix de l'immobilier.

Il faut savoir également qu'aux États-Unis, il n'y a jamais eu de baisse de prix pour l'immobilier, et ce depuis les années trente. Le marché de l'immobilier américain étant en hausse, plusieurs emprunteurs ont acheté leur maison dans l'unique objectif de réaliser une plus-value sur sa revente.

D'un autre côté, il y'a lieu de préciser également qu'aux États-Unis :

– la capacité d'endettement d'un agent économique ne dépend pas de sa solvabilité, mais plutôt de la valeur du bien qu'il peut donner en garantie, en l'occurrence l'hypothèque dans ce cas. L'étude des dossiers de crédit pour une meilleure sélection des emprunteurs potentiels n'est pas une pratique ni une nécessité aux États-Unis. Autrement dit, la capacité d'endettement des ménages était corrélée à la valeur des actifs servant de garantie. Plus cette valeur augmente, plus la capacité d'endettement du client augmente et plus les banques lui accordent davantage de crédits.

– De même, le système judiciaire américain protège les créanciers, ce qui fait qu'à la moindre défaillance d'un débiteur, sa banque devient automatiquement propriétaire du bien obtenu en garantie, à charge pour le client d'aller en justice s'il s'estime lésé. Cela veut dire que pour les banques, au pire des cas, si le client ne pouvait plus (ou ne voulait plus) rembourser ses mensualités, elles pourraient toujours revendre la maison et recouvrer leur créance.

Ainsi, comme on l'a vu avec la VaR, les hypothèses du modèle sur lesquelles se sont basés ceux qui ont garanti les titres adossés aux subprimes, les agences qui les ont notés et les investisseurs qui les ont achetés sont au nombre de trois :

– la Fed a décidé de maintenir ses taux directeurs très bas pour booster l'activité économique qui a été affaiblie par les attentats du 11 septembre ;

– les prix de l'immobilier aux États-Unis n'ont jamais baissé depuis les années trente ;

– les crédits subprimes sont garantis par une hypothèque.

Tant que les prix de l'immobilier sont en hausse (ou du moins, restent stables) et les taux d'intérêt en baisse (ou du moins, restent stables), l'hypothèque couvre toujours le montant du crédit et les capacités de remboursement des débiteurs restent intactes et le risque est alors nul.

Malheureusement, ces « piliers » sur lesquels se sont basés et les banques et leurs clients se sont effondrés, emportant avec eux tous les meubles ; en effet, la conjonction de l'augmentation des taux d'intérêt, suivie de la baisse des prix de l'immobilier, a mis en faillite les clients puis les banques elles-mêmes.

En effet, en 2004, « … pour contenir la flambée des prix de l'immobilier enclenchée fin 2001, la Fed commence à relever ses taux directeurs massivement, pas moins de dix-sept fois, jusqu'à 5,25 % à la mi-2006. »[71] Comme les crédits ont été à taux variables, cela a entraîné une augmentation des mensualités, obligeant plusieurs ménages, qui ne pouvaient plus faire face à leurs échéances, à mettre leurs logements en vente. Cette hausse soudaine de l'offre va provoquer, à partir de 2006, une baisse des prix des logements, donc la valeur des garanties. Les prêteurs n'arrivent plus alors à recouvrer la totalité de leurs créances en revendant les biens immobiliers. À la faillite personnelle des emprunteurs s'est ainsi ajoutée une série de graves difficultés financières pour les prêteurs et certains de leurs banquiers et assureurs.

2.4.2.3. Un autre facteur, ayant contribué de manière indirecte à cette crise, réside dans le défaut des modèles statistiques utilisés pour l'évaluation des risques et qui constitue un maillon essentiel du processus de leur gestion.

En effet, la VaR (value at risk) est mesurée en trois variables : le montant de la perte potentielle maximale, la probabilité que cette perte ne dépasse pas ce montant et les délais. Elle correspond ainsi au montant de pertes qui ne devrait être dépassé qu'avec une probabilité donnée (1 %) sur un horizon temporel donné. Elle est calculée sur la base d'un certain nombre d'hypothèses, et ce après avoir procédé à une modélisation du portefeuille. Ces hypothèses consistent à affecter une probabilité aux différentes évolutions possibles de ce portefeuille. L'exactitude de la VaR dépend alors de ces hypothèses qui sont, elles-mêmes, conditionnées par un futur hypothétique. Le passé est censé se reproduire dans le futur. En reposant sur une approche historique, la fiabilité de ces modèles est mise à mal lorsque les marchés traversent une période de faible volatilité. Dans ce cas, en effet, ils deviennent défaillants dès que surviennent des évènements exceptionnels ou extrêmes, donc non anticipés et non intégrés comme hypothèses dans ces modèles. C'est le « risque de modèle. »[72]

C'est ce qui est arrivé au marché américain des subprimes ; il a connu une rupture dans son processus d'évolution historique. Les prix de l'immobilier ont baissé pour la première fois depuis les années trente.

Ainsi, comme le résume si bien THESMAR, l'une « … des caractéristiques de la crise actuelle est de sanctionner une stratégie

---

[71] *Ibid.*

[72] Pour une parfaite illustration de ce risque, on recommande au lecteur le film américain *Margin call*, écrit et réalisé par CHANDOR J. C. et sorti en 2011.

d'investissement particulière », à savoir celle consistant à parier « ... contre les évènements rares. »[73]

En effet, s'il « ... est commun en finance d'estimer les risques futurs en utilisant le passé comme représentation des scénarii possibles », force est de rappeler que d'une part, les CDO (collateralized debt obligations) sont des produits récents et d'autre part, il faut « ... remonter aux années 1930 pour observer un décrochage des prix immobiliers d'une ampleur similaire à celle observée actuellement. C'est la nature même des évènements rares de ne pouvoir être appréhendés par analogie avec le passé. (...) Or, sur longue période, même des évènements rares ont une chance significative de se produire. »[74]

2.4.2.4. La technique de titrisation allait offrir un véritable canal et un vecteur par lequel cette crise allait se propager à tous les compartiments du système financier et à l'échelle internationale. En effet, les banques à l'origine de ces crédits ne peuvent pas continuer à les accorder indéfiniment ; leurs fonds propres et leurs ressources de refinancement constituent un frein à cet effet et doivent augmenter proportionnellement. L'expansion du marché hypothécaire a ainsi entraîné des besoins en fonds propres et en ressources qui ont rapidement dépassé les capacités de refinancement de ces banques. Pour se refinancer, elles les ont alors titrisés en créant des organismes ad hoc (special purpose vehicle ou SPV) auxquels elles transfèrent des paquets de ces crédits à leurs actifs et en émettant, à leur passif, des titres (CDO) que ces organismes placent sur les marchés financiers. Pour obtenir un meilleur rating de la part des agences de notations, leur permettant de placer facilement ces titres, elles ont recouru aux services des entreprises d'assurances qui ont accepté d'assurer ces titres par le biais, notamment, des « credit default swap » (ou CDS).

Même question que celle posée précédemment, sur quoi se sont basés les investisseurs pour souscrire à ces titres ? Bien entendu, sur l'appréciation des agences de notation qui les ont notés. Les risques associés à ces titres ont été sous-estimés, parce que ces agences estiment que d'une part, le marché de l'immobilier est réputé comme le plus sûr et le plus rémunérateur et d'autre part, ces crédits étaient assurés par des compagnies d'assurances.

Or, du moment que ces risques étaient reliés et corrélés au marché immobilier américain, la chute des prix a provoqué un effondrement des valeurs des titres émis par ces SPV. La crise connue par les prêteurs s'est alors

---

[73] THESMAR David, « L'insoutenable rareté des catastrophes financières », in *Revue d'économie financière*, Année 2008, pp. 141-145. Fait partie d'un numéro thématique, « Crise financière : analyses et propositions ». Mis en ligne par persee.fr.

[74] LANDIER Augustin et THESMAR David, « La finance des évènements rares », in *Les Échos,* le 28 février 2008.

répercutée sur les marchés financiers et a conduit, à l'été 2007, à une crise financière internationale connue sous le nom de « crise des subprimes », entraînant, du même coup, une baisse des indices des principales places boursières mondiales.

2.4.2.5. Ainsi, pourtant bien étoffés et très sophistiqués, les Accords de Bâle II n'ont pas empêché la déroute financière de 2008. Partant de ces développements, où se situent les véritables facteurs et responsabilités de cette crise ?

La réponse que l'on va défendre est la suivante : si ces Accords ont été appliqués par les institutions financières ayant été à l'origine des subprimes, on n'aurait très vraisemblablement pas connu cette crise.

Le principal facteur responsable de cette crise réside dans la défaillance des systèmes de contrôle interne et de gestion des risques de ces établissements ayant été à l'origine de ces prêts. Le pilier II de Bâle II a été justement ajouté pour garantir que les banques disposent d'une bonne gouvernance et de dispositifs rigoureux de contrôle interne et de gestion des risques. De même, on a vu que l'utilisation des modèles internes pour le calcul de l'exigence de fonds propres réglementaires est conditionnée par le respect de certains critères d'ordre qualitatif.

En effet, la première mission de tout système de contrôle interne est l'identification des risques. Il faut commencer par localiser les différentes sources de risques. Dans ce cas de figure, les sources sont évidentes : hausse des taux d'intérêt, qui va alourdir les mensualités des débiteurs qui présentent déjà un risque élevé, et baisse des prix de l'immobilier qui conduirait à une baisse de la valeur des garanties, donc à l'insolvabilité des prêteurs.

La cupidité des managers les a encore une fois rendus aveugles ou inconscients aux risques, et ce à l'image des traders de la Barings, de Daiwa et, comme on va le voir, celui de la Société Générale France en pleine crise.

Chose aggravante comme on l'a vu, si la titrisation a été inventée parce qu'elle constitue une technique qui augmente les capacités de financement de l'économie, dans ce cas de figure, son utilisation a été malsaine. En effet, à travers cette technique, l'établissement bancaire qui cède ces crédits, dont il est à l'origine, a tendance à ne viser que la quantité de crédits et non plus leur qualité, et ce étant donné qu'il est moins sensible à la probabilité que le risque devienne réel, du moment qu'il a l'intention de les transférer (originate to distribute) et non de les garder jusqu'à leurs échéances (originate de hold).

Les crédits hypothécaires titrisés sont ainsi moins supportés par les banques qui les ont émis ; une fois leurs commissions empochées, elles effectuent la revente. N'ayant pas l'intention de les garder dans leur bilan jusqu'à leurs échéances, elles ne sont plus incitées à être très regardantes quant à la solvabilité de leurs débiteurs et ainsi à opérer une sélection au sein de ces crédits ni à suivre les risques qui y sont associés ; chose qui, comme on va le voir au chapitre suivant, distingue, pourtant, une banque des marchés financiers. Le rôle de la firme bancaire, en tant que collecteur et producteur d'informations et par là même, de réducteur des asymétries d'information, se voit ici réduit par le fait qu'elle a moins d'incitation à chercher l'information.

La manière avec laquelle ont été réalisées les opérations de titrisation a ainsi constitué un véritable amplificateur de la crise. Celui qui ouvre un crédit doit, au moins pour partie, en assumer la responsabilité.

Par ailleurs, chose encore invraisemblable, les établissements de crédit qui étaient à l'origine des subprimes n'ont pas appliqué les Accords Bâle II. Si ces institutions avaient appliqué cet Accord, les modèles VaR eux-mêmes leur auraient suggéré de pondérer lourdement ces crédits, et ce puisque ces clients avaient déjà enregistré des défauts de paiement par le passé. Ensuite, chose encore plus étonnante, ces institutions sont de véritables « shadow banking », elles agissent dans l'ombre et ne sont soumises ni à une réglementation ni à un contrôle de la part des autorités de supervision américaines.

Les règles prudentielles ont ainsi été détournées, et ce grâce à des acteurs qui ne sont pas soumis aux mêmes règles de solvabilité et de liquidité.

Comme son nom l'indique, le terme « shadow banking » regroupe une série d'institutions et de pratiques basées sur l'utilisation de produits financiers, et ce en dehors de la régulation et de l'attention publique. Pour comprendre le « shadow banking system », il faut le comparer avec le « système bancaire classique ».

Alors que dans le système bancaire traditionnel, le financement consiste, en principe, à collecter des dépôts auprès des déposants pour les prêter à leurs clients, le « shadow banking system » fonctionne de manière différente. Pour se financer, il émet des titres de dette à très court terme (leurs durées étant de quelques jours) qui sont ensuite investis en crédits à long, voire à très long terme et qui sont, à leur tour, transférés à des organismes ad hoc (SPV). Ces derniers émettent, en contrepartie, des produits financiers structurés comme les « asset-backed securities » (ABS) ou « collateralized debt obligations » (CDO). La marge de profit de ce modèle bancaire provient directement de la différence de maturités de leurs ressources, qui sont à très court terme, et de celles des opérations de crédit qui sont à long, voire à très long terme.

Ces institutions peuvent ainsi profiter largement de l'effet de levier et étendre significativement leurs bilans, et ce sans devoir se soucier de collecter les dépôts des épargnants ni d'augmenter leurs fonds propres comme l'aurait exigé le ratio de solvabilité. Elles peuvent le faire, parce qu'elles n'intègrent pas ce type de transactions dans leurs comptes de bilan ; elles créent des entités légales parallèles.

En raison de l'absence d'une régulation qui leur est appliquée, ces entités ont atteint des niveaux d'effet de levier significatifs qui ne pourraient être atteints autrement.

La responsabilité des autorités de supervision américaines est alors manifeste, ces acteurs doivent être intégrés dans le champ réglementaire.

D'autre part, la crise ne s'est pas produite sous Bâle II, mais sous Bâle I, et ce dans la majorité des pays, y compris au sein du G10 ; seul le Japon ayant mis en œuvre Bâle II de manière effective dès 2007.[75]

Partant de ces développements, rendre l'Accord Bâle II pour responsable de cette crise relève d'une myopie intellectuelle, le montant des fonds propres n'a pas été l'élément déclencheur et ne saurait en être la solution. Comme pour les crises et les défaillances bancaires précédentes, les responsabilités doivent être cherchées ailleurs.

Des dispositifs de contrôle interne et de gestion des risques mis en place et qui n'ont pas pu ou voulu identifier les sources de risques, et ce en vue d'élaborer des procédures adéquates susceptibles de permettre leur mesure, leur maitrise, leur contrôle et leur suivi.

Ainsi, le risque crédit constitue l'essence même du métier de banquier qui doit connaître son client et lui prêter en fonction de sa capacité de remboursement et le suivre en continu, sinon cela relève de la spéculation. Ce noble métier a été perverti. Les banques qui ont octroyé ce genre de crédits n'avaient pas l'intention de les garder dans leurs bilans ; elles en ont fait des produits d'investissement. Les banques doivent être au service de l'économie réelle et non spéculative, leur existence s'explique par un besoin réel.

Ce qui est reproché à ces institutions doit l'être également aux agences de notation qui ont mal évalué les risques associés à ces produits, ce qui les a conduites à surestimer la notation qui leur est attribuée.

En effet, une unanimité s'est dégagée sur le fait que la crise n'aurait pas pu se produire sans ces agences ; elles ont été un maillon essentiel de l'enchaînement catastrophique.[76]

Ainsi, la crise des subprimes ne doit pas être imputée à la défaillance ou à l'inefficacité de l'Accord Bâle II.

2.4.2.6. S'agissant du cas de la Société Générale France, ce qui est arrivé à cette banque est édifiant à cet égard ; en pleine crise des subprimes, elle a

---

75 NOUY Danièle, « Bâle II face à la crise : quelles réformes ? », in *Revue d'économie financière,* Année 2008, pp. 367-374. Fait partie d'un numéro thématique, « Crise financière : analyses et propositions ». Mis en ligne par persee.fr.

76 Le rôle de ces agences sera traité en détail par la suite.

essuyé une perte de près de 5 milliards d'euros. Elle a été également victime des mêmes erreurs que celles observées chez la Barings et Daiwa, et ce à travers les agissements de l'un de ses traders, Jérôme KERVIEL en l'occurrence, qui a spéculé massivement sur les produits dérivés et qui a eu recours au même mode opératoire utilisé par les traders de la Barings et Daiwa.

Les salles de marchés sont souvent organisées autour de trois pôles : le front office, le middle office et le back office.

Le front office où les traders, qui sont de véritables opérateurs de marché, sont habilités à passer des ordres sur des marchés de valeurs ; ils peuvent ainsi gérer un carnet d'ordres et passer des transactions pour le compte de la banque.

Le métier d'un trader consiste à spéculer, c'est-à-dire prévoir l'avenir, acheter puis revendre (ou l'inverse) et à faire de l'arbitrage en exploitant les écarts entre les différents marchés. Le trader intervient en prenant des positions sur les marchés. Ce faisant, il expose la banque à des gains ou à des pertes selon l'évolution des conditions de marchés. Comme ces évolutions sont difficilement prévisibles et parfois violentes, les pertes peuvent être fatales pour une banque.

S'agissant de la gestion des risques au sein d'une salle de marchés, celle-ci commence par l'élaboration d'une stratégie claire, formalisée et validée par l'organe d'administration. Cette stratégie précise le niveau d'aversion et d'appétence aux différents risques. Sur le plan opérationnel, cela devrait se traduire par la fixation de limites de positions, interdisant ainsi aux traders de prendre des engagements au-delà de certains seuils fixés et des pertes maximales autorisées (stop de protection ou stop loss).

D'autre part, le middle office, qui doit être composé d'équipes spécialisées dans le « risk management », a pour mission de vérifier la régularité des opérations ainsi que le respect de certaines procédures de contrôle et des limites fixées en matière de volume et de durée. Il doit suivre les positions et les échéances des portefeuilles des traders, et ce afin de valoriser, au jour le jour, l'évolution de ces portefeuilles et déterminer, en définitive, les résultats quotidiens par produit et ligne de produits. Il doit également analyser et corriger les écarts entre les états fournis par les traders et les résultats des enregistrements comptables des transactions. À ce titre, il est le facilitateur entre le front office et le back office.

Ce dernier s'occupe quant à lui des traitements administratifs liés aux opérations de marché ou avec les clients. Il assure le suivi et l'enregistrement des opérations conclues par la salle de marchés ainsi que de la réalisation des opérations de règlement et de livraison découlant de ces transactions. Il collecte et traite les résultats issus du guichet (front office). Il en est le complément indispensable.

Il est alors inconcevable qu'une seule personne cumule ces trois fonctions (front, middle et back office) qui présentent des conflits d'intérêts flagrants.

Pour ne s'intéresser qu'au cas de la Société Générale, qui est quand même une grande banque de renommée mondiale, il est invraisemblable qu'un seul homme, censé être encadré par des professionnels parmi les meilleurs du secteur, soit passé au travers des contrôles pendant près d'une année. Une fois encore, les contrôles ont été défaillants.

D'autre part, force est de constater que l'inclusion du risque opérationnel dans le dénominateur du ratio, et ce à la suite des débâcles qu'ont connus la Barings et Daiwa, n'a pas servi à grand-chose, il n'a pas empêcher cette banque d'essuyer de lourdes pertes, lesquelles pertes ne sont pas dues à une insuffisance de ses fonds propres, mais plutôt aux défaillances humaines et aux procédures de contrôle.

Conclusion au paragraphe II

Comme on a pu le constater, la crise des subprimes est difficilement imputable aux insuffisances des Accords de Bâle II. Rien que le pilier II, s'il a été appliqué, aurait évité cette catastrophe, et ce du moment qu'il recommande la mise en place, par les banques, de saines pratiques de gouvernance, avec des dispositifs rigoureux de contrôle interne et de gestion des risques. Même l'application du pilier I aurait tiré la sonnette d'alarme sur la solvabilité des clients ayant bénéficié de ces crédits.

Mais malheureusement, le pays d'où est partie cette crise n'a jamais appliqué cet Accord et ce qui est encore manifeste, les institutions financières initiatrices de ces crédits hypothécaires ne sont soumises à aucune réglementation prudentielle ni à un contrôle de la part du superviseur.

Les règles prudentielles ont ainsi été détournées grâce à des institutions opérant dans l'ombre et qui ne sont pas soumises aux mêmes règles de solvabilité et de liquidité. Cela leur a permis d'étendre considérablement leurs bilans, atteignant ainsi des niveaux d'effet de levier significatifs.

Comment peut-on imaginer que des institutions exerçant des opérations de distribution des crédits puissent n'être soumises à aucune réglementation prudentielle ni à un contrôle de la part du superviseur ? La responsabilité des régulateurs américains est alors manifeste.

Par ailleurs, ces institutions ont également abusé de la technique de titrisation, aidées en cela par les agences de notation.

Ainsi, comme on vient de le voir, les Accords Bâle II ne peuvent pas être tenus pour responsables de cette crise. D'ailleurs, comme le précise NOUY, la crise ne s'est pas produite sous Bâle II, mais sous Bâle I.[77]

Malgré tous ces arguments, le dimanche 12 septembre 2010, le Comité de Bâle a voté « Les Accords de Bâle III », lesquels Accords ont été confirmés lors du sommet du G20 à Séoul les 11 et 12 novembre de la même année.

Paragraphe III : Bâle III censé compléter Bâle II

Comme après chaque crise ou défaillance bancaire, les régulateurs, au sein du Comité de Bâle, ont décidé de renforcer davantage la réglementation d'ordre quantitatif appliquée aux banques, et ce en adoptant l'Accord Bâle III.

Dans l'introduction à ce document[78], on peut lire que « L'ensemble complet des réformes mises au point par le Comité tire les enseignements de la crise financière. »

Quelles sont alors les leçons que les architectes de cet Accord ont-ils tirées de cette crise ?

En premier lieu, ils estiment que « Si la crise économique et financière, qui a commencé en 2007, a été aussi grave c'est, notamment, parce que, dans de nombreux pays, le secteur bancaire avait développé un effet de levier excessif au bilan et à l'hors bilan, tout en laissant se dégrader progressivement le niveau et la qualité de ses fonds propres. De plus, nombre de banques détenaient des volants de liquidité insuffisants. » Ceci a fait que « Le système bancaire n'a (…) pas été en mesure d'absorber ses pertes sur activités de négociation et sur crédits, qui ont pris une dimension systémique, ni de faire face à la réintermédiation d'importantes expositions hors bilan qui s'étaient accumulées au sein du système bancaire "parallèle" ». Par conséquent, pour le Comité, « L'une des principales leçons de la crise a été la nécessité de renforcer la couverture des risques en fonds propres. »[79]

Autrement dit, d'après ce « diagnostic », c'est à la fois l'effet de levier et l'insuffisance des fonds propres qu'il faut incriminer. Or, on a vu que les acteurs qui ont abusé de l'effet de levier sont ceux-là mêmes qui étaient à l'origine des prêts subprimes ; des acteurs qui agissent dans l'ombre et qui ne sont soumis à aucune règle prudentielle, de quelque nature que ce soit, ni à un contrôle de la part des autorités de supervision. De même, on a vu également

---

[77] NOUY Danièle, « Bâle II face à la crise : quelles réformes ? », *op.cit.*

[78] Comité de Bâle sur le contrôle bancaire, « Bâle III : dispositif réglementaire mondial visant à renforcer la résilience des établissements et systèmes bancaires », décembre 2010 (document révisé juin 2011), p. 1.

[79] *Ibid.*

que l'insuffisance des fonds propres n'a pas été la cause de cette crise et ne saurait, non plus, en être la solution.

Enfin, les membres du Comité estiment également que « Compte tenu de l'ampleur et de la rapidité avec (lesquelles) la crise récente et les crises antérieures se sont transmises à travers le monde et du caractère imprévisible des crises futures, il est essentiel que tous les pays renforcent la résilience de leur secteur bancaire aux chocs tant internes qu'externes. »[80]

À ce niveau aussi, les canaux et les vecteurs, ayant amplifié la propagation de cette crise à l'économie réelle et à l'échelle internationale, résident dans la technique de titrisation ainsi que le pouvoir confié aux agences de notation. Ceci a eu, bien entendu, un impact sur la solvabilité des uns et des autres. Mais on a vu que cela aurait pu être évité si de saines pratiques de gouvernance avaient été mises en place par le biais, notamment des dispositifs de gestion des risques rigoureux et des procédures de contrôle à tous les niveaux, et ce comme le recommande d'ailleurs le pilier II.

En réponse alors à toutes ces « … carences du marché mises en évidence par la crise, le Comité instaure plusieurs mesures pour réformer en profondeur le dispositif réglementaire international. Conçues pour renforcer la réglementation microprudentielle (…), ces réformes contribueront à accroître la résilience de chaque établissement bancaire durant des périodes de tensions. (…) S'appuyant sur les trois piliers de Bâle II, le Comité de Bâle s'emploie à accroître la résilience du secteur bancaire en renforçant le dispositif réglementaire de fonds propres. »[81]

A-t-on vraiment besoin de resserrer davantage les contraintes réglementaires d'ordre quantitatif ? Pour répondre à cette question, voyons en détail les apports de cet Accord.

Dans le souci d'éviter l'émergence de nouvelles crises financières et bancaires internationales, les architectes de Bâle III ont mis en avant cinq mesures principales :

1– Renforcement du niveau et de la qualité des fonds propres ;

2– Institution d'un ratio d'effet de levier pour stopper l'emballement de l'endettement des banques ;

3– Adaptation de leurs liquidités par la mise en application de deux ratios : un de court terme (liquidity coverage ratio ou LCR) et un autre de long terme (net stable funding ratio ou NSFR) ;

---

80 *Ibid.*, p. 2.
81 *Ibid.*

4– Création de « coussins contracycliques » ;

5– Renforcement des exigences prudentielles concernant le risque de contrepartie : révision de la couverture de certains risques.

Analysons chacune de ces mesures.

3.1. Renforcement du niveau et de la qualité des fonds propres

Le nouveau dispositif élève la qualité et le niveau des fonds propres réglementaires, et ce en fournissant une nouvelle définition des fonds propres, dont un élément clé est l'accent mis davantage sur les fonds propres constitués d'actions ordinaires (l'élément de la plus haute qualité des fonds propres d'une banque).

Cette hausse de la qualité des fonds propres se base sur un constat établi par le Comité, à savoir « ... le manque d'homogénéité des définitions des fonds propres entre juridictions ainsi que l'absence de communication des informations financières qui auraient permis aux marchés de bien évaluer et de comparer la qualité des fonds propres entre établissements. »[82]

Ainsi, le total des fonds propres réglementaires sera désormais constitué de la somme des éléments formés par :[83]

– les fonds propres de base (Tier 1 ou T1), visant à assurer la continuité d'exploitation et qui « ... doivent être constitués essentiellement d'actions ordinaires et de bénéfices non distribués. » ;

– les fonds propres complémentaires (Tier 2 ou T2), visant à absorber les pertes en cas de liquidation.

Ainsi, contrairement à la définition donnée par Bâle II, les fonds propres ne doivent contenir que deux catégories ; la troisième catégorie introduite par Bâle I et demi et reprise dans Bâle II, à savoir « les fonds propres surcomplémentaires », sera supprimée en laissant toutefois une période transitoire aux banques pour l'apurer progressivement sur 10 ans à partir de 2013.

Par conséquent, même si le ratio demeure égal à 8 %, la structure des fonds propres est substantiellement modifiée, et ce pour donner plus de poids à leur noyau dur. Pour cela, les fonds propres Tier 1 passent de 4 à 6 % et se composent du ratio minimum de fonds propres durs (Core Tier 1), qui passe de 2 % à 4,5 % ainsi que du ratio de fonds propres « assimilés » à Tier 1, à hauteur de 1,5 %. Les fonds propres réglementaires Tier 2 passent eux de 4 %

---

[82] *Ibid.*
[83] *Ibid.*

à seulement 2 %. L'accent est ainsi clairement mis sur la qualité des fonds propres (noyau dur).

Ces augmentations seront calculées avant la prise en compte du volant de conservation.[84]

Ceci est de nature à coûter très cher aux banques qui seront dans l'obligation de verser des dividendes aux actionnaires, et ce pour compenser la baisse de la rentabilité (ROE), et ce dans la mesure où le ratio Core Tier 1 ne pourrait plus contenir que des actions ordinaires.

D'ailleurs, dès leur annonce par le comité, ces règles ont été fortement attaquées et se sont heurtées au refus catégorique par les banques.

Pour cela, le Comité a décidé d'inclure dans T1 « la dette la plus subordonnée », c'est-à-dire celle dont « Le principal a une durée indéterminée et n'est jamais remboursé en dehors de la liquidation. »[85]

D'un autre côté, comme on a pu le montrer, l'insuffisance des fonds propres n'a pas été la cause de la crise et leur renforcement ne peut pas non plus en être un garde-fou pour éviter d'autres crises à l'avenir. La crise a eu pour origine le « shadow banking » qui n'est soumis à aucune réglementation ni contrôle. Ce n'est pas l'insuffisance des fonds propres qui a causé la faillite de Lehmann Brothers et a coûté cher à la Société Générale, ce sont plutôt la cupidité de leurs managers et une déficience au niveau de leur mode de gouvernance. Le pilier II de Bâle II aurait permis d'éviter cette crise s'il a été appliqué par l'ensemble des institutions financières.

3.2. Institution d'un ratio d'effet de levier

Pour les membres du Comité de Bâle, la dernière crise a également montré que « … de nombreuses banques ont accumulé un effet de levier excessif tout en présentant de solides ratios de fonds propres fondés sur les risques. » En conséquence de quoi, au « … plus fort de la crise, le secteur bancaire a été contraint par le marché de réduire son effet de levier d'une façon qui a accentué les pressions baissières sur les prix des actifs, amplifiant encore les réactions en chaîne entre pertes, baisse des fonds propres des banques et contraction de l'offre de crédit. »[86]

En vue de limiter le phénomène d'accumulation de l'effet de levier dans le secteur bancaire, « Le Comité a (…) décidé d'instituer un ratio simple,

---

[84] Il s'agit des fameux coussins contracycliques que l'on présentera par la suite.
[85] Comité de Bâle sur le contrôle bancaire, « Bâle III : dispositif réglementaire mondial visant à renforcer la résilience des établissements et systèmes bancaires », *op.cit.*, p. 15.
[86] *Ibid.*, p. 67.

transparent, qui ne soit pas basé sur le risque, et qui soit calibré pour compléter de manière crédible les exigences de fonds propres, fondées sur le risque. »

Ainsi, le ratio de levier vise à atteindre deux objectifs :

Le premier vise à « ... limiter l'accumulation de l'effet de levier dans le secteur bancaire, contribuant ainsi à prévenir les processus d'inversion du levier, dont les effets déstabilisateurs peuvent être dommageables au système financier et à l'économie. » Le second vise à « ... compléter les exigences fondées sur le risque par une mesure simple, non basée sur le risque, servant de filet de sécurité. »[87]

Ce ratio est fixé à 3 % et est égal au rapport des fonds propres sur l'exposition.

Le montant des fonds propres à prendre en considération « ... devrait reposer sur la nouvelle définition des fonds propres de base (T1) ».[88]

Quant au dénominateur, il correspond :

– aux expositions de bilan qui « ... sont prises en compte en termes nets des provisions spécifiques et des ajustements (ajustement de valorisation sur actifs, par exemple) » ;[89]

– aux instruments dérivés ;

– aux cessions temporaires de titres ; leur inclusion dans le ratio de levier se justifie par le fait qu'elles : « ... sont une forme de financement garanti et représentent donc une importante source de levier. » ;[90]

– à l'hors bilan. Contrairement à Bâle II, où les éléments hors bilan sont convertis en un facteur de conversion en équivalent crédit, pour le calcul du ratio de solvabilité, ici ils doivent être pris à 100 %, et ce même si on sait que le risque ne porte pas sur le notionnel. En effet, étant donné que « ... les éléments hors bilan représentent une source de levier potentiellement importante », le Comité estime que « Les banques devraient donc les faire entrer dans le calcul de l'effet de levier en appliquant un facteur de conversion en équivalent crédit uniforme, égal à 100 %. » Même les « ... engagements révocables sans condition par la banque, à tout moment et sans préavis » et qui ne présentent, pourtant, pas de risques, doivent être pris en compte en leur appliquant (un facteur de conversion) de 10 %.[91]

---

[87] *Ibid.*
[88] *Ibid.*
[89] *Ibid.*, p. 68.
[90] *Ibid.*
[91] *Ibid.*, p. 69.

De même, les suretés réelles ou financières, les garanties ou autres techniques d'atténuation du risque crédit (les ARC) ne peuvent pas servir à réduire la mesure de l'exposition aux fins du ratio de levier, et les banques ne peuvent pas compenser actifs et passifs.

Ce ratio représente ainsi une contrainte quantitative supplémentaire qui s'ajoute au ratio de solvabilité.

D'autre part, on a vu que les institutions, qui sont à l'origine des subprimes, utilisent systématiquement l'effet de levier ; ne recevant pas de dépôts, elles s'endettent à très court terme et prêtent à très long terme. La technique de titrisation et leur exclusion de toute forme de réglementation et de contrôle leur permettent de vivre avec cette structure financière, et ce contrairement aux banques traditionnelles.

En effet, dans l'esprit des membres du Comité, ce ratio est de nature à compléter le ratio de solvabilité, et ce dans la mesure où il ne dépend pas des risques pondérés. Or, comme on le sait, les dépôts constituent l'essentiel du passif des banques commerciales ; de même, chaque fois qu'elles octroient un crédit, elles augmentent, du même coup, leur passif : « les crédits font les dépôts ». Leur passif peut ainsi augmenter sans que cela corresponde à un levier d'endettement.

Par conséquent, il n'y a que trois solutions qui s'offrent à ces banques pour combler tout dépassement du ratio de levier, à savoir :

– freiner l'ouverture de comptes générateurs de dépôts, ce qui signifierait freiner leurs efforts de bancarisation de la population, notamment dans les pays où ce taux reste encore faible ;

– limiter la distribution des crédits, synonymes également d'augmentation des dépôts, ce qui est de nature à enrayer la machine économique ;

– augmenter proportionnellement leurs fonds propres.

Comme il est difficile d'envisager les deux premières solutions, ce ratio est équivalent à une exigence supplémentaire de fonds propres.

Une quatrième solution pourrait être envisagée, elle consisterait à céder les crédits octroyés, et ce par le canal de la technique de titrisation ; chose qui diminuerait, du même coup, les dépôts correspondants à leur passif. C'est ce que fait le « shadow banking system ». Toutefois, cela encouragerait le modèle « originate to distribute » avec les dangers que l'on connaît ; ensuite, cette solution n'est pas donnée à n'importe qui. Si elle est fréquente aux États-Unis, qui est une « économie de marchés financiers » et pour les raisons que l'on connaît ; dans les pays à « économie d'endettement », comme le Maroc, caractérisés, notamment par l'étroitesse de leurs marchés financiers, il ne leur reste que la troisième solution.

Alors fallait-il introduire, dans la conception de ce ratio, une distinction entre d'une part, les dettes proprement dites, à savoir les obligations et d'autre part, les autres postes du passif cités ci-dessus, c'est-à-dire les versements qui alimentent les dépôts de la clientèle et les dépôts induits par la création monétaire ?

Comme on l'a toujours souligné, il apparaît clairement que ce ratio est confectionné sur mesure pour le « shadow banking system », qui occupe une place importante aux États-Unis, et non pour les banques de dépôt qui constituent l'essentiel des banques des pays à « économie d'endettement ». En effet, le passif du « shadow banking » n'est constitué que de dettes, sous forme de titres, et des fonds propres, et ce puisqu'ils ne collectent pas de dépôts ; alors que celui des banques commerciales est alimenté essentiellement par les dépôts ; lesquels dépôts ont pour origine les versements des clients et les écritures comptables issues de la création monétaire.

3.3. Surveillance de la liquidité des banques

Les architectes de ces nouvelles exigences partent d'un autre constat selon lequel, même si les exigences strictes en matière de fonds propres sont indispensables à la stabilité du secteur financier, elles ne suffisent pas à elles seules ; encore faut-il s'assurer d'une liquidité adéquate et qui doit être « … renforcée par des normes prudentielles robustes ». Or, jusqu'ici, « … cependant, il n'y a pas eu d'harmonisation internationale dans ce domaine. » Le Comité de Bâle a alors mis « … en place des normes de liquidité mondiales harmonisées » et qui « … établiront des exigences minimales et favoriseront des conditions de concurrence équitables pour contribuer à éviter un nivellement par le bas ». De même, le Comité a constaté que « Durant la "phase de liquidité" de la crise financière, de nombreuses banques, quoique dotées d'un niveau adéquat de fonds propres, se sont heurtées à des difficultés, parce qu'elles n'ont pas géré leur liquidité de façon prudente. »[92]

Cette réalité est, bien entendu, plus accentuée pour les banques américaines, particulièrement le « shadow banking system », qui sont de plus en plus dépendantes des marchés financiers pour se refinancer, et ce en raison de l'évolution structurelle de leur bilan ; les titres se substituent de plus en plus aux dépôts à leur passif, c'est le phénomène de la désintermédiation, phénomène plus accentué aux États-Unis.

Afin de tenir compte de ces évolutions, cet Accord a alors mis en place deux nouvelles mesures standards ayant pour objectif de garantir des niveaux minima de liquidité. Il s'agit d'un ratio de liquidité à court terme, LCR

---

[92] *Ibid.*, p. 9.

(liquidity coverage ratio), et un autre à long terme, NSFR (net stable funding ratio).

Par ailleurs, ces deux ratios complètent les recommandations que le Comité a déjà émises dans son document publié en 2008 sous le titre « les principes de saine gestion et de surveillance du risque de liquidité » et « … qui constituent le fondement de son dispositif de liquidité. » Ce document partait du constat selon lequel, « Les difficultés rencontrées par certaines banques étaient dues à des lacunes dans l'application des principes de base concernant la gestion du risque de liquidité. »[93]

Le Comité a alors émis des recommandations relatives à « … la gestion et la surveillance du risque de liquidité de financement, qui devraient contribuer à promouvoir une meilleure gestion des risques dans ce domaine essentiel, mais seulement si elles font l'objet d'une pleine application par les banques et les autorités de contrôle. Aussi, le Comité coordonnera-t-il un suivi rigoureux par les autorités de contrôle, pour s'assurer que les banques respectent ces principes fondamentaux. »[94]

3.3.1. Ratio de liquidité à court terme, « Liquidity coverage ratio » (ou LCR)

Le LCR est entré en vigueur depuis 2015. C'est un ratio de court terme (un mois) imposant aux banques de détenir des actifs sans risque, facilement négociables (réalisables ou cessibles) et pouvant alors être transformés en cash assez rapidement. L'objectif étant de permettre aux banques de faire face à une crise de liquidité pendant 30 jours. Ces actifs sans risque comprennent des emprunts d'État ainsi que des obligations d'entreprises de « grande qualité ».

Il est fixé à 100 % et est défini comme étant le rapport entre :

– les actifs de haute qualité « stock of high quality liquid assets (SHQLA) », qui peuvent inclure des actifs faiblement corrélés à des actifs risqués, rapportés

– au total des sorties nettes prévues dans les 30 prochains jours calendaires « net cash outflows over the next 30 calendars days (NCON30D) », montant qui correspond à la différence entre les sorties de cash « outflows » et les entrées de cash « inflows ».

Quels impacts cela risque-t-il d'avoir sur les banques ? Pour répondre à cette question, essayons de définir avec précision ce qui doit être inclus dans le numérateur et le dénominateur de ce ratio.

---

93 *Ibid.*
94 *Ibid.*

Déjà, cette définition ne peut être qu'arbitraire, le risque de liquidité étant le plus difficile à réglementer, il n'est pas évident d'arriver à définir une norme quantitative à imposer aux banques.

Ainsi, s'agissant du dénominateur du ratio, pour définir cette norme quantitative, faut-il adopter le critère juridique ? Auquel cas, tous les dépôts à vue doivent être considérés comme exigibles immédiatement ? Ou alors, doit-on plutôt opter pour le critère économique qui se baserait sur une stabilité habituelle de ces dépôts ? Et dans ce cas, comment faire pour fixer les pondérations ?

Même chose du côté du numérateur du ratio, en supposant l'existence de marchés qui faciliteraient la revente d'actifs avant leurs échéances, comment savoir si un titre est liquide ou non ? Comment définir alors les pondérations ? Doivent-elles être conçues en considérant une situation normale du marché ? Ou alors, en envisageant une hypothèse de crise de liquidité ? Et dans ce dernier cas, doit-on envisager une crise de liquidité généralisée ? Ou une crise de liquidité idiosyncrasique, propre à une banque considérée isolément ?

En effet, dans une situation normale, les échéances des crédits se remboursent normalement, le marché secondaire des bons du Trésor et celui des dettes privées sont liquides et animés et les dépôts présentent une stabilité habituelle, et ce en raison de la loi des grands nombres ou des réserves fractionnaires.

De même, lors d'une situation de crise propre à une seule banque et tant que cette crise ne touche pas les autres banques ni le marché interbancaire, la banque peut toujours trouver des refinancements.

Par contre, dans une crise de liquidité généralisée, comme celle de 2008, sans une intervention des banques centrales en tant que « prêteur en dernier ressort », on ne voit pas comment cette crise aurait pu être résolue. En effet, dans une telle situation, la crise de liquidité peut être aggravée par une crise de confiance.

Ainsi, la liquidité d'un titre n'est pas seulement impactée par sa volatilité, l'anticipation des opérateurs l'influence également de manière importante. L'anticipation d'une dégradation du rating, c'est-à-dire l'appréciation de la solvabilité d'un acteur majeur du marché, peut affecter de manière significative la liquidité des titres émis par cet acteur.

D'un autre côté, un simple changement de comportement des déposants conduirait à des retraits exceptionnels dépassant les valeurs habituelles. Dans ce cas, la banque en question, quel que soit son ratio LCR, ne résisterait pas sans une intervention de la banque centrale.

D'autre part, la liquidité mesure en quelque sorte la confiance des intervenants à un instant « t ». En cas de crise de confiance sur les marchés, comme en 2007-2008, le refinancement peut devenir très rapidement problématique, quand bien même la situation de solvabilité de l'établissement ne pose aucun problème.

On a vu que, durant la crise de 2008, les seules solutions trouvées ont consisté à recourir aux aides des banques centrales en tant que « prêteurs en dernier ressort » et qui ont alors recouru à des politiques monétaires « non conventionnelles », comme la mise en place du programme (targeted long-term refinancing operations ou TLTROs) par la Banque centrale européenne, fin 2011.

En effet, depuis 2011, la BCE a injecté plus de 4 000 milliards d'euros dans l'économie de la zone euro à taux très faible. Les banques de la zone euro bénéficiaires de ces prêts souffraient d'un manque d'accès au marché interbancaire. Le but de ces prêts consiste à soutenir l'économie de la région en évitant un effondrement du crédit.[95]

Face à ces difficultés, comment les architectes de Bâle III ont-ils tranché ?

Ils ne peuvent que se baser sur l'historique, avec probablement une marge de sécurité, et ce à l'image de ce qui a été fait pour le choix d'un ratio de solvabilité de 8 %. Seulement, comme la crise de 2008 l'a montré, le futur n'est jamais une répétition du passé, des évènements, qui ne se sont jamais produits dans le passé, peuvent se produire à n'importe quel moment.

Ainsi, les concepteurs de Bâle III ont divisé les éléments composant le numérateur de LCR en actifs de « niveau 1 » et actifs de « niveau 2 » avec un maximum de 40 % pour le « niveau 2. »

Les actifs de « niveau 1 » proviennent des institutions publiques (États, banques centrales, organisations internationales, etc.), tandis que les actifs de « niveau 2 » sont ceux émis par les entités privées. Une décote minimale de 15 % a été appliquée à chaque actif de « niveau 2 ».

Le ratio de couverture des besoins de liquidité à court terme (LCR), tel qu'il est proposé par le Comité de Bâle, se présente ainsi comme un stress test extrême ; il simule, sur 30 jours, une situation de crise de liquidité, dans laquelle les banques verraient leurs dépôts se retirer de façon brutale et leurs crédits subir une décote.

Par conséquent, pour améliorer leur LCR, les banques de certains pays, comme le Maroc, seront dans l'obligation de constituer un portefeuille important de bons du Trésor. Chose qui risquerait d'impacter leur rentabilité. En effet, du moment que les dettes privées ne sont pas notées dans ces pays,

---

[95] « Où sont passés les 4 000 milliards d'euros injectés dans l'économie par la BCE ? », in *Xerfi Canal,* article publié à l'origine pour *Challenges* le 16 décembre 2017. Mis en ligne par Chalenges.fr.

seuls le cash et les titres de dette souveraine sont pour l'instant considérés comme des actifs « liquides » aux yeux des architectes de ce ratio. De même, les émissions privées sont très sporadiques, et ce pour un tas de raisons : étroitesse des marchés financiers, faiblesse de l'épargne, faible taux de bancarisation, etc.

Ce pourcentage élevé en bons du Trésor risque alors de provoquer un double effet d'éviction du secteur privé, et ce à travers un rationnement du crédit et une hausse des taux d'intérêt (effet volume et effet prix). De même, cela impacterait négativement leur rentabilité, les bons du Trésor étant faiblement rémunérés.

3.3.2. Ratio de liquidité à long terme, « Net stable funding ratio » (ou NSFR)

Le NSFR, quant à lui, est un ratio de long terme. Il remplit le même objectif que le ratio de court terme, mais à un horizon lointain, une année. Son but est d'inciter les banques à se financer par des ressources plus stables, leur permettant ainsi de résister à une crise de liquidité pendant un an.

Ainsi, ce ratio, qui doit être de 100 %, correspond :

– au montant des ressources stables disponibles « available amount of stable funding (AASF) », c'est-à-dire les fonds propres et les dettes, dont l'échéance est d'au moins un an, rapporté

– au montant des besoins en ressources stables « required amount of stable funding (RASF) », c'est-à-dire les actifs, dont l'échéance est supérieure ou égale à un an.

Autrement dit, tout actif, ayant une maturité supérieure ou égale à un an, doit être financé par des ressources de même durée.

Quels impacts cela risque-t-il d'avoir sur les banques commerciales ?

Les difficultés de son application sont dues au fait qu'il est inconcevable d'appliquer aux banques les mêmes outils standards de l'analyse financière appliqués aux autres entreprises. Leurs spécificités rendent peu appropriée et inconcevable l'assimilation de leur structure financière à celle d'une autre entreprise.

Cela s'explique tout d'abord par leur pouvoir de création monétaire. Ainsi, dès qu'une banque octroie un crédit, donc exerce son métier, cela déséquilibre automatiquement, systématiquement et structurellement son bilan ; elle passe deux écritures comptables, l'une à son actif, en inscrivant le montant du crédit avec une maturité qui peut être du court, moyen, long, voire très long terme, et l'autre à son passif, en enregistrant la contrepartie dans le compte-chèques de son client sous forme d'un dépôt à vue et que le bénéficiaire du crédit peut et doit retirer immédiatement pour l'affecter à l'objet du crédit.

D'autre part, le passif des banques commerciales est constitué en majorité de dépôts à vue, alors que leur actif est immobilisé à court, moyen et long, voire à très long terme. Il n'y a que les banques qui peuvent faire de la transformation positive ; transformer des échéances courtes et même à vue en échéances longues. Elles peuvent le faire en raison d'une part, de cette spécificité qui leur permet de créer la marchandise avec laquelle elles travaillent et d'autre part, parce qu'elles bénéficient, comme les entreprises d'assurances, des effets de « la loi des grands nombres » qui fait que plus leur réseau d'agences est large et bien réparti sur tout le territoire national, plus la monnaie qu'elles créent, ou qui est retirée par leurs clients, a plus de chances de rester ou de revenir dans leur circuit.

Ce phénomène, connu sous le nom de « réserves fractionnaires », fait que chaque banque ne garde qu'une petite fraction de ses dépôts à vue sous forme de cash. Fraction qui dépend, bien entendu, de sa part de marché qui est elle-même déterminée par l'importance de son réseau.

Priver les banques de ce pouvoir de transformation, c'est les démotiver à ouvrir des agences, donc à bancariser une catégorie de la population qui ne l'est pas encore dans des pays, comme le Maroc, où la part de la monnaie fiduciaire dans le total de la masse monétaire est encore élevée.

En effet, le ratio NSFR va obliger les banques à disposer de ressources longues en face de leurs emplois longs, touchant ainsi la nature même du métier de banquier dans son rôle de transformation (prêter à long terme et se refinancer à court terme et même à vue). La disparition de la marge de transformation aura sans nul doute des impacts sur le crédit qui deviendra plus coûteux et rare, et ce même dans des pays où les marchés financiers sont très développés.

Par ailleurs, priver les banques de leur pouvoir de création monétaire revient à exclure les PME/TPE et les ménages du crédit bancaire, puisque ces catégories d'agents ne peuvent pas accéder aux marchés financiers. En effet, comme on va le détailler dans le chapitre suivant, en raison de leur pouvoir de création monétaire, les banques peuvent procéder à un lissage de la consommation et de l'investissement, et ce sans disposer au préalable de dépôts, c'est une création ex nihilo : « les crédits font les dépôts. »

Dans certains pays, dont le Maroc, ce ratio risque alors fort probablement d'en exclure même les grandes entreprises, et ce dans la mesure où d'une part, les marchés financiers sont très peu développés et d'autre part, l'épargne est insuffisante et constituée essentiellement de dépôts liquides.

Ainsi, la règle d'or du bilan pour une structure financière idéale selon laquelle, les actifs immobilisés durables doivent être financés par les capitaux permanents, ne peut et ne doit pas s'appliquer à la firme bancaire.

Par conséquent, cet Accord va pousser les banques de dépôt à utiliser quatre moyens pour améliorer leur NFSR :

– augmenter la maturité de leurs dettes, ce qui suppose l'existence d'une épargne longue et des marchés financiers très développés, ce n'est pas le cas de plusieurs pays comme le Maroc ;

– diminuer celle de leurs actifs financiers, ce qui découragerait l'investissement, notamment rentable et qui exige des financements à long terme ;

– recourir de plus en plus à la technique de titrisation, avec les dangers que l'on connaît ;

– rechercher plus de stabilité dans les dépôts.

Les deux premiers moyens risquent de diminuer la marge d'intérêt des banques, ce qui les pousserait à répercuter cette baisse sur leurs clients. Chose qui risque alors de détériorer la situation financière de l'économie réelle. De même, prêter à court terme pour respecter le ratio NSFR devrait se traduire par une augmentation du spread de maturité, ou par un transfert de risque vers les agents non financiers. C'est-à-dire que les banques prêteront à plus court terme, exposant les emprunteurs aux variations de taux d'intérêt et à des difficultés de financement dans des périodes de stress.

S'agissant de la troisième solution, comme on l'a déjà vu avec la crise des subprimes, cela risque de ne pas inciter les banques à donner de l'importance à la solvabilité de leurs clients, c'est le modèle « originate to distribute ». De plus, on a vu que la titrisation est l'une des techniques ayant aggravé la crise financière.

Le quatrième moyen, quant à lui, nécessiterait un marché financier développé et une épargne abondante et longue, ce qui n'est pas le cas de plusieurs pays dont le Maroc.

Ces scénarii montrent clairement que les ajustements des bilans bancaires ne pourront se faire sans trop pénaliser le financement de l'économie. La conséquence la plus immédiate et la plus évidente est que le crédit devient à la fois rare et cher, particulièrement pour les ménages et les PME/TPE.

En effet, comme le précise GARNIER,[96] l'impact de ces nouvelles réglementations sera plus marqué et on doit s'attendre à une déformation sensible de la structure du financement de l'économie.

---

[96] COUPPEY-SOUBEYRAN Jézabel, GARNIER Olivier et POLLIN Jean-Paul, « Le financement de l'économie dans le nouveau contexte réglementaire », in *Rapport présenté au Conseil d'analyse économique.*

Pour lui, à l'échelle microéconomique, le respect de ces recommandations ne peut se faire que par « l'adoption de stratégies assez facilement identifiables » :

– pour la banque de détail, ceci va l'amener à promouvoir l'offre de dépôts à terme et peut-être aussi à proposer des produits d'épargne longue. Or, dans des pays comme le Maroc, cela risque d'être problématique, et ce face à l'insuffisance de l'épargne, notamment longue, au faible taux de bancarisation et aux marchés financiers qui sont encore en construction ;

– s'agissant des banques de financement et d'investissement, celles-ci vont être amenées à immobiliser moins d'actifs dans leurs bilans, ce qui devrait conduire à une généralisation du modèle « originate to distribute » par l'usage de la technique de titrisation, avec les risques que l'on connaît.

À l'échelle macroéconomique, l'agrégation de telles stratégies individuelles risque d'être problématique. Pour illustrer tout cela, GARNIER construit trois scénarii simples mettant en relation le bilan du secteur bancaire et celui du secteur réel :

– le premier scénario, délibérément extrême, suppose que, pour s'adapter aux nouvelles contraintes prudentielles et financières, les banques n'ont pas la capacité de lever davantage de ressources stables (capital, dettes à long terme, dépôts à terme). Elles doivent alors améliorer leur liquidité par contraction de leur bilan, avec une baisse encore plus marquée des prêts bancaires au profit d'une hausse de la détention de titres liquides ;

– le deuxième scénario illustre le cas extrême opposé du précédent ; au lieu de réduire leurs prêts, les banques s'ajustent en levant davantage de ressources stables en proportion de l'épargne financière totale (sous forme d'épargne à long terme, y compris dépôts bancaires à long terme), et ce afin que la réduction de la capacité de transformation du secteur bancaire ne se fasse pas par diminution de l'investissement productif à long terme ;

– le troisième scénario envisage une combinaison d'ajustements tout en maintenant inchangée la taille de leurs bilans.

Toujours est-il que, ces trois scénarii montrent que les ajustements des bilans bancaires ne pourront se faire sans trop pénaliser le financement à long terme de la croissance.

Pour certains pays comme le Maroc s'ensuivent plusieurs types d'enjeux :

– des enjeux de politique de l'épargne ; il faudra chercher à accroître le volume total de l'épargne à long terme, ce qui implique de développer davantage l'éducation financière et de ne pas alourdir la fiscalité de l'épargne au détriment des placements risqués ou à long terme. Il faut alors lever cette forte incohérence entre l'évolution de la politique fiscale de l'épargne et celle de la réglementation prudentielle sur les banques ;

– des enjeux d'accès aux marchés obligataires pour les PME/TPE ;

– des enjeux de stabilité financière ; le régulateur devra veiller à d'éventuels problèmes de report du risque sur les agents opérant dans l'économie réelle.

Toutes ces mesures s'avèrent difficiles, voire impossibles à mettre en œuvre, particulièrement pour les pays où l'épargne est déjà très faible et où les marchés financiers sont très peu développés.

3.4. Création d'un « volant contracyclique » et un « volant de conservation »

Le nouvel Accord prévoit également la mise en place de mesures contracycliques, et ce par création d'un « volant de conservation » et d'un « volant contracyclique ».

3.4.1. Volant de conservation de fonds propres

Les architectes de cet Accord partent d'un constat selon lequel, « Au début de la crise financière, plusieurs banques ont continué à distribuer d'importants bénéfices sous forme de dividendes, de rachat d'actions et de rémunérations généreuses, (et ce) en dépit de la détérioration de leur situation financière ainsi que des perspectives du secteur. » Cette démarche, qui vise à donner au marché un signal de bonne santé financière, a globalement accru la procyclicité du système.[97]

Le Comité a alors décidé d'imposer aux banques, en plus de l'exigence minimale de fonds propres réglementaires, le respect d'un « ... volant de conservation de fonds propres de 2,5 %, constitué d'actions ordinaires et assimilées de T1. »[98]

Sur le plan microéconomique, ce volet est de nature « ... à faire en sorte que les banques constituent, en dehors des périodes de tensions, des marges de fonds propres qu'elles peuvent mobiliser lorsqu'elles enregistrent des pertes. »[99]

Sur le plan macroéconomique, il est censé contribuer « ... à améliorer la résilience du secteur en phase de contraction » créant ainsi « ... un mécanisme

---

[97] Comité de Bâle sur le contrôle bancaire, « Bâle III : dispositif réglementaire mondial visant à renforcer la résilience des établissements et systèmes bancaires », *op.cit.*, p. 7.

[98] *Ibid.*, p. 61.

[99] *Ibid.*, p. 60.

permettant de reconstituer les fonds propres pendant la reprise économique. »[100]

Pour cela, en « … dehors des périodes de tensions, les banques devraient détenir un volant de fonds propres au-delà du minimum réglementaire » ; dès que ce volant descend au-dessous du minimum réglementaire, elles « … devraient s'employer à le reconstituer, notamment en réduisant les distributions discrétionnaires prélevées sur les bénéfices, par exemple dividendes, rachat d'actions et primes de rémunération (…) lever des capitaux privés. » Toujours est-il que, pour le Comité, il est mal sain, pour une banque ayant épuisé son volant de fonds propres, de continuer à distribuer des dividendes aux actionnaires, en vue de « … donner l'image d'une solidité financière. »[101]

Autrement dit, « Les distributions discrétionnaires feront l'objet de restrictions quand le niveau de fonds propres d'une banque s'inscrira à l'intérieur de cette fourchette. » D'ailleurs, il est précisé qu'une « … banque, dont le niveau de fonds propres descend à l'intérieur du volant de conservation parce qu'elle enregistre des pertes pourra continuer d'exercer ses activités de façon normale ; ces restrictions ne concernant que la distribution des bénéfices, non le fonctionnement de la banque. »[102]

Il y'a lieu de relever à ce niveau une incohérence entre la première mesure de cet Accord, consistant à augmenter la qualité de fonds propres qui seront constitués essentiellement d'actions ordinaires T1, et l'interdiction de distribuer des dividendes, lorsque ces fonds descendent à l'intérieur du volant de conservation.

En effet, le ROE, mesuré par le rapport entre le dividende encaissé et le prix de l'action, sera affecté et les banques risquent de trouver des difficultés à émettre de nouvelles actions, donc à améliorer la qualité de leurs fonds propres.

3.4.2. Volant contracyclique ou « provisionnement dynamique »

Pour protéger le secteur bancaire en période de croissance excessive du crédit total, le Comité a institué un volant contracyclique qui doit être activé par l'autorité de contrôle chaque fois qu'elle estime qu'une croissance excessive du crédit peut générer une accumulation de risques à l'échelle du système.

En effet, l'exigence de la constitution d'un volant contracyclique part également d'un constat établi par le Comité et selon lequel, « … lors de la

---

[100] *Ibid.*, p. 7.
[101] *Ibid.*, p. 60.
[102] *Ibid.*, p. 61.

récente crise financière, les pertes subies par le secteur bancaire en phase de contraction, après une période d'expansion excessive du crédit, peuvent être extrêmement lourdes. »[103]

Ces pertes « … peuvent déstabiliser le secteur bancaire et enclencher un cercle vicieux : les problèmes du système financier contribuent à un repli de l'économie réelle qui se répercute à son tour sur le secteur bancaire. Ces interactions montrent combien il importe que les banques renforcent leurs marges de fonds propres dans les périodes d'accroissement notable des risques de tensions à l'échelle du système. »[104]

C'est dans ce sens que le Comité a décidé d'imposer aux banques la constitution d'un volant de fonds propres, et ce dès que des signes laissent craindre une croissance excessive du crédit.[105]

L'objectif de ce volant contracyclique est alors de « … faire en sorte que les exigences de fonds propres du secteur bancaire tiennent compte de l'environnement macrofinancier dans lequel les banques évoluent. »[106]

L'accent mis sur la croissance excessive du crédit signifie que la constitution de ce volant est laissée à la discrétion de l'autorité de contrôle. Il est imposé chaque fois que celle-ci estime que la croissance des crédits entraîne une augmentation inacceptable du risque systémique. C'est dans ce sens d'ailleurs que ce volant est « … fixé entre zéro et 2,5 % des actifs pondérés des risques, en fonction du degré estimé d'accumulation de risques. »[107]

En effet, comme il est précisé dans le document, « … vraisemblablement, les juridictions n'auront pas fréquemment besoin d'activer ce volant. »[108]

Pour cela, afin d'aider « … les banques à comprendre et anticiper les décisions prises à cet égard par les autorités nationales dans les juridictions envers lesquelles elles ont des expositions de crédit », le Comité a publié un document intitulé « guidance for national authorities operating the countercyclical capital buffer ». Ce document « … énonce les principes que les autorités nationales ont décidé de suivre dans la prise de décisions relatives aux volants. »[109]

---

[103] *Ibid.*, p. 7.
[104] *Ibid.*, p. 63.
[105] *Ibid.*, p. 8.
[106] *Ibid.*, p. 63.
[107] *Ibid.*, p. 64.
[108] *Ibid.*, p. 63.
[109] *Ibid.*, p. 64.

Ainsi, les deux volets, visant à remédier à la procyclicité, sont conçus de façon à être complémentaires.

Alors que celui du « provisionnement dynamique » met l'accent sur le renforcement du système bancaire en regard des pertes attendues, et ce lorsque l'on estime qu'une croissance du crédit est porteuse de risques ; celui touchant « le volant de conservation » vise plutôt les pertes inattendues, c'est-à-dire tout ce qui risque de détériorer la situation financière de la banque et impacter son ratio de solvabilité.[110]

3.5. Renforcement des exigences prudentielles concernant le risque de contrepartie : révision de la couverture de certains risques

Le Comité part du fait que « L'incapacité des banques à prendre en compte les risques importants sur les positions de bilan et hors bilan ainsi que sur les expositions liées aux opérations sur dérivés a eu un effet amplificateur majeur sur la crise. »[111]

Pour cela, il a jugé « ... nécessaire non seulement d'améliorer la qualité des fonds propres et de relever leur niveau, mais aussi de s'assurer que les risques importants sont bien appréhendés par le dispositif de fonds propres. »[112] Autrement dit, dans l'esprit du Comité, certains risques sont susceptibles d'échapper au dispositif de fonds propres.

C'est ainsi que les Accords de Bâle III ont eu dans leur ligne de mire les activités hors bilan des banques, notamment sur les produits dérivés. Cette révision a pour but de renforcer les exigences de fonds propres pour l'exposition au risque de contrepartie induit par les « produits dérivés », les « repos » et « l'activité de financement par les titres ».

En effet, pour éviter que les banques n'opèrent sur le marché des dérivés de gré à gré ou OTC « over the counter », le Comité a fixé la pondération du risque pour les opérations passant par une chambre de compensation entre 1 % à 3 %, contre une pondération plus élevée pour les opérations ne passant pas par une compensation centralisée.

L'accent est alors mis sur le rôle des chambres de compensation qui enregistrent l'ensemble des transactions financières et en assurent le règlement-livraison. Le passage obligé par une chambre de compensation est une garantie de la bonne fin des transactions ; il aurait certainement évité les problèmes vécus par la Barings, Daiwa et la Société Générale. En effet, l'avantage de ces chambres réside dans le phénomène « d'appels de marges »

---

[110] *Ibid.*, p. 8.
[111] *Ibid.*, p. 32.
[112] *Ibid.*

qui sont faits à la fin de chaque journée, empêchant ainsi une dissimulation et une accumulation de pertes.

D'autre part, cet Accord a également renforcé la couverture en fonds propres de certaines titrisations complexes. Les banques sont alors incitées à analyser plus rigoureusement la qualité de crédit de leurs expositions de titrisation notées par un organisme externe. Sur ce point, le Comité a également évalué diverses mesures visant à diminuer le recours aux notations externes prévues dans le dispositif de Bâle II ; obligation est ainsi faite aux banques de procéder à leur propre évaluation interne des expositions à des produits titrisés faisant l'objet de notations externes.

Conclusion au paragraphe III

Malgré toutes ces critiques que l'on a exposées, la nécessité des Accords de Bâle III fait l'objet d'un quasi-consensus. Même les États-Unis ont accepté de rentrer dans les rangs et de les appliquer afin qu'une crise identique à celle de 2008 ne se reproduise pas.

Toutefois, pour les banques, l'arrivée du dispositif Bâle III, avec le durcissement des ratios de solvabilité, l'imposition d'un ratio effet de levier et l'introduction des ratios de liquidité, va forcément infléchir leur « business model » et affecter leur rentabilité. Il faudra veiller à ce que ces nouvelles règles ne freinent pas trop le financement de la consommation, de l'investissement productif, du développement durable et des PME/TPE ; un financement nécessaire pour relever le sentier de croissance et réduire le chômage. Telles sont les craintes manifestées par la profession dès l'annonce de ces mesures.

En effet, le financement des PME/TPE fait partie des sujets régulièrement soulevés par les détracteurs de Bâle III ; car contrairement aux grandes entreprises, elles n'ont pas la taille nécessaire pour se financer sur les marchés financiers.

Par ailleurs, plusieurs études ont pointé du doigt le risque macroéconomique important que cet Accord fait planer.

Ainsi, une étude de l'OCDE, publiée en février 2011, estime que ces normes renforcées pourraient coûter entre 0,05 et 0,15 % du PIB par an à chaque pays signataire. À l'heure où les économies développées arrivent péniblement à 1 ou 2 % de croissance par an, ce chiffre passe mal.[113]

[113] FOURNIER Andrey, « De HERSTATT à Lehman Brothers : trois accords de Bâle et 35 ans de régulation bancaire », in *Le Monde*, le 03.10.2011.

De même, dans une étude publiée en avril 2010, McKinsey & Company[114] estimait à 700 milliards d'euros les montants qui devaient être mobilisés à cette date par l'ensemble des banques européennes, et ce pour le respect de la seule norme d'adéquation des fonds propres (Core Tier 1 et Tier 1), dont 200 milliards d'euros pour les 16 premiers groupes bancaires européens.

En 2011, « Institute of international finance », qui représente l'industrie financière mondiale, estimait à quelque 1 300 milliards de dollars le coût du passage à Bâle III pour le secteur bancaire.[115]

Le Comité de Bâle[116], de son côté, chiffrait à environ 115 milliards d'euros le besoin total en fonds propres des 101 grandes banques mondiales actives à l'international, et ce pour assurer le respect d'un ratio de Core Tier 1 de 7 % à l'horizon 2019 (ratio minimum + coussin de conservation).

D'ailleurs, dès sa publication, le processus d'élaboration des règles Bâle III a fait l'objet d'un intense lobbying de la part des banques afin d'ajuster les modalités de sa mise en œuvre. Un délai assez long a été négocié afin de donner le temps aux établissements bancaires de se conformer aux nouvelles exigences et d'adapter éventuellement leurs activités et leur « business model », sans menacer le financement de l'économie dans son ensemble.

Paragraphe IV : Bâle IV

Le Comité de Bâle a publié en décembre 2017 un document, supposé être une nouvelle version des Accords Bâle III, intitulée « Bâle III : finalisation des réformes de l'après-crise ». Elle est censée compléter la phase initiale des réformes de Bâle III, publiée en décembre 2010 et révisée en juin 2011.

Ces révisions partent d'un constat établi par le Comité et selon lequel, les modèles internes, utilisés dans les approches avancées pour le calcul des risques nets pondérés, sont trop complexes et peu fiables. En conséquence de quoi, les ratios de solvabilité déclarés par les banques sont de plus en plus contestés, et ce par tous les intervenants dans la sphère financière : universitaires, investisseurs et régulateurs. Cette réalité a d'ailleurs été confirmée par des analyses empiriques qui ont été effectuées par le Comité lui-même.[117]

---

[114] Cités par *l'Institut pour l'Éducation Financière du Public* (IEFP), « L'impact de Bâle III sur le secteur bancaire et sur le financement de l'économie », in *La finance pour tous* : *le site pédagogique sur l'argent et la finance*. Mis en ligne par lafinancepourtous.com

[115] *Ibid.*

[116] *Ibid.*

[117] Comité de Bâle sur le contrôle bancaire, « Bâle III : finalisation des réformes de l'après-crise », *op.cit.*, p. 1.

En d'autres termes, les Accords Bâle II, en introduisant une grande flexibilité dans le calcul des actifs pondérés en fonction des risques (les fameux « risk weighted assets » ou RWA), permettent, du même coup aux banques, de sous-estimer les risques induits par certaines expositions. Or, il est bien évident selon le Comité qu'un « … calcul prudent et crédible des RWA fait partie intégrante du dispositif de fonds propres pondérés des risques. »

Ces révisions visent alors « … à réduire la variabilité excessive des RWA » et in fine restaurer la crédibilité de leur calcul, et ce en faisant en sorte que les ratios de solvabilité déclarés par les banques soient suffisamment transparents et fiables.[118]

Il s'agit également d'aller vers une « simplification » et une « homogénéisation », et ce pour une meilleure comparabilité à même de permettre aux parties prenantes d'évaluer le profil de risque de chaque banque. En effet, comme le soulignait Stefan INGVES en novembre 2015, alors président du comité de Bâle, ces années d'application des normes Bâle II ont apporté de nombreuses preuves montrant que l'utilisation des modèles internes « … ne garantit pas un juste équilibre entre les critères de simplicité, de comparabilité et de sensibilité au risque. »[119]

Le titre du document du Comité veut suggérer qu'il ne s'agit pas d'un nouvel Accord, mais plutôt d'une simple finalisation de Bâle III.

Ainsi, il ressort de son introduction que « Le présent document expose le dispositif de Bâle III tel qu'il a été finalisé par le Comité de Bâle. Il complète la phase initiale des réformes de Bâle III précédemment menées à bien par le Comité. »[120]

De même, à en croire François Villeroy de Galhau, gouverneur de la Banque de France, « Il s'agit bien de terminer Bâle III, pas de lancer un Bâle IV qui n'existe pas », et ce du fait que d'une part, il ne s'agit pas de « … provoquer un accroissement significatif de l'exigence globale de fonds propres pour les banques » et que d'autre part, « … aucun concept nouveau n'est introduit ».[121]

La même assurance ressort déjà clairement dans le document où il est précisé que : « Le Comité a réalisé une évaluation complète et rigoureuse de

---

[118] *Ibid.*

[119] Cité par LEBOUCHER Séverine dans un Dossier qu'il a réalisé, « Vers Bâle IV ? Les banques dans l'incertitude », in *Revue Banque* N° 795 - avril 2016. Mis en ligne par revue-banque.fr.

[120] Comité de Bâle sur le contrôle bancaire, « Bâle III : finalisation des réformes de l'après-crise », *op.cit.*, p. 1.

[121] LEBOUCHER Séverine « Vers Bâle IV ? Les banques dans l'incertitude », *op.cit.*

l'impact des révisions sur le système bancaire et sur la macroéconomie en général. À la suite de cette évaluation, le Comité s'est efforcé de ne pas accroître sensiblement ses exigences globales de fonds propres ».[122]

Toutefois, malgré ces réfutations et ces assurances venant des membres du Comité, la profession considère ces révisions comme une nouvelle vague de réglementations prudentielles. Elle parle alors de « Bâle IV ».

Ainsi, comme on va le présenter ci-dessous, des études effectuées par des analystes[123] ont montré :

– qu'il s'agit tout d'abord d'une révision en profondeur de la méthodologie (approches standards et modèles internes) de calcul de tous les risques traditionnels (risque crédit, de marché et opérationnel),

– ensuite, les impacts de ces révisions seront importants, et ce non seulement sur le plan financier, mais également sur le plan opérationnel et les stratégies, donc sur le « business model » des banques.

D'un autre côté, pour LEBOUCHER, il s'agit bien d'une série de réformes structurantes pour le secteur, et ce du fait que ces révisions ciblent d'une part, le calcul du dénominateur du ratio de solvabilité, en touchant l'ensemble des risques traditionnels et d'autre part, s'attaquent à la fois à la méthode standard et à la méthode avancée. C'est alors une refonte complète conclut-il.[124]

Autrement dit, pour la profession, ces révisions dépassent largement le cadre des débats suscités autour de la fiabilité des modèles internes et s'attaquent à des questions de fond des Accords précédents.

Alors, finalement, s'agit-il d'une simple finalisation de Bâle III, comme l'affirment les membres du Comité de Bâle ? Ou bien, comme le soutiennent les banquiers et certains analystes, ces révisions apportent-elles des modifications substantielles et fondamentales touchant au cœur même des Accords précédents ? Dans quelle mesure ces révisions sont-elles capables d'atteindre les objectifs qui leur ont été assignés par les rédacteurs de ce document, à savoir restaurer la crédibilité des RWA sans que cela se traduise par une exigence supplémentaire de fonds propres pour les banques et sans impacter considérablement leur « business model » ?

Pour répondre à ces questions, examinons, comme on l'a fait pour les Accords précédents, les principaux apports de ces révisions.

---

[122] Comité de Bâle sur le contrôle bancaire, « Bâle III : finalisation des réformes de l'après-crise », *op.cit.*, p. 1.
[123] GODARD Romain et HARZI Adel, « Bâle IV : quels impacts pour les banques ? », in *Lettre d'actualité réglementaire | banque*, 14 avril 2018. Mis en ligne par pwc.fr.
[124] LEBOUCHER Séverine, « Vers Bâle IV ? Les banques dans l'incertitude », *op.cit.*

Partant du principe selon lequel, un calcul prudent et crédible des RWA fait partie intégrante du dispositif de fonds propres pondérés des risques, l'objectif du Comité consiste alors à restaurer la crédibilité du calcul de ces RWA.

Pour ce faire, les mesures arrêtées visent alors à :[125]

– renforcer la solidité et la sensibilité des approches standards appliquées aux risques crédit et opérationnel ;

– limiter l'utilisation des approches fondées sur les modèles internes ou soumettre leur utilisation au respect de conditions et critères rigoureux ;

– revoir le calcul des exigences minimales de fonds propres en regard de certaines composantes du risque de marché ;

– associer au ratio de solvabilité, en plus d'un ratio de levier, un plancher de fonds propres.

4.1. Renforcement de la solidité et la sensibilité des approches standards appliquées au risque de crédit

L'approche standard, au titre du risque crédit, est la plus utilisée par les banques, et ce dans la mesure où le passage aux approches avancées nécessite, comme on l'a vù, des investissements colossaux pour adapter leurs systèmes d'information ainsi que pour le recrutement de compétences humaines requises. Comme on va le voir ci-dessous, cette révision va induire encore davantage l'utilisation de cette approche.

Pour accroître la sensibilité au risque crédit, plusieurs propositions ont été émises, et ce afin d'exiger des banques de réviser le calcul de ce risque selon l'approche standard. Autrement dit, il ne s'agit pas uniquement d'incriminer l'utilisation des modèles internes, on touche aussi et en profondeur à cette approche.

Cette révision vise également à augmenter la granularité du portefeuille des banques, et ce en éclatant chaque catégorie prévue dans Bâle II en plusieurs sous-catégories ; chose qui est de nature à complexifier davantage cette approche avec un recours de plus en plus à une modélisation mathématique sur mesure pour le calcul de ces risques.

Les principales expositions sont concernées par cette réforme, mais on se contentera d'exposer celles sur les banques, les entreprises, la clientèle de détail et les financements spécialisés.

---

125 Comité de Bâle sur le contrôle bancaire, « Bâle III : finalisation des réformes de l'après-crise », *op.cit.*, p. 1.

Il est à préciser, de prime abord, qu'une distinction doit être faite, pour l'ensemble des expositions, entre les juridictions qui autorisent le recours aux notations externes à des fins réglementaires et celles qui ne l'autorisent pas. Ce qui fait que l'on va assister, à l'avenir, à une différence de réglementation, notamment entre les États-Unis et le reste du monde.

4.1.1. Pour les expositions sur les banques et au sein des juridictions qui autorisent le recours aux notations externes, les pondérations sont attribuées non seulement telles qu'elles sont déterminées par les notations externes, mais également en fonction des échéances de ces expositions. On affectera alors soit des « pondérations des risques afférents aux expositions à court terme », soit un « coefficient standard » pour les autres expositions. Par ailleurs, les banques sont tenues de procéder à des évaluations préalables, et ce pour s'assurer que ces notations reflètent, bel et bien et de façon prudente, la solvabilité des contreparties concernées. À quoi bon alors engager des frais pour recourir à ces agences ?

Pour les expositions sur les banques qui se situent au sein des autres juridictions, les banques doivent fournir un effort sur le plan opérationnel et consistant à classer leurs expositions sur les banques en trois tranches de risque (A, B ou C), et ce avant de leur affecter une pondération correspondante à leur profil de risque ; ce dernier est apprécié en fonction de leur situation financière et du degré de respect des règles prudentielles.[126]

Une idée similaire se trouve déjà dans le dispositif Bâle I où les créances interbancaires sont pondérées à 20 %, et ce dans la mesure où on estime que les établissements de crédit sont censés être soumis à une réglementation prudentielle et un contrôle par le superviseur.

4.1.2. Les expositions sur les entreprises quant à elles « ... comprennent des expositions (prêts, obligations, créances à recevoir, etc.) sur "des sociétés de capitaux", "des associations", "des sociétés de personnes", "des entreprises individuelles", "des fiducies", "des fonds et d'autres entités" présentant des caractéristiques similaires. »[127]

Par ailleurs, les banques doivent regrouper ces expositions en deux grandes sous-catégories, à savoir « expositions générales sur les entreprises » et « expositions sur financements spécialisés. »

De même, on a créé une nouvelle catégorie au sein de la PME, et ce en procédant à une différenciation à l'intérieur des expositions non notées sur cette catégorie. On a alors d'une part, celles dont le chiffre d'affaires annuel déclaré, pour le groupe consolidé dont elles font partie, est inférieur ou égal à

---

[126] *Ibid.*, p. 9.
[127] *Ibid.*, p. 13.

50 millions d'euros et d'autre part, celles qui remplissent les critères de clientèle de détail. Les premières feront l'objet d'une pondération de 85 % et les secondes seront pondérées à 75 %.[128]

4.1.3. Les expositions sur la clientèle de détail sont celles sur un particulier ou des particuliers, ou sur des PME non incluses, du point de vue réglementaire, dans le portefeuille des entreprises. Elles recevront alors une pondération de 75 %.[129]

Toutefois, il y'a lieu de préciser que d'autres critères de granularité sont définis au sein de cette catégorie, chose qui fait que les pondérations peuvent aller de 45 % à 100 %, et ce en fonction du degré de respect desdits critères. De même, « Les expositions sur des PME qui ne remplissent pas la totalité de ces critères (...) seront traitées comme des expositions sur les entreprises, sauf si elles sont garanties par de l'immobilier. »[130]

4.1.4. Pour qu'une créance puisse être classée comme « expositions sur financements spécialisés », elle doit posséder un minimum de caractéristiques dont on peut citer, notamment :[131]

– il s'agit généralement d'une exposition sur une entité (souvent une structure ad hoc) spécifiquement créée pour financer ou gérer des actifs corporels ;

– l'entité emprunteuse n'a que peu ou pas d'autres actifs ou activités importantes ; elle tire alors sa principale source de remboursement du revenu généré par l'actif financé et non de sa capacité propre.

D'autre part, les banques doivent éclater ces expositions en trois sous-catégories, à savoir « financement sur projet », « financement d'objets » et « financement de produits de base. »

La première sous-catégorie consiste en un financement dans lequel le prêteur compte avant tout sur les revenus générés par un projet, et ce à la fois comme source de remboursement de son prêt et comme sureté couvrant son prêt.

La deuxième est un « ... mode de financement destiné à l'acquisition d'actifs corporels (tels que bateaux, avions, satellites et matériel roulant ferroviaire ou automobile), dans lequel le prêt est remboursé au moyen des flux de trésorerie générés par les actifs financés, qui ont été cédés au prêteur ou nantis en sa faveur. »

---

[128] *Ibid.*, p. 14.
[129] *Ibid.*, p. 17.
[130] *Ibid.*, p. 18.
[131] *Ibid.*, p. 14.

La troisième sert, comme son nom l'indique, « ... à financer des réserves, des stocks ou des créances à recevoir relatifs à des produits de base négociés sur des marchés organisés (par exemple, pétrole brut, métaux ou produits agricoles), dans lesquels le prêt sera remboursé par le produit de la vente, l'emprunteur n'ayant pas de capacité propre à effectuer ce remboursement. »[132]

Pour ce qui est des pondérations, les banques qui se situent dans des juridictions qui autorisent le recours aux notations externes « ... attribueront à leurs expositions sur des financements spécialisés les pondérations déterminées par les notations externes propres à l'émission, si celles-ci sont disponibles ». Dans le cas contraire, « ... les expositions sur financements d'objets et de produits de base seront pondérées à 100 %, celles sur financements sur projet à 130 % pendant la phase préopérationnelle et à 100 % pendant la phase opérationnelle enfin celles sur financements sur projet en phase opérationnelle, qui sont jugées d'une grande qualité, feront l'objet d'une pondération de 80 % ». Étant précisé que « ... la phase opérationnelle est définie comme la phase pendant laquelle l'entité, qui a été créée spécifiquement pour financer le projet, dispose de flux de trésorerie nets qui sont suffisants pour couvrir toute obligation contractuelle résiduelle et voit sa dette à long terme diminuer. »[133]

4.1.5. S'agissant de la reconnaissance des notations externes, il appartient aux autorités de contrôle de chaque pays de vérifier en permanence si un OEEC (organisme externe d'évaluation du crédit) remplit les critères tels que définis par le Comité. Elles doivent également « ... tenir compte des critères et conditions figurant dans le code de conduite de l'Organisation internationale des commissions de valeurs (OICV) intitulé code of conduct fundamentals for credit rating agencies. »[134]

Pour être reconnu, un OEEC doit satisfaire aux huit critères suivants : objectivité, indépendance, accès international et transparence, communication, ressources, crédibilité, absence d'abus des évaluations non sollicitées, coopération avec l'autorité de contrôle.[135]

Par ailleurs, c'est également aux autorités de contrôle que revient la tâche d'établir une grille de correspondance entre chaque catégorie de note de crédit attribuée par les OEEC et les coefficients de pondération à appliquer à cette créance.[136]

---

132 *Ibid.*, pp. 14-15.
133 *Ibid.*, p. 15.
134 *Ibid.*, p. 30.
135 *Ibid.*, pp. 30-32.
136 *Ibid.*, p. 32.

À ce niveau également, le Comité a augmenté la granularité au sein des notations. Ainsi, les banques sont tenues de faire une distinction entre « notations en monnaie locale et en monnaie étrangère » et entre « notations à long terme et à court terme. »[137]

4.1.6. Une section est également consacrée aux techniques d'atténuation du risque crédit (ARC) qui s'appliquent aux expositions, du portefeuille bancaire, pondérées selon l'approche standard.

D'abord, le Comité admet qu'une transaction couverte au moyen des techniques de l'ARC ne peut en aucun cas faire l'objet d'une exigence de fonds propres plus élevée qu'une transaction non couverte ; et il pose ensuite comme condition, pour bénéficier d'un allègement des exigences de fonds propres réglementaires au titre des techniques ARC, le respect des exigences prévues au pilier III.[138]

*

* *

Comme on vient de le voir, l'un des points centraux de cette réforme est l'accroissement de la granularité des expositions des banques pour l'approche standard du risque crédit ; l'objectif étant d'affiner le type d'exposition et les risques calculés. Chose qui fait que, comme le soulignent GODARD et HARZI, les impacts seront majeurs sur le plan opérationnel, et ce dans la mesure où « … toutes les banques devront non seulement mettre en place la nouvelle grille de pondérations de l'approche standard, en prenant en compte les nouvelles expositions, mais également intégrer dans ces outils des informations qui jusqu'à maintenant ne l'ont jamais été telles que (…) le type d'exposition sur la clientèle de détail (crédit simple, revolving, facilité de découvert, carte de paiement, etc.). »

Tout cela fait que « … l'intégration de ces informations nécessitera plus qu'une simple rééquilibration des outils actuels », et ce du moment que cela suppose « … l'identification des nouveaux éléments, la nécessité de les intégrer dans les outils actuels » en plus des « … problématiques liées aux calculs et à la qualité des données. » Conséquences de tout cela, « … les banques devront faire face à des projets qui mobiliseront leurs équipes pendant des mois, voire des années pour les plus importantes. »[139]

---

137 *Ibid.*, pp. 33-34.

138 *Ibid.*, p. 34.

139 GODARD Romain et HARZI Adel, « Bâle IV : quels impacts pour les banques ? », *op.cit.*

4.2. Limitation de l'utilisation des approches fondées sur les modèles internes

Les banques autorisées pour utiliser ces approches sont tout d'abord tenues de classer les expositions de leur portefeuille bancaire en grandes catégories d'actifs, à savoir « les entreprises », « les emprunteurs souverains », « les banques », « la clientèle de détail » et « les expositions sur les actions ». Par ailleurs, la catégorie « entreprises » doit être éclatée en cinq sous-catégories de financements spécialisés, à savoir « financement sur projet, financement d'objets et de produits de base, l'immobilier de rapport et l'immobilier commercial à forte volatilité. » De même, celle de « la clientèle de détail » comporte trois sous-catégories.[140]

L'une des nouveautés de ces révisions est l'interdiction d'utiliser ces approches pour les expositions sur les banques, sur les entreprises appartenant à un groupe (dont le chiffre d'affaires consolidé annuel est supérieur à 500 millions d'euros), sur les entreprises d'investissement, sur d'autres établissements financiers (tels que les compagnies d'assurances) et sur les actions.[141]

Ces exclusions auront un impact majeur et de manière structurelle sur le plan financier, et ce en augmentant les coûts en fonds propres sur ces expositions. Même chose en ce qui concerne les nouveaux pourcentages minima qui ont été mis en place pour la probabilité de défaut (PD) et la perte en cas de défaut (PCD). L'impact sera également senti sur le plan opérationnel pour les banques ayant déjà développé des modèles internes, et ce dans la mesure où elles devront réadapter le périmètre de couverture de ces modèles (concernant, notamment les expositions qui ne pourront plus être couvertes) et recalibrer les calculs de PD et de PCD en prenant en compte les nouveaux minima.[142]

D'un autre côté, tous ces calculs nécessitent l'utilisation de formules mathématiques et des calculs de probabilités très complexes.

Enfin, l'utilisation de ces approches pour les autres expositions est soumise à des contraintes et au respect de conditions et critères rigoureux.

4.3. Renforcement de la solidité et la sensibilité des approches standards appliquées au risque opérationnel

En vue de rationaliser le cadre du risque opérationnel, le Comité a décidé que « L'approche standard pour la mesure des exigences minimales de fonds

---

140 Comité de Bâle sur le contrôle bancaire, « Bâle III : finalisation des réformes de l'après-crise », *op.cit.*, p. 57.

141 *Ibid.*, p. 63.

142 GODARD Romain et HARZI Adel, « Bâle IV : quels impacts pour les banques ? », *op.cit.*

propres en regard du risque opérationnel remplace toutes les approches existantes du dispositif de Bâle II. »[143]

D'autre part, cette approche ne se fonde plus sur le seul produit net bancaire (PNB), comme c'était le cas sous Bâle II ; le Comité fixe d'autres éléments, à savoir :[144]

– « indicateur d'activité » ou « business indicator » (BI), dont la mesure du risque opérationnel repose sur les états financiers ;

– « la composante indicateur d'activité » ou « business indicator component » (BIC), égale au produit de BI par « un ensemble de coefficients marginaux établis sur une base réglementaire » (le fameux αi) ;

– « le multiplicateur des pertes internes » ou « internal loss multiplier » (ILM) qui est un facteur scalaire fondé sur les pertes moyennes historiques d'une banque et le BIC.

Sur le plan financier, la réforme du risque opérationnel impactera, comme pour le risque crédit, la totalité des banques qui devront revoir leur méthodologie de calcul.

En effet, ces révisions apportent une nouveauté, et ce dans la mesure où « L'expérience d'une banque en matière de pertes internes liées au risque opérationnel influence le calcul des fonds propres en regard de ce risque, et ce au travers du multiplicateur des pertes internes (internal loss multiplier) » ; les exigences de fonds propres en regard de ce risque étant égales au produit de BIC par ILM. D'autre part, ces exigences augmenteront également avec le revenu de la banque.[145]

De même, en ne se basant plus sur le seul PNB, l'assiette de calcul va induire une proportionnalité entre les charges en fonds propres et le revenu généré par l'activité. Chose qui va pénaliser les banques dynamiques.

Sur le plan opérationnel, les impacts sont également évidents ; la refonte de toutes les approches existantes et leur remplacement par une nouvelle va obliger les banques à fournir des efforts appréciables pour la mise en place de nouvelles infrastructures indispensables pour la réalisation des nouveaux calculs. Elles doivent « … également identifier les nouveaux éléments requis tels que les pertes opérationnelles sur les années précédentes, les indicateurs d'activités. (…) Ceci est encore plus accentué pour les banques utilisant actuellement l'approche de base ou l'approche standard, et ce dans la mesure

143 Comité de Bâle sur le contrôle bancaire, « Bâle III : finalisation des réformes de l'après-crise », *op.cit.*, p. 139.
144 *Ibid.*
145 *Ibid.*

où le passage à l'approche standard révisée, qui est plus complexe, nécessitera la mise en place d'un nouvel outil de calcul. »[146]

4.4. Exigences minimales de fonds propres en regard du risque de CVA « Credit valuation adjustment » ou « ajustement de l'évaluation de crédit »

Cette réforme vise à revoir la méthode de calcul du risque de marché par les banques. Pour cela, elle va tout d'abord prendre appui sur les recommandations émises dans un autre document du Comité, intitulé « fundamental review of the trading book » (FRTB) ou « Exigences minimales de fonds propres en regard du risque de marché », qui a été publié le 16 janvier 2016 et entré en vigueur le 1er janvier 2020.

Avant d'aborder ces nouvelles exigences apportées par Bâle IV, on va, dans un premier temps, présenter les apports de FRTB et sur lesquels va s'appuyer ce nouvel Accord.

4.4.1. Le document FRTB a été publié à la suite des résultats d'une étude d'impact qui a été effectuée après la crise de 2008. Cette étude a ainsi révélé une hausse significative de la charge en fonds propres liée aux activités de marché. Autrement dit, il s'est avéré que cette crise a fait que plusieurs banques se sont retrouvées dans l'incapacité de céder des actifs inscrits dans leur portefeuille de négociation, et ce faute d'acheteurs.

Les principaux points apportés par le FRTB concernent, en premier lieu, une révision de la frontière entre le « portefeuille de négociation » ou « trading book » et le « portefeuille bancaire » ou « banking book ».

En effet, le Comité estime que la « … définition d'une frontière plus objective entre ces deux portefeuilles réduira les incitations à l'arbitrage réglementaire tout en restant en phase avec les pratiques des banques en matière de gestion des risques. »[147]

Ainsi, pour qu'un titre soit considéré comme un instrument relevant du portefeuille de négociation, il doit viser « … un ou plusieurs des objectifs suivants :

– revente à court terme ;

– bénéfices sur variations des prix à court terme ;

– obtention de bénéfices sur arbitrage ;

---

[146] GODARD Romain et HARZI Adel, « Bâle IV : quels impacts pour les banques ? », *op.cit.*
[147] Comité de Bâle sur le contrôle bancaire, « NORME : Exigences minimales de fonds propres en regard du risque de marché », janvier 2016, p. 1.

– couverture de risques. »[148]

Dans la pratique, le portefeuille de négociation d'une banque comprend :

– Les titres de transaction et de placement : ce sont des titres acquis ou vendus dès l'origine avec l'intention de les revendre ou de les racheter à brève échéance (en principe moins de six mois pour les premiers et entre six mois et moins d'un an pour les seconds) ;

– Les instruments dérivés (swaps, options, etc.) ayant pour objet de maintenir des positions ouvertes, de couvrir d'autres éléments du portefeuille de négociation ou de permettre la gestion spécialisée de ce portefeuille.

Ainsi, tout « … instrument qui n'est pas détenu aux fins de l'un des objectifs énumérés au moment de sa création (…) doit être attribué au portefeuille bancaire. »[149]

Il s'agit des titres d'investissement et qui comprennent, notamment, les participations détenues dans des filiales ou autres, les crédits à la clientèle et les titres de créance destinés à être conservés jusqu'à leurs échéances.

Cette révision a alors pour objet d'éviter que les banques procèdent à des arbitrages entre ces deux portefeuilles pour pouvoir bénéficier d'économies en fonds propres. Pour cela, « … une limite stricte s'applique à la capacité des banques à transférer à leur gré des instruments entre le portefeuille de négociation et le portefeuille bancaire. Le transfert d'instruments à des fins d'arbitrages réglementaires est strictement interdit. En pratique, les transferts d'instruments devraient être rares ; ils ne sont autorisés par les autorités de contrôle que dans des situations extraordinaires. »[150]

Étant précisé que les modalités de calcul des exigences de fonds propres pour un instrument sont différentes selon qu'il est inscrit dans l'un ou l'autre portefeuille ; les risques liés à un actif du « banking book » relèvent du risque crédit, alors ceux liés à un actif du « trading book » sont d'ordre du risque de marché.

En effet, les banques sont tenues de disposer de systèmes leur permettant de suivre les opérations sur le « trading book », la détermination des positions globales (solde acheteur et vendeur) et des risques qui en résultent, et ce sur une base au moins quotidienne. Elles doivent alors revaloriser chaque jour ces instruments et ces positions, et ce en y incluant toute dépréciation constatée. Autrement dit, les moins-values sont prises en compte, mais pas les plus-values, et ce comme l'exige d'ailleurs le principe comptable de prudence ; les

---

148 *Ibid.*, p. 8.
149 *Ibid.*, p. 9.
150 *Ibid.*, p. 10.

charges doivent être comptabilisées dès qu'elles sont probables, alors que les produits ne doivent l'être que s'ils sont effectivement encaissés.

Ainsi, tout transfert de ce genre doit obtenir l'autorisation préalable de l'autorité de contrôle. De même, chaque banque doit mettre à jour et publier, dans une liste, les instruments financiers qu'elle détient et qui ont fait l'objet d'un transfert du « trading book » vers le « banking book ».

Par ailleurs, on a dit qu'un titre de créance est considéré comme relevant du « trading book », si la banque n'a pas l'intention de le garder jusqu'à son échéance, elle doit alors le céder sur le marché (ou le reprendre) à brève échéance, et ce même si sa maturité est de plusieurs années. Par contre, les titres, que la banque a l'intention de détenir jusqu'à leurs échéances, font partie du « banking book ». C'est ce que l'on appelle la « comptabilisation d'intention ». Toutefois, il y'a lieu de préciser ici aussi que, même si une banque a l'intention de garder un titre de créance jusqu'à son échéance, l'autorité de contrôle peut exiger d'elle de l'inscrire au « trading book », et ce au cas où elle estimerait que ladite banque n'en a pas les capacités financières.

Ceci va se traduire par une augmentation des exigences de fonds propres au titre du risque de marché pour les banques, et ce dans la mesure où un actif du « trading book » doit être comptabilisé au prix de marché.

Comme il est précisé dans ce document, « Dans aucun cas ni aucune circonstance, le transfert d'instruments ne pourra donner lieu à une réduction des exigences de fonds propres. (...) Si l'exigence de fonds propres diminue du fait du transfert, la différence constatée au moment du transfert devra être compensée par la banque sous la forme d'un montant supplémentaire de fonds propres à publier au titre du premier pilier. »[151]

De même, l'approche des modèles internes a également fait l'objet d'une « Modification de l'évaluation du risque en période de tensions, qui repose non plus sur la valeur en risque (VeR), mais sur la valeur en risque conditionnelle (expected shortfall ou ES). »[152]

En effet, on a vu que la VaR correspond à la perte maximale, sur un instrument donné, avec un seuil de confiance de 99 % à un intervalle de temps donné. Cela vaudrait dire qu'il y a 99 % de chances pour que la perte associée à cet actif ne dépasse pas ce montant sur cette période.

Cela vaudrait dire également que la VaR ne renseigne pas sur les 1 % restants (les pires scénarii ou les scénarii extrêmes) et qui peuvent générer des

---

[151] *Ibid.*
[152] *Ibid.*, p. 1.

pertes largement supérieures à ce maximum et peuvent ainsi être fatales pour une banque.

La méthode (expected shortfall) envisage plutôt les pires scénarii ou les périodes stressées et correspond alors à la moyenne des pertes subies lorsque la banque fait face à ces situations. Elle « … permettra (alors) de mieux rendre compte des risques extrêmes et partant, de maintenir l'adéquation des fonds propres en périodes de graves tensions sur les marchés. »[153]

En envisageant les chocs extrêmes, cette méthode renforce davantage les exigences de fonds propres au titre du risque de marché.

En effet, comme le souligne EMBRECHTS, ce qu'il faut retenir concernant le passage de la VaR à l'Expected Shortfall, « … est le changement de mode de pensée qu'il traduit. Raisonner en VaR, c'est poser la question “If ?” : on cherche à savoir si un évènement est de nature à se produire une fois en mille ans. Avec l'Expected Shortfall, on s'intéresse à la question “What if ?” : sachant qu'un évènement se produit une fois tous les mille ans, à quelle perte peut-on s'attendre si cela arrive ? C'est une question très différente. ». Pour conclure : « Ce changement de mode de pensée me laisse croire que l'on est sur la bonne voie. »[154]

4.4.2. En plus du renforcement des exigences de fonds propres induites par le cadre révisé du risque de marché (FRTB), la révision apportée par Bâle IV, tout en s'appuyant sur ce cadre, supprime le recours à l'approche fondée sur les modèles internes pour certaines composantes du risque de marché et propose deux approches « … pour le calcul des fonds propres CVA : l'approche standard (SA-CVA) et l'approche de base (BA-CVA). Les banques doivent utiliser l'approche BA-CVA, à moins que leur autorité de contrôle compétente ne leur permette d'utiliser l'approche SA-CVA ».[155]

Ces deux approches ont alors été conçues et calibrées de sorte qu'elles soient cohérentes avec le cadre révisé du risque de marché (FRTB). Par ailleurs, le Comité introduit « un seuil d'importance relative ». Ainsi, « Toute banque, dont le montant notionnel agrégé de dérivés non compensés centralement est inférieur ou égal à 100 milliards d'euros, est considérée comme en dessous du seuil d'importance relative. Elle peut alors opter pour

---

[153] *Ibid.*

[154] EMBRECHTS Paul, « Mieux appréhender l'incertitude liée aux modèles ». Cité dans le Dossier, « Vers Bâle IV ? Les banques dans l'incertitude », réalisé par LEBOUCHER Séverine, *op.cit.*

[155] Comité de Bâle sur le contrôle bancaire, « Bâle III : finalisation des réformes de l'après-crise », *op.cit.*, p. 117.

des fonds propres CVA (qui correspondent) à 100 % des exigences de fonds propres en regard du risque de contrepartie. »[156]

Le calcul du CVA par ces deux approches nécessite le recours à des formules mathématiques très complexes ainsi que la mise en place, par toutes les banques, d'infrastructures indispensables pour la réalisation des calculs.

D'un autre côté, le mode de validation des modèles internes a également été revu. Des critères (quantitatifs et qualitatifs) supplémentaires et plus rigoureux ont été ajoutés et s'appliqueront activité par activité et non plus de manière globale. En conséquence de quoi, le périmètre des activités, qui devraient être mesurées par des modèles internes, va être très variable d'un arrêté de compte à l'autre ; chose qui constituera un casse-tête pour les banques sur le plan opérationnel.

S'agissant du concept de CVA « credit valuation adjustment » ou « ajustement de l'évaluation de crédit », ce terme « … renvoie à l'ajustement de l'évaluation de crédit au niveau d'une contrepartie »[157] ; il se base sur les principes suivants :

Quand deux contreparties traitent ensemble un contrat dérivé, chacune d'entre elles prend un risque sur le défaut de l'autre. La banque vendeuse de la protection (une option par exemple) est en position courte sur le risque de défaut de sa contrepartie ; mais elle est également en position longue sur son propre risque de défaut. Le risque crédit de contrepartie doit alors être vu comme étant le risque de pertes dues au défaut de la contrepartie ou du propre défaut de la banque elle-même.

L'ajustement de valeur, à ajouter à celle sans risque de défaut du dérivé, est appelé « credit valuation adjustment » (CVA) ou « ajustement de l'évaluation de crédit. »

En effet, la valeur du CVA d'un dérivé dépend :

– du type de la transaction (incluant les sous-jacents et facteurs de risque) ;

– de la durée de la transaction ;

– des taux d'intérêt des devises de la transaction ;

– ainsi que des spreads de crédit (ou probabilité de défaut) des deux contreparties.

Elle peut être interprétée comme la différence des pertes attendues des deux contreparties.

---

156 *Ibid.*
157 *Ibid.*

Ainsi, alors que le CVA prudentiel (ou unilatéral) est l'ajustement de valeur lorsque l'on considère uniquement le risque de défaut de la contrepartie et que celui de la banque n'est pas pris en compte, le CVA utilisé aux fins comptables (ou bilatéral) correspond à l'ajustement de valeurs lorsque l'on prend en compte à la fois le risque de défaut de la contrepartie et celui de la banque, de façon symétrique.

Par ailleurs, en pratique, la valeur de marché d'un produit dérivé est susceptible d'évoluer, et ce en fonction de l'évolution des conditions de marché et peut ainsi figurer tantôt à l'actif (s'il est positif) tantôt au passif (lorsqu'il est négatif).

Ceci tient au fait que le CVA diffère selon qu'on le calcule sur la base des données historiques ou de celles de marché ; cette différence s'explique par le fait que les PD déduites des CDS (credit default swap) ou CDO (collateralized debt obligations) sont souvent plus élevées que les PD internes fondées sur des données historiques, et ce dans la mesure où ces dernières n'intègrent pas une prime de risque aussi élevée que les PD de marché.

On retrouve ici les insuffisances des modèles utilisés par les banques pour évaluer les risques et in fine, leurs exigences de fonds propres.

Cette réalité, on la retrouve également dans le paragraphe 2 de la norme IFRS 13 d'où il ressort que « La juste valeur est une mesure fondée sur le marché et non une mesure spécifique à l'entité. »

De même, dans son paragraphe 88 où il est précisé que « Les hypothèses sur les risques comprennent, notamment, celles sur le risque inhérent à une technique d'évaluation particulière utilisée pour déterminer la juste valeur (par exemple un modèle d'évaluation) et le risque inhérent aux données d'entrée de la technique d'évaluation. » Par conséquent, une méthode d'évaluation risque de ne pas refléter la juste valeur d'un actif ou d'un passif, et ce si elle ne comporte pas d'ajustement pour tenir compte de tous les risques, alors que les intervenants du marché feraient un tel ajustement pour fixer leur prix. C'est le cas, par exemple, lorsqu'il est « … nécessaire d'apporter un ajustement pour tenir compte des risques s'il existe une incertitude de mesure importante, notamment lorsque le volume ou le niveau d'activité a subi une baisse importante par rapport à l'activité normale observée sur le marché pour l'actif ou le passif, ou pour des actifs ou des passifs similaires, et que l'entité a déterminé que le prix de transaction ou le cours du marché ne représente pas la juste valeur. »

Par ailleurs, comme on l'a déjà souligné, l'approche purement historique risque de ne pas capturer la volatilité du risque de contrepartie induite par des évènements extrêmes et rares.

C'est la gestion du risque de modèle et qui consiste, pour le Comité, à faire en sorte que les banques procèdent à une évaluation prudente des instruments inclus dans leur portefeuille de négociation. Le document cite, pour cela, un certain nombre d'ajustements d'évaluation qui doivent être mis en place par les banques afin de valoriser ces instruments. Étant donné que « ... le CVA prudentiel exclut l'impact du défaut de la banque elle-même, (...) plusieurs contraintes reflétant les meilleures pratiques de comptabilisation du CVA sont imposées pour le calcul du CVA prudentiel, de sorte que certaines banques pourraient noter une divergence entre ce CVA prudentiel et leur CVA comptable ».[158]

D'autre part, « Toutes les banques participant à des transactions couvertes doivent calculer leurs exigences de fonds propres en regard du risque de CVA. Ces transactions comprennent tous les dérivés, à l'exception de ceux qui font l'objet d'une transaction directe avec une contrepartie centrale agréée. En outre, les transactions couvertes incluent aussi les cessions temporaires de titres, valorisées à leur juste valeur par les banques à des fins comptables. »[159]

Ceci va, bien entendu, se traduire par l'obligation de détenir des fonds propres prudentiels supplémentaires pour couvrir le risque induit par ces ajustements.

4.5. Institution d'un plancher sur les actifs pondérés en fonction des risques, le fameux « output floor »

En plus des exigences prévues dans l'Accord Bâle III, à savoir augmentation de la quantité et de la qualité des fonds propres et constitution de volants de conservation des fonds propres, les actifs pondérés en fonction des risques déclarés par chaque banque doivent être égaux à la valeur la plus élevée entre :

– le total des RWA qui sont calculés selon l'approche adoptée par la banque en vertu du dispositif de Bâle II (standards ou modèles internes)

– et 72,5 % du total des RWA calculés uniquement selon les approches standards.

Étant précisé que ce dernier élément constitue le plancher ou « output floor » ; c'est-à-dire un niveau minimum en dessous duquel les RWA ne peuvent pas descendre lorsqu'ils sont calculés par les modèles internes.

L'objectif est clair, il consiste à encadrer les modèles internes, et ce en garantissant que les banques qui les utilisent ne bénéficient pas d'économies de fonds propres, induites par ces méthodes, au-delà d'un certain seuil ;

---

[158] *Ibid.*
[159] *Ibid.*

réduisant ainsi la variabilité excessive des (RWA) et renforçant la comparabilité des ratios déclarés par les banques.

Dans ce cas, on est en droit de se demander pourquoi avoir incité les banques à investir des sommes énormes pour le passage aux approches avancées.

Ceci d'autant plus que, sur le plan financier, « … le ratio de plancher sera l'une des contraintes les plus fortes pour les banques utilisant les modèles internes. En effet, les banques qui utilisent les modèles internes arrivent, en moyenne, à des niveaux de RWA correspondant de 50 à 65 % des risques calculés selon la méthode standard. »[160]

Sur le plan opérationnel, cela sous-entend que les banques, qui utilisent les approches avancées, doivent également calculer leurs exigences selon l'approche standard et doivent aussi communiquer les deux ratios de fonds propres pondérés, calculés selon les deux méthodes. En outre, elles doivent fournir des informations plus granulaires concernant le calcul de leurs RWA selon les deux approches. Ceci constitue une charge supplémentaire et un casse-tête sur le plan opérationnel, ce qui va à l'encontre de l'objectif de simplicité recherché.

Par ailleurs, comme on l'a déjà souligné, si l'approche standard est la plus appliquée dans le monde, avec ces révisions elle le sera encore davantage. D'abord, dans la mesure où, si une banque estime qu'elle n'a rien à gagner en appliquant les approches avancées, et ce en raison du plancher, alors elle opterait pour l'approche standard. On doit s'attendre alors à ce que plusieurs banques vont migrer de l'approche avancée vers l'approche standard. Ensuite, sur le plan opérationnel, toutes les banques doivent l'appliquer, et ce pour pouvoir respecter ce plancher.

C'est ce qui a fait dire à GODARD et HARZI que l'impact sera également énorme sur le plan stratégique, et ce dans la mesure où tout ceci conduira à un bouleversement du « business model » des banques. En effet, ce plancher va les pousser à engager « … plusieurs réflexions stratégiques tant au niveau de la gouvernance interne des risques (maintien de certains modèles internes, optimisation du plancher de fonds propres) qu'au niveau de la stratégie clients ou produits (impact de l'augmentation des RWA sur le pricing des produits distribués, maintien ou abandon de certains segments d'activités qui vont subir de fortes augmentations de RWA tels que les financements spécialisés, la structuration de nouveaux produits optimisant la consommation de fonds propres, etc.) ».

---

160 GODARD Romain et HARZI Adel, « Bâle IV : quels impacts pour les banques ? », *op.cit.*

L'objectif consiste alors à procéder à un choix entre le maintien ou la suppression des différents modèles internes en fonction d'une série de critères à définir (coûts de maintenance, gains en RWA, contraintes locales et internationales), et ce afin de s'approcher du niveau plancher de 72,5 % et en limiter les impacts négatifs. Cela encourage l'arbitrage.[161]

4.6. Ratio de levier

Au sens du Comité de Bâle, une banque d'importance systémique mondiale est une banque, dont le profil de risque systémique est jugé d'une telle importance que sa faillite risque de déclencher une crise financière plus large et menacerait l'économie mondiale.

Le Comité de Bâle a développé une formule pour déterminer quelles banques devraient être identifiées comme étant d'importance systémique ; « Les indicateurs retenus reflètent la taille des banques, leur interdépendance, l'absence de substituts directs ou d'infrastructure financière pour les services qu'elles fournissent, leur activité (transfrontière) à l'échelle mondiale et leur complexité. »[162]

Les régulateurs nationaux doivent alors soumettre les banques déterminées comme établissements financiers d'importance systémique mondiale (EFISm) à une réglementation prudentielle plus stricte, comme des exigences de fonds propres plus élevées, des surtaxes supplémentaires et des tests de résistance plus stricts.

Ainsi, comme il ressort du « … rapport entériné par le G20 lors du sommet de Séoul en novembre 2010, l'exigence de capacité additionnelle d'absorption des pertes a pour but d'assurer qu'une plus grande part du bilan des (EFISm) soit financée avec des instruments à même d'accroître la résilience de ces établissements et d'assurer la continuité de leur exploitation. »

Pour cela, « … le Comité a conclu qu'il fallait exiger de (ces établissements) qu'ils satisfassent l'exigence de capacité additionnelle d'absorption des pertes uniquement avec les actions ordinaires et assimilées de niveau T1. »[163]

D'un autre côté, le Comité souligne que cette exigence additionnelle constitue un niveau minimum ; les juridictions nationales sont libres d'imposer une exigence plus stricte à leurs banques si elles le souhaitent.[164]

---

[161] *Ibid.*
[162] Comité de Bâle sur le contrôle bancaire, « Banques d'importance systémique mondiale : méthodologie révisée d'évaluation et exigence additionnelle de capacité d'absorption des pertes », juillet 2013, p. 6.
[163] *Ibid.*, p. 15.
[164] *Ibid.*, p. 13.

Conclusion au paragraphe IV

Comme on peut le constater à travers le survol des principaux apports du document de décembre 2017, on ne peut pas dire qu'il ne s'agit ici que d'une simple finalisation de Bâle III, et ce pour plusieurs raisons.

D'abord, les apports de Bâle III n'ont fait l'objet d'aucune révision, et ce à l'exception du renforcement du levier d'endettement pour les banques identifiées comme d'importance systémique. Les autres éléments constituant ce dispositif n'ont pas été touchés. Ensuite, tout le dénominateur du ratio de solvabilité, tel qu'il a été conçu sous Bâle II, a été chamboulé. Tous les risques traditionnels sont concernés (risque crédit, de marché et opérationnel) et leurs modalités de calcul ont été modifiées pour toutes les approches.

Enfin, on veut nous rassurer qu'aucun concept nouveau n'est introduit, alors que l'on a ajouté le plancher sur les actifs pondérés en fonction des risques ou « output floor». Ce dernier est non seulement une nouveauté, mais il a même tout chamboulé. Avant on distinguait les banques qui appliquent l'approche standard de celles qui sont autorisées à passer aux NI ; aujourd'hui, toutes les banques doivent appliquer l'approche standard, et ce, au moins, pour pouvoir respecter ce minimum.

Ainsi, au regard des éléments précédents et comme l'affirment GODARD et HARZI on peut « … avancer de manière assez claire que les propositions du Comité auront des impacts majeurs tant au niveau financier qu'opérationnel au sein des banques. Après avoir simulé les impacts de Bâle IV sur les banques de l'UE », ces auteurs estiment que « … l'augmentation de RWA totale sera de 1 000 à 2 500 milliards d'euros, soit une augmentation des RWA de 13 à 22 %. »[165]

De même, comme on l'a souligné au début, l'approche standard va être davantage utilisée plus que par le passé. D'ailleurs, déjà « … à fin 2016 et pour les quatre grands groupes bancaires français (BNPP, SG, CASA et BPCE), entre 40 et 50 pour cent du volume total de leurs risques de crédit provient de l'approche standard. »[166]

Même chose sur le plan opérationnel, « … les efforts à réaliser seront plus importants. Les banques devront revoir la totalité du calcul des risques réglementaires, ce qui nécessitera le lancement de nombreux projets et la mobilisation de plusieurs équipes pour mettre à jour les outils de calcul et de reporting. »[167]

---

165 GODARD Romain et HARZI Adel, « Bâle IV : quels impacts pour les banques ? », *op.cit.*

166 HARZI Adel, « Bâle IV : Un nouveau tsunami réglementaire ? », in *Lettre d'actualité réglementaire | banque # 1* », janvier 2018, *PwC*.

167 GODARD Romain et HARZI Adel, « Bâle IV : quels impacts pour les banques ? », *op.cit.*

D'ailleurs, le Comité lui-même « … reconnaît que la diversité des marchés, des méthodes de notation, des produits bancaires et des pratiques exige des banques et de leurs autorités de contrôle une adaptation de leurs procédures opérationnelles. »[168]

D'un autre côté, au lieu de chercher à simplifier les choses, cette réforme a au contraire compliqué davantage la tâche, et ce à la fois pour les assujettis, qui doivent les décliner sur le plan opérationnel, et pour les régulateurs qui sont appelés à contrôler le respect de ces réglementations.

C'est ce qui pousse LEBOUCHER à ironiser en qualifiant cette réforme de « travail d'orfèvrerie suisse », et ce en faisant allusion à la précision des montres suisses, pays qui abrite également le siège du Comité de Bâle.[169]

Conclusion au premier chapitre

Ce survol de la genèse et de l'évolution de la réglementation bancaire internationale nous montre d'une part qu'elle est toujours une réaction à une crise ou à une faillite bancaire et que d'autre part elle n'a pas pu, jusqu'à présent, empêcher ni ces crises ni ces faillites. Étant du domaine du Droit, la réglementation est toujours devancée par la réalité qui est mouvante et évolutive et à laquelle cette réglementation cherche à s'adapter en permanence.

Comme on a pu le constater à travers le survol des différents Accords, les premiers réflexes des membres du Comité consistent systématiquement à renforcer les règles prudentielles d'ordre quantitatif.

On craint que, si on fait une fixation sur ces règles comme seules solutions pour éviter les faillites et les crises bancaires, on risque de passer à côté des vrais problèmes et de tourner en rond.

Les Accords se succèdent et avec eux des règles qui se complexifient davantage et deviennent de plus en plus contraignantes pour les banques, et ce à la fois sur le plan financier et opérationnel, tout en modulant de façon structurelle leur « business model ». Malgré tout ça, le problème de l'instabilité financière est loin d'être réglé.

C'est une question de mathématiques, avoir un ratio de 8 % signifie que le montant des pertes est censé être inférieur ou égal à 8 % des fonds propres. Ce qui suppose, bien entendu, que les risques sont bien gérés, et ce quant à leur identification, leur mesure, leur maitrise et leur suivi. Ce qui suppose alors de saines pratiques de gouvernance avec des dispositifs de contrôle interne et

---

168 Comité de Bâle sur le contrôle bancaire, « Bâle III : finalisation des réformes de l'après-crise », *op.cit.*, p. 88.
169 LEBOUCHER Séverine, « Vers Bâle IV ? Les banques dans l'incertitude », *op.cit.*

de gestion des risques rigoureux ; sans quoi, comme on l'a dit à plusieurs reprises et comme cette crise l'a montré, avoir un ratio élevé ne met pas une banque à l'abri d'une faillite.

Les exemples de Barings, Daiwa et la Société Générale France sont édifiants à cet égard ; tant que les traders arrivent à se soustraire aux différents contrôles et à dissimuler les pertes, le ratio de solvabilité déclaré n'a aucune valeur.

Une unanimité s'est ainsi dégagée pour affirmer que les particularités de l'activité bancaire rendent son fonctionnement dépendant, dans une large mesure, du dispositif de régulation plus ou moins contraignant, mais toujours présent et auquel elle est soumise. En d'autres termes, plus que dans tous les autres secteurs de l'économie, l'efficience et la stabilité du secteur bancaire sont tributaires de la qualité de sa régulation.

Toutefois, comme on a pu le voir, la crise actuelle et les pertes subies par certaines banques ne sont pas la conséquence d'une sous-capitalisation, elles découlent, notamment de la défaillance, voire de l'incompétence de certains régulateurs ; c'est avant tout un problème de supervision, les « shadow banking », qui échappent à toute supervision, en sont un exemple manifeste.

De même, elles sont également le résultat de l'absence de l'implication des actionnaires dans le contrôle de leurs établissements et leurs dirigeants pour les empêcher de prendre des risques démesurés et inconsidérés, et ce par l'intermédiaire d'une bonne gouvernance et un contrôle basé sur les risques. En effet, on a tendance à oublier que les risques sont endogènes à l'activité des banques ; ils sont la conséquence des prises de décisions internes à la banque.

Ainsi, comme l'a souligné Dominique STRAUSS-KAHN lors de l'une de ses déclarations à la presse, incriminer la finance en la rendant responsable de cette crise, c'est comme si on tient l'industrie automobile pour responsable des accidents de circulation. Dans ce dernier cas, ce sont les « chauffards » qui en sont les vrais responsables, dans le cas de la finance ce sont les managers et les organes d'administration.

À cette déclaration, on peut enchaîner en disant que le fait d'incriminer l'inefficacité de la réglementation pour la resserrer davantage à l'occasion de chaque crise ou faillite bancaire, revient à accuser le Code de la route chaque fois qu'un accident de la circulation survient. Alors que, les usagers de la route et les agents de circulation peuvent également en être tenus pour responsables.

À titre d'exemple, la titrisation et les produits dérivés ont été utilisés pour des objectifs purement mercantiles et non pour ceux pour lesquels ils ont été créés, à savoir diversifier les sources de financement et se couvrir contre des risques.[170]

D'autre part, comme on l'a déjà dit, la réglementation prudentielle doit prendre en compte un aspect très important, à savoir que le fait de vouloir atteindre des objectifs, qui sont parfois contradictoires, incite les assujettis à procéder à des arbitrages réglementaires qui conduisent souvent à des résultats inverses.

Par ailleurs, la gouvernance des firmes bancaires admet deux dimensions, l'une interne et l'autre externe. La dimension externe se manifeste par la réglementation prudentielle, alors que la dimension interne concerne le mode d'administration et de gouvernance de la banque. Des contrôles interne et externe rigoureux sont une condition sine qua non pour contourner la prise excessive de risque.

D'un autre côté, la réglementation à elle seule risque de ne pas être efficace si elle n'est pas accompagnée par une surveillance rapprochée par les régulateurs (des contrôles permanents et sur place).

Un autre problème est lié à l'hypothèse selon laquelle la réglementation microprudentielle (c'est-à-dire celle qui garantit le bon fonctionnement et la solidité de chaque institution prise individuellement) suffit à empêcher les crises systémiques. Aujourd'hui, il apparaît évident que la réglementation financière doit être également macroprudentielle.

D'autre part, étant donné que la réglementation bancaire occasionne des coûts pour les banques, il est plus que légitime de se poser des questions quant à son efficacité qui doit être prouvée. En effet, ces questions sont d'autant plus légitimes que la crise actuelle est survenue à peine quelques années après l'entrée en vigueur de Bâle II qui était censé être une avancée en la matière et dont la mise en place, il faut le rappeler, a coûté très cher aux banques en matière d'investissements, notamment pour l'adaptation de leurs systèmes d'information et le recrutement de ressources humaines spécialisées et qualifiées.

Là aussi, on a montré que c'est faire preuve de myopie intellectuelle que de vouloir incriminer l'Accord Bâle II, puisqu'il n'a jamais été appliqué outre atlantique et que les institutions financières ayant été à l'origine des subprimes sont des « shadow banking » qui ne sont soumises à aucune réglementation ni contrôle bancaire.

Ce constat nous renvoie au deuxième chapitre où on va essayer de faire un tour d'horizon des fondements de la réglementation bancaire et leur capacité

---

170 On y reviendra lorsque l'on abordera les problèmes posés par les innovations financières.

à rendre compte de cette réalité qui, apparemment, semble échapper aux économistes.

CHAPITRE II

LES FONDEMENTS DE LA RÉGLEMENTATION BANCAIRE INTERNATIONALE

Introduction

On a déjà dit que la réglementation bancaire occasionne des coûts pour les banques, dont, notamment :

– coûts d'opportunité : choisir entre un actif rentable (donc plus risqué et moins liquide) et un autre liquide et sûr (donc moins rentable) ;

– des coûts directs de fonctionnement en matière d'infrastructures, d'équipements et de compétences humaines.

En plus de ça, la réglementation a un impact sur le « business model » des banques.

Partant de tout cela, il est tout à fait légitime de poser la problématique de ses fondements, et ce pour justifier son utilité et sa nécessité.

Dans ce chapitre, il s'agit alors de poser la problématique de la nécessité d'une réglementation prudentielle applicable aux banques. On a déjà souligné qu'il y'a une unanimité à ce sujet, mais il ne suffit pas de le dire, encore faut-il apporter des arguments, si c'est possible d'ordre scientifique ; autrement dit, faire appel à la science économique.

Deux séries de courants de pensée seront présentées dans ce chapitre :

– des économistes de renommée internationale ont essayé de donner une base et un fondement scientifique à la réglementation bancaire, ils ont forgé des théories pour cela ;

– d'autres au contraire ont milité pour faire des spécificités de la firme bancaire la base et le fondement de cette réglementation. Ils parlent d'une nécessité pratique.

SECTION I : Les fondements théoriques de la réglementation bancaire[171]

> « Le début des études et du laborieux arrachement à l'immédiateté de la vie matérielle doit de ce fait toujours consister à acquérir des connaissances sur des principes et des points de vue universels, pour s'élancer ensuite seulement vers la pensée des choses en général, non sans fournir les fondements nécessaires pour les soutenir ou les réfuter, en saisissant la plénitude riche et concrète des déterminations, et en sachant formuler à propos d'elles des réponses judicieuses et des jugements fondés. Mais ce début de la formation laissera bientôt la place au sérieux de la vie dans sa plénitude, qui conduit à l'expérience des choses elles-mêmes. Et quand on atteindra sérieusement le concept dans ses profondeurs, la connaissance et le jugement pourront tenir la place qui leur convient dans le discours. » HEGEL G. W. Friedrich, *Phénoménologie de l'esprit,* traduit par DE PERNON Guy, page 27, *Pernon-éditions,* 2010.

L'intérêt de faire un tour d'horizon des théories économiques, ayant tenté d'élaborer un fondement pour la réglementation bancaire, s'explique par le fait que d'une part, aucun discours descriptif ou explicatif sur le réel n'est possible sans référence théorique et que d'autre part, la théorie elle-même « … représente une grille de lecture du réel en l'absence de laquelle celui-ci demeure totalement indéfrichable. »[172]

En effet, une théorie est censée partir du réel (une situation concrète) pour essayer d'élaborer des concepts et dégager des lois ou des règles qui sont censées régir ce réel et susceptibles, en retour, d'expliquer son fonctionnement. Autrement dit, le caractère scientifique d'une théorie se mesure par sa capacité à expliquer et à prédire le réel d'où elle est censée naître. En d'autres termes, elle doit résister à l'examen de l'analyse empirique.

Ainsi, si on essaie de parcourir les étapes de la connaissance économique, le point de départ est toujours la situation économique concrète devant laquelle on se trouve. Son analyse nous permettra de dégager les forces (lois ou règles) qui sont censées la gouverner et de comprendre, en retour, comment elles interagissent entre elles pour la modifier. Ce faisant, on aura procédé à

---

[171] Cette section s'inspire largement d'une synthèse de ces théories, présentée dans un excellent article, « L'efficacité de la réglementation prudentielle des banques à la lumière des approches théoriques » de COUPPEY Jézabel et MADIES Philippe, in *Revue d'économie financière,* année 1997, Volume N°39, numéro 1, pp. 95-124. Mis en ligne par persee.fr.

[172] ROSIER Bernard, *Les Théories des crises économiques*, in *Collection Repères*, Ed. *La Découverte*, 2003.

un diagnostic, et ce en vue de proposer des remèdes sous forme de politique économique, financière ou autres, selon le domaine d'analyse. Autrement dit, d'une analyse positive on déboucherait sur une analyse normative.

Cela suppose, bien entendu, que toute situation économique est déterminée par des forces qui obéissent à un modèle établi et reconnaissable, et qu'à l'origine d'un grand nombre de situations concrètes différentes se trouvent des relations qui se répètent. Ces relations font apparaître des régularités que la théorie économique doit découvrir. La théorie économique est alors censée nous fournir toute la connaissance nécessaire pour comprendre le fonctionnement de l'économie.

C'est ce que les économistes classiques et avant eux, les physiocrates et après eux, les néoclassiques ont essayé de faire. Pour tous ces économistes, la réalité économique est, comme la nature, régie par des lois qu'il suffit de découvrir, à l'image de ce qui a été fait par les autres sciences (la chimie, la physique, la biologie, l'astronomie, etc.).

Malheureusement, dans le domaine social en général et économique en particulier, il n'en est rien. Le mieux que puisse faire une théorie économique, c'est de dégager des conclusions concernant des relations générales qui ne peuvent pas forcément s'appliquer à la situation économique étudiée.

Pour cela, si « … l'historien-économiste doit s'efforcer d'identifier des périodes du passé suffisamment longues pour pouvoir y déceler des régularités dans le fonctionnement des économies qu'il étudie », il ne doit quand même pas « … céder à la tentation (…) de leur conférer un caractère de "lois". »[173]

C'est vrai que la théorie bancaire est moins abstraite que la plupart des théories économiques ; toutefois, ce qui complique le problème, c'est qu'une théorie économique n'est jamais purement scientifique, donc objective ; ceci d'autant plus que des intérêts corporatifs ou idéologiques s'y mêlent souvent.

Partant de cette réalité, pour l'élaboration d'une réglementation qui s'appliquerait en tout temps et en tout lieu, les régulateurs chargés de cette mission, en l'occurrence les membres du Comité de Bâle, ont besoin d'une base théorique qui conférerait une certaine rigueur scientifique et partant, une certaine légitimité à leurs recommandations.

Cette section sera alors consacrée à l'examen critique de ces théories, et ce à la lumière de la réalité et des spécificités de la firme bancaire tant par rapport aux autres entreprises que par rapport aux marchés financiers en tant que source de financement alternative.

---

[173] STRAUS André, « Le retour des crises financières est-il inéluctable ? », in *Revue d'économie financière*, Année 2008, pp. 57-70. Fait partie d'un numéro thématique, « Crise financière : analyses et propositions ». Mis en ligne par persee.fr.

Cet examen critique est d'autant plus indispensable que :

– d'une part, n'étant pas une émanation de l'Organisation des Nations Unies à l'image du FMI et de la Banque mondiale, le Comité de Bâle n'a aucune légitimité aux yeux de la communauté internationale et ses publications ne sont d'ailleurs que de simples recommandations qui ne sauraient s'imposer à quiconque ;

– d'autre part, étant donné que la réglementation occasionne des coûts pour les assujettis, il est légitime de poser le problème de son efficacité qui, comme on l'a vu, est loin d'être prouvée.

En posant le problème des coûts induits par la réglementation, il ne s'agit pas, pour nous, de remettre en cause son bien-fondé, mais seulement d'essayer de trouver d'autres modalités d'une régulation optimale qui soit plus simple, moins contraignante et la plus efficace possible.

Par ailleurs, même si elle est nécessaire, la réglementation ne doit être considérée que comme un élément du dispositif de supervision bancaire qui, lui-même, doit être à la fois interne et externe, mais aussi micro et macroprudentiel. Elle doit être également combinée avec d'autres modes de régulation.

Enfin, la nécessité d'une réglementation ne doit pas négliger une dimension fondamentale de la régulation, à savoir celle émanant des firmes elles-mêmes et leurs différentes réactions à la réglementation (arbitrages, innovations financières, etc.)

Aucun mode de régulation n'est omniscient, pas plus la réglementation que le marché. COASE [174]soulignait, en effet, la nécessité de correctement évaluer non seulement l'organisation défaillante, notamment le marché, mais également celle qui se présente en remède, à savoir l'intervention directe des pouvoirs publics ou la réglementation.

Paragraphe I : Les approches traditionnelles de la réglementation prudentielle

Comme il a été souligné précédemment, les graves perturbations sur les marchés bancaires et monétaires internationaux (notamment les faillites de la banque HERSTATT en Allemagne occidentale en 1974 et les caisses d'épargne américaines au début des années 1980) et la première réunion du Comité de Bâle en 1975 vont offrir un terrain fertile à des économistes qui

---

[174] COASE Ronald H. « The problem of social cost », in the journal of law and economics, Oct. 1960. Traduit en français, sous le titre « le problème du coût social », par L. RAGNI et P.M. ROMANI in Revue française d'économie, Année 1992. 7-4, pp. 153-193. Mis en ligne par persee.fr.

vont essayer d'élaborer des bases théoriques pour une réglementation bancaire internationale.

Les premières approches qui ont essayé de fournir un fondement théorique à une réglementation prudentielle des banques sont :

1– la « **théorie de la préférence sur les états** », développée à la fin des années 1970 ; elle part, comme on va le voir, de l'hypothèse selon laquelle les banques sont neutres au risque et évoluent dans un univers de marchés financiers complets et efficients ;

2– la « **théorie du choix de portefeuille** », élaborée principalement au cours des années 1980. Dans cette théorie, la banque se comporte en gestionnaire de portefeuille averse au risque. Contrairement à la théorie précédente, celle-ci part du fait que l'hypothèse de la complétude des marchés financiers n'est plus nécessaire à supposer.

En plus de se baser sur les hypothèses du modèle néoclassique, ces deux théories ont le grand défaut de partir de la réalité américaine (les spécificités du système bancaire et financier américain) pour essayer d'élaborer la base théorique d'une réglementation qui sera transposée à tous les autres systèmes bancaires de tous les pays, y compris ceux des pays à « économie d'endettement » où les banques constituent la source principale de financements de tous les agents économiques. Comme on va le montrer, le fait d'être prisonnières du modèle américain, comme réalité, et du modèle néoclassique, comme cadre d'analyse, a fait que la réglementation prudentielle n'est introduite que pour contrecarrer l'inefficacité d'une assurance des dépôts non tarifée, c'est-à-dire à taux fixe.

En effet, dans le modèle néoclassique, la croissance se fait dans un environnement de concurrence pure et parfaite où il n'y a ni externalités, ni biens publics, ni monopoles et où l'information est disponible pour tous. Dans ce monde parfait, il n'y a alors aucune raison qui justifierait une quelconque politique économique de quelque nature que ce soit ; autrement dit aucune forme de régulation ni de réglementation.

De même, ces deux approches vont partir d'hypothèses très invraisemblables qui vont les écarter même du modèle américain qu'elles sont censées modéliser.

Malgré ces différences de cadre d'analyse, ces deux approches convergent vers l'idée selon laquelle un seul instrument de régulation ne suffit pas et que deux ou plusieurs instruments appliqués à la fois se compléteraient pour aboutir à une relative efficacité de la réglementation prudentielle.

On verra que, tandis que les modèles de « préférence sur les états » concluent au pire à l'inutilité d'une réglementation de fonds propres, ceux du « choix de portefeuille » ont le mérite de mettre à jour les possibles effets pervers d'une telle réglementation et qui peuvent conduire à un accroissement de la probabilité de faillite des banques contrairement à son objectif de départ.

1.1. La théorie de la préférence sur les états

La théorie de la préférence sur les états constitue l'un des premiers cadres d'analyse utilisés par les économistes afin d'étudier la réglementation bancaire.

1.1.1. Le cadre d'analyse de la théorie

Les théoriciens de la préférence sur les états KAREKEN et WALLACE (1978), DOTHAN et WILLIAMS (1980) partent de deux hypothèses :[175]

– Responsabilité limitée : la première hypothèse, qui est réaliste d'ailleurs, considère les banques comme des entreprises à responsabilité limitée, c'est-à-dire que leur faillite occasionne des coûts pour leurs actionnaires, on parle alors des « coûts de défaillance ». Du moment que les fonds propres représentent une sorte de créance que les actionnaires détiennent sur les actifs de la banque, ceux-ci sont supposés avoir une responsabilité limitée à leur mise (les fonds injectés dans la banque) ;

– Complétude des marchés : la seconde hypothèse considère que la banque évolue dans un environnement caractérisé par une complétude des marchés financiers qui lui offre ainsi la possibilité de définir et de choisir elle-même, dans « les différents états possibles de la nature », son profil de risque. Elle peut alors construire n'importe quel portefeuille à son actif ainsi qu'une structure de financement à son passif (un levier d'endettement par une combinaison entre fonds propres et dettes).

Étant neutre aux risques et étant soumise à des coûts de défaillance, la banque peut éviter la faillite si elle le souhaite, et ce en choisissant d'une part, des actifs non risqués dans un état du monde possible et d'autre part, un levier d'endettement maitrisable à son passif.

Contrairement à la première hypothèse, celle-ci est invraisemblable, et ce dans la mesure où, comme on va le voir, l'asymétrie d'information, qui est l'une des spécificités et l'une des raisons d'être de la banque, est écartée d'un revers de la main.

Toutefois, le déroulement du modèle laisse croire le contraire, et ce du moment où il est supposé se dérouler en deux temps :

– Dans un premier temps, alors que l'on est dans un état du monde encore inconnu (donc incertain en principe), la direction de la banque procède du côté

---

[175] Cités par COUPPEY Jézabel et MADIES Philippe, « L'efficacité de la réglementation prudentielle des banques à la lumière des approches théoriques », *op.cit*.

de son actif, à la constitution d'un portefeuille d'actifs financiers et du côté de son passif, au choix d'un certain levier d'endettement, et ce selon une certaine proportion entre ses fonds propres et ses dettes. Ce choix s'effectue de manière à maximiser la plus-value des actionnaires (fonction objectif), sous la contrainte d'équilibre du bilan de la banque.

– Dans un deuxième temps et une fois que l'état du monde qui se réalise est connu, en fin de période, la banque connaît la valeur de son portefeuille d'actifs et sera alors en mesure de savoir ce qu'elle pourra reverser à ses apporteurs de fonds (déposants et actionnaires).

Le fait d'envisager deux temps implique déjà une asymétrie d'information ou, du moins, une information non parfaite.

À ce stade déjà, on n'a pas besoin de suivre cette théorie dans son raisonnement, on peut conclure tout de suite que la banque n'a aucune raison d'être en tant que source alternative de financement de l'économie (hypothèses d'information parfaite de complétude des marchés financiers).

On est alors dans un système qui, en permettant à la banque de combiner les actifs existants, lui permet, du même coup, de se construire une couverture sur mesure et de se constituer ainsi un portefeuille d'actifs qui, quel que soit l'état du monde, lui permettra de rembourser ses créanciers, en particulier les déposants.

Du moment que les dépôts ne présentent aucun risque, une assurance des dépôts apparaît alors sans objet et par voie de conséquence, « … la réglementation prudentielle est aussi inutile, car d'une part, elle n'a pas à contrecarrer les effets pervers d'une assurance des dépôts sous-tarifée et d'autre part, il n'est pas nécessaire de limiter la probabilité de faillite des banques, car ces dernières choisissent spontanément d'éviter toute défaillance. »

On peut alors conclure au caractère inutile de toute réglementation ; se situant dans le modèle libéral, cette théorie veut démontrer l'inutilité d'une intervention de l'État, d'où la proposition d'une solution de « free banking ».

Cette conclusion est une conséquence logique de l'hypothèse du départ, à savoir celle d'une complétude des marchés financiers et où la banque peut choisir, parmi tous les états de la nature, celui qui lui éviterait la faillite.

1.1.2. Critique d'une assurance des dépôts à taux fixe comme base pour définir une réglementation bancaire alternative ou complémentaire

Toutefois, conclure à l'inutilité de toute forme de réglementation revient à oublier que l'on raisonne dans le cadre du modèle américain. En partant de la réalité américaine, cette théorie ne peut pas ignorer l'existence d'un système d'assurance des dépôts à taux fixe ; elle doit alors poser le problème de l'efficacité d'une éventuelle réglementation prudentielle se basant sur ce mécanisme.

En effet, comme le signalent BUSER, CHEN et KANE (1981), l'aléa moral fait qu'une assurance des dépôts à taux fixe peut inciter les banques à s'engager dans des activités très risquées, et ce en sélectionnant, du côté de l'actif, un portefeuille très risqué et du côté du passif, un levier d'endettement élevé. Ceci est de nature, bien entendu, à leur procurer un avantage, puisque la prime payée serait la même ; n'étant pas reliée ex ante à leur profil de risque ni donc à l'indemnité qui pourra être versée à leurs clients en cas de faillite. On assisterait alors à un transfert des richesses publiques (argent des contribuables) vers les actionnaires.[176]

Deux solutions sont alors envisagées pour contrecarrer ces effets pervers :

– la première consiste à remplacer une assurance des dépôts à taux fixe par une assurance actuarielle ; cela revient à indexer les cotisations payées par chaque banque sur son profil de risque ;

– la deuxième solution quant à elle réside dans la mise en place d'une réglementation prudentielle, et ce étant donné les coûts qu'elle peut occasionner pour les banques (contrainte de fonds propres). Autrement dit, les avantages, que peut leur procurer une assurance des dépôts à taux fixe, leur seront repris par une réglementation prudentielle sous forme d'exigence de fonds propres.

Ainsi, il ne s'agit pas ici de partir des spécificités d'une banque, mais plutôt d'une assurance des dépôts inadaptée, pour justifier la nécessité d'une réglementation prudentielle. Ce qui est quand même étrange.

De même, « … cette efficacité de la réglementation prudentielle n'apparaît que par défaut, et ce dans le sens où elle est rendue nécessaire par la distorsion introduite par une autre variable réglementaire : l'assurance des dépôts à taux fixe (ou de manière plus générale, sous-tarifée). »

D'ailleurs, comme le reconnaissent KAREKEN et WALLACE eux-mêmes, « … une assurance des dépôts n'a aucune raison d'être », elle est donc exogène au modèle ; son introduction « … provient de la nécessité de construire un contexte réglementaire aussi proche que possible de celui des États-Unis des années 1970 (et ce), afin d'en effectuer une analyse positive. »[177]

Ce modèle arrive alors à la conclusion selon laquelle « … la réglementation prudentielle est au pire inutile, au mieux efficace, surtout par

---

[176] *Ibid.*
[177] *Ibid.*

la complémentarité de ses instruments », assurance des dépôts et exigence de fonds propres.

Cette théorie correspond à la période d'avant Bâle I où il n'existait aucune réglementation, mais uniquement une norme de gestion sous forme d'un ratio « fonds propres sur total actif ». Ce n'est pas encore le souci du risque qui est préoccupant, mais plutôt l'effet de levier, c'est uniquement le passif de la banque. On retrouve quand même, dans ce raisonnement, un dépassement du « théorème de Modigliani-Miller » pour qui la structure de financement d'une entreprise est neutre et n'affecte pas sa valeur économique.

On oublie que le terme « prudentielle » renvoie à la notion de « prudence » ; autrement dit, à l'existence d'un risque qu'il faut alors maitriser et gérer. En ne s'intéressant qu'au côté du passif, cette théorie écarte d'emblée toute réglementation prudentielle qui est censée intervenir a priori, c'est-à-dire avant la faillite, et ce contrairement à l'assurance des dépôts qui ne peut intervenir qu'après la faillite, dont l'objectif est d'indemniser les déposants ; même si on lui reconnaît également un côté préventif, et ce en rassurant les déposants, évitant ainsi les paniques et la ruée vers les guichets bancaires.

Il faut attendre les années 80, avec « la théorie du choix de portefeuille », pour voir les économistes s'intéresser également au côté de l'actif, et ce en complétant la capitalisation par le profil de risque de chaque banque. C'est la base théorique du ratio Cooke ou Bâle I.

1.2. La théorie du choix de portefeuille

1.2.1. Les hypothèses du modèle

L'idée fondamentale de ce modèle est que le choix de portefeuille des banques dépend de leurs préférences individuelles en matière de risque ; autrement dit, de leurs degrés d'aversion et d'appétence aux différents risques. D'où le nom donné à la théorie. Cela suppose, bien entendu, l'abandon de l'hypothèse de complétude des marchés financiers, sur laquelle s'est basée la théorie précédente, et l'introduction de la notion de risque pour s'intéresser également au côté de l'actif en vue de l'élaboration d'une réglementation prudentielle. On dispose alors d'un cadre, dans lequel on comprend mieux l'émergence de la banque en complément des marchés financiers.

D'un autre côté, « la théorie du choix de portefeuille » part, elle aussi, du modèle américain. Seulement, alors que les modèles de « préférence sur les états » postulaient explicitement la responsabilité limitée de la banque, ici tout se passe au contraire comme si la responsabilité des actionnaires de la banque était illimitée. Ce qui constitue une hypothèse invraisemblable de ce modèle. En effet, si l'on retient l'hypothèse d'une responsabilité illimitée des actionnaires, alors on pourra déjà conclure que la défaillance de la banque est impossible et l'intervention du régulateur devient sans aucun fondement.

Comme on va le voir, certaines contributions ultérieures s'efforceront de rétablir l'hypothèse de responsabilité limitée des actionnaires de la banque et aboutissent à la nécessité d'ajouter une autre règle prudentielle (un capital minimum réglementaire).

D'autre part, contrairement aux modèles de préférence sur les états, qui « ... concluaient qu'une réglementation des fonds propres est au pire inutile sinon efficace, le modèle du choix de portefeuille a le mérite de poser la problématique de son efficacité et donc, les possibles effets pervers auxquels elle peut conduire, à savoir un accroissement de la probabilité de faillite des banques contrairement à l'objectif qui lui a été assigné au départ. »

De plus, contrairement à l'hypothèse de la complétude des marchés financiers, sur laquelle repose le premier modèle, ce deuxième cadre d'analyse arrive à expliquer l'émergence de la banque en tant que source de financement complémentaire des marchés financiers.

Enfin, dans ce modèle, le banquier n'est qu'un gestionnaire de portefeuille averse au risque. Il compose son portefeuille à partir de « n » actifs risqués et d'un seul type de dépôts sans risque.[178]

Cette hypothèse est importante, et ce dans la mesure où, si les dépôts sont supposés sans risque, cela signifie implicitement qu'ils font l'objet d'une garantie.

Toutefois, ce modèle présente des points communs avec le précédent, et ce dans la mesure où :

– d'une part, pour les théoriciens des deux approches, ce sont les distorsions induites par une assurance des dépôts mal tarifée qui conduisent à réglementer la solvabilité des banques,

– d'autre part, les deux modèles ne partent pas de la spécificité de la firme bancaire, mais plutôt des effets pervers induits par une autre réglementation.

1.2.2. « Remise en cause de l'efficacité de la réglementation prudentielle dans le cadre de "la théorie du choix de portefeuille" »

Cette théorie reprend le débat, qui est d'ailleurs loin d'être tranché à nos jours, du lien entre la qualité de la capitalisation d'une entreprise quelconque et la probabilité de sa faillite.

Pour certains économistes, la probabilité de faillite d'une banque est une fonction décroissante de sa capitalisation. Ils concluent alors aux bienfaits d'une réglementation qui impose des ratios minima de fonds propres.

---

178 Dans le modèle de KOEHN et SANTOMERO, les dépôts sont supposés être des titres sans risque et rémunérés par conséquent, au taux sans risque.

L'argument avancé réside dans le fait qu'une capitalisation adéquate, loin de diminuer la rentabilité de la banque, peut au contraire l'améliorer, et ce en lui permettant de se refinancer sur les marchés à des taux rendus avantageux par son profil de risque qui est relativement faible par rapport à une banque sous-capitalisée.

Pour les auteurs de la théorie du choix de portefeuille, ces instruments peuvent au contraire conduire à des effets pervers si les réactions éventuelles qu'ils engendrent ne sont pas internalisées par les banques. En effet, comme on l'a déjà souligné, du moment que le renforcement des fonds propres diminue leur rentabilité mesurée par le ROE (return on equity), les dirigeants des banques vont être incités à choisir un portefeuille de titres et de prêts plus rentables, donc plus risqués. Cette réglementation peut conduire alors à l'effet inverse pour lequel elle est censée aboutir. C'est le « risque de fonds propres » que l'on a signalé au chapitre précédent.

Toujours est-il que, cet effet attendu ne dépend pas de la réglementation elle-même, mais plutôt des préférences et des choix individuels de chaque banque, d'où le nom de la théorie. Des dirigeants risquophiles peuvent conduire la banque à la faillite, et ce quel que soit son niveau de capitalisation. Au contraire, des dirigeants prudents (qui prévoient des procédures et des mécanismes de contrôle interne adéquats par exemple) peuvent éviter la faillite même avec une banque moyennement capitalisée.

Selon ces auteurs, l'augmentation des fonds propres est alors de nature à produire deux effets :

– un effet direct souhaité par le régulateur ; « … la mise en œuvre de la contrainte en fonds propres entraîne, tout d'abord, une diminution du risque global du portefeuille » ;

– « … mais aussi un effet de contournement qui joue en sens inverse », et ce dans la mesure où « … la banque va, en effet, procéder à un réajustement au sein de son portefeuille d'actifs risqués. Par cette recomposition, (elle) essaie de compenser l'impact de la diminution forcée de son levier d'endettement (induit par l'augmentation de la part de ses fonds propres dans le total du passif), et ce en privilégiant dans son portefeuille les actifs les plus rentables, donc plus risqués. Il est à noter que cette réaction est d'autant plus forte que l'aversion relative des banques envers le risque est faible. »

On voit bien que la capacité d'une réglementation de fonds propres à corriger le biais induit par une assurance des dépôts mal tarifée est ici remise en cause. En effet, en fin de compte, tout dépend des degrés d'aversion et d'appétence aux risques de la banque ; « … en deçà d'un certain seuil d'aversion, l'effet de contournement peut l'emporter sur le premier effet. » Par conséquent, le régulateur ne sera pas en mesure d'atteindre son objectif de limitation du risque par l'intermédiaire d'une contrainte de la forme « fonds propres sur actifs. ». In fine, « … cela compromet d'autant son objectif final de réduction de la probabilité de faillite du secteur bancaire. Car, si tel est le cas, la probabilité de défaillance du portefeuille recomposé pourra s'avérer supérieure à celle du portefeuille initial que le régulateur voulait, pourtant, réduire. »

Et les auteurs de cette théorie d'arriver à la conclusion selon laquelle, un ratio de fonds propres est incapable, à lui seul, de réduire la probabilité de faillite d'une banque. Effectivement, comme on l'a expliqué lorsque l'on a abordé les limites de Bâle I, c'est malheureusement sur les banques les plus risquées que l'impact de la réglementation risque d'être plus inefficace et perverse. Une banque fragile a, en effet, tout intérêt à prendre davantage de risques, puisqu'elle n'a plus grand-chose à perdre, ses fonds propres étant déjà largement entamés.

L'une des idées maitresses de cette théorie réside ainsi dans sa conviction selon laquelle, « … le choix de portefeuille des banques dépend (finalement) de leurs préférences individuelles en matière de risque. En conséquence, le régulateur peut difficilement contraindre efficacement l'ensemble des banques au moyen d'une norme en fonds propres uniforme. »

La solution consiste alors à prendre en compte la globalité du bilan de la banque ; en effet, si l'on « … s'attache simplement à une norme du type fonds propres (sur) actifs, cela revient en fait à ne pas prendre en compte le risque des actifs de la banque ; on ne fait que plafonner son levier d'endettement. » Alors que justement, « … l'efficacité d'une norme de solvabilité repose nécessairement sur une action globale contraignant les deux côtés du bilan. Cela nécessite la mise en œuvre de pondérations reflétant le risque des actifs de la banque. »

Cette théorie avance alors une autre idée maitresse, à savoir la nécessité d'une combinaison et d'une complémentarité des instruments, que le régulateur doit mettre en œuvre, et qui conditionnent l'efficacité de son action.

On reconnaît ici la base théorique du ratio Cooke (Bâle I) qui va justement introduire des pondérations au niveau de l'actif.

1.2.3. Comment alors faire pour élaborer une réglementation de fonds propres efficace ?

La solution proposée par les auteurs de ces modèles consiste alors à calibrer les exigences de fonds propres ou, ce qui revient au même, le levier d'endettement en fonction du profil de risque de chaque banque. Plus son profil de risque est élevé, plus ses fonds propres devraient l'être également et son levier d'endettement réduit.

De cette façon, le régulateur sera en mesure de contrecarrer la recomposition du portefeuille de chaque banque, l'empêchant ainsi de procéder à des arbitrages, puisqu'elle ne gagnera plus rien à recomposer son portefeuille à partir d'actifs plus risqués ; d'où l'idée de pondérer les actifs de la banque en fonction de leur degré de risque.

Dans leur modèle, KIM et SANTOMERO[179] ont alors défendu l'idée selon laquelle « ... le régulateur doit mettre en œuvre une norme de fonds propres reliée aux risques des actifs. Cela signifie qu'il faut associer à chaque catégorie d'actifs un montant minimum de fonds propres. Ainsi, les banques qui choisissent les actifs les plus risqués doivent détenir davantage de fonds propres. »

Ce système de pondérations va alors faire en sorte que, lorsqu'une « ... banque réajuste son portefeuille pour faire face à la contrainte de rentabilité, aucune prise de risque supplémentaire ne sera compensée par une augmentation de son espérance de rendement. » Cela veut dire également que « ... quelle que soit la recombinaison d'actifs risqués à laquelle la banque procédera, elle ne pourra jamais dépasser le niveau de rendement de fonds propres fixé par le régulateur. En conséquence, chaque actif exigera d'autant plus de fonds propres, ou encore sera d'autant plus pondéré, qu'il est rentable, donc risqué. »

Cette efficacité de ce ratio de fonds propres est due au fait que les pondérations instituées le rendent ainsi indépendant des préférences individuelles des banques en matière de risques, « ... c'est-à-dire de leur comportement face au risque. » Cette propriété faisait défaut au ratio de fonds propres étudié par la théorie de préférence des états. « C'est par une action globale visant à contraindre conjointement le levier d'endettement (le passif) et le risque des actifs que le régulateur peut parvenir à la détermination d'une norme en fonds propres efficace. »

1.2.4. Enrichissement du cadre originel et relativisation des résultats

Le modèle de ROCHET[180] aboutit, quant à lui, à des conclusions beaucoup plus nuancées, et ce en réintégrant l'hypothèse de responsabilité limitée dans le cadre de la théorie du choix de portefeuille. En effet, pour cet auteur, « ... lorsque l'hypothèse de responsabilité limitée est réintroduite dans l'analyse, la détermination d'une pondération optimale n'est plus une condition suffisante d'efficacité. » La raison réside dans le fait que « ... la clause de responsabilité limitée a des répercussions sur le comportement des banques (en matière) de risque » qui seront alors tentées d'exhiber un comportement « risquophile ». En conséquence de quoi, cet auteur propose « ... d'adjoindre à la réglementation de la solvabilité une norme de capital

[179] Cités par COUPPEY Jézabel et MADIES Philippe, « L'efficacité de la réglementation prudentielle des banques à la lumière des approches théoriques », *op.cit.*
[180] *Ibid.*

minimum qui confère au régulateur le droit de fermer la banque avant qu'elle ne soit techniquement en faillite. » En d'autres termes, c'est par la combinaison d'un ratio de fonds propres pondérés et d'un montant de capital minimum réglementaire (ticket d'entrée à la profession) que le régulateur peut être en mesure de réaliser son objectif de diminution de la probabilité de faillite du secteur bancaire.

Ainsi, la norme du capital minimum, en plus d'être un ticket d'entrée à la profession, constitue un complément au ratio de solvabilité, puisqu'elle oblige la banque (ses actionnaires en l'occurrence) à avoir une appétence au risque relativement plus faible.

Conclusion au paragraphe I

Le grand mérite de ces deux théories est d'avoir introduit un concept fondamental, à savoir la complémentarité des instruments pour fonder l'efficacité de la réglementation prudentielle. Cette notion de complémentarité intervient à plusieurs niveaux et constitue un excellent outil pour limiter l'appétence des banques à procéder à des arbitrages réglementaires qui risqueraient d'aboutir à des contournements de la réglementation et ainsi à des effets pervers.

Cette complémentarité nous apparaît tout d'abord dans le fait que la réglementation est la combinaison de deux sous-systèmes, l'assurance des dépôts et la réglementation prudentielle.

D'autre part, on la perçoit également à l'échelle du « sous-système réglementation prudentielle ». L'efficacité de la réglementation de fonds propres est subordonnée à la pondération des postes d'actifs. Ceci revient à dire qu'il faut combiner une réglementation de fonds propres à une mesure de contrôle du risque sur les actifs.

Enfin, on introduit une autre complémentarité, à savoir une norme de fonds propres combinée à un capital minimum réglementaire. En effet, la réintégration de l'hypothèse de responsabilité limitée permet de douter de l'efficacité de la réglementation à éviter les faillites, d'où une complémentarité des instruments, et ce en combinant ratio de solvabilité et norme du capital minimum.

La réglementation ne peut alors puiser son efficacité que dans la complémentarité et l'interaction des instruments qu'elle met en œuvre.

Toutefois, l'une des principales critiques, que l'on peut adresser à ces deux modèles, réside dans le fait qu'ils partent du modèle américain pour fonder une réglementation qui est censée s'appliquer à toutes les banques de tous les pays.

En effet, l'assurance des dépôts ne peut pas atteindre un objectif pour lequel elle n'a pas été destinée, elle ne peut jamais éviter la faillite d'une banque, elle ne peut qu'essayer, sans forcément y parvenir, d'éviter les paniques bancaires.

Ainsi, Lehman Brothers a fait faillite en raison de la qualité de ses actifs et non à cause d'une quelconque panique. Elle a fait faillite, parce que les risques qu'elle portait se sont concrétisés.

Faire de l'assurance des dépôts le fondement d'une réglementation est tout simplement inconcevable. L'assurance des dépôts est une mesure curative, destinée à indemniser les déposants en cas de faillite de leur banque, elle intervient après une faillite, elle ne peut pas l'éviter. Bien entendu, dans l'esprit des théoriciens et du régulateur américain, cette indemnité est de nature à rassurer les déposants quant à la disponibilité de leurs dépôts même en cas de faillite, ce qui est censé faire d'elle une mesure préventive également. Or tel n'est malheureusement pas le cas. D'abord, comme on l'a dit, cette règle est censée éviter les paniques, pas les faillites ; ensuite, pour arriver à éviter les paniques, il faut que les déposants soient parfaitement rassurés et totalement informés de l'existence de cette indemnité. Or, c'est là une autre limite, l'assurance ne garantit, en principe, que l'indemnisation d'une partie du dépôt et non la totalité. En cas de liquidation de la banque, cela se traduit par des pertes pour les déposants, dont l'épargne excède le plafond réglementaire ; comme le premier venu est toujours le premier servi, la panique ne peut pas être évitée. L'assurance des dépôts instituée aux États-Unis n'a pas empêché les vagues de faillites connues par le système bancaire américain.

Le cas de Northern Rock en est un exemple concret, la Banque centrale du Royaume-Uni a évité la faillite de cette banque, et ce grâce à ses interventions qui ont consisté à lui procurer de la liquidité nécessaire, chose qui a rassuré les déposants et les a incités à reconstituer leurs dépôts auprès de leur banque.

Par ailleurs, même si on part du modèle américain, la contribution normative de ces modèles atteint vite ses limites, et ce en raison de leur « … faible capacité à rendre compte des spécificités de la firme bancaire et de surcroît, à caractériser le fait réglementaire. Les asymétries d'information qui caractérisent l'économie bancaire sont indispensables à cette spécification. Or, leurs incidences sont totalement négligées dans les approches traditionnelles. » Ce sont justement les « … nouvelles approches issues de l'économie de l'information » qui vont essayer de « … fonder l'analyse, non sur l'ensemble, certes, mais tout au moins sur certaines de ces asymétries d'information fondamentales. »

Paragraphe II : Les apports de l'économie de l'information à la formalisation de la réglementation prudentielle

C'est à l'économie de l'information que l'on doit l'évolution de la théorie de l'intermédiation bancaire dans les années quatre-vingt.

L'apport principal de ces modèles est l'introduction des asymétries d'information qui constituent, en effet, l'une des spécificités de la firme bancaire et qui peuvent justifier sa raison d'être comme source de financement complémentaire des marchés financiers.

Tous les modèles qui s'inspirent de l'économie de l'information partent de l'une des spécificités qui caractérisent la banque, à savoir le fait qu'elle collecte, produit et gère de l'information privée sur ses clients, et ce contrairement aux marchés financiers qui n'accèdent qu'à une information publique accessible à tout le monde. Cette spécificité lui permet, bien entendu, de mieux gérer ces asymétries d'information.

Dans ces modèles, la banque est appréhendée à travers les relations qu'elle entretient avec l'ensemble de ses partenaires (actionnaires, déposants et régulateurs).

Par conséquent, étant donné que les actionnaires et les déposants, qui sont les apporteurs des ressources financières utilisées par la banque, n'ont pas le même comportement vis-à-vis du risque, le régulateur doit alors intervenir pour garantir la solvabilité de la banque et ce faisant, protéger les intérêts des déposants qui, vu le caractère spécifique de leurs dépôts (qui sont dispersés et constitués de petits montants), ne peuvent pas contrôler l'utilisation qui en est faite. En effet, le profit que les actionnaires peuvent toucher peut théoriquement varier de zéro à l'infini, alors que celui des déposants est au plus égal au montant de leurs dépôts qui sont dans leur majorité non rémunérés.

Dans la mesure où il est impossible pour le régulateur d'évaluer parfaitement le niveau de risque pris par les banques, ces auteurs recourent alors à « la théorie de l'agence » avec ses modèles principal/agent et qui consistent à intégrer des procédures d'incitations (qui obligent la banque à prendre moins de risque) ou de révélation (qui l'obligent à révéler son niveau de risque).

Toutefois, comme on va le voir, les asymétries d'information introduites par ces modèles ne sont pas spécifiques à la banque et peuvent être appliquées à n'importe quelle entreprise.

En effet, plusieurs types ou niveaux d'asymétries d'information doivent être envisagés :

– les asymétries entre bailleurs de fonds (actionnaires et déposants) et dirigeants ;

– celles entre la banque et le régulateur ;

– enfin, celles entre la banque et ses clients/débiteurs.

La dernière spécificité est négligée par ces modèles qui finissent par ne prendre en considération que les asymétries d'information que la banque fait subir aux autres, celles qu'elle peut subir sont négligées.

Le problème à résoudre, pour ces modèles, consiste alors à définir une réglementation optimale que le régulateur doit envisager pour traiter les phénomènes d'asymétries d'information auxquels il est confronté.

2.1. Spécificité du passif de la banque ou « l'asymétrie d'information entre bailleurs de fonds et dirigeants : une analyse en termes de contrats incomplets »

Dans le modèle de DEWATRIPONT et TIROLE (1993)[181], la réglementation prudentielle se justifie par la nature du passif de la banque ; les ressources financières de la banque étant apportées par des actionnaires et des déposants qui ont des exigences (formes de revenus), des comportements (appétit aux risques), des droits (accès à l'information) et des pouvoirs (dispersion et taille financière) différents.

La réglementation interviendrait alors pour sauvegarder les intérêts des déposants, et ce non seulement en garantissant la solvabilité de leur banque, mais également comme « … un instrument de réallocation des droits de contrôle entre actionnaires et déposants et au profit de ces derniers. »

Ce modèle se base alors sur la théorie de l'agence et analyse la relation qui lie les bailleurs de fonds (actionnaires et déposants) aux dirigeants de la banque, et ce en posant l'asymétrie d'information entre eux. En effet, seuls les dirigeants sont pleinement informés de l'usage qui sera fait et qui a été fait des ressources des apporteurs de fonds de la banque. Ni les actionnaires ni encore moins les déposants ne peuvent l'être, du moins au même titre que les dirigeants.

Toutefois, cette asymétrie d'information n'est supposée qu'au départ, dans une première période. En effet, la dynamique de ce modèle se base sur l'effet d'apprentissage qui s'acquiert avec le temps ; cela suppose que les déposants et les actionnaires ont la possibilité d'évaluer la qualité des actifs de la banque une fois qu'ils auront disposé de l'information nécessaire, pour cela, et qui ne

---

181 *Ibid.*

tardera pas à leur parvenir. Cette information s'enrichit au fur et à mesure que le temps s'écoule.

L'introduction du temps dans le modèle se fait en distinguant deux périodes :

– dans la première, seuls les dirigeants de la banque connaissent la qualité du portefeuille d'actifs qu'ils ont constitué à travers l'affectation des dépôts et des fonds propres et ne révèlent aux bailleurs de fonds de la banque qu'une partie de cette information en fin de première période ;

– à la fin de la seconde période, connaissant le résultat net de la banque, les déposants et les actionnaires peuvent alors émettre un jugement sur la qualité de la gestion des dirigeants. À ce moment-là, ils peuvent adopter l'une des deux attitudes suivantes : soit rester passifs et ne prendre aucune mesure de rétorsion, soit sanctionner la gestion des dirigeants.

La sanction peut prendre différentes formes :

– stopper l'action des managers, ce qui déclenchera la réorganisation de la banque ;

– liquider une partie des actifs de la banque, ce qui désavantagera les actionnaires ;

– licencier une partie du personnel de direction, ce qui affectera négativement le bien-être des dirigeants.

Où se situe, dans ce cas, le rôle de la réglementation prudentielle dans ce modèle ?

Du moment que les formes de revenus et les pouvoirs des déposants et des actionnaires sont différents, le rôle de la réglementation de fonds propres (le ratio de solvabilité) consiste à attribuer des droits de contrôle entre actionnaires et déposants, et ce en vue d'optimiser l'incitation des dirigeants à prendre moins de risques ou à révéler le niveau de risque de la banque.

Dans l'esprit de ce modèle, étant donné que les déposants sont de petite taille (financière) et nombreux (ce qui soulève le problème de « passager clandestin »), le régulateur, qui est plus à même d'évaluer la solvabilité de la banque, doit se substituer aux petits déposants, et ce en intervenant, de façon rigoureuse, dans la gestion de la banque. Il va alors s'interposer entre les dirigeants et les déposants, dont l'objectif est de protéger les intérêts de ces derniers qui n'ont pas les moyens de le faire, et ce en raison de leurs spécificités que l'on a déjà évoquées (pouvoir financier limité, dispersion, non outillés pour le faire).

Toutefois, fait bizarre, l'intervention du régulateur, justifiée par la nécessité de représenter les déposants, n'est pas expliquée par le modèle.

Comme on va le montrer dans la section suivante, cette intervention se justifie par les caractéristiques et les spécificités de la firme bancaire qui sont justement ignorées par ces modèles.

En effet, pour pouvoir « ... achever le raisonnement, il faudrait alors trouver un fondement théorique à l'incitation que peut connaître le régulateur à se substituer aux déposants (et ce), afin d'intervenir dans la gestion de la banque. »

2.2. « Asymétrie d'information entre la banque et le régulateur : un modèle d'incitation »

Contrairement au modèle précédent, qui ne fournit aucun fondement théorique qui expliquerait cette intervention du régulateur, le modèle de BENSAID, PAGÈS et ROCHET (1995)[182] s'inscrit dans le cadre alternatif d'une intervention discrétionnaire de la puissance publique. Ce modèle se concentre alors sur l'asymétrie d'information que la banque fait subir au régulateur et cherche à déterminer une réglementation optimale susceptible de la réduire.

Dans ce modèle également, le régulateur intervient dans le secteur bancaire afin d'assurer la protection des déposants. Toutefois, contrairement au modèle précédent, « ... il ne s'agit plus seulement de les représenter, mais de prendre en charge la garantie complète de leurs dépôts. » En contrepartie de cette garantie, il fixe alors une exigence de fonds propres, sous forme d'un ratio susceptible de garantir la solvabilité des banques ; l'objectif final étant d'éviter ou, du moins, minimiser le coût d'une indemnisation qui risque d'être causée par une éventuelle faillite.

Autrement dit, dans l'esprit du régulateur, la réglementation doit parvenir à établir un partage optimal du risque de faillite entre les banques et l'assurance des dépôts, supportée par le régulateur. Elle a pour objet de limiter la prise de risque excessive par les banques, et ce comme réponse à l'aléa moral engendré par l'assurance des dépôts à taux fixe. L'intervention du régulateur, en vue de préserver la stabilité financière, doit alors prendre en compte le profil et le niveau de risque de la banque.

Dans une logique proche du modèle de BUSER, CHEN et KANE (1981)[183], les contraintes réglementaires auxquelles les banques doivent se soumettre (c'est-à-dire en fait l'exigence de fonds propres qui leur est imposée) sont dans ce modèle la contrepartie de la garantie des dépôts de leurs clients.

---

[182] *Ibid.*
[183] *Ibid.*

On retrouve ici la philosophie du « Federal deposit insurance corporation » américain (FDIC) qui est une agence publique chargée de garantir les dépôts de la clientèle de certaines banques et qui, en contrepartie, surveille et contrôle ces banques en leur appliquant une réglementation prudentielle sous forme, notamment, d'exigence en fonds propres.

Les asymétries d'information que la banque fait subir au régulateur sont de deux ordres ; l'une ex ante et concerne la qualité initiale du portefeuille de prêts de la banque, alors que la seconde ex post, comparable à celle que l'on retrouve dans le modèle de DEWATRIPONT et TIROLE, porte sur l'effort de suivi des projets d'investissements financés. « Prises isolément, ces deux variables sont des informations privées de la banque et ne sont donc ni observables ni vérifiables par le régulateur. Toutefois, ce dernier connaît la somme de ces deux variables qui définit la qualité du portefeuille de prêts de la banque, c'est-à-dire la qualité du portefeuille, une fois prises les décisions de financement. »

Ainsi, dans « … le cadre d'une relation principal/agent, le régulateur (principal) doit définir un mécanisme de révélation optimal afin d'obtenir de la banque (agent) qu'elle révèle son information. »

Comme on peut le constater, « … l'information, qui était complètement négligée dans le cadre des analyses traditionnelles, apparaît ici comme l'élément crucial de l'optimisation de la réglementation. »

Toutefois, l'une des principales limites de ce modèle réside dans le fait qu'il ne prend en considération que l'asymétrie d'information que le régulateur subit de la banque ; celles que la banque peut subir de ses débiteurs, qui sont pourtant les plus caractéristiques de l'activité bancaire, « … sont supposées ne pas jouer et sont alors écartées. De même, celles subies par les déposants sont supposées résolues par la garantie des dépôts prise en charge par le régulateur. »

Quelle attitude le régulateur doit-il adopter au sein de ce modèle ?

Pour ce modèle, « … la régulation du secteur bancaire consiste fondamentalement en un problème d'arbitrage entre deux objectifs antagonistes » :

– limiter les faillites bancaires

– ou assurer et maintenir l'efficacité productive des banques.

On aboutit alors à deux modes de régulation extrêmes, et ce selon la plus ou moins grande importance conférée à l'un ou l'autre de ces deux objectifs.

Si on privilégie l'objectif de l'efficacité productive, en estimant que les coûts sociaux de la faillite sont nuls, alors le « free banking » s'impose comme mode de régulation du secteur bancaire. L'intervention du régulateur n'a alors pas lieu d'être, puisque « … les déposants peuvent complètement assumer le coût éventuel de la faillite de leur banque, et ce en exigeant une rémunération de leurs dépôts à même de couvrir le risque qu'ils supportent et qu'ils évaluent parfaitement. » On est là en présence d'un modèle néoclassique où les déposants essaient de maximiser leur fonction d'utilité, et ce en choisissant entre une rémunération de leurs dépôts et le risque supporté par les placements de la banque.

Cela suppose, bien entendu, que la plupart des agents économiques et dans la plupart des situations optimisent des fonctions d'utilité. Mais qui sont les agents économiques auxquels peut s'appliquer une telle description ? C'est la théorie de « l'homo œconomicus » qui agit de manière parfaitement rationnelle, mais qui n'existe que dans l'imagination de ces économistes et qui n'a manifestement pas grand-chose à voir avec le monde réel.

Si par contre on estime que ces coûts peuvent être infinis, la faillite bancaire doit alors être intolérable et doit par conséquent, être évitée à tout prix. Dans ce cas, c'est plutôt le « narrow banking » qui s'impose comme mode de régulation et qui consiste alors à « … imposer aux banques une séparation nette entre activité de dépôts et activité de crédits. Les banques seraient tenues d'adosser l'intégralité de leurs dépôts sur des actifs publics parfaitement liquides et non risqués. En conséquence de quoi, leur octroi de crédits ne pourrait dépasser le montant de leurs fonds propres. » Par rapport au « free banking », c'est plutôt l'efficacité productive qui est sacrifiée.

Bien entendu, il ne s'agit là que de deux solutions extrêmes ; le « free banking » est irréaliste, et ce dans la mesure où les déposants n'ont ni l'information suffisante pour évaluer le risque pesant sur leurs dépôts, ni les compétences nécessaires pour en contrôler l'efficacité. De même, l'adoption du « narrow banking », comme mode de régulation, impliquerait la suppression d'un grand nombre de financements, ce qui réduirait le bien-être social.

Une solution intermédiaire consisterait alors à parvenir à une réglementation optimale. C'est justement toute la difficulté de la tâche du régulateur. En quoi ces modèles ont-ils résolu cette équation ?

On se situe alors dans la perspective d'une réglementation externe publique qui doit maximiser le surplus social du secteur bancaire, et ce :

– en accordant relativement plus de poids à la limitation des faillites bancaires, si on adopte le « free banking »

– sans négliger, toutefois, l'efficacité productive des banques comme en « narrow banking. »

Le résultat essentiel est que la réglementation optimale peut être décentralisée sur la base d'une contrainte de solvabilité qui amène les banques à prendre en considération, dans leur calcul, les coûts de faillite.

On aboutirait alors à une combinaison d'un mécanisme d'assurance des dépôts et d'une réglementation prudentielle sous forme d'un ratio de solvabilité.

Toutefois, à la différence du ratio de solvabilité qui prévaut dans la pratique (entendant ici le ratio Cooke ou Bâle I) et dont les pondérations sont fixées en fonction de la nature institutionnelle des emprunteurs, les auteurs de ce modèle préconisent un ratio de solvabilité adapté aux caractéristiques spécifiques et différentes des banques. En d'autres termes, il s'agit de relier le montant des fonds propres de chaque banque à la qualité de son portefeuille de prêts et que le régulateur peut évaluer sur la base d'informations (audits, notations, etc.) peu coûteuses et largement disponibles. Ce modèle remet ainsi « ... en question l'efficacité d'une norme de solvabilité appliquée de manière indifférenciée à tous les agents. Dans un contexte d'information asymétrique, la résolution des problèmes d'incitation auxquels est confronté le régulateur lui impose de mettre en œuvre un menu de contrats spécifiques aux différents agents. »

Pour ce qui est du problème de l'appréciation de la qualité du portefeuille des banques, cela va se faire à travers « ... l'utilisation d'informations d'audits comptables et de notations qui constituent des informations publiquement observables. » Autrement dit, on « ... voit poindre l'idée d'une certaine collaboration entre le régulateur et le marché. » On retrouve ici les fondements théoriques de l'Accord Bâle II qui a accordé un rôle important aux agences de notation dans l'évaluation des clients des banques ainsi que l'ajout d'un troisième pilier pour la discipline de marché. En plus, bien entendu, du pilier II qui permet une intervention discrétionnaire du régulateur pour calibrer le ratio de solvabilité de chaque banque, et ce selon, notamment, sa taille, son mode de gouvernance et ses dispositifs de contrôle interne et de gestion des risques.

Au passage, on remarque aisément que l'idée de complémentarité qui apparaissait déjà dans les modèles traditionnels reste tout à fait dominante dans ce modèle. « Cela nous conforte dans l'idée qu'il s'agit bien d'une condition nécessaire d'efficacité. »

Conclusion à la section I

Les développements précédents ont pu montrer la richesse des théories qui ont essayé d'élaborer des fondements de la réglementation bancaire, tant dans leur capacité à appréhender les crises de natures différentes qu'à proposer des solutions réglementaires contrastées. Cependant, la littérature théorique apparaît très normative, en plus d'être prisonnière des hypothèses de ses modèles.

C'est dans ce sens que plusieurs auteurs se sont posé des questions quant à la capacité de la science économique en général et des économistes en particulier à apporter pas des solutions, mais au moins des réponses à des questions que tout un chacun se pose et pas uniquement les économistes.

Il n'est pas de notre intention ici d'aborder toutes ces critiques, parfois excessives, adressées aux économistes pour ne pas avoir su prévoir la crise. Notre objectif est tout simplement de rappeler que la crise a quand même suscité des réactions très vives à l'intérieur même des économistes. Certains parlent même d'une faillite systémique de la profession des économistes.

Il n'est pas de notre objet non plus de passer en revue tous les économistes[184] qui se sont penchés sur la question.

En effet, les cadres d'analyse traditionnels se sont révélés mal adaptés à la formalisation des spécificités bancaires, et ce en raison de leurs hypothèses respectives de complétude et d'efficience des marchés financiers.

Toutes les solutions proposées par toutes ces théories ne sont, finalement, qu'une conséquence et des conclusions de leurs propres modèles censés forger une théorie se voulant scientifique, pour justifier le contenu de la réglementation proposée ; elles ne découlent, en aucun cas, d'une analyse positive qui se baserait sur la situation concrète, à savoir les spécificités de la firme bancaire à laquelle on voudrait, pourtant, appliquer cette réglementation.

L'économie de l'information a certes permis de faire évoluer la théorie de l'intermédiation bancaire, et ce en soulignant, notamment, les spécificités de la banque en matière de collecte, stockage et production d'informations privées. Toutefois, ses contributions ne se fondent pas sur des asymétries d'information véritablement spécifiques à la firme bancaire.

---

[184] Pour plus de détail, on renvoie le lecteur aux écrits suivants :
– COLANDER David, FÖLLMER Hans, HAAS Armin, GOLDBERG Michael, JUSELIUS Katarina, KIRMAN Alan, LUX Thomas et SLOTH Brigitte, « The Financial Crisis and the Systemic Failure of Academic Economics », in *Kiel Institute for the World Economy*, No. 1489, february 2009.
– COISSARD Steven, « Paul Krugman ou la théorie au service de la politique économique », in *l'Économie politique*, 2009, pp. 46-57.
– AKERLOF George A. et SCHILLER Robert J., « Les esprits animaux - Comment les forces psychologiques mènent la finance et l'économie », in *Observatoire du Management Alternatif, HEC Paris.*
– GILBOA Itzhak, « Les citrons d'Akerlof, ou comment raisonnent les économistes », in *Paris Innovation Review,* Lundi 3 décembre 2012.

Les contributions théoriques doivent alors se pencher plutôt sur des cadres d'analyse visant une optimisation de la réglementation. C'est ce que l'on va tenter de développer dans le chapitre suivant, et ce en essayant justement de se frayer une voie susceptible de faire émerger une réglementation prudentielle qui prendrait appui sur toutes les spécificités de la firme bancaire et que l'on va justement présenter dans la section suivante.

SECTION II : Spécificités de la firme bancaire comme fondements d'une réglementation prudentielle

Dans cette section, on essaiera de partir d'une évidence, à savoir que, si le métier de la banque est fortement réglementé par rapport aux autres secteurs d'activité, les raisons à cela doivent forcément être cherchées dans ce qui caractérise la firme bancaire, et ce tant par rapport à une entreprise opérant dans le secteur réel, que par rapport aux autres intermédiaires financiers et aux marchés financiers.

On présentera alors la firme bancaire comme une société entièrement à part ; d'abord, étant donné sa structure financière singulière, ensuite en raison de la nature même de ses activités et des risques auxquels elle s'expose. À cela s'ajoute, bien entendu, son rôle fondamental et vital au sein de toute économie qui fait qu'elle constitue une source de financement incontournable. Ce qui nous conduira immédiatement à rejeter les hypothèses d'efficience et de complétude des marchés financiers sur lesquelles se sont basées les théories traditionnelles.

Cette démarche diffère alors des théories précédentes qui adoptent une approche normative, sans chercher au préalable à se pencher sur les spécificités de la banque. Elle consistera à adopter, dans un premier temps, une analyse positive, et ce en partant de la réalité pour, ensuite, essayer de démontrer que la réglementation prudentielle est une nécessité pratique.

Ceci nous amènera, dans un deuxième temps (au chapitre suivant) et à travers une analyse normative, à essayer de proposer une réglementation qui serait optimale, c'est-à-dire qui viserait à trouver un équilibre entre ces deux exigences apparemment contradictoires : d'une part, minimiser au maximum les contraintes que la réglementation pèse sur les banques (différents coûts et impact sur le « business model ») et d'autre part, limiter au maximum la prise de risques excessive par les banques et qui risquerait de conduire à des faillites et des crises financières qui coûtent cher aux contribuables.

Car si l'objectif de toute réglementation bancaire est d'éviter les faillites, on part du principe qui sera d'ailleurs étayé au chapitre suivant et selon lequel, le meilleur moyen d'y parvenir consiste à limiter l'appétence des dirigeants des banques aux risques. Il ne s'agit pas de couper cette appétence, on ne leur demande pas d'être risquophobes, mais on leur demande également de ne pas être risquophiles.

En effet, comme le souligne si bien LANDIER, « Le risque n'est pas mauvais en soi. S'il est la contrepartie d'un bénéfice futur suffisant, il est même bien sûr souhaitable. Pour une entreprise, l'anorexie du risque est une maladie aussi grave que la surcharge du risque. »[185]

Plusieurs raisons peuvent alors être avancées pour démontrer la nécessité d'une réglementation bancaire, à savoir :

Paragraphe I : Le rôle positif et vital que les banques jouent au sein de toute économie.

Paragraphe II : Leur capacité de nuisance qui fait qu'elles peuvent également être destructrices pour une économie, et ce d'autant plus qu'elles sont de nature systémique.

Paragraphe I : Le rôle positif et vital que les banques jouent au sein de toute économie

Du moment que l'on arrive à démontrer que les banques ont un impact positif sur la croissance économique, leur survie et leur épanouissement doivent être une préoccupation majeure et permanente pour le régulateur. Il doit alors se forger tous les moyens susceptibles de renforcer ce rôle et à l'opposé, éliminer ou, du moins, réduire ou contrecarrer les effets de tous les facteurs susceptibles d'entraver leurs actions. Autrement dit, le régulateur doit augmenter les externalités positives et éliminer ou, du moins, contrecarrer ou réduire les effets des externalités négatives.

Si le rôle des banques dans l'économie était clair et évident lorsque les marchés financiers étaient encore moins développés ; aujourd'hui, leur développement sans précédent, entamé dès la fin des années 1970 surtout dans les pays anglo-saxons, a poussé certains économistes à s'interroger sur les spécificités du financement bancaire (ou intermédié) par rapport au financement direct ou désintermédié sur les marchés financiers.

Ainsi, on trouve une abondante littérature qui traite des liens entre l'intermédiation financière et la croissance économique. Trois grands courants sont à distinguer à ce sujet :

– ceux qui croient à un rôle positif de la finance dans la croissance économique ;

---

185 LANDIER Augustin, « Les nouvelles frontières de la gouvernance du risque », in *Revue d'économie financière*, Année 2008, pp. 399-403. Fait partie d'un numéro thématique, « Crise financière : analyses et propositions ». Mis en ligne par persee.fr.

– ceux pour qui le développement financier ne fait que répondre à une demande créée par une croissance élevée du secteur réel ;

– enfin, il y a ceux pour qui la finance peut même être nuisible à la croissance économique.

Toutefois, à vouloir à tout prix formaliser ces liens, aucun courant n'est arrivé à montrer l'existence de liens de causalité entre les deux. Ils n'ont fait au mieux que révéler certaines corrélations. D'ailleurs, les études empiriques sur le sujet n'ont pas pu démontrer l'existence de ces liens, leurs résultats restent mitigés et diffèrent d'un pays à l'autre et d'une époque à l'autre.

Notre objet ici n'est pas de passer en revue tous ces courants, mais plutôt de chercher où peuvent se situer ces liens de causalité et quels sont les apports de la banque par rapport aux marchés financiers en matière de croissance économique. Étant, comme le souligne DESCARTES, la chose la mieux partagée au monde, on sera guidé en cela par le « bon sens ». Cela ne nous empêchera pas, chaque fois que c'est nécessaire, de citer également certains auteurs.

Une première piste peut déjà être explorée, et ce en faisant avancer le rôle de l'effet de levier que peut jouer la dette pour une entreprise. C'est une transposition d'une loi de la physique découverte par ARCHIMÈDE qui déclarait : « donnez-moi un point d'appui et je soulèverai le monde » par l'intermédiaire, bien entendu, d'un levier. La finance est l'équivalent du levier d'ARCHIMÈDE dans le monde économique. Par l'intermédiaire des dettes, une entreprise peut, en effet, amplifier et booster la rentabilité de ses fonds propres. Ce faisant, la dette agit ainsi sur la croissance économique, et ce par le canal de la rentabilité financière des investissements.

De même, tout un chacun peut constater, de lui-même, que les banques se sont imposées comme un élément incontournable de la vie économique d'un pays. Elles jouent un rôle essentiel dans la vie quotidienne des ménages, des entreprises et même des États :

– elles permettent aux ménages de placer et de faire fructifier leur épargne ;

– elles financent l'accès à un logement, l'achat d'un équipement ménager ou d'une voiture ;

– elles assurent la fluidité des transactions en mettant à la disposition des agents économiques de moyens de paiement rapides, commodes et sûrs ;

– elles conseillent leurs clients sur les différents produits financiers qui existent et les orientent vers ceux qui cadrent bien avec leurs besoins ;

– à une échelle macroéconomique, elles gèrent les systèmes et moyens de paiement, en relation avec la banque centrale.

Ce faisant, les banques agissent en tant qu'intermédiaires financiers, et ce en collectant l'épargne des agents économiques ayant une capacité de financement (la plupart des ménages) pour la distribuer aux agents exprimant un besoin de financement (l'État, la plupart des entreprises et certains ménages).

Toutefois, l'effet de levier n'est pas spécifique au crédit bancaire, une entreprise peut s'adresser aux marchés financiers pour se financer, et ce en émettant des titres, augmentant ainsi sa rentabilité financière. Elle peut même bénéficier d'un taux d'intérêt meilleur que celui offert par une banque.

En effet, on peut rétorquer que l'effet de levier et certaines des fonctions citées ci-dessus ne sont pas spécifiques à la banque, elles peuvent également être proposées sur les marchés financiers.

De même, les épargnants peuvent eux aussi investir leur épargne directement sur les marchés financiers, et ce en achetant les titres émis par différents émetteurs (État et grandes entreprises). Chose qui est tout à fait vraie ; et selon que ces agents, prêteurs et emprunteurs, se rencontrent ainsi directement sur le marché ou par le biais d'un intermédiaire financier, on parle alors de « financement direct ou désintermédié » ou de « financement indirect ou intermédié ».

Ce qui nous intéresse ici ce sont les apports de la banque par rapport aux marchés financiers. Plusieurs arguments ont été avancés par plusieurs économistes pour montrer l'efficacité de la banque par opposition aux marchés financiers, et ce du point de vue de la contribution à la croissance économique.

Ceci va nous pousser à ne présenter dans ce paragraphe que les apports propres et spécifiques à la banque, c'est-à-dire ceux qui la distinguent des marchés financiers.

Si, comme les marchés financiers, la banque réalise l'intermédiation entre l'épargne et l'investissement, cette intermédiation n'est pas uniquement géographique ; le rôle de la banque, contrairement aux marchés financiers, n'est pas passif, il ne consiste pas uniquement à mettre en contact les offreurs et les demandeurs de fonds. Cette intermédiation est beaucoup plus importante que cela, elle consiste également et surtout à concilier les intérêts diamétralement opposés des agents économiques ayant des capacités de financement avec ceux exprimant un besoin de financement.

Ainsi, contrairement aux marchés financiers, les banques :

– constituent une source incontournable pour le financement de la consommation et de l'investissement ;

– ont la capacité de financer des méga-projets par des petits montants collectés auprès d'une multitude d'épargnants ;

– assurent la liquidité en faisant de la transformation positive ;

– ont les moyens leur permettant de réduire les asymétries d'information ;

– améliorent l'efficience du marché de la dette, et ce en réduisant les coûts de transaction.

1.1. Constituent une source incontournable pour le financement de la consommation et de l'investissement

L'investissement est le moteur de la croissance ; de même, la consommation la stimule à son tour, puisque sans elle il n'y aura pas de débouchés pour la production, donc pas d'investissement ni de croissance. La banque, en tant que source de financement, a une fonction que les marchés financiers ne peuvent jamais assumer, elle consiste à garantir une régularité et une continuité dans le financement de la consommation et de l'investissement, et ce pour plusieurs raisons.

D'abord, l'épargne disponible est structurellement insuffisante pour financer tous les besoins de tous les agents économiques (entreprises, ménages et État), et ce même dans les pays développés où les revenus et le taux de bancarisation sont relativement élevés. Or, on sait que les marchés financiers, ne faisant que recycler une épargne déjà existante, ne font, finalement, qu'orienter l'épargne des agents ayant une capacité de financement vers ceux exprimant un besoin de financement. Se baser sur la constitution d'une épargne préalable pour financer et l'investissement et la consommation, c'est priver l'économie de plusieurs opportunités de croissance.

La banque a justement un pouvoir spécifique, à savoir financer tous les projets sans avoir besoin de collecter une épargne au préalable. Elle peut le faire grâce à son pouvoir de création monétaire, puisqu'elle peut créer sa propre matière première qui est la monnaie, et ce par un simple jeu d'écritures comptables.

Cette création monétaire est une création de pouvoir d'achat, et c'est une création ex nihilo, à partir du néant et pour tous les agents économiques, ce qui agit comme un stimulant sur la consommation et l'investissement même en l'absence d'épargne.

Cette monnaie créée ex nihilo est intégrée dans le circuit économique et compense ainsi, en plus de l'insuffisance de l'épargne, les effets de la thésaurisation ; surtout dans les pays en développement, comme le Maroc, qui connaissent un taux de bancarisation encore très faible.

Ainsi, pour toutes ces considérations qui découlent des spécificités de la banque, la consommation et l'investissement ne s'arrêtent pas, même en l'absence d'une épargne, et ce contrairement aux marchés financiers qui ne peuvent et ne font que recycler une épargne déjà existante.

Cette création monétaire est fondamentale en ce qu'elle vient compléter l'offre de « fonds prêtables » des marchés financiers et permet ainsi de relâcher la contrainte d'un équilibre instantané entre épargne et investissement.

En effet, il y'a lieu de rappeler à ce propos que l'égalité (ou identité) entre l'épargne et l'investissement n'est jamais réalisée ex ante ; elle ne peut l'être qu'ex post, et ce grâce justement aux banques qui ont un pouvoir spécifique qui est celui de pouvoir financer les projets des agents économiques sans avoir besoin de collecter une épargne au préalable. Dans cette perspective, « les crédits font les dépôts. »

Ceci s'explique par le fait que, si dans le secteur industriel, la quantité de marchandises que peut produire une entreprise dépend de son outil (conditions techniques) de production, dans la pratique bancaire, les montants des crédits ne sont que de simples écritures comptables ; il n'y a pas de limites physiques à la production, seules des considérations de risques (liés à la clientèle et non à la banque) et de réglementation qui justifient des limites à la distribution des crédits.

Ensuite, ces contraintes de financement sont encore plus évidentes pour les ménages et les PME/TPE qui, même à supposer qu'une épargne est abondante, ne pourront pas s'adresser aux marchés financiers. Ils seront alors confrontés à de sérieuses contraintes qui limitent le montant d'argent qu'ils peuvent emprunter, les empêchant ainsi de réaliser certains investissements rentables. Cela est alors de nature à interdire à certains entrepreneurs innovants d'intégrer le marché du crédit ; ils seront obligés de décider de leurs investissements en fonction de leur seule capacité d'autofinancement ou de leurs fonds propres, plutôt que sur la rentabilité anticipée de leurs projets. Ce qui pousserait alors ces investisseurs à renoncer à des projets socialement rentables, conduisant en fin de compte à une baisse de la production et de l'emploi.

À ce stade déjà, on comprend que la firme bancaire a des spécificités qui la distinguent :

– d'une entreprise industrielle : la production (octroi) des crédits bancaires est théoriquement sans limites, les seules limites étant d'une part, les risques qu'il faut alors gérer, d'où la nécessité d'une gouvernance spécifique à la firme bancaire et d'autre part, la réglementation qui doit limiter justement l'appétence de la firme bancaire à ces risques ;

– de tous les autres intermédiaires financiers : la firme bancaire est la seule capable de créer de la monnaie, et ce dans la mesure où elle est la seule habilitée à recevoir des dépôts à vue ;

– des marchés financiers : puisque, contrairement à ces derniers, elle est capable de remédier à l'insuffisance de l'épargne, au faible taux de bancarisation et ce faisant, à l'incomplétude des marchés financiers.

Ceci montre clairement le caractère invraisemblable de l'hypothèse de complétude des marchés financiers sur laquelle reposent les théories traditionnelles.

1.2. Ont la capacité de financer des mégaprojets, et ce par l'intermédiaire de petits montants collectés auprès d'une multitude d'épargnants

En effet, en raison de son réseau réparti sur tout le territoire d'un pays, la banque arrive à financer des mégaprojets, et ce avec des dépôts constitués d'une multitude de petits montants collectés auprès d'un grand nombre de déposants. Il est difficile d'envisager un tel montage financier sur les marchés.

La banque possède ainsi un autre pouvoir, dont ne disposent pas les marchés financiers ; il consiste à financer des investissements nécessitant de gros montants à partir de petits montants collectés auprès de ses clients. Étant donnée l'indivisibilité de l'investissement, ce rôle est vital pour une économie, comme celle du Maroc, où l'épargne disponible est constituée essentiellement de petits montants, et ce en raison de la modestie des revenus.

En effet, plusieurs ménages, qui sont les principaux pourvoyeurs d'épargne, ne disposent que de petits excédents de leurs revenus par rapport à leurs besoins de dépenses. Chose qui fait que cette épargne ne leur permet d'acheter que quelques actifs financiers, notamment parce que la plupart d'entre eux ne se vendent que par des montants unitaires importants. Cette réalité évince ainsi plusieurs ménages des marchés financiers pour placer leur épargne ; surtout dans les pays en développement où les revenus sont faibles.

En raison de l'indivisibilité de l'investissement (les investisseurs ont besoin de gros montants pour financer leurs projets) et sans l'intervention des banques en complément des marchés financiers, une bonne partie de l'épargne restera sous forme liquide, donc non orientée vers le financement de l'investissement. Cela constituerait un manque à gagner évident pour le financement de l'économie.

On voit déjà à ce stade que la banque arrive à concilier les caractéristiques de l'épargne des déposants, qui ne disposent que de petits montants, avec celles des investissements qui nécessitent de gros montants.

1.3. Assurance de liquidité et inefficience des marchés financiers

Dans un monde où l'avenir est incertain, les agents économiques ont besoin de détenir des actifs liquides, dont la valeur doit être stable et immédiatement disponible pour être échangée contre des biens, des services et des titres. Ceci s'applique surtout aux épargnants qui ont une préférence pour la liquidité, leur patrimoine financier étant majoritairement composé de placements liquides. À l'opposé, les principaux besoins de financement des investisseurs correspondent au contraire à des financements à moyen, long, voire à très long terme. De même, les ménages (prêts aux logements, notamment) et les administrations publiques s'endettent aussi principalement à long terme.

On a alors d'une part, les épargnants qui préfèrent détenir leur épargne sous forme liquide (actifs monétaires) et d'autre part, les investisseurs qui cherchent des financements à long terme, parce que plus rentables.

Or, les banques, en émettant de la monnaie scripturale, sont les seuls intermédiaires financiers à être en mesure de transformer leur dette en moyens de paiement universellement acceptés dans les échanges. De même, la banque joue également un rôle de transformation, elle transforme des échéances courtes et même à vue en échéances longues. Ce phénomène, connu sous le nom de « réserves fractionnaires », permet aux banques de ne garder sous forme liquide qu'une « fraction » de leurs dépôts à vue et qui constituent l'essentiel de leurs dettes.

La fraction des dépôts que la banque devra garder en réserve est plus faible pour les banques de taille importante, le reste étant investi dans des actifs de long terme, plus rémunérateurs. En effet, ce pouvoir est d'autant plus vaste que la banque dispose d'un vaste réseau de guichets, donc d'un grand nombre de déposants. Cela fait que les banques arrivent à gérer ce risque de liquidité spécifique à leur fonction de transformation, et ce en jouant sur une loi statistique : « la loi des grands nombres ». De ce fait, elles sont les seuls intermédiaires financiers capables de réaliser une transformation positive, et ce en transformant des passifs liquides et non rentables en actifs illiquides et rentables.

Ainsi, contrairement aux marchés financiers, les banques ne se contentent pas de fluidifier le circuit de l'échange des instruments financiers, mais modifient aussi leurs caractéristiques. Ces intermédiaires financiers effectuent un travail de transformation positive des placements des épargnants en les maintenant plus liquides, donc plus conformes à leurs désirs, tout en permettant de les affecter à des emplois à long terme, donc plus rentables, les rendant ainsi conformes aux désirs des emprunteurs (des investisseurs).

Ce genre d'intermédiation financière réalisée par les banques permet ainsi à l'économie de réduire la fraction de son épargne détenue sous forme d'actifs liquides, donc non productifs, pour la transformer en actifs à long terme, donc plus rentables. Leur rôle consiste ainsi à assurer une allocation optimale des ressources, ce qui a une implication positive sur le taux de croissance réel.

À l'incomplétude des marchés financiers que l'on a démontrée ci-dessus, il s'agit de montrer cette fois leur inefficience. Pour cela, il suffit de faire une distinction entre « actifs monétaires » et « actifs financiers ». En effet, pour placer son épargne, un épargnant a le choix entre acheter un titre (obligation ou action) sur un marché financier ou déposer son épargne dans un compte à vue chez sa banque. Dans le premier cas, l'épargnant dispose d'un actif financier, mais renonce à la liquidité, donc à son pouvoir d'achat ; le marché financier ne faisant que transférer son épargne vers l'émetteur du titre. Dans le deuxième cas, il dispose d'un actif monétaire en plus d'un moyen de paiement lui permettant d'utiliser son épargne pour ses besoins de consommation ou autres. Il conserve alors son pouvoir d'achat.

Par ailleurs, en raison du phénomène des « réserves fractionnaires », la banque va utiliser une bonne partie de cette épargne liquide pour la prêter à un autre client qui va l'affecter soit pour ses besoins de consommation, soit pour financer son investissement. Dans ce contrat entre la banque et le déposant, les dépôts à vue, tout en permettant de financer des investissements à moyen et long terme (transformation), permettent également à l'épargnant de continuer à consommer, et ce dans la mesure où il dispose d'un instrument monétaire et d'un moyen de paiement.

Il est impossible d'envisager un tel contrat dans un marché financier, puisqu'il ne fait que recycler une épargne déjà existante. On comprend, du même coup, pourquoi l'autre hypothèse d'« efficience des marchés financiers », sur laquelle se basent les théories traditionnelles, est également invraisemblable. Le rôle de l'intermédiation financière des banques sur la croissance se mesure principalement par son impact sur l'efficacité des investissements plutôt que par leur simple volume. En d'autres termes, l'autre manière, la plus naturelle d'ailleurs, de justifier l'existence des banques est leur rôle dans l'assurance de la liquidité.

D'autre part, du moment que les besoins de liquidité ne sont pas parfaitement corrélés entre les banques, la satisfaction des demandes de retraits justifie la mise en place du marché interbancaire. À l'échelle microéconomique, c'est par le biais de ce marché que les banques redistribuent leur surplus de liquidité vers les banques en déficit.

Par conséquent, à l'échelle macroéconomique, le marché interbancaire contribue au développement de l'intermédiation financière, mais aussi, comme on va le voir, à l'amplification des interdépendances entre les banques. En effet, si la contribution du marché interbancaire au renforcement de la stabilité financière est incontestable, on verra toutefois qu'il favorise également la propagation des difficultés expérimentées par une banque à d'autres institutions financières, alimentant ainsi le risque systémique.

1.4. Ont les moyens leur permettant de réduire les asymétries d'information

Le métier de la banque est essentiellement l'octroi de crédits, même si elle offre également une multitude d'autres services à ses clients. Par conséquent, ses spécificités doivent également et surtout se baser sur le marché de la dette. Comme on va le voir, cette spécificité rejette à son tour les hypothèses de complétude et d'efficience des marchés financiers.

1.4.1. Nature des asymétries d'information

Les épargnants et les investisseurs n'ont pas, non plus, une même attitude vis-à-vis du risque. Les premiers ont une aversion aux risques, ils préfèrent que leurs dépôts soient sécurisés, puisqu'il s'agit de leurs économies et leur patrimoine. De même, ils ont une faible capacité à les gérer (toutes les études confirment le faible niveau d'éducation financière des épargnants). Ils peuvent alors être sujets à des comportements moutonniers amplifiant ainsi les paniques. À l'opposé, les investisseurs ont une appétence aux risques, leur métier consiste à prendre des risques ; la rentabilité d'un investissement est indissociable du risque.

Or, le marché du crédit est caractérisé par des asymétries d'information. L'information que détiennent les emprunteurs (investisseurs) n'est pas totalement reflétée dans le prix des actifs. Les prêteurs (épargnants) doivent alors se renseigner sur la qualité des emprunteurs et essayer d'éviter tout comportement déviant de leur part.

Les asymétries d'information viennent justement du fait que, d'une façon générale, le crédit résulte de la combinaison de trois éléments :

– le temps ou le délai pendant lequel le bénéficiaire dispose des fonds empruntés. Le crédit introduit alors une notion de temps, donc d'incertitude ;

– la confiance faite par le créancier au débiteur, c'est-à-dire sur la crédibilité de ce dernier. D'ailleurs, le sens étymologique du terme « crédit » est « confiance » ; faire crédit à quelqu'un, c'est lui faire confiance. Le terme « crédit » vient du latin « credere », c'est-à-dire « croire » ;

– la promesse faite par l'emprunteur de restituer les fonds empruntés. Or, cette promesse de remboursement est subordonnée à l'évolution de la situation économique et financière du pays et qui peut impacter celle de l'emprunteur. Dans cette perspective, la fluctuation des risques pose la question de moyens de collecte et de gestion de l'information économique et financière.

On a déjà vu que l'économie de l'information a eu le mérite de dénoncer la thèse des tenants de la libéralisation financière (free banking) qui partent du fait que tous les marchés financiers sont parfaits. Toutefois, on a noté également que l'asymétrie d'information subie par la banque n'est pas prise en compte.

Contrairement à cette théorie, des auteurs comme STIGLITZ et WEISS[186] ont démontré que, même dans les marchés très compétitifs, notamment du crédit, il existe toujours un rationnement du crédit. L'explication de ce rationnement réside, justement, dans l'introduction de l'hypothèse de l'asymétrie de l'information subie par la banque. Pour ces auteurs, plusieurs marchés de crédit montrent des imperfections structurelles du fait qu'ils ne sont pas des marchés à part entière.

Les asymétries d'information, qui existent alors entre la banque et ses débiteurs et au profit de ces derniers, se présentent en deux temps, elles sont à la fois ex ante et ex post, c'est-à-dire avant et après la décision d'octroi du crédit.

L'asymétrie d'information ex ante est ce que l'on appelle « la sélection adverse » ou « l'anti-sélection » ; elle naît du fait que seul l'emprunteur connaît bien les risques que présente son projet et n'a pas intérêt, bien entendu, à les divulguer à son créancier, ou plutôt il n'a intérêt à divulguer que les informations qui vont convaincre la banque de lui accorder le crédit.

George AKERLOF[187] est le premier à avoir théorisé ce problème de sélection adverse dans un article célèbre publié en 1970. Son étude sur l'information asymétrique est centrée sur les marchés de certains produits dans lesquels les vendeurs connaissent mieux que les acheteurs la qualité du produit vendu. AKERLOF prend pour exemple le marché de voitures d'occasion.

George AKERLOF s'est alors posé une question, à savoir pourquoi une voiture neuve, à peine utilisée, subit une décote importante sur le marché de l'occasion. Pour lui, la réponse est simple, les acheteurs sont dans l'incapacité de distinguer les voitures de bon et de mauvais état ; il n'y a que les vendeurs qui connaissent parfaitement l'état mécanique de leurs véhicules.

Conséquence de cette asymétrie d'information, qui est à l'avantage des vendeurs, les acheteurs n'acceptent de payer qu'un prix faible pour se prémunir d'éventuels vices cachés de véhicules de mauvais état, et ce sachant pertinemment que les propriétaires de voitures de mauvaise qualité n'ont pas

---

186 STIGLITZ Joseph E. et WEISS Andrew, « Credit Rationing in Markets with Imperfect Information », in *The American Economic Review*, Vol. 71, No. 3. (Jun., 1981), pp. 393-410. Mis en ligne par socsci2.ucsd.edu.

187 AKERLOF George A., « The Market for "Lemons" : Quality Uncertainty and the Market Mechanism », in *The Quarterly Journal of Economics*, Vol. 84, No. 3. (Aug., 1970), pp. 488-500. Mis en ligne par econweb.ucsd.edu.

intérêt à divulguer les défauts de leurs voitures. Du moment que seul un prix moyen se dégage, qui reflète la qualité moyenne des voitures offertes sur le marché, et que les acheteurs n'ont que ce prix comme information, les voitures qui sont en bon état se voient pénalisées ; n'acceptant pas ce prix, elles quittent alors le marché. In fine, ils ne resteraient plus dans ce marché que des « citrons[188] ». Les mauvais objets chassent les bons, pour transposer ici la loi de GRESHAM. C'est le mécanisme de « sélection adverse », au lieu de faire évincer les voitures de mauvaise qualité, l'asymétrie d'information procède à l'inverse, d'où le nom de « sélection adverse » donné à cette asymétrie d'information. Le marché finira tôt ou tard par disparaître.

Autrement dit, pour AKERLOF l'asymétrie d'information finirait par détériorer le fonctionnement des marchés, elle conduit ainsi à un équilibre inefficient. Cet équilibre est réputé inefficient dans la mesure où il procure une satisfaction et un bien-être social inférieurs à ce qui serait obtenu dans un équilibre où les acheteurs seraient correctement informés.

La théorie d'AKERLOF, qui s'est inspirée du marché de voitures d'occasion, n'est utilisée ici qu'à titre d'exemple ; le concept d'AKERLOF a été appliqué à d'autres marchés :

– marché de l'emploi avec SPENCE[189] qui explique l'existence de chômage involontaire par le fait que les employeurs manquent d'informations sur les demandeurs d'emploi. La défiance envers les chômeurs conduit, conformément au principe décrit précédemment, à l'absence d'échange ;

– marché de l'assurance : le concept permet de comprendre les raisons pour lesquelles les personnes âgées ne parviennent pas à trouver d'assurance. Il y a asymétrie d'information entre l'assureur qui ne connaît pas l'état de santé de son client, et ce contrairement à l'assuré qui connaît bien son état.[190]

Ainsi, les asymétries d'information n'existent pas seulement sur le marché des voitures d'occasion, mais également sur le marché du travail et celui des assurances. Cette sélection adverse vient alors nous confirmer que ces

---

188 Un « lemon », « citron », en argot américain (tacot en français) est une voiture dont on découvre les défauts après l'avoir achetée, d'où le titre de l'article d'AKERLOF.

189 SPENCE Michael, « Job Market Signaling », in *The Quarterly Journal of Economics*, Vol. 87, No. 3. (Aug. 1973), pp. 355-374.

SPENCE a également d'autres publications sur le sujet des asymétries d'information :

– *Market Signaling : Informational transfer in hiring and related screening Processes, Cambridge*, Ed. *Harvard University Press ;*

– « Competitive and Optimal Responses to Signalling : Analysis of Efficiency and Distribution », in *Journal of Economic Theory.*

190 ROTHSCHILD Michael et STIGLITZ Joseph, « Equilibrium in Competitive Insurance Markets : An Essay on the Economics of Imperfect Information », in *The Quarterly Journal of Economics*, Vol. 90, No. 4 (Nov. 1976), pp. 629-649 Published by: The MIT Press. Mis en ligne par uh.edu.

marchés sont imparfaits, et comme tout marché imparfait, ont besoin de règles et de contrôles.

De la même façon, cette théorie a été également transposée au marché du crédit pour montrer que cette asymétrie d'information peut aboutir également à une défaillance de ce marché.

En effet, comme les acheteurs de voitures d'occasion, les bailleurs de fonds ne peuvent pas opérer a priori une distinction entre les bons et les mauvais emprunteurs. L'emprunteur connaît mieux que le prêteur la rentabilité et les caractéristiques de son projet ainsi que les risques qui y sont associés. En conséquence de quoi, le prêteur peut être amené à appliquer un taux d'intérêt moyen et de façon uniforme à tous ses clients. Il en résulterait, comme sur le marché des voitures d'occasion, un mécanisme de sélection adverse ; les bons clients, donc les moins risqués, n'accepteront pas ce taux, quitteront le marché. Les prêteurs risquent de ne financer que les projets non rentables, donc non conformes à l'optimum social.

Contrairement au modèle néoclassique de concurrence pure et parfaite, où l'information est censée être accessible à tout le monde, cette asymétrie d'information a de nombreux effets pervers ; elle conduit à une allocation inefficiente du crédit et débouche, notamment, sur des phénomènes de rationnement du crédit. Comme l'ont montré STIGLITZ et WEISS[191], le problème posé par l'asymétrie d'information, entre le banquier et son débiteur, est résolu par le rationnement du crédit offert aux groupes de clients qui représentent un risque supérieur à la moyenne (PME/TPE, ménages à faibles revenus, etc.).

En effet, jusqu'aux travaux d'AKERLOF, on considérait généralement que tous les acteurs disposent d'une information parfaite, ce qui permettait de considérer que le marché s'ajuste directement en fonction du prix et de la qualité des biens. On retrouve cette conception dans la théorie classique du « laissez-faire » ou de la « main invisible » introduite par Adam SMITH et selon laquelle, l'absence de réglementation constitue un idéal, et ce dans la mesure où une telle situation est censée permettre d'atteindre le point d'efficacité optimale de la totalité des marchés.

Toutefois, le problème soulevé par AKERLOF, dans son article fondateur, n'invalide pas les hypothèses de l'économie de marché, bien au contraire. S'il justifie dans certains cas de figure l'intervention de l'État, il souligne surtout la complexité du marché et la nécessaire flexibilité qu'il faut conserver pour lui permettre de s'adapter aux situations et pour trouver des équilibres socialement optimaux. Pour lui, les politiques publiques, notamment la

---

[191] STIGLITZ Joseph E. et WEISS Andrew, « Credit Rationing in Markets with Imperfect Information », *op.cit.*

politique de concurrence, doivent tenir compte de cette complexité et préserver cette flexibilité si elles veulent être efficaces.

De même, contrairement à la théorie de l'information, il insiste sur l'asymétrie d'information subie par la banque et non sur celle qu'elle fait subir à ses partenaires (apporteurs de fonds et régulateurs).

Le deuxième type d'asymétrie d'information ex post, qui est « l'aléa moral » ou « l'action cachée », est initialement démontré par ARROW[192] dans un article portant sur le secteur d'assurance des soins médicaux. Cette asymétrie désigne une situation dans laquelle un agent, qui est assuré contre un risque donné, est incité à adopter un comportement postérieur à la signature du contrat et qui serait néfaste pour l'assureur. N'ayant rien à perdre, puisqu'il est assuré, il sera beaucoup moins prudent qu'un agent non assuré.

Appliqué au marché du crédit, ce deuxième type d'asymétries montre que l'efficience du marché du crédit dépend également du comportement de l'emprunteur, mais cette fois-ci après la signature du contrat de crédit, c'est-à-dire une fois le montant du crédit débloqué. Une fois le crédit obtenu, l'emprunteur peut adopter le même comportement vis-à-vis du risque qu'un agent qui a assuré un bien (une voiture par exemple) ; ne courant aucun risque, il peut alors s'engager dans des activités très risquées, faire preuve de mauvaise gestion, détourner l'objet du crédit ou encore détourner à son profit les résultats du projet, sous forme d'avantages en nature ou autres.

Ainsi, l'emprunteur peut ne plus être impliqué dans la réalisation du projet d'investissement ; il peut être tenté de ne plus s'engager de manière sérieuse à la réalisation du projet. Il peut même se détourner du projet et utiliser le montant du crédit à des fins autres que celles prévues dans le contrat. Il peut également réaliser son projet, mais s'en approprier les revenus générés. Étant donné que c'est sur la base des ressources futures de ce projet que le créancier a basé sa décision, ces actions risquent d'aboutir au non-remboursement total ou partiel du crédit.

Autrement dit, le résultat du crédit dépendra soit de la réalisation effective du projet pour lequel les fonds ont été levés, soit de l'attitude éventuellement opportuniste que pourrait adopter l'emprunteur. « De même, un particulier pourra prendre des décisions plus ou moins conformes avec le respect de ses engagements vis-à-vis du prêteur. Une situation de surendettement s'analyse souvent comme un choix de l'emprunteur de contracter d'autres dettes, affaiblissant ainsi sa solvabilité au détriment des créances antérieures. »[193]

---

[192] ARROW Kenneth. J., « Uncertainty and the Welfare Economics of Medical Care », in *American Economic review*, N°53, pp. 941-973. Mis en ligne par web.stanford.edu.

[193] CHIAPPORI Pierre-André et YANELLE Marie-Odile, « Le risque bancaire : un aperçu théorique », *op.cit.*

En réalité, les deux notions d'« aléa moral » et de « sélection adverse » sont des notions voisines. Elles partent toutes les deux d'une situation caractérisée par une asymétrie d'information. La différence entre les deux notions est de nature temporelle ; alors que la sélection adverse part d'une situation avant la signature d'un contrat, l'aléa moral intervient une fois le crédit débloqué. Toutefois, toutes ces situations ont un point commun : la réussite du projet financé suppose une part de contrôle et de surveillance par le créancier. Un marché aura du mal à assurer cette fonction.[194]

L'évaluation d'un projet à financer se révèle ainsi pluridimensionnelle, car le risque crédit dépend des états de la nature présents et futurs envisageables ainsi que de la qualité intrinsèque du projet et celle du client, firme ou particulier.

La question principale qui nous intéresse ici est de dégager les spécificités de la firme bancaire dans ce genre de situations. Autrement dit, on doit s'intéresser aux solutions apportées par la banque à ces deux problèmes d'asymétries d'information, solutions que les marchés financiers ne peuvent apporter.

Quelles solutions la banque apporte-t-elle à ces deux problèmes par rapport aux marchés financiers ? Comment la banque fait-elle pour réduire et gérer ces asymétries d'information et s'assurer de la crédibilité et la solvabilité de son débiteur ? Comment faire pour contourner les effets pervers de ces asymétries ?

1.4.2. Complétude des contrats bancaires et incomplétude des marchés financiers

Pour résoudre le problème de ces deux types d'asymétries d'information, AKERLOF et ARROW ont proposé aux banques des solutions, dont les plus citées sont connues sous les noms de « signalisation » ou de « screening. »

Si on reprend l'exemple du marché de voitures d'occasion et pour éviter que les vendeurs de voitures en bon état ne s'évincent du marché, ceux-ci peuvent, par exemple, proposer une garantie que le vendeur d'un véhicule de mauvais état ne sera pas en mesure d'offrir. Il s'agit alors d'établir un rapport auprès d'un expert certifiant du bon état mécanique du véhicule. Ainsi, ce rapport constitue un signal (une garantie) qui révèle une information (l'état mécanique). De même, l'État peut également intervenir en imposant ce genre de mécanisme de certification du bon état du véhicule (contrôles techniques réguliers, par exemple, lors de chaque opération de vente).

---

[194] *Ibid.*

Transposée au marché du crédit, la réduction des asymétries d'information se fera à travers des contrats « sur mesure » par lesquels la banque peut obliger son client à se signaler.

Plusieurs auteurs ont transposé cette idée au marché du crédit, il s'agit, notamment, de STIGLITZ et WEISS (1985)[195] qui ont ainsi introduit le rôle de la garantie dans la décision d'octroi du crédit.

Ces auteurs basent leur argumentation sur le fait que la garantie, comme le taux d'intérêt, possède un pouvoir dissuasif, qui limite l'aléa moral, et un pouvoir autosélectif qui réduit la sélection contraire.

Un pouvoir autosélectif, et ce dans la mesure où, si le projet est risqué, l'emprunteur sera peu disposé à engager sa garantie. La garantie est alors en mesure d'écarter les clients risqués, seuls les moins risqués accepteraient de garantir leurs projets.

Un pouvoir dissuasif, puisque la garantie va obliger l'emprunteur à s'impliquer davantage dans son projet et faire preuve de sérieux et de prudence sous peine de perdre sa garantie.

Pour ces auteurs, la garantie peut être considérée, à l'instar du taux d'intérêt, comme un coût, et ce dans la mesure où à un risque plus élevé doit correspondre un taux d'intérêt (ou une garantie) plus élevé(e). La garantie aura alors le pouvoir de maintenir des taux d'intérêt à un niveau acceptable.

D'un autre côté, en l'absence de garanties à offrir par l'emprunteur, la banque peut aussi exiger de lui de signaler la qualité de son projet, et ce en acceptant d'y investir une part importante de ses fonds propres et qui jouera alors le même rôle que la garantie.

Étant donné que la relation prêteur/emprunteur est entravée par des problèmes d'asymétries d'information, l'exigence d'un niveau minimum d'autofinancement (augmentation de fonds propres) incite l'emprunteur à être impliqué dans son projet et à s'appliquer en fournissant les efforts nécessaires à sa réussite, ce qui rassure les prêteurs.

On retrouve ici l'importance de la capitalisation dans la solvabilité d'une entreprise ; autrement dit, plus une entreprise dispose de fonds propres importants, plus elle est en mesure d'attirer des financements externes, y compris sur les marchés financiers. Ceci s'explique par le fait que les créanciers potentiels sont, dans ce cas, assurés que les actionnaires de l'entreprise ont les incitations nécessaires pour mener à bien leurs investissements.

---

[195] STIGLITZ, J. et WEISS, A., « Credit rationing with collateral », in *Bell Communication Research Inc, Economics Discussion Papers*, vol.12. Mis en ligne par socsci2.ucsd.edu.

Par contre, les entreprises, qui ont très peu de ressources propres, ne trouvent en général pas de financements externes, même si leurs projets d'investissement sont potentiellement rentables : c'est le phénomène du rationnement du crédit.

Ainsi, contrairement aux marchés financiers, la sélection opérée par les banques ne se fait pas par le seul taux d'intérêt ; elles ont cette possibilité d'offrir une multiplicité de contrats de crédit qui ne se différencient pas que par le seul taux d'intérêt.

En effet, le contrat de crédit peut s'interpréter de deux manières différentes : soit le taux d'intérêt englobe tout, soit il n'est qu'une composante avec d'autres éléments tels que la garantie et les fonds propres (apport personnel) engagés par l'emprunteur ; chose qui permettrait de réduire les pertes pour la banque en cas de défaillances de celui-ci.

Cependant, cet effet sur les taux peut être biaisé dans certaines économies, notamment celles des pays en développement où les ménages et les PME/TPE, notamment, peuvent difficilement fournir des garanties adéquates à la banque ; chose qui fait que la sélection adverse risque de s'opérer sur la base des seuls taux d'intérêt élevés, chose qui inciterait les bons clients à se retirer du marché du crédit.

Dans ces pays, en effet, la collecte de l'information sur la qualité des emprunteurs reste médiocre, car beaucoup d'entreprises, notamment les PME/TPE, ne tiennent pas de comptabilité ; à cela s'ajoute une réglementation laxiste. Ce qui donne aux banques une place importante dans le système financier. Dans ces pays, en effet, le contrat de crédit bancaire permet de mieux gérer les problèmes d'asymétries d'information.

Les banques jouent ainsi un rôle fondamental dans le financement des entreprises ayant une capacité d'autofinancement intermédiaire, souvent des PME/TPE qui n'ont pas la taille suffisante pour émettre directement des titres sur les marchés financiers, mais suffisamment de ressources propres pour faire appel au crédit bancaire.

Toujours est-il que, contrairement aux marchés financiers, la banque est la seule à pouvoir réduire et gérer ces asymétries d'information, et ce en introduisant certaines clauses dans le contrat de prêt qui inciterait l'emprunteur à révéler sa qualité.

1.4.3. Dispositifs publics d'échange d'informations entre les banques

On a également déjà précisé que l'État peut intervenir en imposant des mécanismes de certifications du bon état d'un véhicule d'occasion (contrôles techniques réguliers, par exemple lors de chaque vente). C'est dans ce sens que GODLEWSKI[196] pense pour sa part qu'une solution non moins efficace serait l'exploitation de l'information « hard », c'est-à-dire exogène aux banques par le biais de dispositifs publics. Ces dispositifs, qui peuvent être véhiculés par des institutions publiques, donc sous le contrôle des pouvoirs publics, permettent alors de procéder à un échange d'informations entre les banques sur la qualité de leurs emprunteurs. Étant donné que la recherche de l'information est longue et coûteuse à l'échelle individuelle, un mécanisme global d'échange de ces informations entre prêteurs se traduit par des économies d'échelles.

En effet, dans la mesure où l'historique de crédit d'un individu est considéré comme un indicateur central de sa solvabilité et de son sérieux, la mise en place d'un système d'échange d'informations entre prêteurs se présente comme un enjeu pour améliorer l'évaluation du risque de défaut des emprunteurs.

En outre, la part croissante des créances en souffrance, dans les actifs bancaires, plaide en faveur du développement de dispositifs institutionnels d'échange d'informations en tant que mécanismes disciplinant pour les acteurs du marché du crédit. D'autre part, ces dispositifs donnent également, en plus des informations négatives (nombre et historique des impayés), des informations positives, à savoir le montant global de tous les emprunts contractés auprès de l'ensemble des autres établissements de crédit, et ce dont l'objectif est d'avoir une idée assez claire sur le taux d'endettement de chaque client et sur sa capacité de remboursement, évitant ainsi le surendettement.

D'un point de vue théorique, le développement des dispositifs institutionnels d'échange d'informations permet d'améliorer l'octroi des crédits bancaires et leur monitoring. On retrouve ici les soubassements théoriques des recommandations de la Banque mondiale et de sa filiale la Société financière internationale (SFI) à l'issue de l'évaluation du climat des affaires dans chaque pays et qui est connu sous le nom de « Doing business » et dont les résultats sont publiés chaque année dans leur rapport.

C'est ainsi que, dans la plupart des pays, le Maroc compris, les banques ont investi dans des projets communs de centralisation d'informations sur leurs débiteurs, appelés « bureaux de crédit », « credit bureau » en anglais.

Ces dispositifs d'échange d'informations ont fini par être imposés par la réglementation bancaire de plusieurs pays. Au Maroc, ce registre d'informations est inscrit même dans la loi bancaire.

---

196 GODLEWSKI Christophe J., « Étude de la cohérence des Ratings de Banques avec la profitabilité de défaillance bancaire dans les pays émergents », in *Working Paper 65, la RGE, Université Rober Schuman.* Mis en ligne par academia.edu.

Bien entendu, dans la pratique, ces centrales d'informations ne sont qu'un dispositif global d'évaluation du profil de risque de chaque client. Si les banques s'exposent volontairement à certains risques, c'est parce qu'elles ont un autre avantage comparatif sur les marchés financiers dans l'évaluation du risque de crédit. C'est la relation de longue durée qu'elles entretiennent avec leurs clients.

1.4.4. Relation de longue durée avec leurs clients : collecte, production et gestion de l'information privée sur le client

Un autre avantage des banques sur les marchés financiers réside dans la relation de longue durée qu'elles entretiennent avec leur clientèle et qui incite l'emprunteur à révéler sa qualité et à faire preuve de sérieux et d'implication dans ses projets. En effet, la relation client/banque ne peut durer que si une certaine confiance s'installe entre les deux parties ; ce qui suppose de la part du client de faire ses preuves sous peine d'être victime d'un rationnement du crédit par sa banque.

Les banques sont ainsi plus aptes à entrer dans une relation de long terme avec leurs clients, et ce en leur offrant toute une gamme de services afin de les fidéliser (dépôts, assurances, moyens de paiement, conseil, crédit, ligne de crédit, etc.). Cette relation de long terme permet à la banque de réduire ces asymétries d'information.

Elle constitue également un avantage pour les clients solvables et qui ont déjà montré leur sérieux auprès de leur banque. C'est ce qui explique d'ailleurs que les nouveaux clients trouvent toujours des difficultés à se financer auprès de leur banque tant qu'ils n'ont pas encore eu l'occasion de faire leurs preuves.

La banque est, en effet, mieux outillée que les marchés financiers pour gérer et réduire ces asymétries d'information, et ce dans la mesure où cette relation de longue durée lui permet d'exercer un pouvoir sur ses clients, en choisissant des termes du contrat spécifiques pour chaque situation. Chose qui fait que plus une relation de crédit est fondée sur une confiance réciproque, moins les emprunteurs potentiels seront incités à transformer ou à omettre des informations, pour ne pas les mettre en danger.

On peut imaginer dans un premier temps que la fonction, de réduction des asymétries d'information, peut être réalisée par le marché dans certains contextes ; c'est le cas, notamment, des grandes entreprises qui font appel public à l'épargne et qui sont obligées de publier leurs comptes. Toutefois, ces informations sont accessibles à tout le monde. Toutes les autres informations privées ne pourront jamais être divulguées par l'emprunteur ; les entreprises n'ont pas intérêt à révéler, aux marchés financiers, toute l'information sur leurs projets, car elle peut être exploitée par leurs concurrents, surtout si elle est de nature stratégique.[197]

En effet, les clients, qui souhaitent emprunter, sont souvent aussi les déposants de la banque, ils ont ouvert un ou plusieurs comptes sur les livres de la banque ; celle-ci connaît alors leur passé, ce qui fait qu'ils n'ont pas intérêt à avoir un comportement d'aléa moral au prix de perdre la confiance de leur banque ainsi que les services qu'elle leur offre. Donc, la détention des comptes des clients permet de fournir des informations sur leur situation financière, et ce dans le cadre de la gestion quotidienne de leurs comptes.

Du coup, au moindre problème, cela sera visible sur les mouvements du compte du client ; il peut s'agir entre autres de dépassement de découvert, de baisse du chiffre d'affaires, d'impayés, d'incident de paiement, etc.

C'est donc là un autre avantage informationnel des banques sur les marchés, sans doute le plus important, et ce dans la mesure où la banque ne se contente pas de l'information publique qui est accessible à tout le monde sur les marchés financiers (informations publiées conformément aux dispositions légales et réglementaires en vigueur dans chaque pays). Son réseau joue un rôle important sur le plan géographique, lui permettant ainsi de nouer une relation de proximité et de longue durée avec ses clients. Étant gestionnaire des comptes de ses clients, les divers services qui leur sont procurés sont une source inépuisable d'informations, dont les avantages sont la fiabilité et les possibilités de recoupement. Ils lui permettent, en même temps, de disposer d'un historique sur tous les comportements de son client et ses habitudes ; alors que sur les marchés financiers, les relations entre emprunteurs (émetteurs de titres) et prêteurs (souscripteurs) sont le plus souvent impersonnelles et de courte durée.

Cet avantage informationnel provient ainsi de la capacité des banques à produire des informations privées et de nature très spécifique sur leurs clients et auxquelles personne n'a le droit d'y accéder, secret professionnel oblige ; à l'exception, bien entendu, des autorités monétaires et du juge dans le cadre d'une instruction judiciaire.

Par ailleurs, n'étant pas efficients, les marchés ont souvent tendance à surréagir en manifestant une variabilité excessive par rapport aux fondamentaux. L'existence de bulles spéculatives, qui sont souvent rationnelles, les effets de mode, les comportements moutonniers ; tout cela provoque une pollution de signaux de marchés et rend non profitable la recherche d'informations. C'est ce que certains auteurs qualifient de problème

---

197 CHIAPPORI Pierre-André et YANELLE Marie-Odile, « Le risque bancaire : un aperçu théorique », *op.cit.*

classique de « passager clandestin »[198] ; chacun refusera d'investir dans l'enquête de solvabilité des emprunteurs, préférant attendre que le marché révèle les informations obtenues par d'autres. Il en résultera un déficit d'informations et de contrôle.

En effet, la dilution de propriété ou de pouvoir de décision caractéristique du financement par émission de titres est peu propice à la mise en place d'instruments de contrôle, et ce du fait du problème de « passager clandestin » ; chaque détenteur de ces titres préférant bénéficier de ces instruments sans avoir à en supporter les coûts. À cela s'ajoutent les difficultés de coordination entre ces divers souscripteurs, peu motivés du fait de leur faible engagement financier. À l'inverse, ayant engagé des montants importants, la banque disposera à la fois de moyens et des incitations adéquats pour exercer une fonction de ce type.[199]

De même, on peut imaginer, dans un premier temps, que la fonction de réduction des asymétries d'information peut être réalisée par le marché dans certains contextes ; c'est le cas, notamment, des grandes entreprises qui peuvent recourir aux agences de notation comme garantie de leur solvabilité. Mais, on a déjà souligné le rôle de ces agences dans la crise des subprimes.

La banque s'avère alors mieux outillée que le marché pour réduire les asymétries d'information entre prêteurs et emprunteurs, ce qui lui permet de fonder l'efficience du marché de crédit.

1.4.5. Suivi de l'utilisation ou de l'affectation du crédit

Contrairement aux marchés financiers, où la relation entre émetteurs et souscripteurs de titres est impersonnelle et s'éteint dès la fin de l'opération de souscription, la banque continue d'entretenir une relation de longue durée avec son client, et ce après que les fonds ont été débloqués. Plus que cela, on a vu que ce dernier a intérêt à ce que cette relation dure (une entreprise n'a pas intérêt à changer de banque).

Ce faisant, la banque dispose de moyens lui permettant de mettre en place des mécanismes de contrôle de l'affectation du crédit, et qui vont pousser le client à respecter les clauses du contrat ; seule façon pour lui de pouvoir maintenir de bonnes relations de longue durée avec la banque, faute de quoi il se verrait refuser un crédit la prochaine fois.

---

[198] DIAMOND Douglas Warren, « Financial Intermediation and Delegated Monitoring », in *Review of Economic Studies*, 1984, Vol. 51, pp. 393-414. Mis en ligne par pdfs.semanticscholar.org.

[199] CHIAPPORI Pierre-André et YANELLE Marie-Odile, « Le risque bancaire : un aperçu théorique », *op.cit.*

Ainsi, elle peut procéder à des visites sur le site pour constater l'état d'avancement du projet. Elle peut également débloquer le montant du crédit par tranches, et ce en fonction de l'état d'avancement du projet.

D'autre part, la banque a également les moyens de suivre les remboursements effectués par ses clients, et ce par le biais de ses services de recouvrement et de contentieux.

Tout cela est inenvisageable dans le cadre des marchés financiers.

1.4.6. Rationnement du crédit ou « redlining »

À première vue, on peut penser que, lors d'une prochaine demande de crédit par un client ayant fait preuve d'un comportement opportuniste, la banque peut lui appliquer un taux d'intérêt élevé, et ce pour l'adapter à son profil de risque. Toutefois, cette solution n'est pas sans risque pour la banque.

D'abord, l'accroissement des taux risque d'entraîner un accroissement de la proportion des projets risqués dans le portefeuille de prêts de la banque, entraînant ainsi une baisse de l'espérance de sa rentabilité. Cela accroît la fragilité bancaire, partant, les risques de faillite. En effet, comme on l'a déjà évoqué, seuls les projets risqués accepteraient un taux très élevé (phénomène de sélection adverse). Les acteurs du marché du crédit étant sensibles aux taux d'intérêt.

Il existe alors un seuil maximum de taux d'intérêt qui correspond à une meilleure diversification du portefeuille de prêts des banques et à une rentabilité espérée maximale.

Ensuite, appliquer un taux d'intérêt élevé peut conduire à une détérioration de la situation financière des clients. En effet, un projet ne peut pas être rentable au-delà d'un certain niveau de taux d'intérêt ; pour que le client puisse profiter de l'effet de levier, il faut que le taux de rentabilité soit largement supérieur au taux d'intérêt, sinon cela devient un effet de massue.

Par conséquent, une hausse des taux débiteurs est susceptible de conduire à la dégradation de la situation de l'ensemble des acteurs du marché du crédit.

Étant donné qu'il est impossible de discriminer les emprunteurs par des taux d'intérêt au-delà d'un certain seuil, cela conduit la banque à procéder au rationnement du crédit (redlining) et qui consiste à écarter un groupe d'emprunteurs du crédit, et ce quel que soit le taux en vigueur, car supposés très risqués par la banque.

Le « redlining » est alors un refus de prêter à une catégorie d'emprunteurs, et ce même si les banques disposent de suffisamment de ressources et ces emprunteurs prêts à payer des taux d'intérêt plus élevés. Le « redlining » correspond, notamment, aux comportements adoptés vis-à-vis des

PME/TPE ;[200]les asymétries d'information étant beaucoup plus prononcées, cela risque d'amener les banques à une mauvaise appréciation de leur risque et à les évincer ainsi du marché de crédit.

Ainsi, étant donné qu'une entreprise n'a pas intérêt à quitter sa banque pour une autre, elle risque d'attendre des mois, voire des années pour pouvoir regagner sa confiance ; elle a alors intérêt à faire preuve de sérieux et d'implication pour la réussite de ses projets, faute d'être éliminée du marché de crédit qui constitue, de surcroît, sa seule source permanente de financement.

En effet, si jamais une entreprise a commis une faute (affectation du crédit à un autre usage que celui prévu dans le contrat, prise de risque excessive, détournement des résultats du projet, mauvaise gestion, etc.), la banque a les moyens de la sanctionner. Étant donné qu'elle ne peut pas user du taux d'intérêt comme sanction, il ne lui reste que le rationnement.

Celui-ci représente alors une technique et un moyen efficace utilisé par la banque pour faire face aux problèmes d'asymétries d'information avec ses emprunteurs. Cela est dû au fait que le client est prisonnier d'une situation désavantageuse dans laquelle la demande de crédit reste toujours supérieure à l'offre, sans qu'un ajustement se fasse par le taux d'intérêt. En effet, l'augmentation des taux d'intérêt se traduit à terme par l'éviction des bons emprunteurs du marché du crédit bancaire.

Toutefois, les banques ont également d'autres moyens pour améliorer leur structure d'informations sur leurs clients, notamment sur les PME/TPE qui restent fortement dépendantes des banques, puisqu'elles ne peuvent pas accéder aux marchés financiers. Elles peuvent faire usage de mécanismes permettant de limiter l'effet du rationnement du crédit.

En effet, contrairement aux marchés financiers, les banques ne sont pas passives devant l'existence d'asymétries d'information. Elles sont, pour cela, en mesure de savoir si des défauts de paiement sont dus à la qualité trop risquée de la PME/TPE ou bien simplement à un manque de sérieux, d'effort et d'implication de sa part.

Pour amener la PME/TPE à faire preuve de sérieux dans sa relation avec sa banque, celle-ci peut ne s'engager, dans un premier temps, que sur des petits montants et de maturités très courtes. Cela lui permettrait d'observer le comportement de son client.

---

200 ETOUGHE FAM'ELLA Stéphano zico et ZAISHENG Zhang, « La théorie des jeux et de la décision en présence d'asymétrie d'information du crédit bancaire », in *World Academic Journal of Business & Applied Science (WAJBAS)*, Vol. 1, pp. 1-18. Mis en ligne par academia.edu.

Dans un deuxième temps, la banque sera en mesure de prendre sa décision en connaissance de cause : soit s'engager davantage pour accompagner son client dans son développement (montants et maturités adaptés à ses besoins), soit décider plutôt de mettre fin à la relation. Cette décision est fonction, bien entendu, de l'effort fourni par la PME/TPE pour convaincre sa banque de son sérieux, de son application et son implication, dont elle a fait preuve dans le passé pour la réussite de son projet.

Autrement dit, la relation banque/client est un apprentissage qui se fait au fil du temps. Par conséquent, ce genre de contrat est inenvisageable dans le cadre d'un marché financier où les relations (prêteur/emprunteurs) sont à la fois impersonnelles et de très courte durée.

Les fondements théoriques du cadre d'analyse de cette méthode, baptisée méthode des « prêts-observation »[201], se basent sur « le principe Bayésien »[202]. Elle permet à la banque de confectionner des contrats aux meilleures conditions, limitant ainsi d'une part les situations d'asymétries d'information ex post et d'autre part le rationnement du crédit qui s'en suit.

Ainsi, même si les PME/TPE n'ont pas la possibilité d'emprunter directement sur les marchés ni des biens à offrir en garantie, elles ont quand même une capacité d'autofinancement intermédiaire suffisante pour financer leurs investissements. La banque intervient justement pour contrecarrer le rationnement du crédit, dont peuvent être victimes ces agents économiques.

1.4.7. Une expertise accumulée pendant des années

En plus d'être productrices d'informations privées sur leurs clients, les banques ont développé un savoir bancaire accumulé pendant des années en matière d'expertise, d'ingénierie et de monitoring et qui a été développé au cours d'un long processus d'apprentissage. Traitant chaque année un nombre élevé de dossiers de crédit, elles ont acquis une compétence particulière dans leur évaluation, ce qui fait d'elles les prêteurs les plus efficaces pour évaluer ou surveiller le risque crédit. Elles disposent de spécialistes dans l'analyse financière et dans l'évaluation des projets d'investissements envisagés par leurs clients dans les différents secteurs d'activité. Elles ont mis en place des systèmes de notation et de scoring leur permettant d'affecter à chaque niveau de risque une note ou un score définissant le profil de risque de chaque client.

Par conséquent, la banque peut se renseigner sur la santé financière de ses clients et disposer de l'information pertinente nécessaire pour décider de ses

---

[201] *Ibid.*

[202] Le principe Bayésien s'appuie principalement sur « le théorème de Bayes » qui permet d'estimer une probabilité ou un paramètre quelconque, et ce à partir non pas d'un quelconque rapport logique, mais uniquement sur la base de l'observation d'évènements passés. Ici c'est l'observation de l'historique du comportement du client.

transactions. Ainsi, cette spécificité de la banque ne consiste pas uniquement à produire et à collecter de l'information, mais réside également dans sa capacité à évaluer et à mesurer les risques.

Bien entendu, les banques ne peuvent pas éliminer les asymétries d'information, elles ne peuvent que les réduire. Cette expertise qu'elles ont développée ne leur permet pas d'exclure, de l'ensemble de leurs clients, tous les mauvais emprunteurs. En effet, l'information restera toujours incomplète, d'ailleurs même pour les emprunteurs eux-mêmes. De plus, elle ne pourra jamais être équitablement partagée ; la banque ne pourra jamais accéder, au même titre que l'emprunteur, à toute l'information sur lui-même et sur son projet. Elle ne peut alors se baser que sur les données connues avec certitude, c'est-à-dire celles qui concernent le passé et, notamment, le présent. Le rendement futur d'un projet, quant à lui, reste plus ou moins incertain même pour l'emprunteur potentiel ; plusieurs facteurs peuvent intervenir : déséquilibres macroéconomiques, récession, crise affectant un secteur d'activité, etc.

1.4.8. Diversification des risques

D'autre part, une banque peut également favoriser la réduction des risques individuels liés aux projets d'investissements, et ce grâce à la diversification et à la mutualisation des risques. Les actifs de la banque sont suffisamment diversifiés pour que leur rentabilité globale soit peu liée aux aléas subis par ses emprunteurs pris individuellement. La performance de la banque sera alors le reflet de la qualité de sa gouvernance et de ses dispositifs de contrôle interne et de gestion des risques.

En effet, étant donné que tout épargnant ne peut pas, à lui seul, diversifier son épargne comme il le souhaiterait, en raison de sa spécificité, la banque a la possibilité de choisir des investissements plus productifs, et ce par une diversification du portefeuille qu'elle propose aux épargnants. La banque est en mesure de proposer ses services à un ensemble diversifié de secteurs d'activité, mais aussi d'agents économiques.

Ainsi, en confiant son épargne à une banque, l'épargnant assure non seulement la liquidité de ses créances, mais aussi la diversification de son patrimoine entre divers emplois, pour limiter son risque. En confiant ses économies à une banque, l'épargnant est assuré que son patrimoine sera très diversifié, et ce dans la mesure où les actifs de la banque sont constitués d'immeubles, d'actions, d'obligations, de dépôts à terme, de prêts hypothécaires, de devises étrangères, etc. Chose qui lui permet de réduire le risque global.

1.5. Augmentent l'efficience du marché de la dette, et ce en réduisant les coûts de transaction

On a vu que le prêt apparaît comme une opération complexe, de nature bilatérale et supposant un investissement non négligeable en recueil et traitement d'informations diverses. Cela génère des coûts.

En effet, chaque transaction génère des coûts ; il faut du temps pour réaliser une opération. Cela commence par la recherche d'une contrepartie ; ensuite, il faut procéder à une évaluation du projet pour pouvoir négocier les termes du contrat. On a dit, en effet, qu'une certaine confiance doit s'installer entre les deux parties pour qu'ils puissent rédiger et signer un contrat qui constituera, en fin de compte, l'acte juridique qui scelle leur relation pendant une certaine durée prévue dans ledit contrat.

Une fois le contrat signé, celui-ci tient lieu de force de loi. En effet, « Les obligations contractuelles valablement formées tiennent lieu de loi à ceux qui les ont faites, et ne peuvent être révoquées que de leur consentement mutuel ou dans les cas prévus par la loi. »[203]

L'une des deux parties peut ainsi, durant la vie de leur relation, ne pas exécuter une clause, l'exécuter mal, l'exécuter, mais partiellement ou tardivement. Après un certain temps, il se peut, en effet, que ses intérêts ou sa situation aient changé, que les termes du contrat ne lui soient plus favorables et qu'elle change d'avis.

Le prêteur doit alors veiller à ce que l'autre partie respecte toutes les clauses du contrat et tout cela génère forcément des coûts.

C'est cette problématique que « la théorie des coûts de transaction » essaie de résoudre, tout en se situant toutefois dans le modèle libéral. En effet, la théorie des coûts de transaction est un modèle économique d'inspiration libérale, présupposant des acteurs libres et rationnels. Elle considère le marché comme un espace contractuel dans lequel des acteurs entrent et sortent librement et se repèrent à partir de contrats qu'ils signent entre eux.

Deux auteurs constituent la référence essentielle de cette théorie. Le premier, COASE, publie en 1937 l'article fondateur :[204] « La nature de la firme ». Il part du constat selon lequel, pour aller sur le marché, il faut supporter des coûts : « les coûts de transaction. »

Un second auteur va développer cette théorie, et ce en définissant la nature contractuelle de la firme. Cet auteur est WILLIAMSON qui publie, en 1975

---

[203] Article 230 du Code marocain des obligations et contrats.

[204] COASE R.H., « The Nature of the Firm », in *Economica NS*, Année 1937, Vol 4, pp. 386-405. Mis en ligne par law.uchicago.edu.

puis en 1985, des ouvrages[205] qui constituent les points d'ancrage théoriques devenus incontournables aujourd'hui pour comprendre la firme du point de vue contractuel.

En réduisant les asymétries d'information, les banques parviennent, du même coup, à corriger l'une des imperfections du marché liée à la recherche d'informations sur l'évaluation et le financement des projets d'investissement, à la réalisation d'une enquête de solvabilité, au suivi des prêts, etc.

Par ailleurs, comme on l'a déjà vu précédemment, DIAMOND[206] montre qu'en plus du fait que les coûts subis par les prêteurs sont très élevés, un autre problème s'y ajoute lorsque, dans un projet d'investissement, intervient un grand nombre de prêteurs.

Dans ce cas, en effet, il peut y avoir un comportement de « passager clandestin » ou de « free-raiders » qui conduirait les petits prêteurs à refuser d'engager des dépenses de surveillance, et ce en considérant leur faible part dans le bénéfice attendu.

La solution consiste alors, pour les prêteurs (les épargnants), à déléguer la surveillance à un intermédiaire financier, par exemple à une banque qui, grâce à sa spécialisation dans la recherche et la collecte de l'information, permet à ces agents économiques de réduire ces coûts.

Pour illustrer cela, imaginons, par exemple, que l'on se trouve devant 10 prêteurs et 10 emprunteurs potentiels ; on a alors théoriquement 100 évaluations, chacun des 10 prêteurs devrait procéder à l'analyse de la situation de chacun des 10 emprunteurs pour sélectionner le meilleur d'entre eux. Mais si ces agents transitent tous par un seul intermédiaire, auquel ils confient leur épargne, on se trouvera avec 10 transactions seulement ; c'est-à-dire que l'on peut aboutir au même échange avec 10 transactions au lieu de 100, et ce grâce à l'intervention de la banque qui se chargerait d'évaluer la solvabilité des 10 emprunteurs. Alors qu'en l'absence de celle-ci, chacun des prêteurs devrait supporter l'ensemble de ces coûts à titre individuel.

En effet, le financement bancaire comporte quatre étapes importantes :

– la collecte des fonds auprès de déposants ou de petits investisseurs ;

– la sélection des emprunteurs afin d'écarter ceux qui sont trop risqués ;

– la surveillance de leurs activités pour éviter tout comportement opportuniste de la part des emprunteurs ;

---

[205] Une synthèse peut être trouvée chez FARES M'Hand et SAUSSIER Stéphane, « Coûts de transaction et contrats incomplets », in *Revue française d'économie*, Année 2002, Volume XVI Numéro 3, pp. 193-230.

[206] DIAMOND D. W., « Financial Intermediation and Delegated Monitoring », *op.cit.*

– enfin, le recouvrement des créances avec, éventuellement, une procédure de contentieux en cas de défaut de paiement.

La banque joue ainsi le rôle que joue la monnaie dans les échanges. Ce faisant, elle contribue à une allocation rationnelle des ressources au sein de l'économie, et ce en se substituant au marché, lorsque la monnaie se substitue au troc.

D'une manière générale, ce sont ces coûts, liés aux imperfections du marché, qui justifient également l'existence des banques comme complément des imperfections des marchés financiers.

Paragraphe II : Les banques peuvent être destructrices pour une économie

C'est là, en effet, une autre spécificité des banques et non des moindres et qui justifierait que ce métier soit fortement réglementé.

D'abord, les banques travaillent avec une matière première qui ne leur appartient pas ; le législateur les a habilitées à recevoir des dépôts de la clientèle pour les utiliser pour leur propre compte ou pour le compte de leurs clients, à charge pour elles de les restituer selon les clauses prévues dans le contrat de dépôts. Elles doivent alors les utiliser à bon escient.

Ensuite, les banques participent à la gestion du système et des moyens de paiement, ont le pouvoir de création monétaire et jouent le rôle de courroie de transmission des effets de la politique monétaire.

Enfin, c'est là le revers de la médaille, les banques sont intrinsèquement fragiles ; chose aggravante, elles sont de nature systémique. Une faillite bancaire peut conduire à une crise financière et donner naissance, in fine, à une crise économique et sociale plus ou moins prononcée.

L'intérêt porté aux faillites et aux crises bancaires vient justement de leurs coûts substantiels de toute nature qui sont supportés par les contribuables.

L'évidence même voudrait alors que la réglementation bancaire vise quatre objectifs principaux :

– gagner et maintenir la confiance du public dans le système bancaire, condition sine qua non pour drainer l'épargne vers les investissements ;

– maintenir l'intégrité du système et des moyens de paiement ;

– éviter une crise dans le secteur bancaire ;

– protéger les déposants contre un comportement frauduleux ou opportuniste de la part des institutions financières ;

– juguler l'inflation.

L'efficacité de la régulation dépendra alors de la réponse à cette question : comment bien réguler afin d'éviter les dégâts subis par certaines banques et certains pays et qui peuvent être étendus à plusieurs pays dans le monde ?

2.1. Les banques sont intrinsèquement fragiles

Contrairement à ce que l'on peut imaginer, une banque peut facilement faire faillite, elle est plus fragile que n'importe quelle entreprise opérant dans le secteur réel.

En effet, l'histoire nous a montré que le monde a connu des vagues successives de faillites et crises bancaires. Ainsi, comme le soulignent Carl-Johan LINDGREN, Gillian GARCIA et Matthew SAAL, environ les trois quarts (131 sur 181) des pays membres du Fonds monétaire international avaient connu des problèmes bancaires sérieux entre 1980 et 1995. Ces crises ont causé des coûts très élevés pour les contribuables. En effet, d'après une autre étude du FMI réalisée en 1998, le coût moyen par pays de chacune de ces crises est estimé à environ 12 % du PIB annuel. Ce chiffre a d'ailleurs été largement dépassé dans les crises de la fin des années 1990 dans des pays tels que l'Argentine, l'Indonésie, la Corée du Sud et la Malaisie, dont le coût a été évalué à 40 % du PIB. La crise mexicaine en 1994 a coûté 20 % du PIB, la crise jamaïcaine 37 % du PIB en 1997.[207]

De même, les années 1980 et 1990 ont été marquées par de graves crises bancaires dans les pays en voie de développement, notamment ceux de l'UEMOA (Union économique et monétaire ouest-africaine). Les prêts non performants (ou créances en souffrance) ont atteint, durant le pic des crises, des montants faramineux compris entre 50 et 80 % des portefeuilles de prêts des systèmes bancaires nationaux. De plus, la crise a entraîné la défaillance de 30 banques sur 79 au cours de la période 1980-1995 ; le dénouement de celle-ci s'est, de façon générale, soldé par des dépenses budgétaires et des coûts sociaux colossaux.[208]

Ces chiffres ne peuvent que nous interpeller pour nous pousser à chercher où se trouvent les causes principales de fragilité des banques et aux moyens susceptibles d'y remédier.

Cette fragilité intrinsèque des banques s'explique par les traits suivants :

– La structure singulière de leur bilan ;

---

207 Cités par GABILLON Emmanuelle et ROCHET Jean-Charles, « BANQUE - Économie de la banque », in *Dictionnaire de l'Économie Encyclopaedia universalis* 2007. Mis en ligne par univerrsalis.fr.

208 ANGORA Alain, TARAZI Amine, « Crises bancaires dans les pays de l'UEMOA : un système d'alerte avancée fondé sur une approche logit Multinomiale », 2011. Mis en ligne par researchgate.net.

– La taille et les caractéristiques de l'hors bilan ;

– La nature des risques générés par leurs activités.

C'est ainsi qu'à la suite de cette instabilité des systèmes bancaires dans le monde et qui a d'ailleurs révélé, du même coup, les limites de l'assurance des dépôts, on a assisté, à l'échelle internationale, à un mouvement inverse vers un retour à un renforcement de la réglementation de l'activité bancaire, et ce dans le but d'une meilleure gestion des risques par les banques. Ces nouvelles réglementations bancaires ont alors adopté des mesures prudentielles de contrôles externe et interne des activités bancaires.

2.1.1. La structure singulière de leur bilan

Un simple regard sur la structure financière d'une banque commerciale montre un déséquilibre structurel de son bilan. Cette spécificité tient aux raisons principales suivantes :

– leur pouvoir de création monétaire, liée à la réception des dépôts à vue

– et le système des « réserves fractionnaires ».

Ceci fait qu'elles peuvent opérer une transformation positive des échéances, qui est utile à l'économie, et que l'on a déjà détaillée dans le paragraphe précédent.

En effet, comme il a été dit précédemment, les banques sont les seules à pouvoir transformer des actifs liquides et de court terme (notamment les dépôts à vue qui peuvent faire l'objet de retraits à tout moment) en actifs illiquides de long terme (en particulier les crédits qui sont difficilement cessibles et dont la maturité est assez longue en moyenne). Grâce à ce système, les banques ont cette capacité de ne garder sous forme liquide qu'une fraction des dépôts à vue qu'elles collectent auprès de leurs clients ou qu'elles créent à l'occasion des crédits distribués, soit une moyenne qui peut être très faible pour les banques de grande taille.

Le reste est immobilisé sous forme de crédits et titres, dont les échéances sont à moyen et à long, voire à très long terme. Plus la taille de la banque est grande, plus cette fraction (appelée réserves fractionnaires) est petite. Des études empiriques[209] ont d'ailleurs démontré que la concentration au niveau d'un système bancaire réduit les risques d'une crise bancaire.

D'un autre côté, ce qui aggrave la situation réside dans le fait que l'examen du bilan d'une banque commerciale révèle que ses ressources sont constituées en majorité de dépôts à vue, c'est-à-dire qu'elles sont exigibles

[209] DARINE Ghanem et SALAMEH Majed, « Effet de la régulation bancaire sur les crises bancaires dans les pays émergents : Une analyse empirique », mars 2013. Mis en ligne par researchgate.net

immédiatement. À l'opposé, les postes de leurs actifs sont immobilisés à moyen et long terme, voire à très long terme. Ce déséquilibre structurel les expose en permanence à un risque de liquidité qui peut se transformer en insolvabilité.

Cette activité de transformation, emprunter à court terme pour prêter à long terme, qui caractérise la banque commerciale et qui est le secret de ses profits, est, de l'avis général, la principale source de fragilité du système bancaire.

Ce qui aggrave davantage ce déséquilibre est le pouvoir de création monétaire que possède la banque et qui pose deux grands problèmes.

D'abord, chaque fois que la banque octroie un crédit, elle crée de la monnaie par un simple jeu d'écritures comptables. La monnaie créée par les banques augmente ainsi leur bilan, ce qui augmente, du même coup, la masse monétaire en circulation dans l'économie. L'augmentation de la masse monétaire, sans une augmentation équivalente de la production (augmentation concomitante du PIB), crée un déséquilibre entre l'offre et la demande de biens et services. Ce déséquilibre exerce alors une pression à la hausse sur les prix et risque d'alimenter les pressions inflationnistes avec les dangers que cela comporte pour l'économie dans son ensemble (manque de visibilité pour le calcul économique, fuite des investisseurs étrangers[210], conflits sociaux en raison de la perte du pouvoir d'achat, etc.). Ce pouvoir, que possède la banque, doit alors être contrôlé et limité aux stricts besoins de l'économie nationale. Tel est justement l'objet de la politique monétaire élaborée par les banques centrales partout dans le monde. La production de moyens de paiement, c'est-à-dire la création de la monnaie qui est un bien public, ne peut être laissée à la seule initiative des agents privés.

Ensuite, chaque fois qu'une banque octroie un crédit, elle passe deux écritures comptables ; la première à son passif, en créditant le compte de son client, donc en lui fournissant un pouvoir d'achat créé ex nihilo et la deuxième à son actif, en débitant le poste comptable « crédits à la clientèle ». Cette opération aggrave davantage le déséquilibre du bilan de la banque, et ce dans la mesure où, alors que le montant enregistré à son passif est un dépôt à vue et va être retiré immédiatement par le client pour financer l'objet du crédit, le montant inscrit à l'actif est immobilisé pour une durée qui peut être à court, moyen, long, voire à très long terme, et ce selon les clauses du contrat de prêt.

C'est dans ce sens que, s'il est admis que le pouvoir de création monétaire que possède la banque est théoriquement absolu, c'est-à-dire sans limites, il faut ajouter et préciser que cette monnaie qu'elle créée (monnaie scripturale, issue de simples écritures comptables) n'est acceptée qu'à l'intérieur de son

---

210 « La mauvaise monnaie chasse la bonne », pour reprendre l'expression de Thomas GRESHAM.

réseau. Dès que cette monnaie créée quitte le réseau de la banque, celle-ci doit se procurer la monnaie centrale (fiduciaire) pour faire face à toutes les fuites possibles (réserves obligatoires, retraits d'espèces, chèques et virements en compensation). Ces différentes fuites exposent alors la banque à un risque de liquidité, et ce au cas où elle n'arriverait pas à se procurer la monnaie centrale suffisante pour couvrir toutes ces fuites.

La question qui se pose est la suivante : comment font les banques pour survivre avec cette structure financière déséquilibrée et singulière et qui s'aggrave chaque fois qu'elles exercent leur métier de base qui est la distribution des crédits ?

La réponse se trouve une fois de plus dans le système des « réserves fractionnaires » ; les banques ont cette capacité de ne garder sous forme liquide qu'une fraction des dépôts à vue qu'elles collectent auprès de leurs clients ou créés à l'occasion de chaque opération d'octroi de crédit.

Mais, dirions-nous, d'où vient cette capacité ? La réponse, comme on l'a déjà précisé, réside dans une loi statistique « la loi des grands nombres ». Appliquée aux banques, cette loi fait que plus le réseau d'une banque est bien réparti sur tout le territoire de son pays, plus il y'a une forte probabilité pour que la monnaie créée par elle et retirée par son client lui revienne par l'intermédiaire de son réseau sous forme de versements espèces, remises de chèques, virements ou autres. Grâce à son réseau bien étoffé, une grande banque a alors de fortes chances pour que le pourcentage de ces fuites soit très faible. C'est dans ce sens d'ailleurs que l'on assiste à une concurrence effrénée entre les banques pour l'ouverture des agences ; chacune d'elles essaie d'augmenter ou, du moins, maintenir sa part de marché.

Toutefois, cela ne met pas la banque à l'abri d'un changement brusque du comportement de ses clients. Dans la mesure où leurs dettes sont constituées en majorité de dépôts à vue, les banques sont à la merci de retraits massifs de leurs déposants. Une simple rumeur peut leur être fatale, elle peut provoquer une panique, enclenchant ainsi une ruée des déposants pour retirer leur argent. C'est ce qui s'est passé pour la banque Northern Rock qui, sans l'intervention de la banque d'Angleterre, aurait fait faillite.

Le besoin de liquidité peut provoquer deux effets cumulatifs et in fine, aboutir à un risque d'insolvabilité.

Du côté du passif, elle oblige la banque à se procurer des ressources à n'importe quel prix, ce qui risque d'augmenter son coût de refinancement par rapport à ses concurrents, réduisant ainsi sa marge d'intérêt. Autrement dit, cela va la pousser à prêter à perte ; l'accumulation des pertes conduirait tôt ou tard à une insolvabilité.

Du côté de l'actif, si la banque n'arrive pas à trouver des ressources dont elle a besoin, même à un coût élevé, elle cherchera à céder certains de ses actifs. Mais dans ce cas, elle risque de les vendre à perte, parce qu'elle a un besoin urgent de liquidités. L'accumulation des pertes conduirait, tôt ou tard, à l'insolvabilité de la banque, donc au dépôt de bilan. Cette situation peut arriver soit parce que les autres banques et épargnants et autres investisseurs, qui cherchent des placements, ne lui font plus confiance, soit du fait d'un resserrement général de liquidité sur le marché.

La banque peut évidemment combiner les deux, et c'est généralement le cas, emprunter à des taux supérieurs à ceux du marché et brader certains de ses actifs.

Dans de telles situations, en effet, le besoin de se refinancer dans l'urgence diminue considérablement le pouvoir de négociation de la banque, et ce dans la mesure où les ventes d'actifs et les sources de financement risquent de se faire à un prix désavantageux et au détriment des actionnaires.

Ainsi, si la banque centrale ne met pas en place un dispositif pour freiner l'appétit de chaque banque à distribuer des crédits, cela risquerait de conduire à des faillites, voire à une crise financière.

Par ailleurs, ce qui justifie encore, si besoin en est, la nécessité de l'intervention du régulateur, c'est que la structure du passif d'une banque montre qu'il est constitué essentiellement de dettes sous forme de dépôts ; les fonds propres ne représentent qu'une part très faible.

On comprend alors le danger, la structure du bilan d'une banque traditionnelle se présente comme suit :

– du côté du passif tout d'abord, celui-ci est composé essentiellement de dépôts, dont une bonne partie est à vue ; ensuite, les dettes des banques circulent sous forme de moyens de paiement mis à la disposition de leurs clients ;

– du côté de l'actif, on trouve des actifs risqués et non liquides.

Autrement dit, les moyens de paiement mis à la disposition de la clientèle sont gagés sur la qualité des actifs de la banque qui sont non liquides et de surcroît, risqués. Une prise de risque excessive par la banque peut alors avoir des conséquences dévastatrices. De même, si un doute (une rumeur) s'installe sur la solvabilité de telle ou telle banque, c'est toute l'architecture du système de paiement qui peut s'effondrer comme un château de cartes. Cela dépend bien sûr de la taille de ladite banque, est-elle ou non systémique.

Toutefois, c'est là, justement et comme on l'a déjà vu, l'une des spécificités et l'une des raisons d'être des banques ; si tous les moyens de paiement doivent être adossés à des actifs parfaitement liquides et sûrs, une grande partie de financements des investissements ne pourra plus s'effectuer, notamment les plus rentables d'entre eux.

De façon plus générale, on a déjà souligné que l'une des spécificités de la banque est de concilier les intérêts des épargnants et des investisseurs qui sont diamétralement opposés. En temps normal, les banques résolvent aisément ce problème en jouant sur la « loi des grands nombres », les dépôts compensent presque les retraits et les fuites hors du réseau, et ce de sorte qu'il est possible de concilier liquidité individuelle et illiquidité macroéconomique. Toutefois, au moindre mouvement de défiance, cela risque d'inciter les déposants à retirer leur argent, ce qui conduit à une rupture de l'équilibre, entraînant la chute de tout le système de paiement.

C'est dans ce sens que la réglementation bancaire existe dans tous les pays. Cette remarque tient au fait que les banques sont des firmes entièrement à part avec une structure financière singulière. En effet, à la différence de la dette d'une entreprise, celle d'une banque est :

– plus importante en volume ;

– se désagrège en petits montants appartenant à un grand nombre d'épargnants incompétents dans le contrôle et la gestion d'un établissement bancaire ;

– représente une part hautement appréciable de la masse monétaire en circulation dans l'économie ;

– circule sous forme de moyens de paiement incontestables, se profilent alors l'exigence de la confiance dans ces moyens de paiement ainsi que le risque de contagion qui en résulte.

Ces considérations nous montrent que, contrairement à ce que l'on a tendance à croire, notre argent n'est pas créé par les États ni même par les banques centrales ; le privilège de création monétaire appartient aux banques qui sont privées dans la plus grande partie du monde, il est créé par le moyen de dettes auprès des banques. Pour éviter justement que le système bancaire n'en abuse et comme il est difficile d'imaginer que ce privilège puisse leur être retiré, la logique veuille que les autorités monétaires doivent intervenir pour empêcher tout abus. Étant précisé que l'argent est un bien public.

En effet, à partir du moment où on autorise les banques à exercer cette prérogative, il devient indispensable de mettre en place un ensemble de réglementations prudentielles et un système d'autorités et de surveillance destinés à limiter l'appétence des banques aux différents risques, sinon cela peut conduire à des faillites et à des crises bancaires.

2.1.2. La nature des risques générés par leurs activités

Comme le souligne DIAMOND[211], le rôle de la banque ne peut se comprendre qu'en réponse aux imperfections du marché, notamment aux asymétries d'information qui caractérisent le marché du crédit.

On est là loin des modèles où l'on suppose l'efficience et la complétude des marchés et une information symétrique des différents agents. Dans ce monde, la banque (l'intermédiation) serait, en effet, inutile, puisque le financement s'opérera directement à partir d'opérations d'émission de titres sur les marchés financiers.

Une autre raison qui expliquerait l'importance de la réglementation prudentielle du secteur bancaire, beaucoup plus lourde que dans tout autre secteur de l'économie, réside dans le fait que son activité est très risquée, ce qui peut conduire à de graves conséquences potentielles. Ceci d'autant plus que, comme on l'a vu, la prudence n'est pas toujours de mise.

Non seulement les métiers de la banque sont très risqués, mais les risques auxquels s'expose la banque sont multiples.

En effet, en plus des risques que l'on a déjà évoqués (opérationnel, de crédit, de marché et de liquidité), les banques restent en permanence confrontées à une multitude d'autres risques. Certains sont, toutefois, communs à l'ensemble des entreprises, alors que d'autres sont spécifiques au métier de banquier ; mais toujours est-il qu'ils peuvent tous avoir des conséquences graves. Les règles et les structures de contrôles, mises en place par les régulateurs, sont censées alors traduire une volonté de prévenir ou, du moins, limiter l'ensemble de ces risques.

La concrétisation d'un risque peut prendre différentes formes, dont, notamment :

– la plus connue et la plus évidente est la défaillance d'un débiteur : surendettement pour un particulier et cessation de paiement pour une entreprise ;

– un poste d'actif peut également se dévaloriser, et ce à la suite d'un mouvement d'ensemble affectant un secteur d'activité : sécheresse pour le secteur agricole, attentat terroriste pour le secteur touristique, crise du secteur immobilier, effondrement des indices boursiers, etc.

– absence de procédures et de contrôle interne ;

---

211 DIAMOND, D. W., « Financial Intermediation and Delegated Monitoring », *op.cit.* Cité par CHIAPPORI Pierre-André et YANELLE Marie-Odile, « Le risque bancaire : un aperçu théorique », *op.cit.*

– des erreurs humaines, intentionnelles ou non ;

– déséquilibres macroéconomiques (déficit budgétaire ou de la balance des paiements, inflation, etc.). Les actifs bancaires sont, en effet, très sensibles aux fluctuations macroéconomiques (notamment aux taux d'intérêt, aux taux de change et aux cours boursiers) ; les banques sont particulièrement exposées lors des récessions, des catastrophes (guerres, mauvaises récoltes, etc.), des crises et des bulles financières. Contrairement aux transactions commerciales (achat et vente de biens et services), les transactions financières se basent sur la confiance ; sans elle, il n'y aura aucune transaction financière : ni dépôts, ni crédits, ni émission de titre, rien. Ainsi, la confiance des agents économiques dans le fonctionnement de l'économie est capitale pour garantir une croissance pérenne. Elle constitue le fondement du bon fonctionnement de l'économie.

En effet, comme le souligne MINSKY, l'investissement est un phénomène essentiellement financier, il ne dépend pas principalement du taux d'intérêt comme l'affirme KEYNES, mais plutôt du climat de confiance des affaires. Toutefois, si un climat des affaires favorable engendre un boom économique, il peut toutefois provoquer également de l'instabilité financière. Ainsi, l'essor économique, en provoquant une euphorie et un optimisme béats, conduit, du même coup, à des niveaux d'endettement et de risque inconsidérés. Ceci fait que les prix des actifs s'élèvent et le niveau général de la spéculation s'accroît et tôt ou tard, la bulle éclate. La crise financière résultant de cette euphorie économique entraîne un resserrement des conditions de financement de l'investissement, l'accroissement de la prime de risque, la baisse de la valeur des actifs financiers, la faillite des entreprises et in fine, la dépression économique.[212]

D'autre part, la taille et les caractéristiques de l'hors bilan sont de nature à aggraver la fragilité des banques, et ce dans la mesure où le bilan d'une banque n'enregistre que les opérations passées et présentes ; les opérations futures sont quant à elles enregistrées en hors bilan. Il s'agit de l'ensemble des promesses faites à leurs clients sous différentes formes : garanties, aval, cautionnements, engagements et accords de financement, produits dérivés de toutes sortes, etc.

Tous ces instruments sont susceptibles d'accentuer les différents risques auxquels s'exposent les banques et qui sont déjà importants. À cela s'ajoute le fait que l'évaluation de leur incidence, sur le degré global des risques y afférents, s'avère problématique. La plupart de ces innovations financières,

---

[212] Cité par BROSSARD Olivier, « L'instabilité financière selon Minsky : l'incertitude et la liquidité au fondement du cycle ? », in *Revue économique*, Année 1998/49-2, pp. 407-435. Mis en ligne par persee.fr.

dont les produits dérivés, sont techniquement très complexes et ne sont sans doute pleinement comprises que par un petit nombre d'opérateurs et d'experts du marché ; chose qui pose de sérieuses difficultés pour le contrôle, la mesure et la gestion des risques qui leur sont associés. De même, ne nécessitant généralement pas ou peu d'investissement net initial, la taille de l'hors bilan d'une banque peut représenter plusieurs fois celle de son bilan, ce qui risque de modifier profondément et à tout moment son patrimoine et sa situation nette.

Ces différents instruments créent ainsi une incertitude pour les banques et posent certains problèmes délicats à leurs dirigeants, aux comptables, aux « risk managers » et aux autorités de contrôle bancaire. Ils soulèvent également d'importantes questions d'ordre macroprudentiel concernant le système financier dans son ensemble.[213]

Ainsi, s'agissant des divers engagements de garantie donnés (caution, aval, CREDOC, etc.), ceux-ci doivent être ajoutés au risque crédit, puisqu'en cas de défaut du client, c'est la banque qui doit honorer ses engagements à sa place.

Quant aux engagements de financement donnés (autorisation de découverts, accords de financement, etc.), il est difficile, pour les banques, d'estimer les taux d'utilisation ou de tirage sur ces lignes, chose qui risque de remettre en cause leur politique de refinancement. Bien entendu, elles se basent sur des séries statistiques pour élaborer des modèles les aidant à estimer le taux de ces tirages ; toutefois, un changement de comportement de certains clients, pour une raison ou une autre, peut accentuer le risque de liquidité (ou risque de refinancement) de la banque.

La banque risque de se trouver dans l'incapacité de se procurer les fonds nécessaires pour faire face à des tirages non anticipés sur ces lignes. Cette difficulté risque d'être interprétée par le marché (peut-être à tort) comme étant un signal indiquant que la banque se trouve aux prises avec des problèmes sérieux.

Ces facteurs, qui sont déjà graves lors d'une situation normale, peuvent être une source de risque de liquidité dangereuse pour les banques en période de crise de liquidité généralisée sur le marché. En effet, en période de resserrement de la liquidité sur le marché, tous les clients de la banque vont se presser pour tirer sur leurs lignes, et ce même s'ils n'en ont pas besoin, chose qui risque d'aggraver le risque même pour une banque solide.

---

[213] Comité de Bâle sur le contrôle bancaire, « Gestion des engagements hors bilan des banques sous l'angle du contrôle bancaire », mars 1986, p. 1.

Le Comité de Bâle est alors parvenu à la conclusion que la croissance rapide de ces engagements hors bilan représente un risque additionnel sensible pour les stratégies de refinancement des banques.[214]

Pour les engagements sur produits dérivés et comme on l'a déjà constaté, ce qui aggrave davantage les choses, c'est qu'à ce niveau s'ajoute un autre risque, le risque opérationnel en l'occurrence. En effet, comme les faillites bancaires précédentes l'ont montré, les procédures et le facteur humain y ont joué un rôle crucial que ce soit pour la Barings, Daiwa ou la Société Générale France.

D'autre part, étant donné que les clients des banques recourent de plus en plus aux produits dérivés comme instruments de couverture de leurs divers risques, il est à craindre une concentration des risques qui, auparavant, se trouvaient davantage repartis ; cette crainte vaut en particulier pour les risques de change et de taux d'intérêt.[215]

Dans la mesure où l'hors bilan accentue les risques déjà graves auxquels sont exposées les banques, le Comité de Bâle conclut[216] à la nécessité d'inciter les banques, par l'intermédiaire d'une réglementation, pour qu'elles se dotent de systèmes de contrôle adéquats qui prennent en compte les principes :

– du double contrôle ;

– de la séparation des fonctions, notamment celles qui présentent des conflits d'intérêts ;

– de la fixation de limites d'engagement ;

– des aspects plus généraux ayant trait à des systèmes de vérification comptable, de contrôle du risque et d'information de gestion.

Sans système centralisé efficace de contrôle interne et de gestion des risques, les dirigeants des banques peuvent être amenés à prendre des risques inconsidérés. Ceci d'autant plus que pour le Comité, « Une motivation essentielle à l'origine de quelques innovations a été, sans nul doute, le désir de se soustraire aux exigences prudentielles en matière de fonds propres, et il est naturel qu'elles préoccupent tout spécialement les autorités de contrôle. »[217]

---

214 *Ibid.*
215 *Ibid.*
216 *Ibid.*, pp. 9 et 10.
217 *Ibid.*, p. 1.

L'objectif spécifique que doivent poursuivre les autorités de contrôle en matière de risques hors bilan est alors de faire en sorte que les banques adoptent des procédures appropriées de mesure et de contrôle des risques.[218]

Bien entendu, dans l'esprit du Comité de Bâle, ces considérations valent pour l'ensemble des opérations d'une banque, mais les activités hors bilan créent des difficultés particulières et supplémentaires, et ce du fait, comme on l'a précisé, de la complexité d'un grand nombre d'instruments utilisés.[219]

2.2. Les banques sont de nature systémique

Ce qui complique les choses, c'est que la faillite d'une banque ne doit laisser personne indifférente, et ce dans la mesure où elle est de nature systémique.

Elle est systémique dans ce sens où d'une part, elle entretient, comme on l'a souligné, des liens avec les autres banques dans le cadre du marché interbancaire et d'autre part, parce que sa dette circule sous forme de moyens de paiement et elle participe, aux côtés de la Banque centrale, à leur gestion.

Ainsi, comme on l'a constaté, si la contribution du marché interbancaire au renforcement de la stabilité financière est incontestable, il favorise également la propagation des difficultés expérimentées par une banque à d'autres institutions financières.

De même, en cas de crise de confiance, un établissement bancaire ayant un doute sur la solidité de ses partenaires va geler ses liens financiers avec eux ; refusant, par exemple, le renouvellement d'une ligne de crédit, cet établissement va mettre alors en difficulté une autre banque.

Compte tenu de cette multiplicité des relations financières liant entre elles les banques, la sécurité du système dans son ensemble passe obligatoirement et avant tout par celle de chaque banque prise individuellement.

En effet, la matérialisation d'un risque bancaire sur une banque individuelle peut engendrer des difficultés significatives pour cette banque prise individuellement, mais aussi par contagion pour l'ensemble du système bancaire. Ces conséquences ne sont pas purement théoriques et ont, par le passé, réellement mis en difficulté des banques de taille significative, la crise des subprimes en est une illustration parfaite.

D'autre part, pour qu'une économie fonctionne, il est impératif que les différents agents économiques puissent s'acquitter de leurs dépenses et leurs dettes. C'est justement les banques qui, à l'occasion de l'ouverture de comptes, mettent à la disposition de leurs clients une gamme élargie

---

[218] *Ibid.*, p. 10.
[219] *Ibid.*

d'instruments de paiement (chéquier, cartes bancaires, virements, etc.). Ce faisant, elles participent à l'émission et à la gestion des moyens de paiement qui sont indispensables au dénouement sans frais des transactions entre agents économiques.

L'utilisation de ces instruments de paiement implique un transfert de fonds, qui sont déposés sur des comptes bancaires, de l'émetteur en faveur du bénéficiaire. Comme ces comptes sont généralement détenus auprès de banques différentes, l'intervention d'un système de paiement interbancaire est nécessaire pour procéder au transfert des fonds d'une banque à une autre, et ce par l'intermédiaire de la technique de compensation. Les systèmes de paiements assurent ainsi le traitement des flux de paiement du secteur économique et financier.

Des systèmes de paiement sûrs et efficients constituent alors une infrastructure essentielle garantissant un bon fonctionnement d'un système financier et d'une économie en générale, et ce dans la mesure où ils constituent un vecteur de transmission majeur des chocs entre systèmes et marchés financiers ainsi qu'à l'économie réelle. Leur solidité représente un préalable clé au maintien et au renforcement de la stabilité financière.

En effet, en raison de cette interconnexion entre banques, l'incapacité de l'une d'entre elles à remplir ses obligations envers les autres banques peut, par la propagation des problèmes financiers au sein de cette infrastructure, rendre d'autres banques incapables aussi de s'acquitter de leurs obligations.

C'est dans ce sens d'ailleurs que, conscientes des conséquences potentielles d'un défaut de paiement par une grande banque sur de tels systèmes, les régulateurs ont peu à peu imposé le passage de systèmes nets à des systèmes bruts en temps réel « real time gross settlement ou RTGS ». En effet, alors que, dans les premiers, les paiements ne deviennent irrévocables qu'en fin de journée, après compensation des flux interbancaires, puisqu'on n'échange que les montants nets ; dans les seconds, chaque ordre de paiement individuel devient irrévocable en temps réel, pourvu que la banque émettrice dispose d'une provision suffisante sur son compte auprès de la banque centrale. Plus coûteux en liquidités, puisqu'il n'y a pas de compensation (on échange des montants bruts), ces systèmes sont en contrepartie beaucoup plus sûrs.

D'autre part, la fermeture d'une banque peut amener les gros déposants d'une autre banque à retirer leurs dépôts, et ce parce qu'en l'absence d'information claire et précise, ils craignent (à tort ou à raison) que leur banque en fasse de même. On parle, dans ce cas, « d'effets externes informationnels ». Cela fournit des arguments en faveur d'une meilleure transparence du secteur bancaire ; si les déposants ont accès à une information précise sur la qualité des actifs de leurs banques, ils n'auront plus aucune raison d'adopter un tel comportement moutonnier. C'est l'esprit du pilier III de Bâle II.

Par ailleurs, la nature systémique d'une banque dépasse la seule sphère financière, elle peut se transmettre à l'économie réelle dans son ensemble. En effet, toute crise ou faillite bancaire engendre d'énormes coûts tant politique, économique que social. La faillite d'une banque peut entraîner l'arrêt de la production ou la fermeture d'importantes entreprises relevant de son portefeuille. Cette cessation d'activité entraîne immanquablement l'arrêt de la production et la hausse du chômage. Comme on l'a vu, étant donné que les banques sont au cœur du financement des économies, si jamais leur situation financière ne leur permet plus d'assurer cette mission, alors la distribution du crédit devient compromise et les entreprises ne pourront plus réaliser leurs investissements productifs ni couvrir leurs besoins en fonds de roulement, liés à la constitution de stocks et à la longueur du processus de production. Même chose pour les consommateurs.

Par conséquent, un système bancaire en crise ne peut assumer correctement sa mission d'intermédiation ; il y'a arrêt des financements nouveaux et non-renouvellement des crédits arrivant à maturité : c'est ce que l'on appelle un « credit crunch », un rationnement du crédit.

Cette réalité est connue sous le nom de « risque systémique ». En effet, contrairement à un risque idiosyncrasique, qui concerne une banque isolément et qui est la manifestation microéconomique du risque comme le cas de la Barings, le risque systémique est, quant à lui, un risque macroéconomique, puisqu'il s'intéresse à l'impact des risques bancaires sur une économie entière, comme cela a été le cas avec la crise des subprimes.

2.3. Les banques sont de véritables courroies de transmission des effets de la politique monétaire

Un autre facteur qui risque d'accentuer le caractère systémique des banques est le rôle qu'elles jouent en tant que courroie de transmission des effets de la politique monétaire.

En effet, comme il a été dit précédemment, les banques centrales sont responsables de la stabilité des prix pour contrecarrer tout risque d'inflation. On va s'intéresser ici uniquement à leurs interventions sur le marché monétaire.

Ainsi, lorsqu'une banque centrale estime que des risques d'inflation se font sentir, elle augmente son taux directeur auquel se refinancent les banques commerciales auprès d'elle. Cette hausse impacte négativement la marge d'intérêt des banques, ce qui les pousse à la répercuter (théoriquement) sur leurs clients. Cette répercussion augmente à son tour les charges financières des agents économiques (entreprises et ménages) ce qui les dissuade à investir (pour les entreprises) et à consommer (pour les ménages). Cette réaction (abstention d'investir et de consommer) exerce une pression à la baisse sur la demande globale. Comme l'offre (la production) reste constante durant un certain temps, les prix baissent et les pressions inflationnistes disparaissent. Par ailleurs, la baisse des crédits distribués freine la création monétaire et partant, la hausse de la masse monétaire en circulation.

Inversement, lorsqu'un risque de récession se fait sentir, la banque centrale procède à l'inverse ; elle baisse son taux directeur, ce qui déclenche un mouvement inverse, hausse de la marge d'intérêt des banques qui la répercutent (théoriquement) sur tous leurs clients qui voient leurs charges financières baisser, ce qui les incite à investir plus et à consommer plus. La hausse de l'investissement et de la consommation favorise celle du PIB et relance l'emploi.

Toutefois, ces mécanismes ne peuvent fonctionner pleinement que si les banques jouent le jeu et acceptent de répercuter la hausse du taux directeur sur tous leurs clients. Or, la tentation est grande pour certaines banques (voire pour toutes les banques) de ne répercuter cette hausse que sur les ménages et les PME/TPE, épargnant ainsi les grandes entreprises dont l'objectif est de les fidéliser. De même, pour la baisse du taux directeur, elle ne peut atteindre son objectif de relance de l'activité que si les banques répercutent cette baisse sur tous leurs clients. Or, ici aussi, certaines banques (voire l'ensemble des banques) risquent de ne répercuter cette baisse que sur les grandes entreprises, et ce pour les fidéliser, alors que les ménages et les PME/TPE se voient appliquer les mêmes taux qu'auparavant. Agissant de la sorte, les banques mettent des freins à la politique monétaire mis en œuvre par la banque centrale, chose qui risque d'être préjudiciable pour l'économie dans son ensemble.

Conclusion à la section II et au chapitre II

Les spécificités de la firme bancaire fondent sa réglementation. Par conséquent, c'est sur la base de leur capacité à intégrer lesdites spécificités que doit se juger la pertinence des différentes approches théoriques. Or, les cadres d'analyse traditionnels s'avèrent être mal adaptés à la formalisation des spécificités bancaires, et ce en raison de leurs hypothèses respectives de complétude et d'efficience des marchés financiers.

On voit ainsi qu'en partant des spécificités de la firme bancaire, qui sont du même coup sa raison d'être, on arrive non seulement à la conclusion, mais à l'évidence que la réglementation est une nécessité, et ce dans la mesure où la firme bancaire s'impose comme source de financement incontournable et alternative aux marchés financiers. Ceci est valable, non seulement pour les pays à « économie d'endettement », où les marchés financiers sont encore peu développés, mais même dans ceux à « économie de marchés financiers », où le rôle des banques est relativement marginal dans le financement de l'économie.

Ainsi, comme on l'a vu, même si les théories économiques ne sont jamais arrivées à trouver un lien de causalité entre le financement bancaire et la croissance économique, force est de constater que les développements précédents montrent clairement que, sans faire appel à ces théories, il est bien évident que le système bancaire est le principal vecteur de mobilisation de l'épargne et de son affectation aux emplois productifs. À ce titre, il est au cœur du problème de croissance économique, voire du développement économique et social ; particulièrement dans des pays, comme le Maroc, où le taux de bancarisation est encore faible, l'épargne est insuffisante et les marchés financiers sont peu développés.

En effet, on a vu, notamment, que :

– sans elles, une bonne part de la consommation des ménages et de l'investissement des entreprises et de l'État n'aura pas lieu. Elles peuvent financer les ménages et les PME/TPE qui ne peuvent pas accéder aux marchés financiers. Elles peuvent, grâce à leur pouvoir de création monétaire, suppléer à l'insuffisance de l'épargne et au phénomène de thésaurisation, et ce en finançant l'économie sans avoir besoin de collecter une épargne au préalable. Ce faisant, elles procèdent à un lissage de la consommation et de l'investissement, remédiant ainsi à l'incomplétude des marchés financiers ;

– elles sont également les seules à pouvoir réaliser une transformation positive, et ce en transformant des actifs liquides, qui sont beaucoup moins productifs, voire « stériles » comme les dépôts à vue, en échéances longues orientées vers des investissements très rentables. Avec cette fonction, elles sont les seules à arriver à une meilleure allocation des ressources, améliorant ainsi le bien-être social et remédiant aux imperfections et à l'inefficience des marchés financiers ;

– elles ont les moyens de réduire les asymétries d'information ainsi que les coûts de transaction.

D'un autre côté, le rôle des banques dans la croissance économique apparaît également, comme on l'a vu, non seulement dans le volume des financements qu'elles réalisent, mais également et en particulier dans leur capacité à transformer les caractéristiques des dépôts des clients, qui sont à vue et à très court terme, pour les adapter aux caractéristiques des dettes émises par les débiteurs qui sont à long, voire à très long terme, et ce en leur offrant un meilleur rendement, compte tenu d'un couple donné rendement/risque.

Tout ceci montre, comme le souligne DIAMOND, que l'on ne peut comprendre l'importance de la firme bancaire que par rapport à l'inefficience et à l'incomplétude des marchés financiers.[220]

En s'imposant comme source incontournable du financement de la consommation et de l'investissement, donc de la croissance, la firme bancaire doit évoluer dans un environnement favorable capable d'assurer son épanouissement et sa pérennité. Les pouvoirs publics doivent alors, d'une façon ou d'une autre, intervenir et user de tous les moyens pour garantir que chaque banque présente une situation financière saine et solide. Tout facteur susceptible de perturber le fonctionnement de la banque est alors à bannir.

Si à cela on ajoute le fait que les banques sont intrinsèquement fragiles et qu'elles entretiennent des liens à caractère systémique avec le reste de l'économie, on peut comprendre l'intérêt de les surveiller de très près.

Malheureusement et c'est le revers de la médaille, une autre raison, peut-être la plus convaincante, c'est que ce rôle positif et fondamental joué par les banques peut se transformer en une machine infernale pour l'ensemble de l'économie d'un pays, voire, avec la mondialisation, pour toute la planète. Toute crise ou faillite bancaire engendre d'énormes coûts tant politique, économique que social. La crise des subprimes en est une parfaite illustration.

En effet, les développements précédents montrent que l'activité bancaire est une activité intrinsèquement risquée et de risque. Ceci révèle simplement le caractère endogène du risque bancaire. Autrement dit, la banque ne peut pas se passer des risques. D'ailleurs, un niveau de risque incompressible est indispensable au bon fonctionnement de toute économie.

Les appréhensions des pouvoirs publics à l'égard du système bancaire trouvent alors leur justification en ce sens que la recherche effrénée d'une rentabilité forte, par les banques, peut les inciter à prendre des risques inconsidérés.

Il faut alors leur imposer une réglementation qui limiterait leur appétence aux risques, évitant ainsi de conduire à une faillite. En effet, la prise de risque peut s'avérer excessive ou pas dans le système bancaire et c'est pour cela que les réglementations prudentielles interviennent ; elles jouent un rôle important pour réduire et maitriser la prise de risque.

Par ailleurs, les spécificités de la firme bancaire, par rapport aux autres entreprises et aux marchés financiers, valent en période normale, mais elles sont renforcées lors des crises financières majeures lorsqu'il faut contenir les

---

220 DIAMOND, D. W., « Financial Intermediation and Delegated Monitoring », *op.cit.* Cité par CHIAPPORI Pierre-André et YANELLE Marie-Odile, « Le risque bancaire : un aperçu théorique », *op.cit.*

risques systémiques et éviter que le système financier ne provoque ou n'accentue les récessions.

En effet, les liens systémiques que le système bancaire entretient avec les autres secteurs et agents économiques trouvent leurs fondements ou leur raison d'être dans le fait que la marchandise avec laquelle travaillent les banques, la monnaie en l'occurrence, est prisée par tous les acteurs économiques. Elle joue un rôle dans pratiquement toutes les interactions entre agents économiques que ce soit lors des ventes et achats de biens et services, de l'extinction des dettes ou à l'occasion de la rémunération des facteurs de production (paiement des salaires et distribution des dividendes).

La force des interactions, entre les acteurs de la sphère bancaire, constitue ainsi une source considérable du risque systémique. Aussi, parce que les conséquences d'une faillite bancaire dépassent de loin la sphère bancaire et peuvent rapidement s'étendre à l'économie réelle, parce qu'un mouvement de défiance envers les banques, qui jouent un rôle important dans la gestion des moyens de paiement, met en danger l'économie monétaire ; l'objectif de solidité et de sécurité du secteur bancaire devient évident. La crédibilité du système de paiement et la solidité du système de financement constituent alors et en quelque sorte des biens publics qui justifient l'interventionnisme des autorités monétaires.

D'autre part, les liens qu'entretiennent les systèmes bancaires à l'échelle internationale font qu'il est impératif que la communauté internationale se donne tous les moyens nécessaires pour asseoir un système bancaire fiable et efficient, seul garant d'une croissance saine et pérenne de l'économie.

La justification essentielle de la réglementation bancaire réside dans la protection du système bancaire et financier contre le risque systémique qui découle principalement des risques inhérents aux activités des banques et aux interdépendances existantes entre les différentes institutions constituant ce système. Cette analyse suffit à fonder l'idée selon laquelle le coût social d'une faillite bancaire excède son coût privé.

La maitrise du risque de faillite bancaire nécessite ainsi une réglementation nationale et avec la globalisation, une réglementation supranationale.

Tout cela est déjà suffisant pour expliquer pourquoi les banques sont soumises à des régulations prudentielles spécifiques, notamment en matière de solvabilité et de liquidité. La fonction d'assurance de liquidité, qui constitue l'une des spécificités des banques, a été instituée, parce que ces dernières appartiennent à un système bancaire organisé et régulé par une banque centrale qui a pour responsabilité essentielle de garantir les banques contre le risque global de liquidité, appelé risque systémique.

En résumé, on peut conclure que, du moment que la firme bancaire :

– joue un rôle vital au sein de toute économie, rôle qui se substituerait à l'inefficience et à l'incomplétude des marchés financiers ;

– est, en raison de la structure de son bilan et la nature des risques auxquels elle s'expose, intrinsèquement fragile ;

– est de nature systémique.

Il devient bien évident que l'intervention des autorités de contrôle devient une nécessité. Cette intervention prend diverses formes : réglementation prudentielle, assurance des dépôts, prêteur en dernier ressort pour restaurer la liquidité en cas de crise.

Toutefois, si la nécessité d'une réglementation s'impose comme une évidence, force est de constater que, comme on a pu le voir en présentant les différents Accords, les moyens affectés aux objectifs poursuivis par elle ont toujours été très discutés et n'ont jamais fait l'unanimité des différents acteurs (profession, régulateurs et économistes).

De même, on a souligné que la réglementation occasionne des coûts.

C'est l'objet du chapitre suivant que d'essayer justement de proposer une esquisse de ce que serait une réglementation optimale, c'est-à-dire celle susceptible de réaliser cet équilibre ou ce compromis entre ces deux exigences à première vue contradictoires : efficacité productive et stabilité financière.

CHAPITRE III

ESQUISSE D'UNE RÉGLEMENTATION OPTIMALE, ASSURANT LA STABILITÉ FINANCIÈRE TOUT EN MINIMISANT LES CONTRAINTES QUI PÈSENT SUR LES BANQUES ET SUR LA CROISSANCE

Introduction

On sait que tout le monde est d'accord pour dire que la réglementation bancaire est une nécessité, mais il ne suffit pas de le dire, il faut avancer des arguments pour l'étayer. C'est ce que l'on a fait à la section II du chapitre précédent.

Toutefois, si une unanimité se dégage sur ce constat, force est de constater que cela n'est pas le cas lorsqu'il s'agit de préciser les instruments et les objectifs exacts de ces réglementations et les modalités de leur application par les assujettis.

Certains économistes d'obédience libérale, voulant éviter l'intervention de l'autorité publique, ont essayé de résoudre ce problème en préconisant l'interdiction de la fonction de transformation assurée par les banques, et ce en les obligeant à financer l'intégralité de leurs crédits par des ressources à long terme et à investir l'intégralité de leurs dépôts à vue dans des titres liquides et sans risque. Ce système, connu sous le nom de « narrow banking », aboutirait alors à une séparation stricte entre l'activité de dépôts, réservée à des « banques de dépôt », et l'activité d'investissements, réservée à des « banques d'investissement ».

Une proposition similaire se retrouve dans les Accords Bâle III avec le fameux ratio NSFR. Comme on l'a déjà souligné lors de la présentation de cet Accord, une telle réglementation entraînerait une baisse spectaculaire du volume de crédit offert par les banques (« credit crunch »), ce qui priverait inutilement l'économie de sources incontournables de financement même dans les pays disposant de marchés financiers développés. La structure financière d'une banque est singulière ; c'est faire preuve de myopie intellectuelle que de vouloir lui appliquer les outils standards de l'analyse financière, ce serait la condamner à disparaître, parce que cette structure singulière constitue, en fin de compte, sa raison d'être.

Par ailleurs, ce qui est encore plus grave, c'est que ce genre de réglementation inhiberait l'une des spécificités de la banque, à savoir son pouvoir de création monétaire et de transformation positive qui compense l'insuffisance de l'épargne, surtout dans des pays comme le Maroc. En effet, on a déjà précisé que l'égalité entre épargne et investissement n'est jamais assurée ex ante, elle ne peut l'être qu'ex post ; et c'est justement les banques qui assurent cette égalité ou identité. Ce choix consisterait alors à sacrifier l'efficacité productive au profit de la stabilité financière.

En effet, les régulateurs sont de plus en plus confrontés à ce dilemme : l'efficacité productive suppose une libéralisation des activités bancaires, et ce en vue d'une amélioration du fonctionnement de l'industrie bancaire et d'égalisation des conditions de concurrence pour que les banques puissent rester compétitives et efficaces. C'est cette libéralisation qui a été à l'origine des mutations financières de ces dernières années, notamment la diversification des moyens de financement (comme la titrisation), la multiplication des instruments de couverture des risques (comme les produits dérivés) ainsi que la réduction des coûts d'intermédiation, permettant aux banques d'évoluer vers des systèmes de tarification plus rationnels et de restructurer leurs comptes de résultat.

Cependant, cette libéralisation a également poussé les banques à une prise excessive de risques, chose qui a été à l'origine d'une menace permanente sur la stabilité financière.

Les régulateurs, au sein du Comité de Bâle, se sont certes engagés dans un processus d'adaptation de la réglementation aux différentes mutations de l'industrie bancaire, et ce depuis la création du Comité de Bâle en 1974 ; mais cette adaptation, si elle est indispensable, doit obligatoirement passer par un dosage qui est à même de garantir cet équilibre entre efficacité productive et stabilité financière.

Par ailleurs, les innovations financières permettent aux banques de contourner la réglementation existante, ce qui nous renvoie à la nécessité de faire évoluer la réglementation en permanence. Le Comité en est conscient, il estime « … qu'elles sont motivées essentiellement et sans nul doute par le désir, pour les banques, de se soustraire aux exigences prudentielles en matière de fonds propres. »[221]

---

[221] Comité de Bâle sur le contrôle bancaire, « Gestion des engagements hors bilan des banques sous l'angle du contrôle bancaire », mars 1986, p. 1.

D'autre part, du moment que toute réglementation a un coût, les régulateurs doivent veiller à son respect par les assujettis qui sont toujours tentés de la contourner et de procéder à toutes sortes d'arbitrages réglementaires.

Mais, comme on l'a montré, la réglementation est une nécessité. Étant donné les spécificités de la firme bancaire et les coûts élevés des crises systémiques, des mesures doivent être prises pour les éviter ou, du moins, réduire leur fréquence et leur ampleur, en vue de réduire leurs coûts pour la société. Des progrès considérables ont été réalisés dans ce domaine depuis les débuts de la globalisation financière dans les années 70. La principale avancée en la matière est due aux travaux du Comité de Bâle sur le contrôle bancaire créé en 1974.

La réglementation bancaire, mise en place depuis, part, bien entendu, d'une volonté incontestable et louable de maintenir la solidité des banques et par là même, le financement général de l'ensemble des agents économiques dans de bonnes conditions.

Toutefois, force est de constater que les crises systémiques, même si elles sont peu fréquentes, ne sont, pour autant, pas un phénomène exceptionnel. Les règles prudentielles d'ordre quantitatif, comme celles de fonds propres, peuvent alors se trouver dans l'incapacité d'atteindre les objectifs de stabilité financière. Ce qui pose le problème de l'efficacité de cette réglementation.

En effet, on a vu que l'histoire économique contemporaine est caractérisée par une succession de crises financières et semble ainsi corroborer l'hypothèse d'une instabilité fondamentale et intrinsèque de la finance telle qu'elle a été étudiée par MINSKY[222]. On constate que l'économie mondiale a été frappée, depuis le dernier quart du 20e siècle, par une succession quasiment ininterrompue de crises financières.

Loin de nous, l'idée de conclure qu'une contrainte réglementaire sous forme de ratios est totalement inefficace. D'ailleurs, les résultats des travaux en la matière sont controversés et l'effet net de la réglementation de fonds propres sur la stabilité financière reste toujours ambigu. D'autre part, s'il paraît facile de pointer du doigt les lacunes des réglementations au regard des crises et faillites successives, il s'avère en revanche nettement plus difficile de mesurer ce qu'elles ont permis d'éviter. On a déjà souligné que si l'Accord Bâle II a été appliqué, on n'aurait pas connu cette crise avec les ravages qu'elle a causés à la communauté internationale.

D'autre part, le retour d'expérience nous pousse à penser que les réglementations bancaires doivent s'orienter davantage vers un encadrement

---

[222] On y reviendra plus loin.

de la prise de risque excessive qui est poussée par des exigences de rendements insensés et à court terme. Ceci d'autant plus que, d'un autre côté, on a quand même vu que la contrainte de fonds propres peut amener les banques à procéder à des réallocations de portefeuilles dans le sens d'emplois plus risqués, et ce pour compenser la baisse de l'effet de levier induit par l'exigence de fonds propres.

Toujours est-il que, les réglementations doivent au moins éviter de reproduire les erreurs commises par le passé et se focaliser sur une gouvernance basée sur les risques, trop souvent minimisée par les banques face à l'importance de la rentabilité.

Notre démarche, dans ce chapitre, part plutôt de l'idée maitresse selon laquelle, la protection de la solvabilité des banques ne doit pas passer forcément par une restriction de leurs activités. Bien au contraire, comme le pensent d'ailleurs plusieurs économistes, l'élargissement de leur champ d'activité est une condition nécessaire pour bénéficier des effets de la diversification sur le risque et des économies de gamme.

D'abord, tout le monde s'accorde à dire que les dispositifs prudentiels sont nécessaires pour réduire la probabilité de faillite d'une banque et limiter ses effets sur les autres acteurs économiques ; d'où la nécessité d'un minimum de règles prudentielles, dont un niveau suffisant de taux de couverture des risques par les fonds propres.

Toutefois, il faut veiller à ce que ces règles ne dépassent pas un certain seuil, au-delà duquel elles pousseraient les banques à prendre davantage de risques, notamment à travers des arbitrages réglementaires ; on parle d'ailleurs de risques de fonds propres.

Ensuite, comme les différentes crises et faillites bancaires l'ont montré, il faut une amélioration de la gestion et du contrôle des différents risques par les banques elles-mêmes.

De plus, cela doit passer également par davantage de responsabilisation des régulateurs, dont certains ont fait preuve de laxisme lors des crises et faillites précédentes.

Enfin, le maintien et le renforcement de la confiance sur les marchés bancaires ne pourront se faire que par un processus d'amélioration et de diffusion de l'information sur la qualité des actifs et des engagements des banques ; c'est le seul moyen de maintenir la confiance des investisseurs, assurant ainsi une liquidité sur les marchés. On a déjà souligné que la transparence est le seul moyen d'éviter les paniques bancaires, puisqu'en l'absence de cette transparence, les déposants seront dans l'incapacité de faire une distinction entre une dégradation véritable de la situation financière d'une banque et une simple rumeur.

On retrouve là les trois ingrédients (piliers) proposés par le cadre réglementaire Bâle II, dont le concept repose sur le principe fondateur selon lequel, une banque doit à tout moment :

– disposer de réserves minimales en matière de fonds propres et de qualité, afin de pouvoir faire face à tout moment à d'éventuelles pertes (pilier I) ;

– promouvoir de bonnes pratiques en matière de gouvernance, et ce à travers une approche de supervision se basant sur les risques (pilier II) ;

– faire preuve de transparence financière en adoptant une structure et une typologie d'informations quantitatives et qualitatives destinées à être diffusées sur les marchés (pilier III).

Notre démarche consiste toujours à adopter, dans un premier temps, une analyse positive pour ensuite passer à une approche normative. L'objectif est, à partir des enseignements et leçons tirés des crises et faillites bancaires passées, l'on arrive à proposer une réglementation optimale qui responsabiliserait davantage tous les intervenants dans la sphère financière (régulateurs, actionnaires, dirigeants, agences de notations, commissaires aux comptes ou auditeurs externes).

Cette proposition partira de l'évidence selon laquelle, aucune réglementation ne peut prétendre être efficace si les managers des banques ne sont pas encadrés par les actionnaires pour ne pas être risquophiles. Par ailleurs, cette proposition ne désavantagerait pas les petites banques et les pays à « économie d'endettement », comme le Maroc, dont les marchés financiers ne sont pas aussi développés, et ce comparativement à ceux des pays à « économie de marchés financiers » ; les banques restent les plus importantes sources de financement au sein de ces économies.

Pour, enfin, conclure que les aspects qualitatifs sont les plus efficaces et les plus efficients, étant les moins coûteux pour les banques. La question reste : comment les imposer aux banques ?

Notre proposition essaierait alors de relever le défi majeur de proposer une réglementation qui réaliserait cet équilibre entre ces deux exigences à première vue contradictoires, à savoir efficacité productive et stabilité financière.

SECTION I : Pour une approche positive : leçons à tirer des crises précédentes

Dans cette section, on va alors adopter une approche positive, et ce en procédant à un diagnostic de la crise des subprimes, dont l'objectif est de mettre le doigt sur les véritables facteurs, causes et responsabilités ayant conduit à cette catastrophe, parce qu'il s'agit bien d'une catastrophe.

D'abord, plusieurs économistes ont confirmé que, lors de la dernière crise, de nombreuses banques au bilan solide, donc disposant de fonds propres plus que suffisants pour satisfaire à la norme réglementaire en vigueur, ont été acculées à la faillite. Ce qui les a amenés à se poser une série de questions :

Pourquoi les indicateurs courants de solidité des banques, comme les fonds propres réglementaires, n'ont-ils pas sonné l'alarme avant la crise ? Peut-on alors conclure que les régulateurs et les économistes se sont trompés d'indicateurs d'alerte et partant, d'instruments de réglementation ? Dans l'affirmative, quels indicateurs auraient dû être confectionnés pour mesurer la santé des banques ? Quels devraient être les nouveaux indicateurs ou critères de solidité financière des banques ?[223]

Comme on va le présenter dans cette section, la crise actuelle doit s'expliquer par de multiples causes et facteurs qui, en se cumulant et se renforçant, ont permis l'émergence et la propagation de ce choc économique sans précédent. Toute crise est une synthèse dit-on.

Paragraphe I : Les innovations financières et la sphère réelle : autonomisation de la sphère financière

On ne doit jamais perdre de vue le fait que la mission fondamentale des banques est d'être au service de l'économie réelle, et ce en finançant les projets et la consommation des ménages, les investissements et les activités des entreprises ainsi que l'accompagnement des États dans leurs efforts d'équipement de leurs pays respectifs en infrastructures ayant des externalités positives sur l'investissement privé.

En effet, comme le souligne BARBOT, l'histoire nous a enseigné que la banque tire sa raison d'être et sa légitimité dans sa capacité à répondre aux besoins de financement de l'économie (fluidifier les échanges, collecter l'épargne et la drainer vers l'investissement). Sa vocation s'apparente alors à une mission d'utilité « sociale », et ce dans la mesure où ses différentes activités servent l'ensemble de l'économie, dont tout un chacun est bénéficiaire. Ce faisant, elle sert un intérêt collectif qui dépasse largement l'utilité privée qu'en retirent les banques et leurs clients.[224]

Les innovations financières entrent également dans cet ordre d'idées, elles ont été conçues pour répondre à des besoins spécifiques exprimés par les

---

[223] KAPAN Tümer et MINOIU Camelia, « Les atouts pour prêter », in *Finances & Développement,* septembre 2013.

[224] BARBOT Gildas, « L'utilité sociale de la banque en question. Quelques réflexions pour l'après-crise », in *Vie & science de l'entreprise*, 2010/3, N°185-186, pp. 120 à 114. Mis en ligne par cairn.info.

agents économiques (couverture contre des risques, diversification des sources de financement, etc.).

Ainsi, à titre d'exemple, les produits dérivés permettent à des agents économiques, n'ayant pas la capacité de gérer les risques qu'ils assument lors de l'exercice de leurs activités, d'accéder à des couvertures appropriées contre ces risques, et ce en les transférant à d'autres agents qui ont les compétences et les moyens requis pour les porter. De même, la titrisation a été inventée comme un moyen permettant aux banques de diversifier leurs sources de financement, réduisant ainsi la contrainte de fonds propres.

Vues sous cet angle, les innovations financières, à condition d'être bien maitrisées et régulées, ne doivent pas être perçues uniquement comme une menace pour la stabilité financière. En assurant une meilleure allocation tant de l'épargne que des risques, elles permettent, du même coup, de lever les contraintes de financement et de soutenir la croissance économique, dont profitent les entreprises, les ménages et l'État.

Or, la sophistication financière, lorsqu'elle est tournée sur elle-même et non sur les objectifs relatifs à l'économie réelle, engendre trop de volatilité, d'instabilité et de risque systémique, et ce par de nombreux canaux (effets pervers de la titrisation lorsqu'elle n'est plus maitrisée, défi de la traçabilité des risques nés d'une innovation financière débridée, opérations sur produits dérivés n'ayant aucun lien avec la sphère réelle, etc.).[225]

On parle alors de l'autonomisation de la finance par rapport à la sphère réelle ; cela apparaît clairement à travers l'essor considérable des marchés financiers et ayant engendré une fracture entre la sphère réelle et la sphère financière.

À titre d'illustration, les 25 principales banques américaines ont totalisé 22 000 milliards de dollars d'exposition sur les dérivés en 2016, soit approximativement l'équivalent de 12 fois le PIB des États-Unis.[226]

Les développements spéculatifs des marchés financiers conduisent ainsi à une autonomisation de la finance par rapport à la sphère réelle, sa rentabilité devient tirée d'elle-même. Ce qui a fait inspirer ÜLGEN, en empruntant l'expression à SCHUMPETER, pour conclure que le processus de

---

225 DE LIMA Pascal, *Économie bancaire et croissance économique : Vers une macroéconomie renouvelée*, in *Collection Éco Sup*, Éd. *Dunod*, préface de DE BOISSIEU Christian.
226 « Armes financières de destruction massive », in *The economic collapse blog*. Mis en ligne par businessbourse.com le 19 mai 2017.

« destruction créatrice » des innovations peut se transformer en une « création destructrice ».[227]

Par ailleurs, les innovations financières, en étant utilisées pour répondre à des exigences de croissance et de rentabilité, sont devenues, selon l'expression de Warren BUFFET, une « arme de destruction financière massive » véhiculant le risque qui, tôt ou tard, deviendra mortel, et ce d'autant plus que ni les banques centrales ni les gouvernements n'ont pu trouver jusqu'à présent aucun moyen efficace pour les contrôler, voire de surveiller les risques liés à ces types de contrats.[228]

Notre objet ici n'est pas de passer en revue toute la littérature économique sur les relations entre les innovations et l'instabilité financière et qui remontent déjà à SCHUMPETER qui a étudié les innovations industrielles. Son étude a été transposée par son élève MINSKY aux innovations financières, et ce dans sa thèse de doctorat sous la direction d'ailleurs de SCHUMPETER. On se contentera de donner une synthèse de l'analyse faite par MINSKY.

Il faut tout d'abord souligner que c'est la crise des subprimes qui a permis aux écrits de MINSKY de renaître et d'être sur le devant de la scène, et ce après avoir été ignoré pendant longtemps par les économistes. Ces écrits ont fait de lui actuellement le théoricien de l'instabilité financière.[229]

Alors que l'école libérale considère nos économies comme intrinsèquement stables et le capitalisme victime de chocs allochtones[230], MINSKY s'en démarque nettement. Pour lui, les crises relèvent de la nature même du capitalisme ; l'instabilité financière est endogène, elle n'a besoin d'aucun facteur ou évènement externe, et ce dans la mesure où elle est inhérente aux comportements des agents économiques.

Pour cet économiste, le principal mécanisme qui pousse l'économie capitaliste vers l'instabilité financière et vers les cycles économiques est l'accumulation des dettes par les agents économiques.

227– ÜLGEN Faruk, « Les innovations financières s'inscrivent-elles dans un processus schumpetérien de destruction créatrice ? », in *Revue Interventions économiques*, 46|2012. Mis en ligne par journalsopenedition.org.
– SCHUMPETER Joseph : *Capitalisme, Socialisme et Démocratie, Traduction française,* 1942.

228 *The economic collapse blog*, « Armes financières de destruction massive », *op.cit.*

229 MINSKY Hyman P., *Stabiliser une économie instable*, Ed. *Les Petits Matins*, 2016. Cité par PLIHON Dominique, « Minsky, théoricien de l'instabilité financière », mardi 28 juin 2016, in *Les Possibles*, No. 10 Été 2016. Mis en ligne par france.attac.org.

230 MARTIN Pierre, « Les crises économiques : éternel retour ? », in *Revue d'économie financière,* Année 2008, pp. 47-55, Fait partie d'un numéro thématique, « Crise financière : analyses et propositions », *op.cit.*

Pour étayer sa thèse, il distingue trois types de comportements en ce qui concerne le financement des investissements :[231]

– le financement couvert ou sain « hedge financing », dans lequel le paiement des intérêts et du principal de la dette est couvert par le rendement et « cash-flow » attendus de l'investissement ;

– le financement spéculatif « speculative financing », où le rendement anticipé de l'investissement ne couvre que le paiement des intérêts, le principal étant constamment reconduit ;

– le financement à la Ponzi[232] « Ponzi financing », où les revenus de l'investissement ne permettent même pas de couvrir les charges d'intérêt, la survie du projet dépend alors de la possibilité de s'endetter encore plus, ou de céder des actifs.

L'hypothèse de l'instabilité financière sur laquelle repose la thèse de MINSKY part du fait que le système financier est caractérisé par un mouvement alterné de phases de stabilité et d'instabilité, et ce du fait des interactions entre ces différents types de comportements financiers. Ces basculements sont à l'origine des cycles économiques, c'est-à-dire des phases successives d'expansion et de récession.

Dans la phase ascendante du cycle, c'est le financement couvert qui l'emporte. Lorsque tout va bien, les agents économiques développent un fort mimétisme en profitant de la croissance et des taux d'intérêt bas pour emprunter parfois au-delà du raisonnable. « Tant que la musique joue, tout le monde danse ».[233]

C'est ainsi que les crises de surendettement se préparent ; au fur et à mesure que l'activité se développe, la vigilance de tous les intervenants (investisseurs, banques, régulateurs, agences de notation, commissaires aux comptes, etc.) se relâche ; l'endettement s'accélère, finançant ainsi des projets de plus en plus spéculatifs. Tout cet enchaînement nourrit les bulles financières qui commencent avec « le paradoxe de la tranquillité » cher à MINSKY.

---

[231] PLIHON Dominique, « Minsky, une interprétation prémonitoire des crises … », in *Institut Veblen pour les réformes économiques*, 18 octobre 2016. Mis en ligne par veblen-institute.org.

[232] Du nom de PONZI Charles, auteur d'un montage financier frauduleux et qui consistait à rémunérer les investissements des clients essentiellement par les fonds procurés par les nouveaux entrants. Ce système a été copié également par MADOFF Bernard.

[233] Comme l'affirmait Charles PRINCE, l'ancien patron de la banque Citigroup, en pleine crise des subprimes : « Quand la musique s'arrêtera, les choses se compliqueront. Mais tant qu'il y a de la musique, il faut se lever et danser ». Cité par Guillaume MAUJEAN, in *Les Echos* le 6 janvier 2014.

Ce mimétisme, même s'il est rationnel à titre individuel, peut conduire à une irrationalité collective, et ce en l'absence de repères fiables quant aux valeurs fondamentales. Les agents économiques se désintéressent des fondamentaux des titres pour ne voir que la possibilité de gagner.

Mais lorsque les taux d'intérêt se retournent à la hausse, en particulier du fait du resserrement monétaire qui ne tardera pas, l'endettement devient insupportable et vire au surendettement et le souci du sous-jacent revient, mais trop tard, excessivement et inégalement. C'est le retour de la manivelle.

Dans cette logique, le point faible du système capitaliste, pour MINSKY, est le système bancaire et financier ; c'est à travers lui que s'opère un glissement progressif d'une structure de financement saine vers une structure à la Ponzi. Chose qui entraîne une plus grande dépendance du système aux conditions de marché, et ce du moment que tout changement dans les conditions de financement va se traduire dans les prix des actifs qui peuvent alors varier brutalement et rapidement.[234]

L'instabilité financière peut alors déboucher sur des crises financières ouvertes qui pourront ou non dégénérer en grandes dépressions, et ce selon le contexte institutionnel où elles interviennent et les politiques adoptées en réponse. C'est ce qui s'est passé avec la crise des subprimes.[235]

D'un autre côté, selon MINSKY, les innovations financières améliorent, certes, la flexibilité du système capitaliste, puisqu'elles constituent une réponse aux pressions de compétitivité en permettant d'augmenter les profits et diversifier la structure des bilans ; toutefois, elles jouent également un rôle essentiel dans l'affaiblissement, à long terme, du système financier, nourrissant ainsi le risque systémique.

En effet, la crise des subprimes nous a offert une parfaite illustration de la façon par laquelle les innovations financières sont de véritables vecteurs du risque systémique. Ainsi, la titrisation et les produits structurés qu'elle enfante sont de véritables canaux et vecteurs par lesquels la crise s'est propagée à tous les compartiments du système financier et in fine, à l'économie réelle.

Ainsi, l'analyse de MINSKY arrive à mettre le doigt sur le double rôle que jouent ces innovations financières ; tout en permettant une meilleure répartition des risques, elles contribuent également à accroître la fragilité du système si elles ne sont pas régulées et maitrisées.

C'est ce qui s'est passé durant ces dernières années aux États-Unis où on a assisté à un développement sans précédent du marché secondaire des prêts

---

234 LABYE Agnès, « La crise financière actuelle : une application du modèle de Minsky », *op.cit.*
235 *Ibid.*

hypothécaires. Ceci a permis une diversification subséquente des sources de financement pour les établissements à l'origine de ces prêts hypothécaires.

Ces établissements[236] à fort effet de levier ont alors été un véritable conducteur de l'instabilité financière, et ce en contribuant, par le vecteur des innovations financières, au transfert du risque crédit qu'ils sont censés assumer vers des institutionnels (sociétés d'assurances, fonds de pension, fonds mutuels, etc.) qui sont eux à plus faible effet de levier. Ce faisant, ils ont servi comme canal régulier de transfert entre le crédit immobilier et les marchés financiers.

Ceci a été rendu possible, bien entendu, grâce aux innovations financières ; la technique de titrisation a, en effet, permis aux initiateurs de ces crédits de les sortir de leur bilan, et ce en les transférant à des tiers sous forme de titres négociables sur les marchés financiers.

En raison de la technique de titrisation, on a assisté au développement de modèles concurrents au sein du processus d'octroi des crédits :

– d'un côté, le modèle d'intermédiation classique (originate to hold), dans lequel les crédits sont accordés par une banque commerciale qui les porte jusqu'à leurs échéances, et ce en partie grâce aux dépôts de ses clients et aux systèmes des réserves fractionnaires ;

– de l'autre, le modèle de la titrisation (originate to distribute), dans lequel les crédits, produits par un intermédiaire financier, sont revendus à des investisseurs sous forme d'émission de titres représentatifs de ces crédits. Aux États-Unis, ce dernier modèle est le plus développé ; les crédits immobiliers sont, dans leur grande majorité, désormais portés par des instruments financiers.[237]

Ce nouveau modèle permet ainsi de diversifier les sources de financement, mais au prix d'une complexité croissante ; les titres de dette représentatifs de ces crédits étant en général structurés, c'est-à-dire découpés par tranches en fonction du risque porté et du rendement affiché : « dette mezzanine », « dette junior » et « dette senior ».

La technique de titrisation a ainsi accentué l'aléa moral qui l'accompagne, et ce dans la mesure où l'intermédiaire qui a été à l'origine de ces créances ne supporte plus le risque crédit qui leur est associé ; par conséquent, il ne se sent

---

[236] Le gouvernement américain a même « sponsorisé » des établissements (Fannie Mae et Freddie Mac) spécialisés dans ces opérations.

[237] CDO : collateralized debt obligations, ABS : asset-backed securities, MBS : mortgage-backed securities. Toutes ces appellations ont la même signification : ce sont des titres de dettes, donc des obligations, qui sont adossés à (backed) ou garantis par des actifs. Dans le cas des subprimes, ces titres sont adossés à des crédits hypothécaires (Mortgage), d'où leur nom « MBS ».

pas obligé de procéder à l'étude des dossiers pour sélectionner les meilleurs clients ni de suivre la situation financière de l'emprunteur pendant la durée du crédit. Toutes choses qui, pourtant, définissent normalement le rôle des banques dans le processus du crédit : de la sélection dans l'octroi de crédit jusqu'à son remboursement, en passant par son suivi, et ce grâce à leur capacité à réduire les asymétries d'information (ex ante et ex post) qui caractérisent l'opération de crédit. On a vu comment les banques arrivent à réduire ces asymétries d'information. Mais ces intermédiaires n'ont aucun intérêt à le faire du moment qu'ils n'ont pas l'intention de les garder jusqu'à leurs échéances.

Pour illustrer le danger des innovations financières, ROCHET[238] recourt à une métaphore ; il considère la crise issue des subprimes comme le « Tchernobyl de la titrisation ». Pour lui, ces deux innovations (« titrisation » et « centrales nucléaires ») ont, en effet, permis chacune d'améliorer le bien-être social ; produire beaucoup plus d'électricité que dans une centrale classique, et ce avec beaucoup moins de combustible, et fournir beaucoup plus de crédits à l'économie, avec beaucoup moins de fonds propres.

Toutefois, force est de constater que leur utilisation, dans des conditions mal maitrisées, a dans les deux cas conduit à une catastrophe majeure. On a vu que les « shadow banking », initiateurs de ces créances titrisées, ne s'intéressent nullement au niveau des risques qu'ils font subir au système financier, mais uniquement à la quantité de crédits qu'ils peuvent produire et qui gérèrent des commissions. Ce sont de véritables « usines à produire et à vendre » des crédits.

C'est dans ce sens que ROCHET, en poursuivant sa métaphore, s'interroge : « Imaginons ce qui se passerait si les ingénieurs chargés de la gestion d'une centrale nucléaire étaient rémunérés exclusivement en proportion de la quantité d'électricité produite, sans la moindre prise en compte des mesures de prévention des risques nucléaires. »[239]

D'un autre côté, ces instruments ont connu également un essor considérable. Ainsi, « ... d'un encours notionnel de quelques centaines de millions de dollars fin 1999, les dérivés de crédit dépassent les 50 000 milliards de dollars mi-2007, dont plus de 45 000 milliards pour les “credit default swap” (CDS). L'accélération de leur développement ne date que de

---

238 ROCHET Jean-Charles, « Le futur de la réglementation bancaire », in *Toulouse School of Economics,* notes TSE N°2, 12/2008. Mis en ligne par tse-fr.eu.
239 *Ibid.*

2004, année où “the international swap and derivatives association” a standardisé leur documentation juridique. »[240]

Ces innovations financières et ces nouvelles techniques provoquent ainsi plusieurs effets :

– elles sont d’une complexité qui fait que les banques, elles-mêmes, sont victimes de l’opacité de ces montages financiers ; elles se trouvaient dans l’incapacité d’évaluer le niveau de risque des actifs qu’elles détenaient et qui étaient adossés aux crédits subprimes ;

– les régulateurs trouvent beaucoup de difficultés à les réglementer, du moins dans un premier temps. C’est dans ce sens que certains économistes comparent la régulation de ces innovations à la lutte antidopage. D’abord, parce que les profits qu’elles génèrent sont considérables et relèvent plutôt de la ruse que d’un travail réellement productif ; ensuite, comme chaque durcissement de la réglementation antidopage amène les sportifs tricheurs à recourir à de nouvelles molécules qui ne sont pas encore proscrites ; de même, chaque fois que l’on durcit la réglementation, les acteurs de la finance inventent d’autres instruments pour la contourner. On peut alors affirmer que la réglementation et les innovations financières entretiennent une sorte de rapport dialectique ;[241]

– en détournant la finance de sa mission première, celle d’être au service de l’économie réelle, certains acteurs se sont focalisés sur la rentabilité à court terme et ont transformé l’économie financière en « économie casino ». C’est ce qui explique le développement rapide des activités de trading pour compte propre, c’est de la spéculation pure et dure. Si la spéculation n’est pas mauvaise en elle-même, au-delà d’un certain seuil, elle devient indésirable du moment qu’elle génère une trop forte instabilité des marchés ;[242]

– l’autre « … aspect est dû au fait qu’ils se négocient de gré à gré » ; à cela s’ajoute un autre problème majeur, à savoir « … la délocalisation du risque crédit hors du système bancaire vers des établissements plus ou moins soumis à une régulation bancaire. »[243]

Toutefois, on est en droit de s’interroger avec ROCHET : « … y’aurait-il une fatalité à accepter sans pouvoir rien faire ? Les crises bancaires et

---

[240] LUBOCHINSKY Catherine, « Transfert du risque crédit : de l’ingéniosité bancaire à l’instabilité financière », in *Revue d’économie financière*, Année 2008, H-S 7. pp. 101-105. Fait partie d’un numéro thématique, « Crise financière : analyse et propositions », *op.cit.*

[241] PANIZZA Ugo, « La finance et le développement économique », in *Revue internationale de politique de développement*, 3/2012. Mis en ligne par jourenals.openedition.org.

[242] *Ibid.*

[243] « LUBOCHINSKY Catherine, « Transfert du risque crédit : de l’ingéniosité bancaire à l’instabilité financière », *op.cit.*

financières seraient-elles inévitables, comme une contrepartie à l'innovation financière et à la prise de risques ? »[244]

Bien sûr que non, il ne s'agit pas de bannir la titrisation, comme certains préconisent également de bannir la technologie nucléaire, cela reviendrait à réduire considérablement et durablement l'offre de crédit à l'économie.

De même, les instruments dérivés « Comme tout instrument financier permettant d'adapter le niveau et le type de risque à ceux souhaités, les instruments de transfert du risque crédit facilitent la diversification des risques portés par les banques, contribuant a priori à l'efficience des systèmes financiers dans leur ensemble, car tous les agents économiques en profitent. Cependant, si mal évalués ou mal gérés, ces instruments peuvent engendrer un accroissement de l'instabilité financière ou du risque systémique. »[245]

Par conséquent, c'est aux organes de gouvernance des banques, en premier lieu, de se donner les moyens de les contrôler pour assurer leur meilleure maitrise. En effet, l'appétit court-termiste des actionnaires est souvent cité comme un facteur déterminant des crises et faillites bancaires précédentes. Ainsi, HABIB-DELONCLE dénonce l'attitude de « l'actionnaire roi et dictateur » qui se permet, sans contrainte ni limitation, d'exiger « ... des retours sur investissement sans cesse plus élevés et bientôt déconnectés de la réalité de la croissance économique effective. » Pour s'interroger ensuite : « Doit-on admettre que la sphère virtuelle de la finance est à ce point détachée de l'économie réelle qu'elle permet des résultats aussi mirobolants ? » Pour illustrer cela, il compare « ... la croissance des résultats du secteur bancaire au cours des cinq dernières années avec celle des secteurs de la production industrielle pour constater une envolée des premiers, sans proportion avec l'évolution de la croissance, pourtant, favorable. Pareille anomalie ne pouvait perdurer et tout le monde se demandait quand interviendrait le retour de bâton. Nous y sommes. »[246]

De même, si la finance ne répond plus à sa vocation, c'est peut-être en raison d'une régulation inefficace. D'où la question des modalités de régulation à mettre en place pour remettre la finance au service de l'économie. De ce fait, les déviances du système financier ne pourront pas être corrigées

---

244 ROCHET Jean-Charles, « Comment réformer la réglementation prudentielle : les leçons à tirer de la crise des « *subprimes* » », in *Revue d'économie financière*, Année 2008, pp. 387-390, Fait partie d'un numéro thématique, « Crise financière : analyses et propositions », *op.cit.*
245 LUBOCHINSKY Catherine, « Transfert du risque crédit : de l'ingéniosité bancaire à l'instabilité financière », *op.cit.*
246 HABIB-DELONCLE Louis, « Les acteurs des pays émergents face à la crise », in *Revue d'économie financière*, Année 2008, pp. 165-172. Fait partie d'un numéro thématique, « Crise financière : analyses et propositions », *op.cit.*

tant qu'une régulation contraignante n'arrive pas à imposer des pratiques plus saines.[247]

En effet, on a déjà soulevé un autre problème portant sur le fait que les autorités de contrôle adoptent souvent des modèles de risques similaires à ceux utilisés par l'industrie financière. Or, la réglementation est nécessaire, car les marchés ne fonctionnent pas toujours bien. Il est difficile de remédier aux défaillances du marché en utilisant les mêmes instruments d'évaluation que ceux utilisés par les acteurs du marché.[248]

Ce qui complique les choses, c'est que ces dérives sont relativement bien acceptées dans la profession, et ce du moment qu'elles leur procurent une rentabilité inespérée.[249] Ainsi, l'idée selon laquelle, toute innovation constitue nécessairement un progrès est fortement ancrée dans l'esprit des professionnels de la finance.

En effet, à titre d'exemple, la rentabilité des fonds propres (ROE) des banques au Royaume-Uni est passée de 7 % en moyenne entre 1921 et 1971 à 20,4 % entre 1971 et 2009 ; alors que, dans l'ensemble de l'économie, elle est restée stable à 6 %.[250]

Paragraphe II : Mathématiques et risque de modèle

Jusqu'à présent, les banques centrales et les gouvernements n'ont trouvé aucun moyen efficace pour contrôler ces innovations financières, voire de surveiller les risques liés à ces types de contrats.

Pourtant, elles génèrent de nouveaux risques qu'il faut tout d'abord mesurer. Et c'est là justement qu'entrent en jeu les mathématiques ; elles sont utilisées pour essayer de prévoir les évolutions du comportement des sous-jacents des produits dérivés et autres instruments financiers.

Elles sont entrées en lice dans les années soixante-dix, et ce en offrant ainsi aux banques une nouvelle façon de gérer certains risques financiers.

Pendant longtemps, on se basait sur les fondamentaux de l'économie pour fixer, par exemple, le prix d'une option d'achat ou l'évolution d'un instrument financier (indice boursier, cours d'une devise, etc.), et ce en utilisant l'analyse économique fondamentale. On considérait que les cours sont déterminés par de grandes variables macroéconomiques (taux d'intérêt, cours des changes,

---

247 BARBOT Gildas, « L'utilité sociale de la banque en question. Quelques réflexions pour l'après-crise », *op.cit.*

248 PERSAUD Avinash, « The Inappropriateness of Financial Regulation », Cité par PANIZZA Ugo, « La finance et le développement économique », *op.cit.*

249 *Ibid.*

250 *Ibid.*

taux de chômage, etc.) ou microéconomiques (profits de l'entreprise, endettement, management, etc.). Aujourd'hui, « les quants »[251] utilisent des modèles et des équations mathématiques très sophistiqués, et ce en essayant de partir de séries statistiques leur permettant de fixer des maxima et des minima observés par le passé. Ces derniers sont censés leur permettre, in fine, de prévoir les maxima et les minima du futur (prédire a priori l'évolution du taux de change d'une devise par exemple), c'est ce que l'on appelle le « chartisme. »

Ces modèles reposent sur l'idée selon laquelle, les mouvements de prix des produits dérivés sont aléatoires, puisqu'ils répondent à un mouvement également aléatoire. Ils ne se basent alors nullement sur la connaissance des fondamentaux d'une entreprise ou d'un actif pour déterminer son prix ou son évolution.

Ainsi, les modèles qui en découlent sont censés permettre, par exemple, de :

– fixer la prime que l'acheteur d'une option doit payer à la banque pour que celle-ci réduise les risques qu'elle prend à la place de son client ;

– prévoir l'évolution du cours d'une action ou d'une devise en les modélisant.

Cependant, c'est, bien entendu, à l'échéance du contrat que la banque sera en mesure de constater ses pertes ou ses gains ; et cela dépend de l'exactitude du modèle utilisé : c'est le risque de modèle.

Certes, les mathématiques sont une science exacte ; toutefois, appliquées aux sciences sociales, elles ne doivent pas confondre la validité d'un discours et sa véracité. En effet, les principes de la logique nous enseignent que, si les discours raisonnés ne sont pas nécessairement vrais, c'est parce qu'il faut distinguer la validité d'un discours et sa véracité. Aristote s'est déjà intéressé à une forme de raisonnement qu'il appelle « syllogisme » et qui est un raisonnement qui tire une conclusion de deux prémisses. Dans ce genre de démonstration, ce qui compte du point de vue logique c'est la validité du raisonnement, c'est le fait que les prémisses donnent le droit de tirer la conclusion.

Mais ce n'est pas à la logique d'établir la vérité des prémisses. Par conséquent, la validité formelle d'un raisonnement ne garantit pas forcément la véracité de sa conclusion.

Autrement dit, la vérité formelle (ou validité) ne concerne que la forme du raisonnement, et ce indépendamment du contenu des propositions qu'il

[251] Abréviation de « quantitative analyst » en anglais.

contient et de ce qu'elles disent. Elle est le fait que la conclusion découle nécessairement des prémisses.

Alors que, pour qu'un discours soit considéré comme vrai, sa conclusion doit être en accord avec la réalité, elle doit être adéquate au réel.

Ainsi, à titre d'illustration, les principes de la logique nous enseignent que la proposition « si 2=3, alors 3=4 » est, du point de vue de la logique, une proposition valide et rationnelle ; mais elle est fausse, elle ne correspond pas à la réalité, car sa conclusion est fausse. Sa conclusion est fausse, parce qu'elle part d'une hypothèse fausse. Autrement dit, la validité formelle de cette proposition ne garantit pas la véracité de sa conclusion.

Appliquer cette illustration à la pratique, cela veut dire que les séries statistiques, sur la base desquelles on construit des modèles d'analyse du couple rentabilité-risque, intègrent insuffisamment, dans leurs hypothèses, les situations extrêmes et peuvent ainsi conduire, en particulier en périodes de forte volatilité, à de graves contreperformances et à une difficulté accrue pour les responsables des contrôles.[252]

En effet, la « value at risk » (VaR) est calculée sur la base d'un certain nombre d'hypothèses, et ce après avoir procédé à une modélisation du portefeuille sur la base de séries statistiques. Ces hypothèses consistent à affecter une probabilité aux différentes évolutions possibles de ce portefeuille. L'exactitude de la VaR dépend alors de ces hypothèses qui sont, elles-mêmes, conditionnées par un futur hypothétique. Ce qui fait que, lorsque les marchés traversent une période de faible volatilité, les modèles construits sur ces bases deviennent défaillants dès que surviennent des évènements exceptionnels, donc non anticipés, parce que non pris en compte dans ces modèles.

La VaR est utilisée par les gestionnaires des risques afin de mesurer et contrôler le niveau de risque sur lequel la banque s'engage. Seulement, la VaR n'est pas la réponse à la question : combien puis-je perdre sur mon portefeuille sur une journée ? La réponse à cette question est : la totalité ou presque.

Le travail du gestionnaire des risques consiste à s'assurer que ceux-ci ne sont pas pris au-delà d'un niveau à partir duquel la banque peut absorber les pertes d'un pire résultat probable. Il doit toujours garder à l'esprit que l'on est dans le domaine des probabilités et il n'est pas question d'espérer 99 % de réussite, le plus sûr n'est pas toujours certain et le moins probable peut toujours se produire. Autrement dit, un évènement ou comportement récurrent ne veut pas dire qu'il est forcément constant ou régulier, il signifie seulement qu'il est le plus fréquent, donc le plus probable. On l'a vu avec les hypothèses

---

[252] BOURVEN Monique et ZEHR Yves, « La crise bancaire et la régulation financière », in *Rapport présenté au Conseil Économique, Social et Environnemental français* en 2009. Mis en ligne par lecese.fr.

des crédits subprimes, le prix de l'immobilier a baissé pour la première fois depuis les années trente.

Le risque de modèle est plus délicat à gérer que les autres risques. Par nature, en effet, il est difficilement quantifiable et on a du mal à l'apprécier. Cela vient du fait qu'il y'a une différence entre « risque » et « incertitude » ; le premier désigne des situations probabilistes, alors que l'incertitude fait référence aux situations non probabilistes, c'est-à-dire lorsque le risque n'est pas mesurable.

Ainsi, comme le soulignent LOMBARD et MUCHERIE, « ... la crise que nous traversons puise ses origines dans une sous-estimation de l'incertitude, une incompréhension de sa nature systémique et une mauvaise tarification du risque. »[253]

Les gestionnaires des risques doivent alors s'inspirer du dialogue du *Marchand de Venise* de SHAKESPEARE :

« ... le métier d'un armateur consiste à évaluer non pas la probabilité d'une tempête capable de détruire son navire, mais l'ampleur de la tempête maximale risquée afin de construire un navire assez solide pour y résister. »[254]

Autrement dit, transposée au risque bancaire, cela veut dire que le gestionnaire des risques ne devrait pas se contenter de prévoir la probabilité de survenance d'un évènement donné, mais supposer plutôt la survenance d'un évènement extrême pouvant causer un risque de perte maximale pour, justement, mettre en face des dispositifs de contrôle interne et de gestion des risques rigoureux, lui permettant ainsi de maitriser ce risque.

Ce qui complique les choses, c'est que, comme on l'a vu, l'utilisation de la VaR par les banques, pour le calcul de leurs exigences de fonds propres relatifs au risque de marché, peut, en vertu de l'Accord Bâle II, être adoptée également pour mesurer les deux autres risques. Les régulateurs ont alors laissé aux banques la liberté de calculer leur ratio de solvabilité et peuvent alors manipuler son dénominateur. C'est l'esprit de Bâle IV que l'on a déjà présenté.

Enfin, les mathématiques offrent également aux banques une possibilité et une facilité déconcertantes de traiter des volumes importants d'opérations très complexes.

---

253 LOMBARD Éric et MUCHERIE Mathieu, « La crise financière, les assureurs et l'économie de l'information », in *Revue d'économie financière*, Année 2008, pp. 293-299. Fait partie d'un numéro thématique, « Crise financière : analyses et propositions », *op.cit.*

254 Cité par PENNEQUIN Maxime, « La mise en place d'un modèle risques opérationnels AMA au sein d'un groupe bancaire international », in *Revue d'économie Financière,* 2006, 84. Mis en ligne par persee.fr.

Cette prise de pouvoir des mathématiques dans les salles de marchés a poussé plusieurs économistes à tenir également les mathématiciens pour responsables de cette crise, et ce dans la mesure où ces modèles constituent, finalement, le fondement des décisions d'achat et de vente des différents produits issus des innovations financières. L'utilisation poussée des mathématiques dans la gestion des risques a ainsi abouti à une dilution des responsabilités humaines au profit de modèles de calcul, de traitement des ordres, de valorisation des produits qui ont accru les risques de ne pas voir se déformer le contexte conjoncturel.[255]

Ainsi, si la finance contemporaine a certes amélioré la capacité de gestion des risques au service du développement de l'économie, de l'investissement et du commerce mondiaux ; cependant, comme le souligne LIONS, « … cordonnier bien mal chaussé, l'industrie financière n'a pas su piloter ni même mesurer la montée des risques qui se développaient en son sein ». Il est alors convaincu que des progrès doivent être réalisés dans l'utilisation des mathématiques par les institutions financières. « Ces progrès passent en grande partie par une meilleure formation des "quants" qui souvent n'ont pas su avoir un regard critique sur les modèles qu'ils utilisaient. »[256] La crise des subprimes en est une illustration, c'est la plus grave depuis celle de 1929.

Comme solutions proposées, LIONS recommande, par exemple, que la gestion des risques prenne « … une place beaucoup plus importante dans les formations (des "quants"), avec un focus particulier sur le risque de modèle qui est souvent absent des curriculums. »[257]

RODARIE milite pour une solution radicale ; il estime qu'il est inutile de travailler et de perfectionner les modèles statistiques et économétriques utilisés, car le recours aux mathématiques s'avère, en définitive, « … dangereux, car illusoire et donnant un sentiment fallacieux de sécurité». Pour lui en effet, de toutes les façons il est « … nécessaire de parvenir à effectuer une critique adéquate du système axiomatique qui sous-tend la plupart des outils de calcul du risque et d'évaluation des crédits pour pouvoir qualifier leur robustesse ». Il est tout particulièrement « … essentiel de s'interroger sur les "formes" du hasard qui sont implicitement utilisées dans les outils financiers ou intellectuels. » Pour conclure qu'il « … semble assez clair que le substrat intellectuel des économistes (consiste à) trouver davantage d'ordre que de chaos dans l'observation des faits, accréditant ainsi

---

[255] BOURVEN Monique et ZEHR Yves, « La crise bancaire et la régulation financière », *op.cit.*
[256] LIONS Pierre-Louis, « Évaluation des modèles mathématiques utilisés en Finance », in *Initiative de Recherche*. Mis en ligne par louisbachelier.org.
[257] Ibid.

l'existence de la fameuse main invisible d'Adam SMITH ou l'ordre spontané de Léon WALRAS. »[258]

Paragraphe III : Responsabilité des agences de notation

Une unanimité s'est dégagée sur le fait que la crise n'aurait pas pu se produire sans ces agences ; elles ont été un maillon essentiel de l'enchaînement catastrophique. Leur responsabilité est d'autant plus manifeste qu'elles se sont progressivement imposées comme un partenaire incontournable dans le paysage financier international, et ce pour plusieurs raisons :[259]

– d'abord, parce que l'environnement financier a changé, il se caractérise par une forte hausse de l'endettement de tous les agents économiques (particuliers, entreprises et États) ;

– ensuite, les marchés sont devenus de plus en plus internationaux ; à cela s'ajoute le niveau de désintermédiation en constante progression.

Tout ceci a fait que ces agences sont devenues indispensables à la fois pour les investisseurs, pour les émetteurs, pour les banques et même pour les régulateurs.[260]

Pour les investisseurs, les ratings constituent un outil d'analyse du risque utilisé dans la gestion de leurs placements, et ce grâce à leur simplicité (une seule échelle), leur comparabilité internationale, leur « fiabilité » basée sur la réputation et l'expérience de ces agences. Ils fournissent également une analyse des nouveaux produits financiers de plus en plus complexes.

Pour les émetteurs, la notation leur fournit « … une évaluation reconnue internationalement et leur donne ainsi accès à des sources de financement plus larges et diversifiées (marchés financiers, mais aussi bancaires). L'obtention d'une notation permet également de réduire les coûts de financement et d'obtenir des structures plus variées (maturité plus longue et sans clauses contraignantes). La notation est aussi un instrument de communication externe. »[261]Enfin, étant donné la complexité de certains instruments financiers et pour convaincre les différents fonds de pension, fonds souverains

---

258 RODARIE Hubert, « La crise financière de 2007 doit produire de nouveaux modèles de risque », in *Revue d'économie financière*, Année 2008, pp. 135-139. Fait partie d'un numéro thématique, « Crise financière : analyses et propositions », *op.cit.*

259 HUBAUD Benoît, « Les agences de notation à leur juste place ? ». Fait partie du Dossier, « Agences de notation : En finir avec l'oligopole », in *Revue Banque* n°749.

260 *Ibid.*

261 *Ibid.*

et divers fonds spéculatifs de souscrire à ces titres, les différents émetteurs sont obligés de recourir aux services de ces agences.

Pour les banques, elles intègrent obligatoirement, dans l'approche standard de Bâle II, les notations dans l'évaluation des risques crédit et de contreparties. Elles les utilisent également volontairement, et ce dans la mesure où ces agences sont une source d'informations utiles dans l'analyse du risque crédit et de contrepartie. Elles les aident ainsi pour la fixation de limites internes et leur permettent surtout d'avoir une meilleure anticipation de l'évolution des marchés par la compréhension et l'anticipation de leurs décisions et de la perception qu'en auront les investisseurs et autres intervenants.

Enfin, pour les régulateurs elles entrent, notamment, dans les calculs pour fixer les besoins en fonds propres.

Tout ceci a fini par leur conférer une importance de plus en plus croissante et une position centrale dans l'information des marchés sur l'évaluation du risque et la solvabilité des débiteurs. Elles deviennent ainsi incontournables dans le dispositif de gestion des risques.[262]

Alors qu'à « … l'origine, la notation financière externe constitue une simple opinion extérieure sur la probabilité qu'une dette soit remboursée conformément aux termes prévus dans le contrat. Elle ne constitue pas une recommandation à acheter ou à détenir un titre, encore moins une certification sur la qualité du crédit. »[263]

Autrement dit, l'analyse interne du risque crédit doit être développée chez tous ces intervenants. En effet, en « … théorie, le prix de marché d'un bien vient de l'analyse qu'en font les parties. Chacune, côté offreur et côté demandeur, doit faire ce travail avant de proposer un prix de vente, d'un côté, et d'achat de l'autre. »[264]

Le terme « crédit » ne vient-il pas du verbe latin « credere » qui veut dire croire ? Faire crédit à quelqu'un, c'est lui faire confiance. Le sens étymologique du terme « crédit » c'est « confiance ». Rien n'est possible autrement, puisque la confiance est la base de la transaction. Toutefois, confiance ne doit pas empêcher le contrôle, « Trust and verify ». « Verify » car, même en toute bonne foi, des erreurs peuvent toujours se produire : erreurs d'appréciation, d'incompétence, de calcul, de montage, etc.

---

262 *Ibid.*

263 GARNIER Olivier, « Du bon usage de la notation financière externe », in *Revue d'économie financière,* Année 2008, pp. 251-254. Fait partie d'un numéro thématique, « Crise financière : analyses et propositions », *op.cit.*

264 BETBEZE Jean-Paul, « Les six ressorts et les six resorts de la crise actuelle », in *Revue d'économie financière,* Année 2008, pp. 107-111. Fait partie d'un numéro thématique, « Crise financière : analyses et propositions », ibid.

Ce qui a renforcé davantage le pouvoir déjà excessif de ces agences, c'est, bien entendu, le rôle qui leur a été donné par les régulateurs. Comment peut-on concevoir que le montant de fonds propres nécessaires pour le respect du ratio de solvabilité soit défini selon un rating octroyé par ces agences ? On est en droit de se poser effectivement cette question, car cela revient à fixer l'appétit, pour le risque d'une banque, en fonction du jugement extérieur fourni par une agence qui est, de surcroît, une société privée.

En plus de leur position centrale dans la production de l'information destinée aux marchés, où se situe la responsabilité des agences de notation dans l'actuelle crise ?

D'abord, plusieurs économistes ont critiqué le modèle « émetteur-payeur » adopté et qui a placé ces agences dans une situation flagrante de conflits d'intérêts, et ce en notant les entités qui les rémunèrent. En effet, comment un émetteur peut-il être réellement indépendant dans son jugement et critique à l'égard d'une société lorsque celle-ci est source de son chiffre d'affaires ?

Ensuite, on cite le plus souvent l'interaction entre agences et banques d'investissement dans la conception des produits structurés pour obtenir le triple « A » (AAA), sésame nécessaire pour le placement auprès des investisseurs.[265]

D'autre part, les enquêtes diligentées par différentes instances ont fait apparaître des méthodologies contestables avec des résultats discutables ; par exemple, pour les produits structurés (corrélations erronées, historique trop court, analyse des risques sous-jacents, etc.).[266]

À cela s'ajoute, bien entendu, le manque de transparence quant aux méthodes utilisées. On sait, par exemple, que les agences de notation n'intègrent pas dans leur évaluation le risque de liquidité et le risque opérationnel.

Enfin, les agences de notation accentuent le caractère procyclique de la réglementation.

On ne peut que conclure avec DE BOISSIEU que ces agences « … n'ont pas vraiment vu arriver trois des grandes crises financières de ces (…) dernières années : la crise asiatique de 1997, Enron en 2001, la crise des subprimes en 2007. Or, elles remplissent une mission de service public en améliorant la transparence de l'information financière, en réduisant des

---

[265] *Ibid.*

[266] HUBAUD Benoît, « Les agences de notation à leur juste place ? », *op.cit.*

asymétries d'information entre les émetteurs et les instruments, en servant de référence pour l'évaluation du risque crédit. »[267]

Plusieurs voies de réformes ont été proposées pour contrecarrer le poids de ces agences :

– ouvrir la voie à la concurrence pour de nouvelles agences ;

– mettre en place une agence publique.

Bien entendu, cela demande du temps d'une part, pour recruter des analystes compétents et mettre au point de nouvelles méthodologies et d'autre part, pour gagner la confiance des intervenants et des marchés.

Paragraphe IV : Recrutement et rémunération des traders et dirigeants des banques

L'actuelle crise financière puise également et en grande partie son origine dans le système jugé « déraisonnable » des primes versées aux opérationnels qui les pousse à prendre trop de risques. En effet, en devenant l'instrument de mesure obsessionnel de la réussite, le bonus est considéré comme étant au cœur de cette crise, voire sa cause principale.[268]

C'est également la thèse défendue par le prix Nobel d'économie en 2001, l'américain STIGLITZ, et ce lors d'une déclaration publiée dans le quotidien britannique *The Independent* le 24 mars 2008. Pour cet économiste, le système des indemnités a très certainement contribué, d'une manière importante, à la crise et aux difficultés que les marchés financiers ont traversées durant cette crise, et ce dans la mesure où, s'il a été conçu pour encourager la prise de risques, il a encouragé la prise de risques excessive.[269]

En fait, ce système paie les managers à faire des paris. Quand les choses tournent bien, ils s'en tirent avec des primes énormes. Quand les choses tournent mal, ils ne partagent pas les pertes. Même s'ils perdent leur emploi, ils s'en sortent avec d'importantes sommes d'argent, a-t-il ajouté au quotidien.

En effet, selon ce journal, les bonus accordés en 2008 aux banquiers de la City de Londres dépasseront les six milliards de livres (7,7 milliards d'euros),

---

267 DE BOISSIEU Christian, « Implications de la crise pour la régulation bancaire et financière », in *Revue d'économie financière*, Année 2008, pp. 353-360. Fait partie d'un numéro thématique, « Crise financière : analyses et propositions », *op.cit.*

268 LEBLANC Robert, « Rémunérations et crise bancaire », in *Revue d'économie financière*, Année 2008, pp. 409-413. Fait partie d'un numéro thématique, « Crise financière : analyses et propositions ».

269 *Ibid.*

et ce en dépit de dépréciations d'actifs bancaires qui se sont élevées à plus de 60 milliards de livres (77 milliards d'euros) en raison de cette crise.

Ce système de rémunération est totalement asymétrique, puisqu'il n'engendre pas de malus en cas de pertes. Aussi est-il puissamment incitatif à prendre des risques importants et inconsidérés.

D'autre part, la division du monde hiérarchisé entre les « centres de profits » (le front office) et les « centres de coûts » (les supports : back et middle office) aggrave le problème.

À titre d'exemple, les membres du front office (les traders) obtiennent des rémunérations très élevées, et ce du moment qu'ils peuvent déplacer l'activité financière d'une banque à une autre. Leur revenu dépend essentiellement des primes qui dépendent, elles-mêmes, du volume d'activité de la banque. De même, ils détiennent l'essentiel du pouvoir de recrutement.

Cette hiérarchie fait que les employés du middle office, qui sont censés contrôler les activités des traders, ont intérêt à migrer le plutôt possible vers le front office et à devenir des traders, donc mieux rémunérés. Pour cela, ils doivent passer un entretien avec un trader. Ce système de recrutement risque de favoriser les complaisances entre traders, qui prennent des risques, et les personnes du middle office qui sont censées les contrôler.

Comme solutions proposées par certains économistes, il serait judicieux, par exemple, de ne calculer et de ne verser les bonus que lorsque les positions sont, finalement, débouclées. D'autre part, étant donné que les phases fastes et moins fastes, voire désastreuses, se succèdent au fil du temps sur les marchés, il serait raisonnable de ne payer la partie principale des bonus qu'à l'issue de cycles de trois à cinq ans. Chose qui pousserait les traders à adopter un comportement de plus long terme.

Paragraphe V : Responsabilité des régulateurs

La responsabilité des régulateurs est également manifeste, et ce à plusieurs niveaux.

5.1. Champs d'application de la réglementation et contrôle de son respect par les assujettis

On a déjà souligné que l'une des raisons, implicite ou explicite, ayant conduit à imposer une réglementation bancaire, qui s'imposerait de façon uniforme à tous les pays, était le souci des États-Unis de freiner l'expansion des banques japonaises sur le sol américain. L'un des objectifs assignés au ratio Cooke à l'époque était alors l'uniformisation des règles de concurrence bancaire sur le plan international.

Cependant, si en principe et dans un contexte de globalisation financière, les réglementations bancaires devaient s'appliquer à tous les pays et à l'ensemble des établissements qui opèrent dans le secteur bancaire, force est de constater que, dans la pratique, tous les pays ne jouent pas le jeu.

Ainsi, les autorités américaines ont toujours été réticentes à appliquer les différents Accords. Plus que ça, il paraît qu'elles n'ont jamais accepté de recevoir la mission de la Banque mondiale pour l'évaluation du secteur financier FSAP (financial sector assessment program). Cette mission a pour objet d'évaluer le degré de respect des « 29 principes fondamentaux pour un contrôle bancaire efficace » tels qu'ils ont été édictés par le Comité de Bâle. C'est une évaluation du dispositif de supervision bancaire du pays.

D'un autre côté, on a assisté à un essor corollaire d'activités de crédit en dehors du périmètre de supervision bancaire ; les activités de crédit ayant été développées dans des entités considérées comme non bancaires et partant, non régulées. C'est le fameux « shadow banking system » qui regroupe des entités prenant des risques de transformation et de liquidité, mais qui ne collectent pas de dépôts et n'accèdent pas, de ce fait, au refinancement des banques centrales.

Ce « shadow banking system » a connu un essor particulièrement marqué aux États-Unis. On a vu que les différentes institutions financières, ayant accordé les crédits subprimes, n'étaient soumises ni à une réglementation ni à une surveillance de la part des instances de contrôle.

Lors du premier sommet du G20, réuni à Washington le 15 novembre 2008, les chefs d'État et de gouvernement ont défini un certain nombre de principes de réformes des marchés financiers. Ils se sont engagés en particulier « ... à faire en sorte que tous les marchés, tous les produits et tous les acteurs soient soumis à une réglementation ou à une surveillance appropriée à leur environnement. »[270]

Une telle déclaration est de nature à surprendre, et ce dans la mesure où il paraît évident et naturel que toutes les activités à caractère bancaire doivent être soumises à une réglementation et à un contrôle de la part du régulateur.

Or, aux États-Unis par exemple, seules la collecte de dépôts, la négociation de titres sur des marchés organisés, la gestion pour le compte de tiers ainsi que l'offre de contrats d'assurances classiques (dommages, responsabilité civile, vie) étaient soumises à un certain encadrement réglementaire. En revanche, « ... les activités aussi importantes que l'offre de crédit, de services de paiement ou de garanties financières, ou encore le placement et la négociation

---

[270] CASSOU Pierre-Henri, « Quel champ pour la régulation bancaire et financière ? », in *Revue d'économie financière*, Année 2011, N°101, pp. 19- 28. Mis en ligne par cairn.info.

d'instruments financiers négociables de gré à gré ne faisaient pratiquement l'objet d'aucune forme de réglementation. »[271]

Ainsi, jusqu'à l'éclatement de la crise en 2008, plusieurs institutions financières importantes n'étaient soumises ni à des exigences de fonds propres fondées sur l'ensemble de leurs risques, ni même à une surveillance prudentielle sur base consolidée. Il en est ainsi des principales « investment banks » telles que Lehman Brothers, Merrill Lynch, Morgan Stanley, Goldman Sachs ainsi que de grands groupes d'assurances comme AIG ou encore les grands spécialistes du crédit tels que GE Capital, General Motors Acceptance Corporation (GMAC) et American Express. Il a fallu assister à la faillite de Lehman Brothers pour que des institutions comme Goldman Sachs, Morgan Stanley, American Express, GE Capital et GMAC adoptent le statut de « bank holding company » et soient, du même coup, soumises à la fois aux règles prudentielles applicables aux banques, en particulier les normes de Bâle, et à la surveillance du Federal Reserve Board.[272]

L'apparition de ce système parallèle s'explique par ce que l'on a déjà traité, à savoir le pouvoir des acteurs de la finance à innover pour contourner la réglementation, et ce en procédant aux différents arbitrages réglementaires. En effet, du moment que l'on considère que les banques de dépôt sont les seules institutions à être exposées au risque systémique, le régulateur américain s'est focalisé étroitement sur elles, ce qui a donné naissance à un système bancaire de l'ombre peu ou pas du tout réglementé. Ainsi, en mars 2008, soit juste avant la crise, le « shadow banking » aux États-Unis atteint une ampleur de 20 000 milliards de dollars, soit un montant supérieur à celui de l'ensemble des ressources du système bancaire classique, évaluées à 13 000 milliards de dollars.[273]

5.2. Supervision micro et macroprudentielle

Un autre problème réside dans l'hypothèse selon laquelle, la supervision microprudentielle, c'est-à-dire celle qui garantit la solidité et le bon fonctionnement de chaque institution prise individuellement, suffit à empêcher les crises systémiques. Aujourd'hui, il apparaît évident que la réglementation financière doit être également macroprudentielle, seule capable de contenir le risque systémique.

L'approche microprudentielle de la supervision bancaire part du principe que, pour garantir la stabilité financière, il suffit de limiter le risque de

---

[271] *Ibid.*
[272] *Ibid.*
[273] POZSAR Zoltan, TOBIAS Adrian, ASHCRAFT Adam et BOESKY Hayley, Federal Reserve Bank of New York Staff Reports, « Shadow Banking ». Cités par CASSOU Pierre-Henri, « Quel champ pour la régulation bancaire et financière ? », *op.cit.*

défaillance pour des institutions prises individuellement, et ce indépendamment de leur impact sur le reste de l'économie. Autrement dit, il suffit de se donner les moyens de s'assurer que chaque banque présente une situation financière, prudentielle et organisationnelle adéquate. Évidemment, la réglementation prudentielle répond pour l'essentiel à ce souci.

Par contre, dans l'esprit de la supervision macroprudentielle et dans une optique de stabilité financière, même si sur le plan individuel, chaque banque est capable de maitriser tous les risques auxquels elle s'expose, il peut y avoir instabilité financière. L'addition des comportements des différents agents économiques, souvent rationnels, peut, en effet, conduire à une instabilité financière.

Ainsi, comme le souligne MINSKY, le libre jeu des comportements individuels est particulièrement susceptible de générer une fragilité systémique dans un contexte de déréglementation de la finance. Pour lui, la finance est un monde en constante transformation ; les périodes de « tranquillité » ne durent qu'un temps, tôt ou tard la recherche du profit incitera les acteurs de la finance à innover, et ce en créant de nouveaux instruments profitables, mais plus risqués. Autrement dit, pour lui, « la stabilité est déstabilisatrice », d'où le titre de son ouvrage.[274]

Cette conception déjà adoptée par Keynes, qui considère que l'instabilité est le résultat des processus internes d'une économie capitaliste, contraste totalement avec la théorie néoclassique pour qui l'instabilité ne peut être que le fruit d'évènements extérieurs.

Pour MINSKY, les théories d'asymétries d'information sont incapables d'expliquer comment les marchés, de plus en plus efficients au sens microéconomique du terme, peuvent, néanmoins, générer une instabilité qui, étant donné les nombreuses crises se succédant depuis le krach d'octobre 1987, ne semble pas devoir se réduire notablement. La raison en est peut-être que ces explications ne se sont pas suffisamment écartées, dans leurs hypothèses, de l'idéal du marché autorégulateur.

En effet, du moment qu'il existe des interactions entre les décisions et les comportements des institutions financières qui induisent des externalités négatives, amplifiant ainsi les chocs auxquels celles-ci peuvent être exposées, la régulation microprudentielle des banques ne peut pas suffire à elle seule pour assurer la stabilité d'ensemble du système financier. Ce sont ces externalités qui font justement que le risque systémique doit devenir un champ additionnel de régulation.

---

274 MINSKY Hyman P., *Stabiliser une économie instable, op.cit.*

D'autre part, à l'heure où l'environnement financier évolue rapidement, où les banques sont de plus en plus actives dans les métiers de l'assurance et du marché des capitaux et où les groupes financiers gagnent en importance, il devient urgent de s'orienter vers une plus grande coordination ou intégration entre organismes de contrôle qui doit être érigée en un véritable axe prioritaire des politiques mises en œuvre dans chaque pays.[275]

Ce qui rend la supervision macroprudentielle encore indispensable, c'est que les effets sur l'économie réelle peuvent s'amplifier par le fait que la réglementation microprudentielle a un caractère procyclique ; les règles sur les exigences de fonds propres sont trop laxistes pendant les périodes d'expansion et trop contraignantes au moindre retour de la conjoncture, ce qui accentue les cycles économiques.

Ainsi, lors du cycle ascendant, la réglementation est très peu contraignante pour les banques, les actifs ne subissent pas de dépréciations importantes et ne nécessitent donc pas de sommes importantes de provisionnement, tout comme l'exigence de fonds propres (désormais étroitement liée au risque) ; les banques sont alors moins exigeantes vis-à-vis de leurs clients, s'en suit une fluidité dans l'octroi des crédits, puisqu'une certaine confiance s'installe.

À l'opposé, au moindre retournement du cycle économique, les effets inverses se produisent en cascades. Les difficultés se généralisent, les impayés sont fréquents et les banques deviennent, à juste titre d'ailleurs, plus averses aux risques. Les banques ont besoin de bien plus de fonds propres, étant obligées de respecter les ratios prudentiels ; elles se trouvent alors dans l'obligation de rationner les crédits même pour les bons clients qui se voient étranglés et étouffés par un manque de trésorerie comme bouffée d'oxygène. Cela pourrait alors avoir un effet néfaste sur l'économie dans son ensemble.

Ainsi, au lieu de permettre aux banques de venir en aide aux entreprises en période de récession, au moment où celles-ci en ont grandement besoin, agissant ainsi contre la tendance du cycle économique, la réglementation ne fait au contraire qu'aggraver cette tendance. La réglementation peut alors contribuer, non pas à prévenir, à empêcher ou à contenir les crises, mais à les amplifier. C'est ce que l'on a vécu avec la crise des subprimes.

De même, pendant les périodes de contraction et de récession, les banques ont plus de mal à accroître leurs fonds propres, et ce parce que leurs bénéfices, donc leurs capacités d'accumuler des réserves, diminuent. Elles pourraient aussi avoir plus de difficultés à émettre des dettes subordonnées à cause de la plus grande incertitude. Sous les effets combinés d'une augmentation des exigences de fonds propres (en raison du risque accru) et de la difficulté de

---

[275] Comme on va le détailler dans le chapitre suivant, au Maroc cet aspect de la supervision est même inscrit dans un chapitre de la loi bancaire, consacré au contrôle macroprudentiel.

mobiliser de nouveaux capitaux, les institutions seront amenées à réduire leurs crédits aux entreprises et aux ménages, aggravant ainsi la récession ou entravant la reprise.

D'autre part, les normes comptables IFRS (international financial reporting standards) ont privilégié l'évaluation des actifs en « fair value » fondée essentiellement sur les prix de marché. Cette décision repose sur l'hypothèse que le prix de marché est, à tout moment, la meilleure représentation de la « vraie » valeur d'un actif.

Protéger l'économie contre le risque systémique nécessite, certes, des actions préventives spécifiques ; toutefois, cette protection ne doit pas provenir seulement des régulateurs, mais également des banques elles-mêmes. En matière de prévention du risque systémique, ces actions doivent avoir comme objectif principal d'inciter les participants au système financier à pondérer, d'eux-mêmes, leurs expositions aux risques.

En effet, il y'a une évidence que l'on a, pourtant, tendance à oublier ou à omettre, c'est que les actionnaires sont les responsables, en dernier ressort, de la solidité financière de leur banque. En déléguant cette responsabilité aux dirigeants, ils doivent avoir un droit de regard sur leurs décisions. Comme on va le voir à la section suivante, ce qui complique les choses, c'est que, non seulement les intérêts des uns diffèrent de ceux des autres, mais cette relation est également régie par une asymétrie d'information au profit des dirigeants et au désavantage des actionnaires.

L'examen des causes et facteurs ayant conduit aux faillites et crises bancaires et financières, vécues précédemment, montre malheureusement que les actionnaires, au lieu de se préoccuper du long terme comme l'exige le bon sens, ont été le plus souvent victimes de la course de leurs dirigeants aux rendements à court terme.

De même, comme on l'a vu, le souci de l'évaluation du risque n'est pas toujours présent. Or, le cœur du métier du banquier est de procéder à l'évaluation des risques afférents à son activité avant de prêter de l'argent ou de prendre une position quelconque. C'est en fonction de cette évaluation, qui doit être la plus fine possible, qu'il doit prendre ses décisions.

Conclusion à la section I

Avant d'essayer de tirer les leçons de cette crise, puisque c'est l'objet de cette section où on a adopté une approche positive, on doit présenter la synthèse des facteurs et des responsabilités ayant conduit à cette crise.

Avançons déjà un principe selon lequel, tant que l'un ou plusieurs de ces facteurs sont à l'œuvre, cela ne servira à rien de renforcer et de durcir la réglementation d'ordre quantitatif ; quel que soit le degré de ce renforcement, les faillites et les crises bancaires continueront à faire partie de notre paysage financier : les mêmes causes finissent toujours par provoquer les mêmes effets.

En effet, comme on l'a déjà précisé, la crise qui s'est étendue au monde entier est une synthèse de plusieurs facteurs. Toutefois, tous ces facteurs montrent clairement que la sous-capitalisation est loin d'être responsable de la crise des subprimes au même titre d'ailleurs que des faillites et crises bancaires précédentes. Les responsabilités doivent être cherchées ailleurs.

Ainsi, comme le résume si bien LANDIER « … les processus internes et externes qui conduisent les banques, les brokers, les assureurs et les fonds d'investissement à anticiper et choisir le niveau de risque auquel ils s'exposent, sont soudain apparus comme l'organe malade du système financier et donc, une menace pour l'économie réelle. »[276]

Pour cet économiste, la responsabilité de ces acteurs « … ne se voit pas simplement suspectés d'avoir pris des risques nocifs pour l'économie dans son ensemble (appelant des régulations plus strictes), mais d'avoir agi au détriment de leurs actionnaires, indiquant une gouvernance du risque déficiente. »

Il ne s'agit pas, bien entendu, d'interdire la prise de risque par les banques, on a vu que c'est leur raison d'être ; « … le risque n'est pas mauvais en soi. S'il est la contrepartie d'un bénéfice futur suffisant, il est même bien sûr souhaitable (…) l'anorexie du risque est une maladie aussi grave que la surcharge du risque. »[277]

Il est alors manifeste que cette crise est, en premier lieu, due à une mauvaise gestion des risques, surtout ceux induits par les innovations financières (titrisation, mauvais critères de notation et de tarification de ces produits structurés, rôle des modèles utilisés, problèmes de conflits d'intérêts des agences de notation, manque de transparence dans les marchés, etc.).

Pour les agences de notation, il faut quand même préciser que leur responsabilité doit être nuancée ; les responsabilités doivent être cherchées plutôt du côté des autres intervenants (banques, investisseurs et régulateurs) qui leur avaient délégué un maillon important du dispositif de gestion des risques : leur évaluation et leur mesure en l'occurrence.

Alors que, comme on l'a vu, l'une des spécificités de la firme bancaire est sa capacité à réduire les asymétries d'information.

---

[276] LANDIER Augustin, « Les nouvelles frontières de la gouvernance du risque », *op.cit.*
[277] *Ibid.*

D'autre part, la réglementation de Bâle II doit, elle-même, être tenue, en partie, pour responsable, et ce du moment qu'elle a réduit significativement les fonds propres requis pour les actifs notés AAA. Ceci a évidemment attiré les banques par ces nouveaux produits structurés. À cela s'ajoutent également la cupidité des hauts dirigeants des institutions financières et le système de leur rémunération qui les poussent à la recherche de rendements élevés et à court terme, ce qui est indissociable d'un risque élevé et inconsidéré.

De même, comme on l'a vu avec MINSKY, l'interaction des comportements individuels, donc sur le plan microéconomique, est de nature à induire et à amplifier les risques d'instabilité financière (le risque systémique) sur le plan macroéconomique.

Différentes leçons doivent alors en être tirées :

La première est de toujours appliquer les règles de base de la gestion des risques, quel que soit le contexte économique ; l'appétit du risque des dirigeants doit être clairement défini et encadré. Pour cela, le processus d'indentification, d'évaluation et de gestion des risques doit faire partie intégrante des orientations stratégiques de la banque qui doivent être conçues et planifiées au plus haut niveau, soit au sein de l'organe d'administration. Ce faisant, les décisions d'investissement reposeront sur la gestion des risques et toute transaction importante doit faire l'objet d'une analyse préalable pour cerner tous les risques y afférents. Des tests rétroactifs ou « backtesting » et de résistance ou « stress testing », sur les risques réels que représentent ces transactions, doivent également être réalisés.

S'agissant de la stabilité financière et la gestion du risque systémique, il faut partir du fait, souligné par MINSKY, que nos économies ne sont pas composées d'une simple juxtaposition des risques individuels, mais plutôt d'une combinaison et d'un enchevêtrement d'externalités et d'interdépendances. Il faut alors considérer que les fragilités bancaires ont une dimension à la fois micro et macroéconomique.

Par ailleurs, en ce qui concerne les méthodes envisagées, il ne s'agit pas de s'orienter systématiquement vers un durcissement et une extension des réglementations, mais plutôt vers davantage de discipline de marché et d'autorégulation des prises de risques.

Ainsi, s'agissant de la crise des subprimes, pour étayer ce que l'on a déjà souligné dans le premier chapitre lorsque l'on a abordé les limites de Bâle II, on va emprunter une analogie faite par l'économiste SORNETTE qui, pour schématiser, a comparé la situation qui prévalait avant la crise de 2008 à l'image d'une règle tenue verticalement sur le doit d'une main. Cette position est intrinsèquement instable et devrait conduire tôt ou tard à sa chute, et ce au moindre mouvement de la main ou en raison d'un léger courant d'air. La chute est alors liée fondamentalement au caractère instable de la position. La cause immédiate de la chute est, elle, secondaire.[278]

Autrement dit, la situation qui prévalait avant 2008 portait, en elle-même, les germes de la crise. Quant aux responsabilités des autres facteurs que l'on a analysés, ils sont secondaires. Les véritables raisons résident dans la prise de risques inconsidérés par les managers, ne voyant que le rendement immédiat.

Ce même constat a été dressé en ce qui concerne les faillites et les pertes subies par certaines banques (les caisses d'épargne américaines, Barings, Daiwa et Société Générale France) ; elles résultent de l'absence de dispositifs de contrôle interne et de gestion des risques rigoureux.

La question fondamentale que l'on doit se poser est alors de savoir comment profiter de ces leçons, tirées des expériences fournies par les différentes faillites et crises bancaires, pour asseoir une réglementation susceptible d'éviter ou, du moins, réduire la fréquence et l'impact de ces faillites et crises bancaires. De cette question, on passera de l'approche positive, où on est parti des situations concrètes, à une approche normative où on essaiera de présenter une esquisse de ce que devrait être une réglementation optimale.

SECTION II : Pour une esquisse d'une réglementation optimale

Comme on l'a vu dans la section précédente, il est difficile de rendre la réglementation responsable des faillites et crises bancaires précédentes, c'est faire preuve de myopie intellectuelle que de vouloir tenir cette réglementation pour responsable. Elle a peut-être participé à son amplification par son caractère procyclique, mais elle n'a pas contribué à son déclenchement.

En fin de compte, c'est toujours le risque opérationnel qui en est le principal déclencheur. Pour rappel, le risque opérationnel est défini par le Comité de Bâle comme étant le risque de pertes résultant de carences ou de défaillances inhérentes :

– aux procédures,

– aux personnes,

– aux systèmes internes

– ou à des évènements extérieurs.

---

278 SORNETTE Didier. Cité in, « La crise des subprimes », Rapport établi par ARTUS Patrick, BETBÈZE Jean-Paul, DE BOISSIEU Christian et CAPELLE-BLANCARD Gunther, in *La Documentation française*. Mis en ligne par cae-eco.fr

Comme c'est difficile d'imaginer l'absence de procédures au sein de grandes banques qui ont fait faillite ou qui ont essuyé de grosses pertes, on doit conclure que c'est toujours le facteur humain qui s'avère responsable, en premier lieu, de tous les dérapages vécus par la finance à l'échelle mondiale (non-respect des procédures, défaillance des contrôles à tous les niveaux, etc.).

Ainsi, que ce soit le cas de la Barings, de Daiwa, de la Société Générale France ou de la crise des subprimes, c'est toujours les contrôleurs et les auditeurs internes ainsi que les responsables de gestion des risques et de conformité qui ont failli à leur mission.

D'ailleurs, plusieurs études universitaires sont arrivées à la conclusion que la gouvernance a été le principal facteur ayant conduit aux dérives que l'on a connues.

Il faut alors se diriger vers un renforcement de saines pratiques de gouvernance et non vers un durcissement des règles d'ordre quantitatif. On a vu, en effet, que l'inclusion du risque opérationnel dans le dénominateur du ratio de solvabilité n'a pas empêché les dérives connues par la Société Générale.

Paragraphe I : L'esprit de Bâle II comme fondement d'une réglementation optimale

Si les différentes règles prudentielles n'ont pas pu empêcher les crises, c'est qu'il y'a quelque chose qui manque : les saines pratiques de gouvernance.

La réglementation quantitative est indispensable, les différents ratios que l'on peut exiger des banques doivent être considérés, avant tout, comme des normes de gestion. Toutefois, ils ne doivent pas brider l'élan et l'activité des banques. Bien au contraire, un PNB élevé peut améliorer leur solvabilité, et ce dans la mesure où il constitue une source importante et inépuisable d'augmentation de leurs fonds propres et partant, d'amélioration de leur solvabilité. À condition, bien entendu, de mettre en place des dispositifs de contrôle interne et de gestion des risques rigoureux pour éviter tout dérapage. En d'autres termes, tant que l'on ne fait rien pour encadrer les comportements spéculatifs, les bulles finissent toujours par éclater (bulle internet 1998-2000, bulle des prêts au logement 2008, etc.).

Ce principe a d'ailleurs été mis en exergue par Alan GREENSPAN en 2011 dans une tribune libre. Pour lui, le resserrement de la contrainte réglementaire sur les fonds propres n'aboutira qu'à une accumulation de ressources dormantes (donc oisives) qui devraient être plutôt orientées vers le financement des investissements des entreprises et de l'État ainsi que vers les projets et la consommation des ménages. Au lieu de cela, elles sont consacrées à la « … lutte contre des crises qui ne surviennent que tous les cinquante ou cent ans », entraînant par là même un « … excès de marges aux dépens de nos niveaux de vie. »[279]

En effet, la réglementation bancaire ne doit pas viser l'objectif d'une sécurité à 100 % qui serait illusoire ; rechercher une sécurité absolue conduirait alors à limiter grandement l'initiative et surtout la responsabilité des banques et nuirait, finalement, à la sécurité en réduisant leur rentabilité. Or, la rentabilité est la principale source d'alimentation des fonds propres.

D'autre part, on a déjà insisté sur le fait que les banques risquent d'adopter un comportement contraire à l'objectif visé par le régulateur, à savoir adapter leur portefeuille en formant un « couple risque/rentabilité » réglementairement efficient, mais avec des conséquences encore difficiles à estimer.

D'ailleurs, lorsque l'on a abordé la notion de « fonds propres économiques » introduite par le pilier II, on a souligné que le Comité lui-même « … admet l'existence d'un lien entre le montant des fonds propres détenus par une banque, au regard de ses risques, et la rigueur et l'efficacité de ses processus de gestion des risques et de son dispositif de contrôle interne. » Il estime ainsi que « … l'augmentation des fonds propres ne devrait pas être considérée comme l'unique moyen de réagir à un accroissement des risques (…) ils ne permettent pas de régler, à eux seuls, le problème de procédures de contrôle ou de gestion des risques fondamentalement insuffisantes. » De même, le Comité considère que la « … structure de contrôle interne d'une banque est essentielle pour le processus d'évaluation des fonds propres. »[280]

En d'autres termes, le mode de gouvernance et la qualité du management doivent être envisagés en premier lieu.

L'importance du processus de surveillance prudentielle apporté par le pilier II réside ainsi dans le fait qu'il est de nature à inciter les banques à élaborer et à utiliser les meilleures techniques de surveillance et de gestion des risques.

Notre objectif dans cette section est alors de chercher une réglementation qui se baserait avant tout sur des aspects qualitatifs. On considère qu'une réglementation quantitative ne peut pas, à elle seule, garantir une maitrise de la prise de risques, encore faut-il que le comportement et les décisions des managers soient encadrés par des dispositifs de contrôle adéquats.

---

[279] Cités par PANIZZA Ugo, « La finance et le développement économique », *op.cit.*

[280] Comité de Bâle sur le contrôle bancaire, « Convergence internationale de la mesure et des normes de fonds propres », *op.cit.*, pp. 223 et 228.

C'est le seul moyen d'éviter de répéter les erreurs habituelles commises dans le passé. Or, comme on l'a déjà remarqué, à la suite de chaque faillite ou crise bancaire, le premier réflexe des architectes de la réglementation, au sein du Comité de Bâle, est de durcir ces exigences réglementaires, estimant que c'est uniquement par l'alourdissement de la réglementation d'ordre quantitatif que l'on pourrait éviter les errements que l'on a connus par le passé.

D'autre part, l'entrée en lice des mathématiques dans le processus de gestion des risques, encouragée aussi par les régulateurs, a donné naissance à une réglementation trop complexe et qui échappe, en fin de compte, à tout le monde (organes d'administration, régulateurs et dirigeants eux-mêmes).

Comment alors faire en sorte pour que la réglementation, qui est, bien entendu, indispensable, ne freine pas trop le financement de l'investissement productif, un financement nécessaire pour relever le défi de croissance et de la lutte contre le chômage ?

Il apparaît alors plus que jamais nécessaire de repenser sérieusement les fondements de la réglementation bancaire.

Par ailleurs, une réglementation quantitative, même couplée à une autre d'ordre qualitatif, serait également inefficace si elle n'est pas respectée par les assujettis. En raison des coûts qu'elle leur occasionne, ils useront de tous les moyens pour la contourner. D'où l'importance également d'une supervision et un suivi par le régulateur.

Dans ce cadre, le régulateur doit adapter et renforcer non seulement les règles de prudence applicables aux établissements de crédit, mais également ses propres méthodes de contrôle. Il doit, de ce fait, examiner et apprécier les évaluations internes d'adéquation des fonds propres et les stratégies développées par les établissements pour éventuellement exiger d'eux des mesures correctives (demande de capitalisation supplémentaire, modification ou renforcement des systèmes internes de contrôle et de gestion des risques, etc.). De cette façon, il ne se contentera plus des seuls fonds propres réglementaires qui ont pour objectifs de couvrir les seules pertes attendues, mais s'intéressera également aux fonds propres économiques qui doivent en plus couvrir les pertes non attendues.

Le régulateur doit s'appuyer, pour cela, sur les recommandations du pilier II de Bâle II qui obligent chaque établissement à calculer, lui-même, le montant des fonds propres (économiques) qu'il doit détenir et qu'il estime nécessaires pour couvrir l'ensemble de ses risques. Autrement dit, un établissement de crédit peut estimer que son ratio réglementaire doit excéder 8 %, si les autres risques ne sont pas bien maitrisés par des contrôles adéquats à tous les niveaux.

D'ailleurs, en vertu toujours du pilier II, le régulateur dispose d'un pouvoir discrétionnaire lui permettant d'exiger d'un établissement de crédit de respecter un ratio supérieur à la norme de 8 %, et ce chaque fois qu'il estime que ses dispositifs de contrôle interne et de gestion des risques n'offrent pas toutes les garanties quant à la maitrise de tous les risques (leur identification, leur évaluation et leur surveillance). Le pilier II offre alors un pouvoir dissuasif pour une prise de risques inconsidérés par les banques.

Enfin, le régulateur doit s'appuyer également sur le pilier III de Bâle II pour exiger la mise en place d'une meilleure communication destinée au public. Cette communication ne se contentera pas d'une simple publication financière, elle doit également renseigner sur la qualité des dispositifs de contrôle inerme et de gestion des risques mis en place. Ceci est de nature à influencer le comportement des établissements de crédit en les incitant à mettre en place de meilleurs dispositifs de gestion des risques individuels auxquels ils s'exposent, et ce en les soumettant à des règles prudentielles de contrôle externe ainsi qu'à l'organisation d'un contrôle interne efficace.

Ce sont là les deux piliers d'une réglementation optimale, à savoir :

– une réglementation simple, non contraignante, applicable à tous et contracyclique

– et un superviseur bancaire puissant et indépendant.

1.1. Élaborer une réglementation simple, non contraignante, applicable à tous et contracyclique

Toutes ces considérations militent pour que les régulateurs soient beaucoup plus prudents dans le processus d'adaptation de leurs réglementations. Cette adaptation indispensable doit obligatoirement passer par un dosage qui d'une part, doit garantir une amélioration du fonctionnement de l'industrie bancaire assurant l'efficacité productive et d'autre part, fournir les garanties nécessaires pour une stabilité et une sécurité du système financier dans son ensemble. C'est le difficile compromis efficacité/stabilité. Autrement dit, il ne s'agit pas de sacrifier l'une au profit de l'autre, et ce comme l'exige le « free banking » d'un côté et le « narrow banking » de l'autre.

1.1.1. Une réglementation non contraignante

La réglementation prudentielle n'a pas pour objet d'éliminer tous les risques auxquels s'exposent les banques, car l'une des justifications économiques de leur métier, comme celui des entreprises d'assurances d'ailleurs, consiste justement à prendre des risques en échange d'une rémunération.

D'un autre côté, on a souligné que la réglementation accroît l'instabilité, et ce par l'arbitrage réglementaire qu'elle suscite (titrisation, shadow banking, réajustement du portefeuille pour plus de rentabilité, donc plus de risques, etc.). Elle doit alors viser plutôt à s'assurer que chaque établissement se donne tous les moyens (financiers, humains, techniques et organisationnels) pour gérer ces risques (identification, mesure et maitrise).

Aller trop loin dans les exigences quantitatives serait prendre un risque réel sur le financement de la croissance. Dans ce contexte, en effet, et comme on l'a déjà souligné à plusieurs reprises, la profession bancaire est particulièrement préoccupée par l'importance des ajustements nécessaires auxquels elle doit procéder pour se conformer en permanence aux nouvelles réglementations ainsi que les impacts plus spécifiques que pourraient avoir ces règles sur son « business model » et sur le coût et le volume des financements.

Il faut alors éviter les éventuels effets négatifs de toute réforme.

1.1.2. Une réglementation plus simple et facilement applicable

Comme on l'a présenté au premier chapitre, en l'espace de 30 ans, le cadre réglementaire appliqué aux banques a considérablement évolué, et ce en vue d'essayer de l'adapter au contexte économique en constante mutation ainsi qu'aux crises et faillites bancaires vécues. Chaque faillite bancaire et chaque crise financière offrent l'occasion de se poser des questions : comment se fait-il que tout cet arsenal de règles (pourtant, très sophistiquées, complexes et très contraignantes pour les banques) n'ait pas pu empêcher ou, du moins, réduire l'ampleur et la fréquence de ces crises et faillites ?

L'une des raisons citées réside dans le caractère complexe de ce cadre réglementaire. C'est ainsi que ROCHET[281] pointe du doigt un déséquilibre entre le pilier I et les autres piliers de l'Accord Bâle II. Il n'a pas hésité à affirmer par exemple que le pouvoir discrétionnaire laissé aux régulateurs nationaux par le pilier II, pour interpréter de façon plus ou moins laxiste les exigences de fonds propres relatifs au pilier I, vise avant tout à leur permettre de corriger les imperfections de ce ratio de solvabilité. Ces imperfections sont dues, selon lui, notamment à la complexité du pilier I ; le ratio de solvabilité et plus généralement, les indicateurs réglementaires, sont trop complexes et doivent être simplifiés.

Dans la mesure où on ne pourra jamais résumer dans des formules mathématiques toute la complexité de l'activité des banques, toute la multitude des risques auxquels elles s'exposent ainsi que les différents dispositifs de contrôle interne et de gestion des risques que chaque banque

---

[281] ROCHET Jean-Charles, « Le futur de la réglementation bancaire », *op.cit.*

doit mettre en place, il faut alors choisir des indicateurs qui sont plus simples et aisément applicables et vérifiables.

On est alors en droit de s'interroger avec ROCHET : pourquoi avoir passé autant de temps à spécifier, dans les moindres détails, le ratio de solvabilité si on admet, du même coup, qu'il doit être complété par le pilier II ? Au lieu d'élaborer une réglementation qui est plus claire et plus simple, harmonisée et facile à observer ou à estimer, on préfère déléguer à chaque superviseur le soin de la compléter par des exigences discrétionnaires.

On a vu également que Bâle IV a même reconnu que les ratios de solvabilité déclarés par les banques sont contestables et contestés.

Pour s'adapter à ce cadre réglementaire de plus en plus complexe, les banques sont obligées de recourir à des modèles et à des formules et équations mathématiques extrêmement complexes et faisant intervenir plusieurs paramètres difficiles à estimer ainsi qu'à des logiciels sophistiqués et très coûteux.

Ce qui complique le problème, c'est que, étant donné la difficulté que trouvent les régulateurs à vérifier ces formules, ils ont été acculés à adopter les mêmes méthodes utilisées par les grandes banques pour mesurer les risques et partant, calculer les exigences de fonds propres relatifs à ces risques.

Par ailleurs, comme il a été souligné précédemment, la complexité du cadre réglementaire et des nouveaux produits financiers structurés a également donné aux mathématiques un pouvoir dangereux dans le processus de gestion des risques. On a déjà vu que la méthode VaR, en se basant sur des hypothèses qui n'englobent pas des évènements extrêmes, n'arrive pas à donner une mesure exacte des risques. Ceci a, bien entendu, encouragé les banques à mettre au point des financements structurés complexes avec les risques que l'on connaît.

1.1.3. Une réglementation applicable à tous les acteurs de la sphère bancaire

Dans une économie mondialisée et où les transactions sont internationalisées, les réglementations bancaires devraient s'appliquer à l'ensemble des établissements qui opèrent sur les marchés financiers. Mais malheureusement dans la pratique, tous les pays ne jouent pas le jeu ; les réticences américaines à contraindre le bilan de leurs banques en sont un exemple inquiétant. Ce qui est paradoxal, comme on l'a vu, c'est que ce sont les États-Unis qui ont toujours été les instigateurs des Accords de Bâle et les théories qui ont essayé d'élaborer un cadre théorique, pour justifier la nécessité de cette réglementation, se sont basées sur le modèle américain.

Comment peut-on alors espérer établir une concurrence loyale dans un contexte de transactions croisées à l'échelle internationale, instantanées et dématérialisées ?

L'instauration et le renforcement de la concurrence bancaire s'avèrent alors des objectifs ultimes pour la réglementation, et ce pour pouvoir égaliser les conditions de « libre jeu » entre les banques sur le marché. Un environnement concurrentiel permet au système bancaire de se développer et de préserver sa stabilité et sa solidité.

En effet, l'activité bancaire concentre des risques, dont l'impact, outre une éventuelle défaillance des banques elles-mêmes, peut déborder sur les autres acteurs de l'économie. Face à ces risques, les régulateurs doivent non seulement soumettre tous les intervenants dans les opérations bancaires à des règles spécifiques, mais également surveiller le respect de ces règles par tous les assujettis, seul moyen de s'assurer de la bonne santé du secteur bancaire.

1.2. Un superviseur bancaire puissant et indépendant

La façon avec laquelle la crise financière récente des subprimes s'est propagée pour toucher tous les compartiments des systèmes financiers, tous les acteurs pour, finalement, frapper l'économie réelle et les États, fait qu'il est plus que jamais impératif que la communauté internationale se donne tous les moyens nécessaires pour asseoir un système bancaire fiable et efficient, seul garant d'une croissance saine et pérenne de l'économie.

L'une des premières conditions est de donner à l'autorité de contrôle une indépendance, un pouvoir et des moyens humains, financiers et techniques pour bien accomplir sa mission.

1.2.1. Indépendance de l'autorité de contrôle

L'indépendance des autorités de supervision doit être clairement stipulée dans le référentiel légal de chaque pays, et ce en matière de formulation de la réglementation et de supervision des institutions financières (élaboration des règles prudentielles qui sont juridiquement contraignantes, droit exclusif d'accorder et de retirer les agréments et d'imposer des sanctions et de mettre en œuvre des actions de supervision).

D'autre part, les régulateurs doivent disposer d'outils pour mener à bien cette lourde tâche qui consiste à assurer la stabilité du système bancaire, contribuant ainsi à la protection de l'épargne du public et au bon fonctionnement des circuits financiers.

Pour cela, il faut leur donner le pouvoir de mettre sous tutelle les banques en difficulté avant qu'elles ne mettent véritablement en danger les fonds de leurs déposants ou la stabilité du système financier.[282]

1.2.2. Articulation d'un contrôle sur place et un contrôle permanent pour une supervision proactive se basant sur les risques

La crise actuelle a montré que la supervision bancaire est insuffisamment proactive, elle est plutôt réactive. Alors que le régulateur est censé ne pas attendre que la situation d'un établissement soit irrémédiablement compromise pour intervenir ; il doit définir des indicateurs d'alerte lui permettant d'intervenir de façon précoce pour gérer les difficultés que les banques peuvent rencontrer dans l'exercice de leurs activités.

Pour ce faire, il doit asseoir une supervision proactive se basant sur les risques. Il doit intervenir de façon coercitive et graduelle dans la gestion des banques en difficulté, et ce au fur et à mesure de la dégradation de leur situation.

Dès que le régulateur aura détecté des évolutions défavorables, sans que la situation soit irrémédiablement compromise, il doit intervenir très rapidement et très discrètement pour promouvoir le redressement de la situation.

Ainsi, il ressort de la première page de la partie consacrée au pilier II que les autorités de contrôle doivent évaluer la qualité du dispositif interne mis en place par les banques pour le calcul de leurs besoins en fonds propres en fonction des risques et d'intervenir, si nécessaire. « Cette interaction vise à favoriser un dialogue actif entre banques et autorités de contrôle, de façon que, lorsque des insuffisances sont constatées, des mesures rapides et décisives puissent être prises pour atténuer le risque ou rétablir le niveau de fonds propres. En conséquence, les autorités de contrôle pourraient souhaiter adopter une approche davantage centrée sur les établissements dont le profil de risque ou les pratiques justifient une telle attention. »[283]

Parallèlement, le régulateur peut ouvrir une procédure disciplinaire entourée de garanties visant au strict respect des droits de la défense ; l'échelle des sanctions peut aller de l'avertissement jusqu'au retrait d'agrément. Entre ces deux extrêmes se trouve une multitude d'autres sanctions persuasives.[284]

De même, ce qui a été déjà dit, concernant les agences de notation, doit s'appliquer également aux commissaires aux comptes ; il faut instituer un régime d'audit externe indépendant, et ce pour que les utilisateurs des états

---

[282] *Ibid.*

[283] Comité de Bâle sur le contrôle bancaire, « Convergence internationale de la mesure et des normes de fonds propres », *op.cit.*, p. 223.

[284] Cf. Chapitre suivant, traitant du cas marocain.

financiers reçoivent l'assurance, d'une source indépendante, que les comptes présentent une image fidèle de la situation financière d'une banque et qu'ils sont établis conformément à des principes comptables reconnus, avec engagement de la responsabilité de ces auditeurs.

Par ailleurs, la mission des commissaires aux comptes doit dépasser la seule certification des comptes et doit examiner également les aspects relatifs à la gouvernance (dispositifs de contrôle interne et de gestion des risques, conformité, etc.).

Ces professionnels compétents, indépendants et expérimentés doivent travailler selon des règles techniques et déontologiques transparentes, et qui doivent être fixées conformément aux normes internationales, contrôlées et soumises à une surveillance appropriée de la part des régulateurs. Le cas d'Enron est édifiant à cet égard.

1.2.3. Prévention et gestion du risque systémique

La surveillance par toutes les parties prenantes (régulateur, organes sociaux, commissaires aux comptes) ne peut pas éviter les risques qui font partie du métier des banques et constituent finalement leur de raison d'être ; de ce fait, elle ne peut pas non éviter toute défaillance individuelle d'une banque. Par conséquent, certaines banques peuvent rencontrer, lors de l'exercice de leurs activités, des difficultés de tout genre ; dans ce cas, le régulateur doit disposer de procédures de traitement de ces difficultés avant qu'elles dégénèrent en faillites ou crises qui alimenteraient le risque systémique.

En effet, la mise en place de nouveaux ratios réglementaires ne suffira pas à garantir la stabilité et l'efficience du système financier. Au-delà de la régulation du « shadow banking » déjà évoquée, il faudra parachever les dispositifs de traitement des difficultés bancaires, et ce afin de mieux traiter le dilemme du « too big to fail ». On a déjà vécu cette situation avec la crise actuelle qui a montré que le cadre de résolution des crises est inadapté, et ce en raison, notamment, du problème du « too big to fail » ; les deux cas de Northern Rock et Lehman Brothers illustrent bien cette problématique.

De plus, dans des circonstances exceptionnelles, le régulateur peut, dans le cadre de la solidarité de la place, demander et organiser le concours de l'ensemble des banques en vue de renflouer une banque en difficulté, et ce dont l'objectif est de protéger les intérêts des déposants et des tiers, de veiller au bon fonctionnement du système bancaire et de préserver le renom de la place.

Ainsi, il est fondamental que les régulateurs mettent en place des procédures formalisées qui montrent clairement dans quel cas et comment ils doivent agir. C'est la seule façon d'asseoir leur crédibilité, évitant ainsi l'aléa moral qui pousserait les banques à augmenter leurs prises de risque pendant les périodes fastes.

Une loi sur les faillites bancaires, autorisant l'expropriation des actionnaires, est de nature à assurer cette crédibilité et éviter l'aléa moral. Cette loi doit donner clairement aux autorités de contrôle une indépendance complète vis-à-vis des pouvoirs publics.

Elle doit également fixer des critères simples et observables quant aux conditions d'intervention du superviseur.

En effet, le risque d'aléa moral peut augmenter si l'autorité de supervision peut gérer la liquidité des banques à sa discrétion. De même, au cas où les décisions de la banque centrale seraient discrétionnaires, l'incertitude sur les marchés peut augmenter ; ce qui revient à dire que si l'autorité de supervision est également gestionnaire des liquidités, le risque d'aléa moral et l'incertitude sont susceptibles d'augmenter.[285] Il faut alors instituer des instruments clairs pour gérer les banques en difficulté.

Paragraphe II : Pour une réglementation optimale se basant, notamment, sur des aspects qualitatifs

On a montré, tout au long des développements précédents et à travers l'examen des faillites et crises bancaires survenues dans le passé, que les règles d'ordre quantitatif sont insuffisantes pour garantir la solvabilité d'une banque. Par contre, des dispositifs de contrôle interne et de gestion des risques rigoureux peuvent être efficaces.

D'un autre côté, il est illusoire de vouloir traiter les banques comme si elles constituent un groupe homogène auquel on peut appliquer une réglementation uniforme :

– elles peuvent avoir des activités différentes, plus ou moins complexes, avec de nombreux métiers différents, y compris des activités non bancaires ;

– elles n'ont pas la même taille ;

– elles ne sont pas censées s'exposer aux mêmes risques et avec la même intensité (les banques sont sujettes à plusieurs types de risques) ; même si c'est le cas, elles ne sont pas censées disposer de la même qualité des systèmes de contrôle, de gestion et de maitrise des risques.

En effet, on doit toujours garder à l'esprit que les risques sont endogènes, ils sont le résultat de décisions prises par leurs managers (fixer des limites ou

---

[285] MASCIANDARO Donato et NIETO J. Maria, « Gouvernance du Mécanisme de supervision unique : quelques réflexions », in *Revue d'économie financière,* 2013/4, N°112, pp. 51-70. Mis en ligne par cairn.info.

pas, opérer dans des marchés de gré à gré ou organisés, garder une position ouverte ou la couvrir, accorder un crédit ou le refuser, etc.). Par conséquent, à l'aide d'une bonne gouvernance, basée en premier lieu sur des dispositifs actifs de contrôle interne, de gestion des risques et de conformité, une banque peut maintenir ses pertes à l'intérieur de limites qu'elle fixe elle-même, lui permettant ainsi d'opérer de fréquents ajustements de ses expositions aux différents risques. Cela est, bien entendu, censé être défini clairement dans les orientations stratégiques telles qu'elles doivent être validées par l'organe d'administration.

Vue sous cet angle, la réglementation doit alors intervenir en amont, et ce en exerçant une influence sur la prise de risque excessive par les managers. Ceci doit passer par la mise en place d'une structure de gouvernance efficiente qui, avec des organes d'administration possédant un meilleur pouvoir de surveillance, pourrait être utile à la gestion bancaire. Le cadre réglementaire doit, pour cela, exiger une série de critères qualitatifs en complément des ratios quantitatifs. De même, une supervision bancaire efficace doit se baser avant tout sur un jugement qualitatif portant sur la pertinence et la rigueur de l'environnement du contrôle dans chaque établissement.

La problématique que l'on a formulée et qui consiste à proposer une réglementation optimale, se basant en premier lieu sur des aspects qualitatifs, consiste alors à identifier et analyser les méthodes de gestion des risques qui sont les plus solides et les plus efficaces ainsi que, d'une façon générale, les bonnes pratiques de gouvernance.

Autrement dit, on considère que la mise en place d'un bon système de gouvernance est une condition nécessaire pour assurer et maintenir la stabilité du système financier.

2.1. Théorisation de la gouvernance d'entreprise

On a intitulé ce paragraphe « théorisation de la gouvernance » au lieu de « théories de la gouvernance », et ce dans la mesure où il n'y a pas encore de théorie sur laquelle on peut dire qu'une certaine unanimité se dégage. On assiste plutôt à plusieurs approches qui ont essayé, chacune de son côté, d'apporter une pierre à l'édifice.

Notre objet ici n'est pas de ressasser toutes ces approches, on va juste essayer d'en tirer quelques enseignements pour la suite de ce travail.

Pour plus de détail, on renvoie le lecteur à l'article[286] de BENJAMIN et WEINSTEIN, où on peut trouver une excellente synthèse de toutes ces approches.

Ainsi, on distingue deux grands courants :

Le premier, baptisé « conception contractuelle de la firme », s'inscrit dans le cadre d'analyse néoclassique et où la firme n'a pas d'existence propre, c'est une simple continuité du marché.

Le courant alternatif, quant à lui, est constitué d'« approches dites cognitivistes » qui se démarquent du cadre d'analyse néoclassique, et ce en s'appuyant sur la firme en tant qu'entité ayant sa personnalité, ses propriétés et ses caractéristiques propres.

2.1.1. « Conception contractuelle de la firme »

Elle comprend trois variantes :

– la théorie des coûts de transaction ;

– la théorie de l'agence ;

– la théorie des contrats incomplets et des droits de propriété.

Toutefois, on s'intéressera surtout à « la théorie de l'agence » qui est la plus dominante et la plus citée.

S'agissant de « la théorie des coûts de transaction », comme on l'a déjà évoqué, elle a été initiée par COASE et développée essentiellement par WILLIAMSON[287]. Dans cette conception, on ne trouve rien sur la gouvernance d'entreprise.

En effet, pour ces auteurs, l'entreprise s'est imposée comme une organisation et une coordination alternative au marché, et ce dans la mesure où le recours à ce dernier génère des coûts de transaction (chercher un contractant, engager des négociations, choisir les termes du contrat, etc.). On retrouve ici les fondements théoriques de la « notion de filière » qui loue les mérites de l'intégration verticale (ou l'internalisation des coûts) au sein de la firme.

---

286 CORIAT Benjamin et WEINSTEIN Olivier, « Les théories de la firme entre « contrats » et « compétences » », in *Revue d'économie industrielle*, 129-130| 1er et 2e trimestre 2010, document 4. Mis en ligne par journalsopenedition.org.

287 – COASE Ronald Harry, « The Nature of the Firm ». in *First published*, November 1937. Mis en ligne par edisciplinas.usp.br.

– WILLIAMSON Oliver E., « Markets and Hierarchies : Analysis and Antitrust Implications », in *Free Press, a division of Macmillan, Inc., New York*, Cité par LAVASTRE Olivier, « Les Coûts de Transaction et Olivier E. Williamson : Retour sur les fondements », in *Faculté des Sciences de l'administration, Université Laval Québec*. Mis en ligne par strategie-aims.com.

« La théorie des contrats incomplets et des droits de propriété » a quant à elle été développée par GROSSMAN, HART et MOORE[288]. Comme la précédente, elle considère que l'entreprise est régie par des contrats entre les parties qui la composent, ignorant ainsi la relation actionnaires/managers et par conséquent, ne prend pas en considération l'entreprise en tant qu'entité à part entière et ayant des caractéristiques qui lui sont propres.

Quant à « la théorie de l'agence », elle part d'une situation qui caractérise les grandes entreprises et où on assiste à une nette séparation entre la propriété (qui revient aux actionnaires) et le pouvoir de décision (qui est entre les mains des dirigeants). Cette séparation découle du phénomène de délégation, les actionnaires étant obligés de déléguer la gestion de leur société à des personnes qui en ont les compétences requises et qu'ils ne possèdent pas forcément.

Cette séparation crée des conflits d'intérêts (ou d'agence) entre les propriétaires « actionnaires » (le principal) et les dirigeants (l'agent). En effet, dans la mesure où, si les administrateurs, représentant les actionnaires, ne font que fixer des objectifs généraux aux dirigeants, ceux-ci disposent par contre d'une certaine marge de manœuvre pour les décliner sur le plan opérationnel. Le pouvoir réel de décision est ainsi détenu par eux, et ce en raison de leur accès privilégié aux informations qui leur confère une compétence décisionnelle.

On retrouve cette opposition dans la définition « d'une relation d'agence » que Michael C. JENSEN et William H. MECKLING définissent comme étant un contrat en vertu duquel une ou plusieurs personnes (les mandants) engagent une autre personne (l'agent) pour effectuer un service en leur nom, ce qui implique de déléguer un pouvoir décisionnel à l'agent. En raisonnant dans le modèle libéral et dans la mesure où les deux parties à la relation sont des maximisateurs d'utilité, ces auteurs arrivent à la conclusion qu'il y a de bonnes raisons de croire que l'agent n'agira pas toujours dans le meilleur intérêt du mandant.[289]

En d'autres termes, le propriétaire/actionnaire ne peut pas être assuré que le dirigeant va mettre en œuvre tous les moyens les plus adaptés pour dégager

---

288 – GROSSMAN Sanford J. et HART Oliver D., « The Costs and Benefits of Ownership : A Theory of Vertical and Lateral Integration », in *Journal of Political Economy*, 94 (2), pp. 691-719. Mis en ligne par dash.harvard.edu.
– HART O. et MOORE John, « Property Rights and the Nature of the Firm », in *Journal of Political Economy*, 98 (6) : pp. 1119-1158. Cités par CORIAT Benjamin et WEINSTEIN Olivier, « Les théories de la firme entre « contrats » et « compétences » », *op.cit.*

289 JENSEN Michael C. et MECKLING William H., « Theory of The Firm : Managerial Behavior, Agency Costs and Ownership Structure », in *Journal of Financial Economics,* 3 (1976), pp. 305-360, *University of Rochester.* Mis en ligne par josephmahoney.web.illinois.edu.

un profit maximum. Il existe un risque que le dirigeant ne poursuive pas cet objectif de maximisation du profit. C'est pour cela d'ailleurs que, comme on va le voir par la suite, l'organe d'administration doit nommer en son sein des organes (des comités d'audit, des risques, de nomination et de rémunération ainsi qu'une fonction d'audit interne), seule façon de mettre en place, entre lui et les dirigeants, un relais porteur d'informations.

En effet, la généralisation de la forme juridique de « société anonyme », dans les systèmes capitalistes, a conduit à une séparation croissante entre propriété et gestion de ces entreprises. Plusieurs auteurs ont soulevé ce problème ; on peut déjà remonter à Adam SMITH[290] qui exprimait, dans son ouvrage célèbre *la richesse des nations*, ses craintes de voir les dirigeants faire preuve de négligence lors de la gestion de la fortune d'autrui.

Autrement dit, le fait que « le principal » compte sur « l'agent », pour faire fructifier ses capitaux, fait que l'on se trouve devant une situation où l'un agit (l'agent) et l'autre subit (le principal). Le propriétaire qui délègue une partie de ses droits de propriété à un gestionnaire ne peut être assuré que celui-ci mette en œuvre tous les moyens les plus adaptés pour servir les intérêts de la firme.

Ce phénomène sera mis en lumière, pour la première fois, par BERLE et MEANS en 1933. D'autres travaux montreront également que les objectifs des dirigeants ne se résument pas à la maximisation du profit.[291]

Ainsi, pour BAUMOL[292], le manager ne se préoccupe que du chiffre d'affaires, et ce dans la mesure où il lui profite plus en matière de prestige personnel. De même, une forte part de marché lui assure une force de négociation importante et renforce ainsi son pouvoir au sein de la firme. Enfin, avec la technique de management par objectifs, ses revenus sont plus étroitement corrélés au chiffre d'affaires qu'au profit.

Le problème de l'agence se résume alors à trouver des modes et des mécanismes d'organisation adéquats qui permettraient de limiter l'opportunisme des dirigeants, et ce en s'assurant que leurs intérêts personnels soient minimisés au profit de l'organisation et de l'intérêt social de celle-ci. En d'autres termes, il s'agit de contrecarrer les effets de la délégation, c'est-à-dire la transmission d'un pouvoir de décision.

---

290 SMITH Adam, *The Wealth of Nations*, 1776, *Cannan Edition (Modern Library, New York,* 1937), p. 700. Cité par JENSEN Michael C. et MECKLING William H., « Theory of The Firm: Managerial Behavior, Agency Costs and Ownership Structure », *op.cit.*

291 BERLE Adolf A. Jr. et MEANS Gardiner C., « The Modern Corporation and Private Property », in *New York, Macmillan Co.* Mis en ligne par repository.law.indiana.edu.

292 BAUMOL William J., « *Business Behavior, Value and Growth* », in *New York, The Macmillan Company*, 1959. Mis en ligne par garfield.library.upenn.edu.

En se situant dans le cadre d'analyse néoclassique, donc d'information parfaite, la théorie de l'agence doit résoudre une équation difficile, à savoir :

– d'une part, construire en information imparfaite (existence d'asymétries d'information) des modes et des mécanismes d'organisation adéquats qui permettraient de limiter l'opportunisme des dirigeants, et ce en s'assurant qu'ils agissent également dans l'intérêt de la firme

– et d'autre part, faire en sorte que ces mécanismes s'approchent le plus de l'efficience obtenue en information parfaite, et ce par les mécanismes du marché tels que décrits par la microéconomie standard.

Ce sont ces modes et mécanismes qui constituent, en fin de compte, le système de gouvernance d'entreprise proposé par cette théorie.

Dans ce système, il est alors demandé aux entreprises d'investir dans le développement de systèmes de surveillance et de contrôle. Dans cette optique, les actionnaires engagent un conseil d'administration et divers organes pour l'assister dans sa mission de surveillance et de contrôle du travail des dirigeants.

En effet, le pouvoir des propriétaires/actionnaires, dans une société anonyme, réside principalement dans leur capacité à nommer, contrôler et éventuellement, sanctionner les dirigeants qui disposent du pouvoir de gérer les actifs de l'entreprise.

Si les actionnaires n'exercent pas ce pouvoir, les dirigeants risquent d'être tentés de consacrer une part importante des ressources de l'entreprise à la satisfaction de leurs propres objectifs (rémunérations et avantages en toutes sortes, prestige personnel, etc.).

Ce comportement discrétionnaire, en l'absence du moindre contrôle, affecterait nécessairement les performances de l'entreprise et la valeur patrimoniale des actionnaires.

Seulement, la mise en place d'un tel système de surveillance et de contrôle génère des coûts (les coûts d'agence).

JENSEN et MECKLING[293] définissent ces « coûts d'agence » comme la somme :

– des dépenses de surveillance engagées par « le mandant » et qui comportent les coûts liés à la gestion de l'information, la surveillance, l'incitation ;

---

293 JENSEN Michael C. et MECKLING William H., « Theory of the firm : managerial behavior, agency costs and ownership structure », *op.cit.*

– des dépenses de cautionnement par « l'agent », et ce pour signaler la bonne exécution du contrat ; on peut citer la publication et la certification des comptes, les rapports de gestion, le rating, etc. ;

– de la perte résiduelle qui correspond au coût d'opportunité, c'est-à-dire ce qu'aurait gagné chacune des deux parties à ne pas contracter avec l'autre. Il s'agit du coût d'opportunité entre le paiement des coûts précédents et ceux supportés en cas de gestion directe de l'entreprise par le principal.

Résoudre le problème d'agence revient alors à évaluer ces coûts ; pour ce faire, la solution réside, encore une fois, en un retour aux mécanismes du marché. Pour cette théorie, deux marchés sont censés permettre de limiter l'opportunisme des agents et évaluer les coûts d'agence : le marché financier et le marché du travail.

S'agissant du marché financier, en permettant d'évaluer en permanence le prix de chaque instrument financier, il incorpore dans le prix de l'action d'une firme donnée la perte (ou le gain) de sa valeur résultant d'une mauvaise (ou bonne) gestion de la part des dirigeants de ladite firme.

Par conséquent, le marché aura révélé aux propriétaires/actionnaires que leur entreprise n'est pas gérée dans le sens de leurs intérêts. Pour eux, cette perte de valeur patrimoniale de leur société (matérialisée par la baisse du prix de l'action) dicterait le comportement à adopter. Ils vont alors chercher à maximiser leur fonction d'utilité telle qu'elle est définie par la théorie microéconomique. Il leur suffit d'effectuer un arbitrage entre ce que va leur coûter le fait d'engager des actions de contrôle et de surveillance et ce qu'ils vont gagner en limitant la perte de valeur de l'action de leur firme ; si le coût occasionné par la mise en place de mécanismes de contrôle est supérieur à la perte de ladite valeur, la mise en place de tels mécanismes devient inutile et sans objet. Ainsi, en envoyant des signaux aux agents, le marché financier facilite le calcul permettant ainsi de résoudre le problème d'agence.

En se basant toujours sur le modèle américain d'une « économie de marchés financiers » et où les OPA (offres publiques d'achat) sont fréquentes, cette théorie avance un autre argument pour montrer que le marché financier représente une première source de discipline des dirigeants.

En effet, pour cette théorie, les actionnaires insatisfaits vont céder leurs titres ; comme l'actionnariat est très dispersé dans une « économie de marchés financiers » comme celle des États-Unis, l'entreprise risque d'être victime d'une prise de contrôle hostile qui provoquerait ainsi la destitution de son équipe dirigeante.

Seulement, les OPA ne sont pas monnaie courante dans tous les pays, en particulier ceux à « économie d'endettement » où l'actionnariat est très concentré, voire familial. Même dans une « économie de marchés financiers », elles dépendent, notamment, de la disponibilité de liquidité et de sources de financement ; ce qui n'est pas toujours le cas, surtout en période de crise.

Quant au rôle du marché du travail dans la théorie de l'agence, sachant pertinemment que le marché va émettre des signaux qui seront captés par l'actionnaire, les dirigeants vont s'abstenir de tricher de peur d'être sanctionnés. Ils sont alors censés prendre des décisions rationnelles ce qui permet, in fine, de les discipliner.

Pour cette théorie, le marché assure ainsi la coordination des intérêts de manière spontanée, et ce en empêchant des individus de tricher (on retrouve ici la main invisible d'Adam SMITH). Par conséquent, le marché est un mode de régulation qui peut limiter les asymétries d'information.

Ainsi, dans cette théorie, la spécificité de l'entreprise est réduite à néant, elle n'existe même pas en tant que telle ; il n'y a que des individus, des agents économiques qui contractent librement entre eux et qui cherchent à maximiser leur fonction d'utilité comme ils l'auraient fait dans un marché. L'entreprise est conçue alors comme un simple prolongement du marché ou, si l'on préfère, comme un marché privé. Dans cette conception d'une organisation, la firme n'a pas d'objectifs, seuls les individus en ont, et la question de la propriété de la firme n'a pas de sens non plus.

JENSEN et MECKLING le soulignent clairement[294] ; pour eux, il est important de reconnaître que la plupart des organisations (surtout la firme) ne sont que des « fictions juridiques » qui servent de lien à un ensemble de relations contractuelles entre des individus. La firme ne sert alors que de lien pour les relations contractuelles entre les agents.

Dans une note de bas de page, ils expliquent : « Par fiction juridique, nous entendons la construction artificielle de la loi qui permet à certaines organisations d'être traitées comme des individus. »

Cette façon de voir les choses arrive alors à la conclusion finale selon laquelle, il n'y a pas d'opposition fondamentale entre la firme et le marché et il n'y a alors pas de sens à opposer les modes de coordination internes à la firme aux modes de coordination externes. Les mécanismes de contrôle et de surveillance, autres que ceux que permet le marché, deviennent alors sans objet et sans utilité. Ce sont les conclusions pures et dures de la théorie néoclassique pour qui c'est le marché qui est censé assurer la coordination des intérêts de manière spontanée.

---

[294] *Ibid.*

2.1.2. Les approches dites cognitivistes

Ce deuxième courant est basé sur la notion de « compétences », il est également constitué de trois approches :

– la théorie « behaviouriste » de la firme ;

– la théorie de la firme « managériale » ;

– le développement évolutionniste.

Même si de légères différences entre ces trois variantes peuvent être soulignées, ce qui les unit est plus prononcé que ce qui les sépare. Ceci apparaît tout d'abord dans le fait que, pour elles, l'entreprise a une personnalité qui la distingue des parties qui la composent ; ensuite, elles s'intéressent et posent une question centrale et qui nous intéresse dans ce travail, à savoir comment s'effectue le « processus de prise de décision » au sein de la firme.

En effet, ces approches partent du fait que les décisions dépendent des interactions entre individus qui composent chaque firme. C'est dans ce sens d'ailleurs que les adeptes de ces approches définissent une firme (toute organisation) comme « … un système d'actions coordonnées entre les individus et les groupes dont les préférences, les informations et les connaissances diffèrent ». La firme est alors considérée comme une structure de prise de décisions.[295]

Pour ces auteurs, la prise de décision est alors un processus, dont le résultat est largement imprévisible, et ce dans la mesure où « … d'une part, l'information dont disposent les agents est imparfaite, ceux-ci n'opérant qu'en rationalité limitée et d'autre part, la firme est le lieu de conflits de préférences et d'intérêts entre individus et groupes. »[296]

Cette conception de la firme a ainsi conduit ces auteurs à mettre le doigt sur ce qui différencie les firmes les unes par rapport aux autres, y compris, bien entendu, celles qui opèrent dans le même secteur d'activité. Ceci s'explique, selon eux, par « … leurs compétences (routines) définies comme étant (…) le "savoir-faire des organisations" et qui sont conçues comme "dispositifs de résolution de problèmes". »[297]

---

[295] MARCH James Gardner et SIMON Herbert Alexander, *Organisations*, 2sd edition, *Blackwell Publishers*, 1st ed, 1958, *Cambridge Massachussets*. Trad. française, préface de CROZIER Michel, Paris, Ed. Dunod (1993). Cité par CORIAT Benjamin et WEINSTEIN Olivier, « Les théories de la firme entre « contrats » et « compétences » », *op.cit.*

[296] CORIAT Benjamin et WEINSTEIN Olivier, « Les théories de la firme entre « contrats » et « compétences » », *op.cit.*

[297] *Ibid.*

Ainsi, pour PENROSE « … chaque firme se distingue, peut et doit être identifiée par ses compétences/cœurs qui sont non seulement les compétences technologiques, mais surtout ses compétences en management et en organisation. »[298]

Par conséquent, « … les décisions dans les firmes ne résultent pas de la délibération, mais de "routines" qui constituent autant de procédures de résolution de problèmes. Elles forment la "mémoire organisationnelle" des entreprises. C'est à travers elles que les firmes font face à leur environnement, produisent les réponses adaptées. » Conséquence de tout cela, l'accent est ici mis sur le fait que la firme est caractérisée par une instabilité permanente.[299]

*

* *

On a insisté sur la théorie de l'agence, et ce dans la mesure où on doit lui reconnaître, au moins, deux mérites :

Le premier est d'avoir mis en exergue l'une des caractéristiques des sociétés anonymes, à savoir la séparation nette entre propriété et pouvoir de décision en leur sein. Cette séparation découle du phénomène de délégation qui, à son tour, conduit à des conflits d'intérêts entre les propriétaires/actionnaires et les dirigeants.

Malheureusement, étant prisonnière du postulat néoclassique, la solution proposée est irréaliste ; elle consiste en un retour au marché et à la main invisible d'Adam SMITH.

Les mécanismes de marché que recommande cette théorie, ayant déjà montré leur incapacité à contrôler l'action des dirigeants, la mise en place d'une bonne gouvernance d'entreprise au sein de la firme s'avère le moyen le plus adéquat pour gérer ces conflits d'intérêts.

Cette théorie a également le mérite de soulever le problème des coûts (d'agence) occasionnés par la mise en place de mécanismes de contrôle, d'audit, de surveillance et de gouvernance d'une manière générale.

Toutefois, cette théorie n'aborde ces coûts que pour montrer l'inutilité des contrôles qui en sont à l'origine. Là aussi, cette théorie reste prisonnière d'une conception qui traite toutes les entités chargées du contrôle et d'audit comme des centres de coûts, et ce en opposition aux commerciaux qui font du chiffre.

---

298 *Ibid.*
299 *Ibid.*

Il est bien évident que toute activité de contrôle est chronophage, générant ainsi des frais :

– une mission d'audit interne immobilise toute une équipe pendant des semaines, voire des mois selon l'objet et l'étendue de la mission ;

– des personnes sont affectées de façon permanente dans le cadre du dispositif de contrôle interne ;

– de même pour la fonction de conformité qui doit assurer une veille réglementaire et doit la décliner sur le plan opérationnel sous forme de procédures internes.

Tous ces dispositifs et toutes ces fonctions et leurs activités sont, bien entendu, chronophages.

Toutefois, cela ne veut pas dire qu'ils n'apportent aucune valeur ajoutée à l'organisation, même si on ne peut pas l'évaluer ou la mesurer. Le moment où on pourra le faire, c'est lorsqu'un risque s'est concrétisé et s'est matérialisé par une perte qui peut être fatale pour la firme, comme c'était le cas pour la Barings et d'autres banques. Cette perte est justement le résultat de l'absence de dispositifs de contrôle interne et de gestion des risques rigoureux.

Contrairement à cette vision, qui considère la firme comme « un nœud de contrats », le courant alternatif l'analyse plutôt comme « un nœud de compétences », lesquelles compétences diffèrent d'une firme à l'autre et évoluent au sein de chacune d'elles selon un processus d'apprentissage organisationnel permanent.

On retrouve ainsi ici la spécificité de « la gouvernance d'entreprise » qui est un ensemble de procédures et de dispositifs de contrôle susceptibles de faire en sorte que la prise de décision se fasse par des mécanismes qui garantissent la prospérité et la pérennité de l'entreprise. Ces mécanismes constituent une alternative incontournable aux défaillances du marché.

En résumé, si on exclut les théories contractuelles pour qui la firme n'est qu'un prolongement du marché, au mieux « un marché privé », ce que l'on peut retenir déjà à ce stade c'est qu'une bonne gouvernance doit prendre en considération les faits suivants :

– la firme est régie par des conflits d'intérêts, notamment entre actionnaires et dirigeants, ce qui suppose la mise en place d'un dispositif pour leur gestion ;

– ceci nécessite l'acquisition de compétences organisationnelles, des routines (procédures, contrôles à tous les niveaux, etc.) comme dispositifs de résolution de problèmes que risque de rencontrer la firme. Ce sont ces compétences qui distinguent, finalement, une firme bien gérée d'une autre qui l'est moins. Ces routines s'acquièrent au fil du temps ; c'est un processus d'apprentissage permanent, couplé d'erreurs et de remises en cause.

2.2. Spécificités de la gouvernance bancaire

La banque étant une organisation comme les autres entreprises, elle est alors confrontée également aux mêmes problèmes de gouvernance (ou d'agence). Elle est également traversée par des intérêts qui ne sont pas toujours convergents. Elle doit alors mettre en place des mécanismes nécessaires à la régulation des différents intérêts qui s'expriment en son sein.

Toutefois, étant donné que la firme bancaire a des spécificités qui la distinguent des autres entreprises, sa gouvernance doit, elle aussi, être traitée différemment.

Comparée à celles des autres firmes, la gouvernance au sein des banques présente, en effet, plusieurs spécificités dont, notamment :

– comme on l'a déjà montré, les banques jouent un rôle crucial au sein de l'économie, et ce en acheminant les fonds des épargnants et des déposants vers les activités qui contribuent à la croissance et au développement économique. La question de leur gouvernance est alors plus qu'essentielle pour leur solidité et leur développement. En effet, dans une économie de marché fondée sur l'endettement, le rôle des banques dans le financement de l'économie est non seulement central, mais incontournable ; sans elles, l'accès au financement reste difficile, voire impossible pour certains agents économiques et dans certaines circonstances.

– Le développement du niveau de bancarisation est conditionné, dans une large mesure, par le degré de confiance du public dans le mode de fonctionnement de ces institutions. Or, la crise née en 2007 a ébranlé la confiance du public dans les institutions bancaires ; elle a fait naître chez tout à chacun une perte de confiance vis-à-vis du monde bancaire. Ainsi, l'enquête mondiale d'Ernst & Young de 2011, menée auprès de 20 500 clients des banques de détail, montre que 55 % des clients américains sont moins confiants que l'année précédente.[300]

En Europe, c'est au Royaume-Uni (63 %) que la perte de confiance a été la plus marquée.[301]

---

[300] Ernst & Young, « A new Era of Customer Expectation ». Cité par DE VAUPLANE Hubert et DE VAUPLANE Amicie, « La gouvernance des banques à l'issue de la crise du système financier », in *Mélanges* en l'honneur de BISSARA Philippe, Paris, le 10 octobre 2012. Mis en ligne par researchgate.net.
[301] *Ibid.*

Dans les pays moins impactés par la récession comme l'Inde, le Brésil et la Chine, le niveau de confiance des clients, dans le secteur bancaire, s'est au contraire significativement amélioré.

Pourquoi une telle perte de confiance ? D'abord, parce que les banques sont perçues comme étant à l'origine de la crise. Ensuite, du fait que les citoyens ont du mal à comprendre pourquoi des sommes vertigineuses ont été injectées dans les banques au détriment d'autres secteurs de l'économie (sociaux cela va sans dire : éducation, santé, infrastructures). Le sauvetage des banques, alors qu'elles avaient « failli », « … est apparu comme d'autant plus injuste que celles-ci ne semblaient pas vouloir changer leur comportement et faire amende honorable. »[302]

En effet, rien qu'en Europe, entre octobre 2008 et la fin de l'année 2010, les différents gouvernements ont mis à la disposition des banques un montant global de 4 500 milliards d'euros d'aides sous forme de garanties ou d'injections de capitaux. Le total de toutes ces aides représente 36,7 % du PIB de l'Union européenne. Cela montre, si besoin en est, que le secteur bancaire a été jugé comme important pour l'économie dans son ensemble.[303]

– Les banques sont exposées aux risques opérationnels, déontologiques ou de réputation, et ce du fait qu'elles ont accès à des informations confidentielles sur la clientèle, ce qui appelle une grande rigueur dans leur gestion.

– Le fait qu'elles jouent un rôle fondamental, dans le fonctionnement des systèmes de paiement et des marchés interbancaires, fait qu'elles constituent une véritable courroie de transmission des effets systémiques d'une mauvaise gouvernance. Leur nature systémique fait que les problèmes de gouvernance dépassent largement le cadre d'une seule banque et peuvent se transmettre à toute l'économie et même, avec la mondialisation, à l'économie mondiale.

– Enfin, en raison de leur rôle dans la transmission, à l'ensemble des agents économiques, des effets de la politique monétaire, les banques représentent, du même coup, un instrument de sa mise en œuvre.

Toutes ces caractéristiques montrent que la gouvernance au sein des banques est plus qu'une nécessité.

Or, comme le soulignent STUART et GILLAN[304], la gouvernance des firmes bancaires a deux aspects : la dimension externe qui se manifeste par la

---

[302] DE VAUPLANE Hubert et Amicie, « La gouvernance des banques à l'issue de la crise du système financier », *op.cit.*
[303] *Ibid.*
[304] Cités par TOUMI Sirine, « L'impact des mécanismes de gouvernance dans la gestion des risques bancaires et la performance des banques, « Cas de la France, l'Allemagne et le Japon » », in *HAL*. Mis en ligne par tel.archives-ouvertes.fr.

réglementation prudentielle et la dimension interne représentée par le mode d'administration ou de gouvernance de la banque.

Seulement, comme le précisent ANDERSON et CAMPBELL[305], il existe une certaine rigidité des mécanismes externes ; ce qui implique un rôle plus important pour les mécanismes internes de gouvernance bancaire, notamment la structure de propriété et la composition et l'implication de l'organe d'administration.

En effet, d'autres caractéristiques propres aux banques font que les aspects externes de gouvernance peuvent s'avérer insuffisants ; il s'agit du fait que :

– les asymétries d'information, qui existent entre les dirigeants d'un côté et les actionnaires et les clients de l'autre, sont plus prononcées au sein des banques comparativement aux autres entreprises ;

– les actifs des banques sont très diversifiés, très complexes et difficiles à évaluer (RAJAN, 2001). De même, comme on l'a souligné, les banques sont caractérisées par une structure financière singulière (JONATHAN et MAUREEN, 2003) ;[306]

– comme on l'a déjà noté, la réglementation prudentielle n'est pas suffisante pour éviter ou, du moins, réduire les crises bancaires ; des recherches telles que celles effectuées par ICARD et CARTAPANIS[307] révèlent avec certitude que la dimension externe de la gouvernance bancaire ne permet pas d'améliorer la sécurité du système financier, et ce du moment qu'elle ne peut pas contenir le risque systémique qui est le risque le plus grave pouvant frapper le système bancaire.

Par conséquent, du moment que les banques ne sont pas des entreprises comme les autres, leur gouvernance doit être traitée de façon spéciale. Il faut alors instituer des mécanismes qui sont de nature à contribuer à l'instauration de relations équilibrées entre la banque et ses divers créanciers (déposants, investisseurs, etc.).

Ayant déjà traité des portées et limites de la réglementation prudentielle, l'objectif ici est de n'aborder que les mécanismes internes de gouvernance bancaire et plus précisément la structure organisationnelle des banques, les caractéristiques et les responsabilités du conseil d'administration ainsi que ses organes spécialisés.

---

305 *Ibid.*
306 *Ibid.*
307 *Ibid.*

2.3. Les différentes recommandations sur la gouvernance bancaire

Ainsi, la réglementation d'ordre quantitatif, qui doit être la plus simple et la moins contraignante possible, ne peut gagner en efficacité que lorsqu'elle est étroitement articulée aux aspects qualitatifs. En d'autres termes, le cadre réglementation doit incorporer des principes et des pratiques de gouvernance d'entreprise.

Comme le souligne LÉVY-LANG, « Plus que par le passé, les autorités de contrôle des banques devront intégrer la qualité de gouvernance dans leur mission de surveillance et décider, au cas par cas, ce qui relève de l'autodiscipline et ce qui peut faire l'objet de règles imposées. »[308]

Le régulateur doit alors intervenir pour inclure ces mécanismes dans son dispositif réglementaire et assurer leur respect par des contrôles sur place et sur documents. Il doit définir un ensemble de règles d'ordre qualitatif, dont l'objectif est d'approfondir la culture de risque, de contrôle et de prudence au sein des banques. Ces règles doivent constituer un référentiel de saines pratiques pour la mise en place, par ces établissements, d'un mode de gouvernance sain et efficient.

Si la réglementation quantitative doit être simple et non contraignante, celle d'ordre qualitatif doit par contre être très rigoureuse et prévoir des sanctions dissuasives en cas de violation de ces règles, et ce en usant, notamment, des recommandations du pilier II.

La nécessité d'une bonne gouvernance au sein des banques a été soulignée par plusieurs études universitaires qui ont montré du doigt les lacunes dans le mode de gouvernance dans la crise de 2008. On se contentera de citer quelques résultats d'une étude comparative effectuée à partir d'un échantillon de 13 banques françaises, 13 banques allemandes et 20 banques japonaises, et ce sur une période allant de 2005 à 2012 :[309]

Ainsi, ACHARYA et al considèrent qu'une politique de gestion des risques, forte et indépendante, est nécessaire pour une bonne maitrise des risques au sein des banques. Ils estiment même qu'il devient très difficile pour les superviseurs de réglementer les risques, et ce en raison de la complexité croissante des banques et la facilité avec laquelle leurs profils de risque peuvent changer constamment. Cette situation résulte justement des décisions de leurs managers.

---

308 LÉVY-LANG André, « Repenser la gouvernance bancaire ? », in *Revue d'économie financière*, Année 2008, H-S 7, pp. 405-407. Mis en ligne par persee.fr.

309 TOUMI Sirine, « L'impact des mécanismes de gouvernance dans la gestion des risques bancaires et la performance des banques. « Cas de la France, d'Allemagne et du Japon » », *op.cit.*

De même, pour CHOI, plus particulièrement en période de crise financière, il est généralement reconnu que l'une des principales causes de déclenchement d'une crise financière est un système de gouvernance déficient. La gouvernance d'entreprise apparaît ainsi pour lui comme une façon d'atténuer les chocs économiques.

Enfin, pour ILLIECA, NORDEN et UDELL, les pratiques de gouvernance affectent la façon dont les banques augmentent leurs activités commerciales. Ainsi, on a vu que plusieurs grandes banques commerciales ont ajouté à leur cœur de métier, d'intermédiation financière, des activités plus complexes comme la titrisation et les produits dérivés. Ceci les a incitées à des prises de risques excessives qui ont augmenté le niveau du risque systémique, accru les difficultés bancaires et l'instabilité financière et provoqué la dernière crise.

Par ailleurs, on peut lire dans un rapport de l'OCDE que la crise financière peut être, dans une large mesure, attribuée à des défaillances et des faiblesses des dispositifs de gouvernance d'entreprise.[310]

On voit bien qu'aucune de ces études n'a pointé du doigt une sous-capitalisation comme facteur pouvant être ajouté aux défaillances en matière de gouvernance.

Toutefois, si la littérature sur la gouvernance d'entreprise est abondante, force est de constater que celle des banques reste un peu limitée. Il a fallu attendre la crise financière de 2007, qui a révélé les défaillances de la gouvernance au sein des banques comme facteur responsable de cette crise, pour assister à la publication de nombreuses études sur le sujet.

En effet, jusqu'à 2010 il n'y avait pas de définition spécifique de la gouvernance des banques, on ne s'intéressait pas particulièrement au secteur bancaire ; on considérait la gouvernance comme des pratiques applicables de façon uniforme à tous les secteurs d'activités.[311]

Mais avant cela, le Comité de Bâle a consacré, dans le cadre du pilier II de Bâle II, des recommandations concernant les aspects qualitatifs de gouvernance. Toutefois, il n'a pas proposé de règles claires que les banques doivent mettre en place. Il n'a fait que proposer des sanctions à l'encontre des banques qui ne disposeraient pas de dispositifs efficaces de gestion des risques, notamment ceux non pas pris en compte par le pilier I (risque de liquidité, risque global de taux, risque de conformité, risque de concentration, etc.). La sanction consisterait alors à leur imposer un ratio de solvabilité plus élevé que celui exigé dans le cadre du pilier I.

---

[310] *Ibid.*

[311] DE VAUPLANE Hubert et Amicie, « La gouvernance des banques à l'issue de la crise du système financier », *op.cit.*

Mais, toujours est-il que l'on reste toujours dans le cadre du pilier I avec ses insuffisances que l'on a déjà mentionnées. Alors que les sanctions doivent être appliquées pour le non-respect de règles relatives à la gouvernance d'une façon générale et qu'il va falloir édicter et préciser.

En effet, il a fallu attendre octobre 2010 pour que le Comité de Bâle publie un document sur les principes pour un renforcement de la bonne gouvernance, « principles for enhancing corporate governance ». Dans ce document, le Comité cherche à intégrer les principaux enseignements de la crise financière mondiale et à renforcer la gouvernance des banques et la surveillance de ce domaine sensible par les autorités de contrôle.

D'autre part, en partant « … des évolutions en cours dans la gouvernance d'entreprise et afin de tenir compte des recommandations de l'évaluation collégiale du Conseil de stabilité financière et d'autres travaux récents en la matière, le Comité a décidé de réexaminer ses orientations publiées en 2010. »[312]

Comme il est précisé dans ce document, les orientations proposées par le Comité s'inspirent des principes de gouvernance d'entreprise publiés en 1999 par l'OCDE.

Ainsi, on peut lire dans le document de cette organisation que « Les principes de gouvernement d'entreprise de l'OCDE constituent la première tentative jamais effectuée par une organisation intergouvernementale pour définir les principaux éléments d'un système de gouvernement d'entreprise de qualité. »[313]

Ces principes visent à mettre « … l'accent sur les problèmes de gouvernement d'entreprise résultant de la séparation entre propriété et contrôle du capital. »[314]

Toutefois, les membres de l'OCDE énoncent des principes d'ordre général, et ce dans la mesure où ils admettent qu'il « … n'existe pas de modèle unique de gouvernement d'entreprise. » Ce document vise alors à « … dégager certains éléments communs qui concourent à la qualité du gouvernement d'entreprise. »[315]

Quant au document du Comité de Bâle, il comporte 13 principes :[316]

---

312 Comité de Bâle sur le contrôle bancaire, « Orientations : Principes de gouvernance d'entreprise à l'intention des banques », juillet 2015, p. 4.

313 OCDE, « Principes de l'OCDE relatifs au gouvernement d'entreprise », in *Réunion du Conseil de l'OCDE au niveau ministériel,* 1999, p. 6.

314 *Ibid.*, p. 12.

315 *Ibid.*, p. 13.

316 Comité de Bâle sur le contrôle bancaire, « Orientations : Principes de gouvernance d'entreprise à l'intention des banques », *op.cit.,* pp. 8-41.

Les trois premiers sont consacrés à l'organe d'administration, et ce quant à ses responsabilités générales, notamment en matière d'élaboration des orientations stratégiques qui définissent les degrés d'appétence et d'aversion aux différents risques, sa composition et sa structure ainsi que les qualifications de ses membres.

Les principes 4, 6, 7, 8 et 9 précisent les responsabilités de l'organe de direction, notamment en matière de gestion des risques (identification, suivi et contrôle), ainsi que la mise en place d'une fonction de conformité. Ces fonctions (gestion des risques et conformité) doivent être mises sous l'autorité de responsables ayant une totale indépendance.

Le principe 5 est consacré au cas spécial des groupes bancaires, c'est-à-dire des banques ayant des filiales.

Les principes 10 et 11 traitent respectivement des rôles de la fonction de l'audit interne et du comité de rémunération.

Le principe 12 incite les banques à faire preuve de suffisamment de transparence à l'égard des actionnaires, des déposants, des autres parties prenantes et des intervenants de marché.

Chose intéressante, le principe 13 est consacré au rôle des autorités de supervision qui doivent « … formuler des recommandations en matière de gouvernance des banques et d'en contrôler l'application, notamment par le biais d'évaluations exhaustives et de contacts réguliers avec (l'organe) d'administration et (l'organe de direction). Elles doivent en outre imposer des améliorations et des mesures correctives, si nécessaire, et partager des informations sur la gouvernance d'entreprise avec les autres autorités de contrôle. »[317]

Ainsi, ce document montre clairement que, pour le Comité de Bâle, le changement dans la gouvernance des banques constitue une piste nécessaire et indispensable pour éviter que celles-ci ne continuent de prendre des niveaux de risques inconsidérés, aboutissant à la création d'un risque systémique.

Toutefois, seules les règles prudentielles d'ordre quantitatif sont médiatisées ; sans doute parce qu'elles occasionnent des coûts et ont des impacts sur le « business model » des banques.

2.4. Éléments pour une bonne gouvernance bancaire

La crise actuelle a montré que le respect des ratios prudentiels ne suffit pas. Autrement dit, il ne suffit pas d'avoir des banques bien capitalisées pour garantir la stabilité financière, cette solidité ne constitue qu'une condition nécessaire, mais non suffisante pour assurer cette stabilité. En fin de compte,

---

[317] *Ibid.*

il ne s'agit plus du respect de ratios quantitatifs ; il s'agit de porter un jugement sur la qualité d'une organisation, sur l'adéquation des outils de contrôle interne par rapport aux risques engendrés par l'activité des établissements.

Il faut s'assurer que la firme bancaire a une parfaite maitrise sur ses opérations et est en mesure d'évaluer, elle-même, les risques auxquels elle est exposée. C'est la seule façon pour elle de mesurer les fonds propres à constituer, gages de sa solvabilité. C'est pour cela que la réglementation bancaire doit également et surtout incorporer des aspects qualitatifs, à savoir les principes et pratiques de bonne gouvernance d'entreprise. Le Comité de Bâle en a donné les fondements.

Pour cela, cette réglementation ne doit pas atténuer la responsabilité des organes de direction et d'administration ; au contraire, elle doit clairement affirmer et renforcer cette responsabilité. De même, elle doit se baser également sur la mise en place de mécanismes de contrôle rigoureux au sein des banques, seuls capables de permettre une gestion efficace des conflits d'agence.

Un mode de gouvernance sain se résume alors en deux caractéristiques essentielles :

– une structure organisationnelle adéquate ;

– des dispositifs de contrôle interne et de gestion des risques rigoureux.

2.4.1. Structure organisationnelle

L'influence de la réglementation sur une prise de risque excessive dépend, dans une large mesure, de la structure de gouvernance ; celle-ci peut alors être un facteur important des activités non performantes.

En effet, les activités de contrôle doivent être assises sur une structure organisationnelle adéquate, sinon elles deviendront inefficaces. En d'autres termes, la qualité du contrôle interne n'est pas spontanée, elle dépend de l'organisation.

Ainsi, une bonne gouvernance doit commencer par mettre en place une structure organisationnelle qui garantit une entière indépendance de l'organe d'administration par rapport à l'organe de direction. Une telle structure doit ainsi préciser les principaux domaines de responsabilités et de pouvoirs.

Cette structure organisationnelle doit comporter les éléments suivants :

– une délimitation des pouvoirs et domaines de responsabilité ;

– des délégations de pouvoirs assorties d'obligation de rendre compte ;

– un processus d'identification et de gestion des conflits d'intérêts qu'ils soient réels ou potentiels ;

– des processus de mise en place de canaux d'informations appropriés.

Pour mener à bien sa tâche, l'organe d'administration doit se composer d'un nombre d'administrateurs non exécutifs, et ce en adéquation avec la taille de l'établissement, la nature, le volume et la complexité des opérations qu'il effectue ; l'objectif étant d'assurer une efficience et une collégialité de son processus d'approbation et de prise de décision. Afin d'éviter une concentration des pouvoirs décisionnels, il doit comporter un nombre approprié d'administrateurs externes indépendants, c'est-à-dire ne possédant aucune action.

De son côté, l'organe de direction doit mettre en place une structure interne assurant une entière indépendance des entités chargées du contrôle par rapport aux opérationnels, évitant, de ce fait, tout conflit d'intérêt réel ou potentiel.

On ne doit jamais perdre de vue le fait que l'un des éléments de base de la gouvernance d'entreprise est l'organe d'administration (conseil d'administration ou conseil de surveillance). Étant mandaté par les actionnaires, il est le responsable, en dernier ressort, de la solidité, de la performance, de la supervision de la banque ainsi que de l'atteinte des objectifs conformes aux intérêts des actionnaires et des autres parties prenantes (créanciers, déposants, investisseurs, régulateurs, etc.). Il est le garant ultime de la conformité des activités, des contrôles et de la mise en œuvre des orientations stratégiques qu'il a lui-même validées. Il est également le responsable ultime de la gestion des risques au sein de la banque.

Ce faisant, il est appelé à contrôler la prise de risques par les dirigeants et peut non seulement réduire les conflits d'agence, mais aussi surveiller les opérations dans le but d'obtenir une meilleure performance.

Pour cela, le premier acte consiste à approuver et valider les orientations stratégiques telles qu'elles sont proposées par l'organe de direction. Ces orientations doivent définir les degrés d'aversion et d'appétence aux différents risques ainsi que le profil de risque souhaité. En effet, on a vu qu'il est important de ne pas laisser le marché ou un acteur externe (les agences de notation par exemple) déterminer le niveau de risque de l'établissement.

Il doit veiller à la mise en œuvre et au fonctionnement effectif du système de contrôle interne et à l'adhésion de tout le personnel de l'établissement à une culture de risque, de contrôle, de prudence et de responsabilisation.

Afin d'être aidé dans ses missions et ses responsabilités, il doit constituer en son sein des comités et une fonction d'audit interne qui lui sont rattachés.

En plus des comités d'audit, de nomination et de rémunération, il doit également constituer un comité des risques ayant pour mission d'évaluer la façon par laquelle les différents risques sont gérés par l'organe de direction ainsi

En encadrant et contrôlant les comportements des différents agents, ces mécanismes et outils permettent de s'assurer que ceux-ci agissent bien dans l'intérêt des actionnaires.

De nombreux chercheurs considèrent la structure et le fonctionnement de l'organe d'administration comme indicateurs de l'efficacité de la gouvernance d'entreprise. Ceci est appréhendé à travers plusieurs critères dont, notamment, sa taille, l'indépendance et la compétence de ses membres, le nombre d'administrateurs indépendants, la fréquence de ses réunions, le taux d'assiduité de ses membres et les sujets traités.

De même, étant donné que ce sont les entités opérationnelles, sous l'autorité directe de l'organe de direction, qui initient toutes les opérations, exposant ainsi la banque aux différents risques générés par ces opérations ; il appartient alors à l'organe de direction d'être en mesure d'appréhender la nature des risques supportés par la banque, et ce en s'assurant que les processus de gestion de ces risques correspondent bien au profil de risque fixé et aux orientations stratégiques de l'établissement.

C'est à lui que revient également la responsabilité de garantir une adéquation permanente des fonds propres de la banque à l'ampleur des différents risques et partant, sa solvabilité, et ce abstraction faite du respect du ratio tel que défini par le pilier I.

Pour cela, l'organe de direction doit mettre en place des mécanismes de contrôle adéquats à tous les niveaux, permettant une parfaite maitrise des différents risques. Le respect de bonnes pratiques voudrait que les niveaux de risque doivent être circonscrits de manière proactive, et ce en fonction de seuils de tolérance au risque préétablis.

Pour s'acquitter de sa tâche dans de bonnes conditions, l'organe de direction doit lui aussi désigner des organes pour l'assister dans sa mission et ses responsabilités ; il doit nommer un responsable de contrôle interne, un responsable de conformité, des responsables de gestion de chaque risque et un responsable des risques qui chapeaute et supervise le tout.

2.4.2. Dispositifs de contrôle interne et de gestion des risques

Le contrôle interne n'évitera pas les difficultés, mais il constitue le niveau d'assurance indispensable ; il doit être considéré comme le cœur de la gouvernance d'entreprise. C'est à travers le dispositif de contrôle interne (avec ses acteurs, son environnement, les procédures mises en place, la fixation de limites, les contrôles à tous les niveaux, etc.) que l'organe d'administration, par l'intermédiaire de ses comités et son audit interne, arrive à contrôler les décisions et le comportement de l'organe de direction.

Par conséquent, un système de contrôle interne efficace est une composante essentielle de la gestion d'un établissement et constitue le fondement d'un fonctionnement sûr et prudent d'une organisation bancaire.

On a déjà montré que les crises et les faillites bancaires précédentes confirment que le contrôle bancaire doit se concevoir dans une approche préventive, et ce en permettant de s'assurer que les banques exercent leurs activités de manière saine et sûre. Elles ont également mis en évidence le fait que ce contrôle ne doit pas se limiter au seul examen du respect de normes quantitatives ; il doit également et surtout reposer sur la qualité du management, sur la discipline de marché, par une meilleure transparence financière, et sur la qualité du contrôle et de maitrise des risques par les établissements.

Les problèmes mis à jour par ces différentes crises et faillites bancaires renforcent également la conviction qu'il est important que les administrateurs et la direction générale, les auditeurs externes ainsi que les autorités de supervision bancaire consacrent davantage d'attention au renforcement et à l'évaluation permanente des systèmes de contrôle interne et de gestion des risques. Plusieurs situations, déjà vécues, montrent que des contrôles internes inadéquats peuvent occasionner des pertes bancaires substantielles pouvant être fatales pour une organisation.

Les définitions du contrôle interne sont variées sans, toutefois, être fondamentalement différentes. Elles s'accordent toutes pour préciser qu'il ne s'agit pas d'une fonction (à l'image de l'audit interne), mais d'un ensemble de dispositifs permanents mis en œuvre par les responsables de l'entreprise pour maitriser le fonctionnement et les activités de leur établissement.

On retiendra celle du Comité de Bâle qui, dans son document de septembre 1998[318], définit le contrôle interne comme étant « ... un processus mis en œuvre par le conseil d'administration, la direction générale et tous les niveaux du personnel. »

Ce que l'on peut retenir de cette définition et qui ressort clairement de ce document, c'est qu'il « ... ne s'agit pas simplement d'une procédure ou d'une politique appliquée à un moment donné, mais plutôt d'un système qui fonctionne en continu à tous les niveaux de la banque. »[319]

Par ailleurs, contrairement aux recommandations diffusées antérieurement par le Comité de Bâle et qui comportaient généralement des analyses des contrôles internes portant sur des domaines spécifiques de l'activité bancaire tels que le risque de taux d'intérêt et les opérations de négociation et celles sur

---

[318] Comité de Bâle sur le contrôle bancaire, « Cadre pour les systèmes de contrôle interne dans les organisations bancaires », septembre 1998, p. 8.
[319] *Ibid.*

instruments dérivés ; ce document émet des principes susceptibles de guider les autorités prudentielles à évaluer les contrôles internes sur l'ensemble des activités de bilan et hors bilan des banques et des organisations bancaires consolidées. Le dispositif de contrôle interne devrait alors être adapté à la nature, au volume, à la complexité des activités exercées par chaque banque ainsi qu'aux risques auxquels elle s'expose.

Ainsi, on peut dire que le système de contrôle interne présente les principales caractéristiques suivantes :

– il est l'affaire de tous, des organes de gouvernance à l'ensemble des collaborateurs de la banque ; chaque collaborateur concerné doit avoir la connaissance et l'information nécessaire pour établir, faire fonctionner et surveiller le dispositif de contrôle interne au regard des missions et des objectifs qui lui ont été assignés ;

– il est exhaustif, il couvre l'ensemble de l'organisation, des fonctions et activités en son sein ;

– il est permanent et doit se concevoir dans une démarche préventive ;

– il a évidemment un aspect qualitatif ;

– la maitrise des risques repose sur une stricte séparation des tâches et est proportionnelle à leur intensité ; elle peut nécessiter un deuxième, voire un troisième regard ;

– le contrôle interne est traçable, chose qui permet de porter un jugement sur son degré d'application.

Quant aux objectifs du contrôle interne, ils sont au nombre de trois :[320]

– Objectif de performance : il est lié à l'efficacité et surtout à l'efficience de l'organisation, et ce à travers l'utilisation de ses ressources et la qualité de ses emplois ainsi que dans la protection de l'établissement ;

– Objectif lié aux informations financières : il porte sur la nécessité d'établir des rapports, des comptes annuels, des états financiers fiables et tableaux de bord nécessaires à une bonne prise de décision. Autrement dit, on admet une sorte de relation de cause à effet entre d'une part, l'existence et la qualité du contrôle interne et d'autre part, la disponibilité au temps opportun, la fiabilité et l'exhaustivité de l'information comptable et financière ;

– Objectif de conformité : il exige la conformité aux lois, réglementations et politiques de l'organisation. Cet objectif est nécessaire pour préserver la réputation et les droits de l'organisation.

---

[320] *Ibid.*

D'un autre côté, le dispositif de contrôle interne a besoin, pour être efficace, de l'existence d'un environnement propice. La culture d'une banque est un élément très important de cet environnement de contrôle, et ce dans la mesure où elle détermine le niveau de sensibilisation du personnel au besoin de contrôle. Elle constitue le fondement de tous les autres éléments du contrôle interne, et ce en imposant discipline et organisation.

En effet, les opérationnels, surtout les commerciaux, ont tendance à considérer les contrôleurs et les auditeurs internes comme un frein à leur élan ; on risque alors d'assister à une sorte d'animosité entre ces différents compartiments de la banque. La seule façon d'y remédier consiste justement à développer une culture d'entreprise qui sensibiliserait tout le personnel et à tous les niveaux sur l'importance et la valeur ajoutée du contrôle ; cette culture est la seule à pouvoir concilier ces deux tendances. La théorie d'agence n'a-t-elle pas considéré les activités de surveillance comme de simples centres de coûts ?

Par ailleurs, une forte culture de risque, à l'échelle de toute l'institution, constitue également l'un des éléments clés pour une gestion efficace des risques. La culture de risque doit s'étendre sur l'ensemble des unités de l'organisation et des métiers et englober tous les risques tant financiers que non financiers (par exemple, risque de réputation).

Pour cela, il incombe à l'organe d'administration de promouvoir une culture de risque et de contrôle qui fait prendre conscience au personnel de l'importance des contrôles au sein de la banque, de leur utilité et de leur valeur ajoutée quant à la réalisation des objectifs d'efficacité et d'efficience des processus et procédures de l'entreprise ; tout cela dans le strict respect des réglementations en vigueur. Il lui appartient également de faire en sorte que tout le personnel soit au courant de ses rôles et responsabilités de telle façon que les contrôles faisant partie intégrante de son activité soient exécutés.

Les facteurs ayant un impact sur l'environnement de contrôle comprennent, notamment :

– l'intégrité tant personnelle que professionnelle et les valeurs d'éthique des responsables et du personnel. Il faudrait alors diffuser un degré élevé d'intégrité morale parmi le personnel, et ce dans leurs actions et comportements tant à l'intérieur qu'à l'extérieur de l'établissement. Ceci doit se faire à travers l'adoption d'un « code de déontologie » qui représente une sorte de « charte des valeurs » et comporte des principes caractérisant la déontologie de la banque. Comment peut-on qualifier le comportement des traders ayant causé la faillite de la Barings et les pertes colossales subies par Daiwa et la Société Générale France ? ;

– la philosophie des dirigeants et le style de management peuvent avoir également une incidence considérable sur la conduite des affaires de la banque, sur le niveau de risques accepté et d'une façon générale, sur l'environnement du contrôle interne. En effet, si la haute direction croit à l'importance et à la valeur ajoutée du contrôle interne, ses collaborateurs, à tous les niveaux, y seront sensibilisés et réagiront en respectant consciencieusement les contrôles établis. Si au contraire le personnel de l'organisation a le sentiment que le contrôle n'est pas une préoccupation majeure de la haute direction, il se peut que les objectifs de contrôle de l'organisation ne soient pas effectivement atteints ;

– la compétence du personnel : les objectifs du contrôle interne sont très ambitieux, il serait alors difficile de les réaliser sans accroître les compétences du personnel. Des actions de formation doivent alors être planifiées en permanence, permettant aux employés de la banque de mettre à niveau leurs connaissances et leurs compétences ;

– enfin, la politique de délégation des responsabilités, d'organisation et de formation. Le comité de nomination a alors un rôle clé à jouer à ce niveau.

La mise en place d'un environnement de contrôle interne doit constituer alors la première étape de l'établissement d'un mode de gouvernance au sein de la banque.

Conclusion à la section II et au chapitre III

On a fait appel aux théories de la gouvernance afin de mettre l'accent sur le phénomène de délégation rendu indispensable par la séparation de la propriété et de la gestion au sein des sociétés.

En effet, on ne peut pas gouverner sans déléguer, chose qui crée des conflits d'intérêts qu'il faudra alors gérer et maitriser. Il y'a trois grands niveaux de délégation :

– en amont tout d'abord, l'assemblée générale est appelée à déléguer certains pouvoirs à l'organe d'administration (conseil d'administration ou conseil de surveillance ou autre instance équivalente) ;

– celui-ci doit à son tour nommer une direction générale ou un directoire à qui il confie la gestion de la banque ;

– en aval enfin, au sein de l'organe de direction lui-même, on fixe des responsabilités et on délègue à tous les niveaux. On a vu que les traders ont un immense pouvoir en matière de prise de risques.

La nécessité d'une bonne gouvernance bancaire n'est plus à démontrer, il y'a une unanimité quant aux liens de causalité entre gouvernance et stabilité financière. Une bonne gouvernance aurait évité les pertes substantielles causées par les crises et les faillites bancaires précédentes.

En effet, que veut dire « trop de risque » pour une banque du point de vue de l'actionnaire ? Peut-on alors parler d'un risque optimal ?

Oui, c'est un risque qui repose sur des dispositifs de contrôle interne et de gestion des risques rigoureux, indépendants et efficaces.

Le rôle et la mission du régulateur consistent alors à inclure, dans ses dispositions légales et réglementaires, l'obligation, pour les banques, de mettre en place des dispositifs de contrôle interne et de gestion des risques rigoureux, et ce en vue d'instituer des procédures de contrôles à tous les niveaux. Cela suppose également l'adoption, par le régulateur, de méthodes et outils lui permettant de superviser leur mise en place et leur fonctionnement, et ce par des contrôles sur place et sur documents.

Toutefois, les recommandations du comité de Bâle sur la gouvernance bancaire restent d'ordre général, il appartient à chaque régulateur de fixer en détail le contenu de ces règles, mais surtout d'élaborer une méthodologie de leur évaluation, et ce en vue de prononcer des sanctions en cas de leur violation par les assujettis.

Comment peut-on mettre tout ça sur le plan opérationnel ? Comment mettre en place ces règles qui s'imposeraient aux banques ? Comment le régulateur devrait-il contrôler le degré de leur respect ? Quels indicateurs d'alerte choisir ? Comment les décliner sur le plan opérationnel pour permettre au régulateur d'intervenir de façon précoce pour éviter des difficultés ou faillites bancaires qui risquent de se transformer en risque systémique ? Quelles sanctions devrait-on appliquer pour dissuader les banques d'enfreindre ces règles ? Quels rapports entretenir avec la profession pour la persuader du bienfait et du bien-fondé de la réglementation ? Qu'en est-il de la supervision macroprudentielle ?

Pour répondre à toutes ces interrogations, on ne voit, comme on l'a annoncé dans l'introduction de ce travail, qu'un seul moyen ; c'est de présenter un modèle (le cas marocain en l'occurrence) qui, non seulement s'inscrit dans notre vision des choses que l'on a présentée au chapitre précédent, mais parce qu'il a fait ses preuves. En témoignent les conclusions de la dernière mission d'évaluation du secteur financier (FSAP) ainsi que la résilience dont a fait preuve le système bancaire marocain lors de cette crise.

On présentera alors l'expérience marocaine que l'on considère, pour reprendre l'expression de Michel CAMDESSUS, comme une « success story ». Bien entendu, il faisait allusion, alors qu'il était directeur du FMI, à l'excellent pilotage du programme d'ajustement structurel durant les années 80.

CHAPITRE IV

RÉFÉRENTIEL LÉGAL ET RÉGLEMENTAIRE MAROCAIN, UNE APPROCHE DE SUPERVISION BANCAIRE PROACTIVE SE BASANT SUR LES RISQUES

Introduction

Dans ce chapitre, on va essayer de présenter la méthodologie adoptée par le Maroc pour réussir, durant toutes ces années, à bâtir un dispositif de supervision bancaire efficace et efficient.

Comme il a été annoncé dans l'introduction générale, le système bancaire marocain est passé par une première phase caractérisée par une répression financière dans laquelle les taux d'intérêt, tant débiteurs que créditeurs, étaient administrés, la progression des crédits a été encadrée et des emplois obligatoires ont été imposés aux banques.

Cette étape est rendue nécessaire par des déséquilibres macroéconomiques qui ont fini par pousser le Maroc à être soumis aux exigences du FMI qui lui a imposé un plan d'ajustement structurel, connu sous le nom du PAS.

Cette phase de répression a pris fin avec la sortie du Maroc du PAS, et ce après avoir rétabli ses équilibres macroéconomiques. Elle a alors été suivie d'une libéralisation des activités des banques qui a consisté en un désencadrement du crédit, une suppression des emplois obligatoires et une libéralisation des taux d'intérêt. Parallèlement à ce processus de libéralisation, les autorités monétaires se sont engagées dans un processus de modernisation et de renforcement permanent du dispositif de supervision bancaire.

SECTION I : De la répression financière à une libéralisation des activités du secteur bancaire

Avant la libéralisation entamée au début des années 1990, le secteur bancaire marocain était rigoureusement réglementé ; l'intervention de l'État était manifeste.

Dès le début des années 1990, un processus de libéralisation sera entamé.

Paragraphe I : Un système bancaire réprimé

Cette période, qui a pris fin en 1991, est caractérisée par une inflation et un déficit budgétaire très élevés. Cette situation économique s'explique par la combinaison de plusieurs facteurs à la fois internes et externes.

En premier lieu, la forte hausse des dépenses d'investissements publics, occasionnée par l'exécution du programme d'équipement intensif du pays qui a été inscrit dans le plan (1973/77), lequel programme a été dopé par la hausse des prix du phosphate sur les marchés mondiaux ; le Maroc étant l'un des grands producteurs. À cela s'ajoute la hausse des dépenses militaires à partir de 1976, et ce en raison du conflit du Sahara marocain, imposé au Maroc. Tout cela a fait que, sur le plan budgétaire, l'épargne publique était négative pour l'équivalent d'environ 2 % du PIB et le déficit du Trésor a atteint 12 % du PIB.

En outre, la politique monétaire expansionniste, destinée à accompagner cette relance par les investissements publics, a provoqué une situation permanente de forte inflation avec une moyenne de 10 % sur la période 1973/1983 (dont un pic de 17,5 % en 1974). À ces contraintes s'est ajoutée la contribution du commerce international à la croissance qui était négative (-2 points du PIB) durant la période 1975-1981, et ce du fait du recul de la demande mondiale, causé par la récession économique, mais aussi en raison d'une progression plus importante des importations par rapport aux exportations, à la suite, notamment, des chocs pétroliers de 1973 et 1979 engendrés par la guerre Iran-Irak. Ce qui a provoqué un déficit de la balance des paiements courants tout au long de la période citée.

Ainsi, au niveau des comptes extérieurs, le compte courant de la balance des paiements a accusé un déficit de l'ordre de 12 % du PIB avec une accumulation d'importants arriérés extérieurs. De même, le profil de la dette extérieure s'est sensiblement détérioré si bien que l'encours a dépassé les 10 % du PIB.

D'autre part, l'économie marocaine a été gravement secouée par un cycle de sécheresse qui a atteint une ampleur sans précédent dès 1981.

Tous ces déséquilibres, extérieurs et intérieurs, n'ont pas manqué de peser sur la croissance, dont la tendance fut baissière tout au long de la décennie

1970, et ce malgré une restriction des dépenses publiques entamée dès 1978[321].

Le plus grave est que la convergence de tous ces facteurs a débouché sur une situation de quasi-cessation de paiements ; au printemps 1983, les réserves en devises ne représentaient plus, en effet, que 0,4 mois d'importations, ce qui avait poussé l'État à restreindre les achats à l'étranger et à solliciter l'aide du Fonds monétaire international (FMI) et de la Banque mondiale.

Un programme d'ajustement structurel fut alors mis en place, permettant au Maroc d'obtenir le rééchelonnement de sa dette extérieure par le club de Londres (créanciers privés) et le club de Paris (créanciers publics).

Ce fut le début d'une longue période de sacrifices qui a pris fin en 1993. L'État était conduit à réduire ses dépenses (de fonctionnement et d'investissement), d'où des effets désastreux sur le plan social.

Le gouvernement devrait alors atteindre deux objectifs à la fois, à savoir financer le déficit budgétaire tout en jugulant l'inflation. Le secteur bancaire allait se voir assigner un rôle fondamental pour la réalisation de ces deux objectifs.

Pour le premier objectif et étant donné que le Maroc était obligé d'aller vers le rééchelonnement de sa dette, il ne peut plus accéder aux marchés internationaux des capitaux ; il ne pouvait alors financer son déficit budgétaire qu'à travers le marché local. De même, pour ne pas grever davantage le déficit budgétaire qui était déjà très élevé, ce financement doit se faire à des conditions très avantageuses, donc nettement inférieures à celles du marché. En effet, du moment que le taux d'inflation était très élevé, les taux d'intérêt l'étaient également. La seule solution qui reste est de faire contribuer le système bancaire à ce financement. D'autre part, ce financement ne doit pas être inflationniste, ce qui compromettrait le second objectif, il doit être alors financé par une épargne préexistante, c'est-à-dire sans création monétaire additionnelle.

Pour atteindre le premier objectif, les autorités monétaires ont été amenées à imposer aux banques de souscrire à des emplois obligatoires (sous forme de bons du Trésor) et à des taux presque symboliques, soit 4,5 % et qui ont représenté 32 % de leurs exigibilités (= dépôts de la clientèle).

Quant au second objectif, les autorités monétaires ont eu recours aux instruments directs du contrôle monétaire, à savoir l'encadrement du crédit

---

321 Après le « plan d'expansion » 1973/77, le Maroc a adopté un plan 1978/80, baptisé « plan de stabilisation ».

pour limiter la création monétaire. Il a été instauré pour la première fois en 1969 pour être levé en 1972 et imposé à nouveau en 1976.

Le fait d'immobiliser une bonne partie des ressources des banques, pour satisfaire aux besoins de financement du Trésor, et de freiner la croissance des crédits de façon administrative, pour juguler l'inflation, tout cela a fait que le crédit est devenu à la fois rare et cher pour le financement de la croissance économique, la demande excédant de loin l'offre de crédit. Pour atténuer ces effets et canaliser les crédits vers les secteurs jugés prioritaires et à des conditions avantageuses, en l'occurrence l'agriculture, le logement, le tourisme et les PMI (petites et moyennes industries), les autorités monétaires ont imposé aux banques de souscrire à d'autres emplois obligatoires au profit de banques publiques, spécialisées justement dans le financement de ces secteurs ; il s'agit de bons au profit des organismes financiers spécialisés (OFS), à savoir la Caisse Nationale du Crédit Agricole (CNCA), le Crédit Immobilier et Hôtelier (CIH) et la Banque Nationale pour le Développement Économique (BNDE).

Tous ces emplois obligatoires (bons du Trésor + les autres bons) ont atteint plus de 50 % des exigibilités des banques. Autrement dit, plus de la moitié des dépôts de la clientèle a été placée dans ces bons.

Enfin, pour encourager l'épargne, on a institué des taux créditeurs minima pour les dépôts.

Ces mesures ont, certes, permis d'atteindre les objectifs pour lesquels ils ont été institués, mais elles ont, du même coup, limité la concurrence au sein des banques et ont abouti à une contre incitation à l'épargne et à une mauvaise allocation des ressources financières.

En effet, ces emplois obligatoires ont complètement démotivé les banques à développer des techniques de gestion des risques et à investir en vue d'attirer l'épargne financière.

De même, l'encadrement du crédit a abouti à figer les parts de marché et partant, les situations acquises, et ce du moment que la croissance des crédits est limitée chaque année de façon administrative. Ce qui laissait peu de place au fonctionnement des mécanismes de marché et à l'émergence d'une concurrence entre les banques.

D'autre part, l'administration des taux d'intérêt, à la fois débiteurs et créditeurs, garantit aux banques une marge d'intérêt fixée de façon administrative. Ce qui ne les incite guère à fournir des efforts pour améliorer leur rentabilité et leur efficience.

Enfin, l'affectation de plus de la moitié des dépôts bancaires à des emplois obligatoires et la limitation de la progression des crédits ont fait que les banques n'ont aucun intérêt à prendre des risques et ne prêtent ainsi qu'à des clients ayant déjà fait preuve de sérieux et de solidité financière. Les secteurs jugés prioritaires étant financés par des emplois obligatoires, les autres agents économiques, notamment les PME et les ménages, et les autres secteurs économiques se voient pratiquement exclus des crédits bancaires ou financés à des taux très élevés.

Devant cette situation, la réglementation prudentielle devient inutile, puisque plus de la moitié des dépôts bancaires était sécurisée sous forme d'emplois obligatoires et la croissance des crédits est freinée par les autorités monétaires, ce qui exclut tout dérapage. De même, les parts de marché étant figées et les marges d'intérêt assurées, cela inhibe toute velléité de concurrence entre les banques.

Durant cette période, on peut dire que les organes de gouvernance des banques ont tous déclenché le mécanisme de pilotage automatique.

Paragraphe II : Libéralisation des activités du système bancaire

À partir du début des années 1990, les perspectives de l'économie marocaine ont été prometteuses, et ce dans la mesure où les réformes structurelles profondes poursuivies ont permis de modérer l'inflation, de rétablir les équilibres des finances publiques et des comptes extérieurs et de reconstituer les réserves de changes du pays. Chose qui a permis au Maroc de mettre fin au rééchelonnement de sa dette extérieure et d'accéder de nouveau et dans des conditions normales aux marchés internationaux des capitaux.

Depuis lors, le gouvernement va adopter un plan de réforme pour libéraliser l'activité des banques et asseoir une logique du marché pour son fonctionnement, et ce pour créer un environnement favorable à l'émergence d'une véritable concurrence entre les banques.

Ceci a consisté en la levée de l'encadrement du crédit, une réduction progressive des emplois obligatoires et une libéralisation progressive des taux d'intérêt.

2.1. La levée de l'encadrement du crédit en 1991

L'encadrement du crédit, en fixant chaque année un taux pour la progression des crédits octroyés par les banques, a constitué un véritable frein à l'émergence d'une concurrence entre les banques, et ce dans la mesure où il a figé les parts de marché et les situations acquises en matière d'octroi de crédit.

En décidant sa levée en 1991, les autorités monétaires vont permettre aux banques de développer leurs activités sans aucune entrave autre que celles que leur imposent leurs propres moyens financiers et la qualité de leurs services.

Les mécanismes du contrôle monétaire deviennent désormais essentiellement accès sur les instruments indirects, à savoir les taux directeurs de la banque centrale.

2.2. Réduction des emplois obligatoires entre 1991 et 1998

Les emplois obligatoires auxquels les banques étaient obligées de souscrire sont rémunérés à des taux nettement inférieurs à ceux du marché, ce qui a eu des incidences négatives sur leur compte d'exploitation et ne les incite guère à investir pour attirer les dépôts.

Dès 1991, un processus progressif de réduction des emplois obligatoires a été entamé. Ils ont été graduellement allégés à partir de 1991 pour être supprimés définitivement en 1998.

2.3. Libéralisation progressive des taux d'intérêt créditeurs à partir de 1985 et débiteurs en 1996

Pour ne pas alourdir les charges financières de l'État et éviter de pénaliser le financement de la croissance, les autorités monétaires ont fixé des plafonds pour les taux débiteurs. De même, pour faire en sorte que les banques ne pratiquent des taux faibles sur l'épargne, elles ont également fixé des minima pour les taux créditeurs, et ce pour ne pas pénaliser l'épargne.

Cette situation a fait qu'un écart très faible était maintenu entre les taux à court terme et ceux à long terme. Chose qui décourage le financement des investissements. En outre, les PME se trouvaient écartées du marché du crédit ; les banques préférant prêter aux clients présentant un bon profil de risque. Enfin, étant rassurées d'une marge, les banques ne sont pas incitées à développer des techniques modernes de gestion des risques.

Conscientes de ces problèmes, les autorités monétaires vont, à partir de 1985, procéder à la libéralisation des taux d'intérêt.

Pour les taux créditeurs, leur processus de libéralisation a été entamé en 1985 pour être achevé en 1990.

Toutefois, pour les taux servis sur les comptes sur carnet, les autorités monétaires ont préféré les soumettre à un minimum, et ce en vue d'encourager la petite épargne.

Pour ce qui est des taux débiteurs, ils sont restés soumis à un plafond jusqu'à 1996, et ce pour empêcher leur flambée qu'aurait créée la levée de l'encadrement du crédit.

C'est alors en janvier 1996 que l'on peut parler d'une totale libéralisation des taux d'intérêt.

Par ailleurs, en vue de permettre aux banques de mieux gérer leur risque global de taux d'intérêt, les autorités monétaires ont institué la variabilité des taux.

Conclusion au paragraphe II

L'objectif assigné à la réforme du secteur bancaire, à savoir la création d'un environnement propice à l'émergence d'une véritable concurrence entre les banques et susceptible de déclencher une baisse des taux, a été atteint.

En effet, la réduction des emplois obligatoires a libéré une bonne partie de leurs ressources pour un emploi plus rémunérateur, ce qui a soulagé leurs comptes d'exploitation, et plus rationnel, en contribuant mieux au financement de l'investissement. La levée de l'encadrement du crédit a fait de leur compétence et de la qualité de leurs services les seuls critères de leur performance, chose qui a permis une meilleure allocation des ressources financières.

La libéralisation des taux d'intérêt et l'institution de leur variabilité ont permis aux banques de déterminer leurs taux en fonction du risque tout en leur permettant de mieux gérer le risque global de taux d'intérêt.

En définitive, la déréglementation et la libéralisation financière ont sensiblement accru la marge de manœuvre des institutions financières. Elles ont abouti à une décentralisation du fonctionnement du système financier et à une réduction de la place des autorités monétaires dans sa régulation.

Toutefois, ces mutations ont, du même coup, bouleversé l'environnement bancaire auquel les banques ont dû s'adapter. La principale conséquence de ces mutations réglementaires et de libéralisation financière est l'accroissement de la concurrence entre les institutions financières.

L'industrie bancaire marocaine n'étant plus protégée comme avant, l'accroissement de la concurrence peut conduire alors à une montée des risques et à une érosion des marges bancaires, ce qui risque d'entraîner une fragilisation des profits bancaires, conduisant, en fin de compte, à une augmentation de leur vulnérabilité.

En effet, la stabilisation des profits bancaires s'avère, bien entendu, indispensable pour éviter une déstabilisation des marchés bancaires. La crainte de l'apparition d'une concurrence « destructrice » et la menace du risque systémique remettent ainsi à l'ordre du jour la question de la stabilité et la sécurité du système bancaire.

Ainsi, parallèlement à ce mouvement de déréglementation et de libéralisation, la stabilité financière devient une des préoccupations majeures des autorités monétaires. Elle soulève un intérêt particulier, d'autant plus qu'il s'agit de l'un des principaux garants de la santé de l'économie dans son ensemble.

Dans l'esprit des régulateurs marocains, le fonctionnement de l'industrie bancaire, dont les activités viennent d'être libéralisées, exige une adaptation du dispositif de supervision bancaire.

SECTION II : Modernisation et renforcement du cadre légal et réglementaire marocain[322]

Contrairement à la plupart des pays qui ont connu des crises consécutives à la sortie du PAS et la libéralisation de leurs secteurs bancaires, le Maroc a fait exception, puisqu'il a bien piloté son processus de libéralisation. En effet, parallèlement à la progression de ce processus, le Maroc a entamé un autre chantier consistant à moderniser et à renforcer son dispositif de supervision bancaire, et ce en vue de le rendre conforme aux meilleurs standards internationaux en la matière ainsi qu'aux recommandations du Comité de Bâle.

L'objectif étant d'uniformiser le cadre légal et réglementaire applicable à l'ensemble des agents qui opèrent dans le secteur, condition indispensable en vue d'asseoir les conditions d'une concurrence saine et conduisant, du même coup, à une meilleure allocation des ressources.

C'est ainsi qu'il a été procédé :

– à la refonte du cadre légal et institutionnel régissant l'activité bancaire

– et au renforcement de la réglementation prudentielle.

D'autre part, étant donné que l'activité bancaire est soumise en permanence à une évolution profonde du cadre réglementaire à l'échelle internationale, les autorités de régulation marocaines ont toujours suivi avec intérêt ces évolutions et se sont engagées, en concertation étroite avec la profession, à rénover et à renforcer en permanence le cadre légal et réglementaire marocain, et ce, dont l'objectif est d'adapter le système bancaire marocain à l'évolution économique et financière sur le plan mondial.

Paragraphe I : Évolution du cadre légal et institutionnel régissant l'activité bancaire

La supervision du secteur bancaire est un élément essentiel de la stabilité du système financier et de son efficience, et ce eu égard au rôle qu'assument

[322] Cette section et celles qui vont suivre s'inspirent largement des différents textes de lois bancaires, des statuts et des différentes circulaires et directives de la Banque centrale ainsi que des différents rapports annuels sur la supervision bancaire.

les établissements de crédit sur le plan de l'intermédiation financière et des systèmes de paiement. Elle a pour objectif premier le maintien de la confiance du public dans le secteur bancaire.

Le cadre légal est le premier acte d'une supervision bancaire efficace, et ce dans la mesure où la dynamique des établissements de crédit ne peut pas être assurée en l'absence de dispositifs juridique et législatif qui sont censés, notamment :

– définir de façon claire et précise le champ d'application et l'activité bancaire qui doit être le monopole des d'établissements de crédit ;

– fixer les conditions d'accès à la profession ;

– définir le cadre institutionnel et les missions et attributions du régulateur ;

– fixer les sanctions à appliquer en cas d'infractions constatées.

Par conséquent, il constitue une référence pour tous les établissements de crédit.

Au Maroc, le législateur a confié à la banque centrale (Bank Al Maghrib dans la suite)[323], la supervision du secteur bancaire qui constitue l'une de ses missions fondamentales. Cette mission lui est confiée en vertu des dispositions de l'article 9 de ses statuts qui stipulent que « La Banque s'assure du bon fonctionnement du système bancaire et veille à l'application des dispositions législatives et réglementaires relatives à l'exercice et au contrôle de l'activité des établissements de crédit et organismes assimilés. »

Pour lui permettre d'exercer cette mission dans de bonnes conditions, le législateur a doté Bank Al Maghrib d'une large autonomie et indépendance et d'une compétence générale sur tout le processus d'accès à la profession bancaire et d'exercice des activités. Il a également mis à sa disposition tous les instruments nécessaires à la bonne réussite de sa mission.

Ainsi, c'est elle qui est habilitée à délivrer les agréments et toutes les autorisations nécessaires à l'exercice des activités des établissements de crédit et organismes assimilés. Elle édicte les règles prudentielles les régissant ; elle sollicite, pour cela, l'avis du comité des établissements de crédit.[324]

---

[323] « Bank Al Maghrib » est la traduction littérale en arabe de « Banque du Maroc ».

[324] Le comité des établissements de crédit est une instance prévue par les dispositions de l'article 25 de la loi bancaire. Il comprend deux représentants de Bank Al Maghrib, dont le gouverneur qui occupe le poste de président, deux représentants du ministre chargé des Finances, deux représentants de l'association professionnelle des banques, le président de l'association professionnelle des sociétés de financement, le président de l'association professionnelle des établissements de paiement et le président de la Fédération nationale des associations de microcrédit. Son avis est requis par le gouverneur de Bank Al Maghrib sur toute question, à

Elle surveille le respect, par ces établissements, des dispositions légales et réglementaires en vigueur et prononce, après avis de la commission de discipline des établissements de crédit[325], les sanctions pour non-respect de ces dispositions.

Bank Al Maghrib veille également à la protection des intérêts de la clientèle de ces établissements et à l'amélioration de l'accès de la population aux services financiers.

Pour atteindre tous ces objectifs, le cadre légal au Maroc a fait l'objet de plusieurs réformes, et ce depuis 1967. Étant donné que les établissements de crédit sont confrontés à des mutations continues de leur environnement et de leurs activités, à de nouvelles exigences de leurs métiers et à une multitude de risques, le cadre légal s'est en permanence adapté à toutes ces contraintes et à ces exigences de la profession.

Ces différentes réformes du cadre légal visent également un rapprochement de la législation nationale des standards internationaux, notamment des recommandations du Comité de Bâle. La loi bancaire de 2006 a, par exemple, consacré l'autonomie et l'indépendance de la banque centrale.

1.1. La première étape de mise en place des bases d'un système bancaire national est intervenue juste au lendemain de l'indépendance du Maroc en 1956. C'est ainsi que Bank Al Maghrib (la Banque du Maroc) a été créée le 30 juin 1959, se substituant à la Banque d'État du Maroc et assurant la fonction de banque centrale.

Ensuite, afin de répondre aux objectifs de développement et aux besoins de financement spécifiques à des secteurs économiques jugés prioritaires, l'État a procédé à la création d'établissements publics auxquels il a confié des missions spéciales et précises ; il a également procédé à la restructuration de certaines institutions existantes.

Ainsi, furent créés en 1959 :

– la Caisse de Dépôt et de Gestion (CDG) à laquelle on a confié la gestion de l'épargne institutionnelle ou réglementée ainsi que certains fonds créés par

---

caractère général ou individuel, ayant trait à l'activité des établissements de crédit et organismes assimilés dont, notamment, les circulaires et directives fixant les règles comptables et prudentielles.

[325] La commission de discipline des établissements de crédit est une instance prévue par les dispositions de l'article 28 de la loi bancaire. Elle est présidée par le gouverneur, le directeur général de Bank Al Maghrib ou son représentant désigné par le gouverneur. Elle comprend en outre deux représentants du ministre chargé des Finances, deux magistrats nommés par le Conseil supérieur du pouvoir judiciaire. Elle est chargée d'instruire les dossiers disciplinaires dont elle est saisie et de proposer au gouverneur de Bank Al Maghrib les sanctions disciplinaires à prononcer. Son institution répond également au souci de préserver et de respecter les droits de la défense.

l'État ou qui lui sont confiés par des organismes qui y sont tenus par la loi ou qui le demandent.

– le Fonds d'Équipement Communal (FEC) spécialisé dans le financement des collectivités locales ;

– la Caisse d'Épargne Nationale (CEN), il s'agit d'un compte d'épargne collectée par les services de la Poste ;

– la Banque Nationale pour le Développement Économique (BNDE) ayant pour mission le financement des petites et moyennes industries (PMI) ;

– la Banque Marocaine du Commerce Extérieur (BMCE) chargée d'accompagner les entreprises exportatrices.

Par ailleurs, l'année 1961 a vu la restructuration du Crédit Agricole et du Crédit Populaire ; le Crédit Immobilier et Hôtelier (CIH) a, quant à lui, été réorganisé et a succédé en 1967 à la Caisse de Prêts Immobiliers du Maroc.

Cette période s'est caractérisée également par la réduction du nombre de banques de 69 en 1954 à 26 en 1961, et ce à travers d'une part des opérations de fusions et d'autre part la disparition de certains établissements.

1.2. La seconde étape importante de la mise en place et de la consolidation du système bancaire national a débuté avec la promulgation, le 21 avril 1967, de la première loi bancaire « relative à la profession bancaire et au crédit ».

Les principaux apports de cette loi ont consisté en une définition plus précise de l'activité des banques, la délimitation des attributions des autorités de tutelle et l'institution d'une réglementation plus appropriée et la surveillance de son respect par les assujettis.

Ce cadre légal est censé s'appliquer à toutes les institutions qui opèrent dans le secteur. Toutefois, cette loi établissait une distinction très nette entre les banques commerciales (ou de dépôt) et certaines banques publiques spécialisées, connues sous le nom d'OFS (organismes financiers spécialisés). On peut dire qu'elle a toléré une sorte de « shadow banking ».

En effet, cette loi a donné une définition très étroite des activités des banques. Ainsi, on peut lire dans son article premier : « Est considérée comme banque, toute entreprise qui fait profession habituelle de recevoir du public, à titre de dépôt ou autrement, des fonds qu'elle emploie soit pour son propre compte, soit pour le compte de ses clients ou de tiers désignés par ceux-ci, en opérations financières de crédit, de bourse ou de change. »

En conséquence de quoi, à la date de promulgation de cette loi, ils existaient quatre types d'établissements qui opèrent dans le secteur :

– les banques commerciales qui reçoivent des dépôts ;

– les autres banques, en l'occurrence les organismes financiers spécialisés (OFS), à savoir la BNDE, le CIH et la CNCA et qui ne reçoivent pas de dépôts ;

– les sociétés de financement spécialisées, notamment, dans le crédit à la consommation, le crédit logement, le crédit-bail et l'affacturage ou « factoring » ;

– des institutions soumises à des lois les régissant ; il s'agit de la CDG, de la CEN et des bureaux de chèques postaux, des organismes du Crédit Populaire et du FEC.

Seules les banques commerciales étaient soumises à cette loi bancaire. Les OFS étaient exclus expressément par les dispositions de l'article 3 de ladite loi et les sociétés de financement ne sont quant à elles soumises qu'à l'obligation d'une déclaration d'existence au ministre chargé des finances, avec copie, de ladite déclaration, à Bank Al Maghrib.

Étant donné que toutes ces institutions ne reçoivent pas de dépôts, elles deviennent, en vertu de cette loi, automatiquement exclues de son champ d'application.

Quant aux organismes du Crédit Populaire, il est stipulé, dans le même article 3, que les dispositions de cette loi peuvent leur être étendues, en tout ou en partie, par arrêté du ministre chargé des finances, dans la mesure où elles ne sont pas contraires à la loi régissant ces organismes. Chose qui a été faite depuis 1970.

D'un autre côté, les prescriptions du titre III relatives aux règles prudentielles et au contrôle de Bank Al Maghrib ont été étendues, en 1986, aux deux banques publiques, la BNDE et le CIH, qui ont été, par ailleurs, autorisées à recueillir des dépôts auprès du public.

En raison des distorsions aux règles de concurrence qu'il n'avait pas manqué d'engendrer, le système mis en place par cette loi s'était avéré, en définitive, inapte à mobiliser les ressources financières et à leur assurer une allocation rationnelle. Il faut rappeler, à cet effet, que la réforme du secteur financier en général et bancaire en particulier était inscrite à l'ordre du jour depuis 1983 au moment du démarrage du PAS ; elle n'avait pas été mise en application à cause des préalables qu'elle supposait, à savoir le rétablissement des équilibres macroéconomiques fondamentaux.

1.3. Pour surmonter ces handicaps, les autorités monétaires vont, à partir des années 1990, engager le secteur financier dans un processus de modernisation qui a concerné aussi bien les banques, y compris les organismes financiers spécialisés, et le marché des capitaux.

C'est ainsi que, juste après la sortie de la période du PAS, l'action de libéralisation du secteur bancaire, entamée dès 1991, a été consolidée par la refonte, en 1993, du cadre légal régissant l'activité des banques, et ce à travers la promulgation, le 6 juillet 1993, d'une nouvelle loi bancaire « relative à l'exercice de l'activité des établissements de crédit et de leur contrôle ».

En effet, cette loi a introduit un nouveau concept largement inspiré de l'expérience internationale, à savoir celui de « banque universelle » selon lequel, les banques peuvent exercer et commercialiser l'ensemble des produits et services bancaires. Cette notion annule la spécialisation établie, jusque-là, entre les banques commerciales, les organismes financiers spécialisés et les sociétés de financement. En adoptant la généralisation de banque universelle, cette loi a, du même coup, consacré la notion « d'établissements de crédit », lorsque celle de 1967 ne parlait que de « banque ».

Ainsi, dans son article premier, cette loi définit un établissement de crédit comme toute personne morale qui effectue, à titre de profession habituelle, l'une des trois opérations suivantes :

– la réception de fonds du public ;

– la distribution de crédits ;

– la mise à la disposition de la clientèle de tous moyens de paiement ou leur gestion.

Ces opérations relèvent désormais du monopole des seuls établissements de crédit qui sont, en retour, soumis à toute la réglementation bancaire en vigueur et au contrôle de Bank Al Maghrib.

Cette définition qui se veut large a, en effet, permis :

– d'unifier le cadre juridique applicable aux établissements de crédit qui comprennent désormais les banques commerciales, les ex-OFS et les sociétés de financement ;

– d'élargir les bases d'une concertation étroite entre les autorités monétaires et la profession, et ce à travers, notamment, la mise en place du comité des établissements de crédit ;

– de renforcer le pouvoir de supervision de Bank Al Maghrib, notamment en matière prudentielle et par l'institution de l'obligation de l'audit externe des comptes pour les établissements qui reçoivent des fonds du public ;

– d'améliorer la protection de la clientèle, en particulier les déposants, et ce en mettant, notamment, en place un fonds de garantie de leurs dépôts ainsi qu'un mécanisme de soutien aux établissements de crédit en difficulté.

Toutefois, l'article 12 de cette loi a expressément exclu de son champ d'application d'autres institutions qui opèrent dans le secteur, à savoir les services de comptes courants et de chèques postaux, la CDG, les banques offshore et la Caisse Centrale de Garantie (CCG) à qui l'État a confié la gestion de certains fonds de garantie destinés principalement à permettre aux PME/TPE d'accéder aux crédits bancaires. Une sorte de « shadow banking » subsiste encore.

1.4. À la lumière du retour d'expérience après une bonne dizaine d'années de son application, des enseignements tirés de l'évolution des systèmes financiers marocain et étrangers et des nouvelles normes internationales, établies par le Comité de Bâle en matière de supervision bancaire, notamment les 25 principes fondamentaux pour un contrôle bancaire efficace, le processus engagé en 1993 a montré ses limites.

En effet, une mission de la Banque mondiale s'est rendue au Maroc en 2002 dans le cadre du programme d'évaluation du secteur financier (FSAP). Cette mission a pour objectif d'évaluer le degré de conformité du dispositif de supervision bancaire marocain aux 25 principes pour un contrôle bancaire efficace tels qu'ils ont été édictés par le Comité de Bâle le 23 septembre 1997.

C'est dans ce contexte et en prenant en considération les conclusions de cette mission que s'est inscrite l'élaboration d'une nouvelle loi bancaire « relative aux établissements de crédit et organismes assimilés » et qui a été publiée le 14 février 2006. Les principaux apports de cette loi peuvent être résumés comme suit :

– l'élargissement du champ d'application de la loi à tout organisme ayant une activité bancaire ou assimilée tels que la CDG, la CCG, les services financiers de la Poste qui accèdent au statut de banque, les banques offshore et les associations de microcrédit. Cette loi a, pour cela, introduit un nouveau concept, celui « d'organismes assimilés », et ce en plus de celui « d'établissements de crédit » consacré par la loi de 1993 ;

– la redéfinition des compétences et des attributions de Bank Al Maghrib avec, notamment, un renforcement de son autonomie et de ses pouvoirs. En effet, dans les lois de 1967 et de 1993, le ministre chargé des finances concentre tous les pouvoirs : octroi et retrait d'agrément et élaboration des règles prudentielles. La loi de 2006 a permis à la Banque centrale d'accéder à une totale autonomie et indépendance. Relèvent désormais de la compétence de Bank Al Maghrib, notamment les décisions d'octroi et de retrait d'agréments et toutes autres autorisations, le pouvoir d'édicter les règles comptables et prudentielles ainsi que le traitement des difficultés des établissements de crédit. Les circulaires du gouverneur de Bank Al Maghrib (le Wali dans la suite), prises en application des dispositions de la loi bancaire, sont désormais publiées au « Bulletin officiel », et ce après leur homologation par arrêté du ministre chargé des finances ;

– le renforcement du contrôle prudentiel sur les établissements de crédit. Ainsi, Bank Al Maghrib est habilitée à imposer le respect de règles prudentielles plus contraignantes pour les établissements qui présentent un profil de risque élevé. On retrouve ici l'esprit du pilier II de Bâle II qui est ainsi inscrit même dans la loi bancaire, et ce pour lui donner une force juridique contraignante ;

– ce nouveau cadre légal a contribué également à préserver la stabilité financière, et ce à travers la mise en place de mécanismes de prévention des crises et de coordination des réponses y afférentes. Ainsi, il a été institué un mécanisme de coopération entre Bank Al Maghrib et les autres autorités de contrôle du secteur financier, et ce par la mise en place d'un nouveau cadre approprié pour le traitement des difficultés des institutions financières. En effet, en perspective d'un meilleur contrôle consolidé du risque systémique, il a été institué une « commission de coordination des organes de supervision du secteur financier » ; elle est composée de Bank Al Maghrib, de l'administration chargée du contrôle des entreprises d'assurances et de réassurance et du conseil déontologique des valeurs mobilières, l'instance de contrôle du marché des capitaux. Sa mission consiste à coordonner les actions de supervision des régulateurs des différents compartiments du système financier (banques, assurances et marché des capitaux) et à organiser l'échange d'informations relatives aux entités soumises à leurs contrôles respectifs. Dans cette perspective, une procédure spécifique de traitement des difficultés des établissements de crédit, dérogatoire aux dispositions du Code de commerce, a été instituée. La responsabilité de l'intégralité du processus est ainsi confiée à Bank Al Maghrib qui peut décider de la mise d'un établissement sous le régime de l'administration provisoire (Article 89) ou de sa liquidation, dans le cas où elle estimerait que sa situation financière est irrémédiablement compromise ou à l'issue du retrait d'agrément à titre de sanction (article 178).

Ainsi, on peut lire dans l'Article 85 de cette loi que « Les établissements de crédit ne sont pas soumis aux procédures de prévention et de traitement des difficultés de l'entreprise prévues respectivement par les dispositions des titres I et II du livre V de la loi n° 15-95 formant Code de commerce. »

La nouvelle loi bancaire a également renforcé les règles de protection de la clientèle et celles régissant la gouvernance et la transparence des établissements de crédit.

1.5. Après la crise de 2008, le régulateur marocain a estimé nécessaire de réviser le cadre légal de 2006, et ce à travers la loi bancaire publiée le 24 décembre 2014.

Les objectifs assignés à ce nouveau cadre juridique consistent à tirer les leçons de cette crise, notamment sur le plan de la supervision macroprudentielle et son corollaire le risque systémique, mais également de saisir cette occasion pour procéder à d'autres réformes que l'on va présenter ci-dessous.

1.5.1. En tirant les enseignements de cette crise financière, le régulateur marocain a défini un cadre légal pour l'exercice de la surveillance macroprudentielle, tout en renforçant les mécanismes de résolution des crises mis à la disposition de Bank Al Maghrib.

C'est ainsi que cette loi a consacré tout un Titre intitulé « Surveillance macroprudentielle, résolution des difficultés des établissements de crédit et système de garantie des dépôts ». Avec cette nouvelle loi bancaire, le « comité de coordination et de surveillance des risques systémiques », qui remplace désormais « la commission de coordination des organes de supervision du secteur financier » prévue par la loi bancaire de 2006, a vu ses attributions élargies. Il peut, notamment :

– déterminer les établissements financiers ayant une importance systémique et coordonner la réglementation qui leur est commune ;

– analyser la situation du secteur financier et évaluer les risques systémiques ;

– veiller à la mise en œuvre de toutes les mesures pour prévenir les risques systémiques et en atténuer les effets ;

– coordonner les actions de résolution des crises entre les trois régulateurs affectant les établissements soumis à leur contrôle et revêtant un risque systémique.

D'un autre côté, cette loi habilite Bank Al Maghrib à imposer des exigences prudentielles plus contraignantes pour les banques d'importance systémique et à les assujettir à l'obligation de lui présenter un plan de redressement ex ante en temps normal, et ce en vue de son application en cas de difficulté.

Ce cadre légal a également introduit le statut de « conglomérat financier », et ce pour appréhender les risques qui peuvent peser sur le secteur financier à travers les holdings qui contrôlent à la fois des banques et des institutions relevant des autres compartiments du secteur financier. La loi assujettit ces conglomérats à des dispositions ayant trait aux règles comptables, à la gouvernance, au contrôle interne et à la gestion des risques.

Elle a également consacré la spécificité de la firme bancaire :

En effet, il est stipulé dans son article 49 que « Lorsque le conseil de la concurrence procède, de sa propre initiative, à des études afférentes aux établissements de crédit et organismes assimilés agréés ou est saisi, en application des dispositions relatives aux pratiques anticoncurrentielles et aux opérations de concentration économique prévues par la loi régissant la concurrence, de litiges concernant, directement ou indirectement, un établissement de crédit ou organisme assimilé, il recueille, au préalable, l'avis de Bank Al Maghrib ».

D'autre part, comme il a déjà été prévu par la loi de 2006, on peut lire dans l'article 113 que « Les établissements de crédit ne sont pas soumis aux dispositions de prévention et de traitement des difficultés de l'entreprise prévues respectivement par les dispositions des titres premier et II du livre V de la loi n°15-95 formant code de commerce ».

1.5.2. L'évolution technologique a fait apparaître de nouveaux acteurs ; il s'agit d'entités non bancaires, mais qui seraient habilitées à fournir de nouveaux services financiers. Ainsi, afin de favoriser un meilleur développement des paiements électroniques et diversifier les acteurs sur ce marché, la loi a créé, à cet effet, le statut « d'établissement de paiement » pour fournir ces services. Ces établissements sont soumis, bien entendu, à toute la réglementation, y compris un agrément de Bank Al Maghrib. L'objectif étant de garantir une parfaite traçabilité des opérations effectuées par ces organismes, évitant ainsi qu'ils ne soient utilisés à des fins illicites (blanchiment d'argent, financement du terrorisme, etc.).

1.5.3. Cette loi a également introduit les fondements légaux pour « la finance participative ». Pour cela, elle a consacré tout un chapitre spécifique à ces banques, traitant des principes de base devant les gouverner, du périmètre de leurs activités et du cadre institutionnel qui leur est spécifique avec, notamment, la création d'une fonction chargée d'identifier et de prévenir les risques de conformité de leurs opérations et activités à « la charia ». Cette réforme vise aussi à bancariser une catégorie de la population encore réticente, pour des considérations religieuses, à utiliser les services financiers des banques traditionnelles. Elle s'inscrit également dans l'objectif de faire de la place Casablanca un « hub financier ».

1.5.4. L'un des autres principaux apports de cette nouvelle loi est le renforcement des règles relatives à la gouvernance bancaire. Ainsi, elle permet à Bank Al Maghrib de s'opposer à toute nomination d'une personne au sein des organes d'administration, de direction ou de gestion d'un établissement de crédit, en particulier si elle estime que les mandats exercés dans d'autres institutions pourraient entraver l'accomplissement normal de ses fonctions. Par ailleurs, cette loi a instauré l'obligation de doter les conseils d'administration de membres indépendants. Elle consacre également l'obligation de la mise en place des comités d'audit chargés d'assurer l'évaluation du dispositif de contrôle interne ainsi que des comités chargés du suivi du processus d'identification et de gestion des risques. Ces comités doivent être l'émanation de l'organe d'administration et comporter des administrateurs indépendants.

Conclusion au paragraphe I

À travers ce survol de l'évolution du cadre légal et institutionnel régissant l'activité des établissements de crédit, on ne peut que constater la volonté du régulateur marocain de s'engager en permanence pour faire évoluer ce cadre et essayer de réussir un compromis entre deux exigences :

– l'adapter aux recommandations du comité de Bâle et à l'évolution de tout ce qui se passe à l'échelle internationale (règles prudentielles, évolution du métier, etc.)

– et transposer tout ceci au référentiel légal marocain tout en prenant en compte les spécificités nationales.

Chaque réforme part d'un diagnostic de la situation actuelle, lequel diagnostic se base soit sur un retour d'expérience, soit sur des changements qui affectent l'environnement du secteur ou ses métiers, soit, bien entendu, sur de nouvelles recommandations du Comité de Bâle.

S'agissant du soi-disant « shadow banking », qui a été toléré et même voulu par le régulateur à un moment donné, il a toujours été question de certains établissements publics à qui on a confié des missions très précises, à savoir financer certains secteurs prioritaires que les banques privées n'avaient pas encore l'appétence pour le faire. Toujours est-il que, ces établissements travaillaient sur leurs fonds propres qui ne sont autres que les deniers publics. C'est vrai que, durant la période du PAS, les banques privées avaient largement contribué au financement de ces établissements (OFS) à travers des emplois obligatoires ; mais cela a été, finalement, salutaire, vu la façon avec laquelle le Maroc a su piloter cette phase, et ce comparativement à la plupart des pays qui se sont confrontés aux mêmes problèmes.

Cette avancée est le fruit de la volonté des autorités monétaires de disposer d'un cadre légal et institutionnel susceptible de se conformer aux 29 principes pour un contrôle bancaire efficace tels qu'ils sont édictés par le Comité de Bâle.

Paragraphe II : Renforcement du cadre réglementaire pour l'adapter en permanence aux recommandations du comité de Bâle

Le cadre réglementaire est censé être une émanation du cadre légal ; les lois bancaires exposent des dispositions à caractère général et laissent la latitude et le soin à chaque régulateur de fixer les détails de chaque disposition. Toutefois, au Maroc on peut distinguer quatre types de textes régissant les règles prudentielles :

– Les circulaires du Wali (gouverneur) de Bank Al Maghrib qui sont publiées au Bulletin officiel après leur homologation par arrêté du ministre chargé des finances. Elles fixent des règles prudentielles prises en application de certaines dispositions de la loi bancaire. Ainsi, à titre d'exemple, les dispositions de l'article 77 de la loi bancaire stipulent que « les établissements sont tenus, dans les conditions fixées par circulaire de à Bank Al Maghrib (...) de se doter d'un système de contrôle interne ... ». C'est alors au niveau de ladite circulaire que l'on retrouve les détails et les éléments que doit contenir ce dispositif.

– Les directives du Wali de Bank Al Maghrib qui sont des règles prudentielles sans être prévues par la loi bancaire ; elles répondent principalement aux recommandations des piliers II et III de Bâle II ;

– Les instructions et les lettres du Wali de Bank Al Maghrib qui sont adressées aux présidents des établissements de crédit pour attirer leur attention sur certaines pratiques qui s'écartent de la déontologie et de l'éthique de la profession (dumping par exemple).

Notre intention ici n'est pas de relater tout le contenu de toutes les circulaires et directives édictées par Bank Al Maghrib[326] ; on va juste présenter la philosophie qui est derrière chaque règle prudentielle et comptable et insister sur l'engagement pris par le Maroc de se conformer en permanence à toutes les recommandations du Comité de Bâle ainsi qu'aux meilleurs standards internationaux en la matière.

Comme on l'a constaté, la transition d'un système bancaire réprimé vers un système entièrement libéralisé a été bien conduite par les autorités de régulation marocaines. D'abord, le processus de libéralisation n'a été entamé qu'une fois les équilibres macroéconomiques, internes et externes, ont été rétablis ; ensuite, les autorités monétaires ont procédé, parallèlement à cela, au renforcement du cadre légal et réglementaire.

En effet, le dispositif prudentiel applicable aux établissements de crédit a fait l'objet, depuis le début des années 90, d'une refonte intégrale, et ce en vue d'une meilleure convergence avec les standards internationaux, notamment les normes édictées par le Comité de Bâle. Ces révisions visent aussi une mise en harmonie avec les dispositions des nouvelles lois bancaires promulguées en 2006 et 2014. Ces principaux amendements apportés ont trait également à la mise en place du cadre relatif à l'implémentation de Bâle II et Bâle III.

Par ailleurs, étant donné que la survie d'un établissement de crédit est de la responsabilité, en dernier ressort, de l'organe d'administration, le cadre réglementaire marocain, en plus des règles d'ordre quantitatif, a réservé une place fondamentale aux aspects qualitatifs. Pour cela, Bank Al Maghrib a

[326] Pour plus de détail, le lecteur pourra les consulter sur le site de Bank Al Maghrib, il pourra également consulter les différents rapports sur la supervision bancaire qui sont publiés annuellement sur ce site, et ce depuis 2004.

édicté un ensemble de normes relatives au contrôle interne, à la gestion des risques et à la gouvernance d'une façon générale et que les établissements de crédit doivent respecter pour garantir une meilleure maitrise de leurs risques.

2.1. Règles d'ordre quantitatif

On a déjà souligné que la sauvegarde de la solvabilité des banques ne doit pas passer par une restriction de leurs activités. C'est dans ce sens que l'approche adoptée par le régulateur marocain a toujours consisté à asseoir un dialogue permanent et une concertation étroite avec la profession, et ce avant l'institution de n'importe quelles règles d'ordre prudentiel ou comptable. L'adhésion des établissements de crédit au processus de renforcement du cadre réglementaire a toujours été considérée comme primordiale par Bank Al Maghrib.

À cet égard, toutes les réformes touchant le secteur bancaire sont menées dans le cadre d'une démarche concertée avec la profession. Les décisions du Wali de Bank Al Maghrib, ayant trait à la réglementation d'ordre comptable et prudentiel ainsi qu'aux questions liées à la relation banque/clients, sont soumises à l'avis préalable du Comité des établissements de crédit qu'il préside et qui est composé, comme on l'a déjà précisé, de représentants de la profession et du ministre chargé des Finances.

D'autre part, la profession a, de son côté, assez tôt compris et considéré qu'il s'agit d'un chantier structurant sur le plan organisationnel et opérationnel de leurs établissements et dans leurs relations avec la clientèle.

2.1.1 Accès à la profession

L'accès à la profession est régi par la nécessité d'obtenir un agrément ainsi que par un ticket d'entrée, sous forme d'un capital minimum.

2.1.1.1. L'agrément constitue, en effet, le premier rempart contre le risque de défaillance futur d'un établissement de crédit. Il s'agit alors de limiter l'exercice de l'activité aux personnes morales justifiant de moyens financiers, humains, techniques et organisationnels adéquats.

Trois critères sont ainsi privilégiés lors de l'examen du dossier d'agrément du requérant :

– la structure de l'actionnariat : le tour de table doit dégager un actionnaire de référence auquel le régulateur pourra s'adresser pour un éventuel apport de capitaux frais, et ce au cas où la situation financière de l'établissement viendrait à se dégrader. Un tour de table, présentant un actionnariat trop dispersé et dilué, n'offre aucune garantie quant à la disposition des actionnaires à soutenir leur établissement en cas de difficultés ; chacun envoyant la responsabilité sur les autres ;

– vient ensuite l'adéquation des moyens financiers, humains, techniques et organisationnels ;

– l'appréciation des demandes d'agrément se fait également au vu de l'honorabilité (sur la base d'une déclaration sur l'honneur), de la solvabilité des apporteurs du capital, de la compétence professionnelle des administrateurs et dirigeants ainsi que de la qualité du projet industriel et de la valeur ajoutée qu'il est en mesure d'apporter au secteur.

2.1.1.2. Un seuil minimum de capitalisation est fixé et en deçà duquel, un établissement de crédit ne peut pas être agréé en tant que tel. De même, un établissement agréé ne peut pas continuer à exercer si jamais ses fonds propres descendent en dessous de ce montant, et ce en raison des pertes accumulées. Dans ce cadre, Bank Al Maghrib a fixé par circulaire le montant du capital minimum requis pour chaque catégorie d'établissement de crédit.

Il s'agit alors d'un ticket d'entrée à la profession, sous forme d'un capital minimum réglementaire, et qui est fixé pour chaque catégorie d'établissement de crédit.

On retrouve ici le principe de complémentarité de la réglementation sur lequel repose la théorie des choix de portefeuille, et ce à la suite de la réintégration de l'hypothèse de responsabilité limitée dans le modèle ; la règle de solvabilité à elle seule ne suffit pas, encore faut-il un apport conséquent des actionnaires sous forme de capital minimum.

2.1.2. Règle de solvabilité : elle permet de s'assurer que les fonds propres de chaque établissement de crédit permettent de couvrir toutes les pertes susceptibles de survenir dans le cadre de l'exercice de ses activités, protégeant ainsi les dépôts de la clientèle.

En application de cette règle, les fonds propres doivent couvrir en permanence l'ensemble des risques pondérés (de crédit, opérationnel et de marché), et ce à hauteur de 8 % au minimum. Au Maroc, le respect de cette règle s'impose sur base individuelle et consolidée.

2.1.2.1. Le processus de libéralisation, lancé par le Maroc au début des années 90, a presque coïncidé avec la publication de l'Accord Bâle I ; en 1991, soit trois ans après sa publication, le Maroc a transposé cet Accord dans son référentiel réglementaire.

S'agissant de la transposition de Bâle II, il y a lieu de préciser que Bank Al Maghrib a adopté, d'un commun accord avec la profession bancaire, une démarche pragmatique et progressive qui tient compte de la structure du système bancaire marocain et qui répond le mieux possible à ses besoins. En effet, ce processus a été entamé au cours de l'année 2004 et est entré en vigueur en juin 2007 pour son approche standard.

Il importe de souligner que tous les établissements de crédit ne seront pas assujettis à l'application du pilier I de ce dispositif, certains resteront sous le régime Bâle I. Ces établissements, de petite taille, continuent à calculer leur ratio de solvabilité selon l'ancien cadre tel que modifié pour y inclure les risques de marché (Accord dit Bâle 1,5).

Par contre, le champ d'application des piliers II et III couvre l'ensemble des établissements de crédit.

Ainsi, dès le 7 décembre 2004, Bank Al Maghrib a publié des recommandations générales relatives au système de notations internes des entreprises par les établissements de crédit. Ces recommandations, dérivées en grande partie des exigences minimales édictées par le Comité de Bâle, visent à permettre aux banques de se préparer progressivement à l'adoption des méthodes de calcul des exigences de fonds propres fondées sur les notations internes (l'approche IRB).

Effectivement, en 2010, Bank Al Maghrib a publié une circulaire relative aux modalités de couverture, par les fonds propres, des risques selon les approches avancées. Elle a fixé le cadre à observer pour que certains établissements bancaires puissent être autorisés à appliquer ces approches. Bien entendu, d'autres établissements continueront à appliquer les approches standards.

Pour accompagner les banques dans leur processus de déploiement des approches avancées, Bank Al Maghrib a également mis à leur disposition une notice technique fixant les modalités pratiques de ces approches, et ce en vue de faciliter leur préparation à l'étape d'homologation de leurs modèles internes. Pour ce faire, elles doivent respecter une procédure ayant pour objet d'harmoniser les informations à communiquer dans ce cadre et d'assurer, en même temps, le déroulement des missions d'homologation dans des conditions optimales.

Quant à l'implémentation des piliers II et III, Bank Al Maghrib a procédé à la publication de plusieurs directives qui s'inspirent toutes des recommandations du Comité de Bâle.[327]

D'autre part, toujours dans le cadre de l'implémentation des recommandations issues du pilier II, on a déjà dit que les dispositions de l'article 79 de la loi bancaire habilitent le Wali de Bank Al Maghrib à exiger

[327] Il s'agit, notamment des directives relatives « à la gouvernance », à « l'ICAAP », au « Plan de Continuité d'Activité», à « la fonction de conformité », aux dispositifs de gestion des risques («opérationnels », « global de taux d'intérêt », « sur produits dérivés », « risque pays », « de concentration », « de liquidité »), en plus des directives sur « la pratique des stress tests » et « les éléments d'informations devant être requis par les établissements de crédit dans le cadre de l'instruction des dossiers de crédit ».

d'un établissement de crédit, présentant un profil de risque particulier ou revêtant une importance systémique, de :

– respecter des règles prudentielles plus contraignantes, et ce pour d'une part, y intégrer la couverture des risques latents ou potentiels (de concentration, de liquidité, de taux d'intérêt global, etc.) et d'autre part, en vue de prendre en considération la qualité de ses dispositifs de contrôle interne et de gestion des risques ainsi que sa gouvernance ;

– présenter un plan de redressement de crise interne qui vise à définir, dans l'éventualité d'une défaillance, les solutions que ledit établissement compte mettre en œuvre pour rétablir sa situation, et ce de sorte à limiter l'impact sur le système financier.

Enfin, dans le cadre de la mise en œuvre du pilier III de Bâle II, une directive sur l'obligation de transparence financière a été publiée.

Cette directive vise à instaurer un dispositif de communication financière pour la promotion de la discipline de marché, et ce en exigeant des établissements de crédit la diffusion d'un ensemble d'informations relatives à leurs fonds propres et aux risques qu'ils affrontent dans le cadre de leurs activités.

En vertu des dispositions de cette directive, les établissements de crédit sont tenus de publier, outre leurs états financiers établis sur base individuelle et consolidée, des informations relatives :

– à leurs expositions aux différents risques ;

– aux dispositifs mis en place pour leur maitrise ;

– à leurs systèmes de gouvernance et de contrôle interne ;

– à leurs fonds propres et l'état de leur solvabilité.

Cette directive vise à doter les établissements de crédit d'un dispositif de communication financière et de fournir, notamment aux actionnaires, aux investisseurs et aux analystes financiers, un référentiel cohérent pour effectuer des analyses comparatives plus approfondies sur base homogène. C'est le renforcement de la discipline de marché.

Le passage à Bâle II a, bien entendu, posé des difficultés pour les banques marocaines :

– tout d'abord, du côté de leurs systèmes d'information, et ce en raison des coûts énormes qu'occasionne leur conception (segmentation de la clientèle, notamment pour le stock, calcul des exigences de fonds propres pour le risque de marché, atténuation du risque crédit ou ARC, etc.) ;

– par ailleurs, cela a nécessité une vague de recrutement de compétences qualifiées, une adaptation de leurs systèmes d'information, la construction de modèles internes, la réalisation de simulations et des stress tests, etc.

– sur le plan réglementaire et s'agissant de la PNU (partie non utilisée des engagements de financement donnés), il fallait arriver à trouver une définition claire des engagements de financement qui doivent être comptabilisés en tant que risque.

Toutes ces difficultés ont été surmontées, et ce grâce à cette démarche adoptée et qui est basée sur un dialogue permanent et une coopération étroite entre le régulateur et la profession.

2.1.2.2. S'agissant des recommandations issues de l'Accord Bâle III, l'approche qui a été adoptée est basée, comme c'était le cas pour Bâle II, sur une concertation étroite avec la profession. C'est ainsi que leur transposition, au référentiel réglementaire, a été faite en prenant en compte les caractéristiques propres de l'environnement légal et réglementaire ainsi que les spécificités du système financier marocain dans son ensemble, et ce en s'appuyant sur les domaines de discrétions nationales tels que définis par le Comité de Bâle. Les discussions avec les banques ont permis également de prévoir un calendrier progressif de leur mise en application qui s'alignerait évidemment sur celui proposé par le Comité de Bâle.

Ainsi, Bank Al Maghrib a engagé, à partir de 2012, les travaux pour la mise en œuvre de cette réforme.

En 2013, elle a publié deux circulaires, l'une transposant les normes édictées par le Comité de Bâle, relatives aux fonds propres, et ayant pour objet de rehausser leur qualité et leur quantité, l'autre sur le ratio de liquidité à court terme ou « liquidity coverage ratio » (LCR).

Avant leur publication, ces circulaires ont fait l'objet d'une concertation avec la profession bancaire au cours du premier semestre 2013, et ce lors de réunions plénières ayant porté sur l'examen des problématiques spécifiques à chaque banque. En parallèle, des études d'impact ont été menées par les banques à leur niveau.

Ainsi, concernant la première circulaire sur les fonds propres, il y'a lieu de rappeler tout d'abord que les architectes de l'Accord Bâle III visent deux objectifs, et ce en plus de l'augmentation de la qualité et la quantité des fonds propres. Le premier (par le biais des coussins contracycliques) vise à améliorer la résilience du système bancaire, et ce grâce justement à l'accumulation anticipée de réserves additionnelles de fonds propres, en période d'amélioration de la conjoncture, et qui pourraient alors être mobilisées en cas de retournement du cycle. Chose qui contribuerait à maintenir l'offre de crédit, atténuant ainsi la phase de repli du cycle financier et ses conséquences néfastes sur l'activité économique.

Quant au second objectif (à travers les coussins de sécurité), il cherche à faire en sorte que l'emballement du crédit, pendant la phase faste du cycle, n'engendre des risques pour la stabilité financière. Ainsi, en augmentant les exigences de fonds propres durant le cycle ascendant, les banques peuvent les utiliser pour la couverture de ces risques.

S'agissant du Maroc, cette circulaire exige des établissements de crédit de constituer en permanence des coussins de fonds propres dits « coussins de conservation », composés de fonds propres de base et équivalents à 2,5 % des risques pondérés. Par contre, pour les fonds propres contracycliques, qui doivent être compris entre 0 % et 2,5 % des risques pondérés, Bank Al Maghrib envisage de fixer leur niveau à 0 %. Dans le cadre toujours du processus de concertation avec la profession, au cas où elle déciderait de relever ce niveau, les banques en seraient informées, et ce 12 mois avant la date butoir de sa mise en œuvre.

Toutefois, il y'a lieu de préciser que, bien avant la manifestation des premiers signes de la crise soit début 2007, Bank Al Maghrib a déjà rehaussé les exigences prudentielles applicables à tous les établissements de crédit, et ce en décidant de relever le niveau minimum du Tier 1 à 9 % et celui du ratio de solvabilité à 10 % puis à 12 %. Les principales raisons avancées étaient :

– la croissance rapide et importante des crédits observée en 2007 et qui devrait se poursuivre ;

– la forte concentration du risque crédit ;

– le développement des risques de liquidité et de taux d'intérêt global.

Bank Al Maghrib a ainsi devancé les architectes de la réglementation bancaire internationale, et ce dans la mesure où, comme on va le présenter à la section III, elle adopte un modèle de supervision proactif basé sur les risques.

S'agissant de la circulaire sur le ratio de liquidité à court terme (LCR), son entrée en vigueur a eu lieu en juillet 2015, et ce après une période d'observation de 18 mois, à l'issue de laquelle des ajustements ont été apportés. De même, le ratio minimum a été fixé au début à 60 % puis augmenté progressivement de 10 % par an pour atteindre 100 % au 1er juillet 2019. Toutefois, comme on va le voir ci-dessous, une règle encadrant le risque de liquidité existait au Maroc, et ce bien avant la promulgation de l'Accord Bâle I.

Quant au ratio de liquidité à long terme, le fameux NFSR (net stable funding ratio), il est tout simplement non applicable. Obliger les banques marocaines à adosser tous leurs emplois de plus d'un an à des ressources de même durée, c'est les priver d'exercer leur métier qui consiste à faire de la transformation positive et à créer de la monnaie. Ceci d'autant plus que le système financier marocain est très étroit, le financement de l'économie se fait presque exclusivement par crédit bancaire, donc par création monétaire, laquelle création monétaire déséquilibre en permanence et de façon structurelle le bilan des banques. Comme on l'a déjà souligné, vouloir à tout prix appliquer aux banques les outils standards de l'analyse financière, c'est faire preuve de myopie intellectuelle.

Certes, Bank Al Maghrib, à travers des études qu'il a réalisées pour évaluer l'impact sur les nouveaux ratios de liquidité, a incité les banques à recourir aux instruments de la dette privée pour allonger la maturité de leurs ressources ; mais cela risque de ne pas aboutir, et ce pour les raisons suivantes :

– le système financier est encore embryonnaire, le financement se fait essentiellement par crédit bancaire, les émissions obligataires et les introductions en bourse sont sporadiques et se comptent sur les doigts de la main ;

– l'épargne, en particulier longue, est très faible, ajoutée à cela la part encore très importante de la monnaie fiduciaire dans le total de la masse monétaire.

Pour le ratio d'effet de levier, les réflexions menées sur le plan national, quant à l'adoption de cette norme, ont donné lieu à la conduite d'une étude d'impact, dont les résultats ont fait ressortir un recours modéré par les banques marocaines à cette technique. Ceci nous conforte dans notre analyse où on a souligné que le passif des banques commerciales, y compris donc marocaines, est constitué essentiellement de dépôts de la clientèle, lesquels dépôts proviennent soit des versements de leurs clients, soit de la création monétaire induite par les crédits distribués. Par ailleurs, contrairement aux grands groupes bancaires internationaux, notamment américains, l'hors bilan des banques marocaines est très réduit.

D'un autre côté, toujours dans le cadre de l'implémentation des recommandations de Bâle III, la circulaire, relative aux exigences de fonds propres, a été modifiée, et ce pour tenir compte de nouveaux risques générés par les opérations de titrisation.

En effet, il s'est avéré pour Bank Al Maghrib que le traitement prudentiel de la titrisation ne permettait pas une différenciation suffisante des risques qui y sont associés, et ce selon que les établissements de crédit sont initiateurs de programmes d'émission de titrisation ou investisseurs en parts de fonds de titrisation.

Ce modificatif introduit ainsi un traitement différencié des positions de titrisation des établissements de crédit au titre des exigences de fonds propres, et ce selon qu'ils sont initiateurs de programmes d'émission de titrisation ou investisseurs en parts de fonds de titrisation.

Pour ces derniers, les pondérations des risques associés à leurs positions varieront selon les notations externes qui leur sont attribuées.

De même, des dispositions particulières seront également prévues pour les établissements initiateurs, en particulier dans le cas où ils seraient en mesure de prouver le transfert de parts significatives de risque. Ils doivent, toutefois, respecter certaines exigences quantitatives et qualitatives.

Enfin, qu'en est-il de Bâle IV ?

On a déjà précisé que le passage aux approches avancées permet aux banques de réaliser des économies en fonds propres ; pour cela, elles doivent investir des sommes importantes en systèmes d'information et en ressources humaines adéquates.

Or, le 7 décembre 2017, le Comité de Bâle a publié un texte qui propose de revoir les exigences réglementaires des risques pondérés (RWA) et de mettre en place un plancher de fonds propres. Autrement dit, comme on l'a déjà expliqué, Bâle IV prévoit de revoir en profondeur la méthodologie de calcul de tous les risques et pour toutes les approches. L'objectif étant d'éviter que les banques, appliquant les méthodes avancées, ne bénéficient pas d'économies de fonds propres au-delà d'un certain seuil ; c'est le fameux plancher sur les actifs pondérés en fonction des risques ou « output floor ».

Que peut-on dire alors aux banques marocaines qui ont lourdement investi pour passer aux approches avancées ? Que, finalement, c'était inutile, vous ne gagnerez rien en matière d'économies en fonds propres. Alors qu'au départ, on les encourageait à passer aux approches avancées.

2.1.3. Règles de classification et de provisionnement des créances en souffrance : le risque crédit reste le plus important dans le bilan et l'hors bilan des banques marocaines. D'ailleurs, la crise de 2008 est née des opérations de crédit. Partant de là, Bank Al Maghrib ne cesse d'accorder une importance particulière au suivi de ce risque.

Ainsi, pour obliger les établissements de crédit à mieux mesurer leur risque crédit et en plus des exigences induites par le pilier I, Bank Al Maghrib a publié une circulaire en 1995 avant d'y introduire de légères modifications en 2002. Ce texte oblige les établissements de crédit à procéder régulièrement au reclassement de leurs créances et à leur provisionnement, et ce dès que des évènements se produisent tout au long de la durée du contrat.

Trois classes sont ainsi définies :

– les créances saines ;

– les créances en souffrance ;

– et les créances irrégulières.

Sont considérées comme saines, les créances, dont le règlement s'effectue normalement à leurs échéances et qui sont détenues sur des contreparties, dont la capacité à honorer leurs engagements, immédiats et futurs, ne présente pas de motif d'inquiétude.

Les créances en souffrance sont celles présentant un risque de non-recouvrement total ou partiel, eu égard à la détérioration de la capacité de remboursement immédiate ou future de la contrepartie. Elles sont, compte tenu de leur degré de risque de pertes, réparties en trois catégories :

– les créances prédouteuses,

– les créances douteuses

– et les créances compromises.

Elles sont provisionnées, respectivement, à hauteur de 20 %, 50 % et 100 % de leurs montants, déduction faite des intérêts non encaissés et des garanties réelles.

Les créances irrégulières représentent la partie des créances en souffrance qui est intégralement couverte par des garanties réelles. Il est, toutefois, précisé dans cette circulaire que les établissements de crédit qui procèdent, eux-mêmes, à l'évaluation des garanties hypothécaires, reçues en couverture des risques portés sur leurs contreparties, doivent justifier d'une expertise dans ce domaine et disposer de procédures précises, claires et de nature à assurer une évaluation appropriée.

Les règles de classification et de provisionnement des créances en souffrance sont, en principe, d'ordre comptable et non prudentiel, et ce dans la mesure où la classification et le provisionnement interviennent a posteriori, une fois les crédits déjà octroyés. Toutefois, par extension, on les considère comme des règles prudentielles, et ce dans la mesure où elles obligent les banques à constituer des provisions au fur et à mesure de la constatation d'évènements susceptibles de rendre compromis le remboursement d'une créance. Le fait de laisser les provisions s'accumuler peut être dangereux pour la solvabilité d'une banque si elle a à constituer, d'un seul coup, un grand montant de provisions. Par ailleurs, cette règle fait que les banques ne dérogent pas aux trois principes comptables de base, à savoir « le principe de prudence », « le principe de l'image fidèle » et « le principe de la séparation des exercices ».

Ceci d'autant plus que les provisions représentent une sorte de « bête noire » pour les dirigeants. Ils ont souvent tendance à sous-estimer le montant des provisions à constituer, dont l'objectif est d'afficher une rentabilité élevée. Chose qui risque de faire apparaître des fonds propres comptables surestimés, masquant ainsi la réalité de la dégradation de la solvabilité de l'établissement en question.

Les critères de classification des créances prévus par ladite circulaire, qui sont déjà très rigoureux, constituent des normes minimales. Il est alors demandé aux établissements de crédit de procéder, dans le cas où ils disposeraient d'autres éléments d'information, au reclassement de ces créances dans la catégorie qu'ils estimeraient appropriée.

Dans le cadre toujours de la surveillance du risque crédit, d'autres actions ont été également entreprises, et ce en vue de l'amélioration de l'information financière. Ainsi, Bank Al Maghrib a :

– demandé aux établissements de crédit de renforcer leur dispositif de gestion de ce risque (système de notation des contreparties, diversification des risques, dispositifs de recouvrement) ;

– mis à leur disposition des notices techniques permettant de faciliter leur préparation à l'étape d'homologation de leur système interne d'évaluation des risques et de les aider à la pratique des stress tests ;

– renforcé les exigences en matière de transparence pour les clients sollicitant des crédits, et ce en publiant en 2005 une directive relative aux éléments d'informations minima devant être requis par les établissements de crédit dans le cadre de l'instruction des dossiers de crédit. Ce texte est alors de nature à éviter de financer des clients ne disposant pas de documents attestant de leur solvabilité. On a vu que les crédits subprimes sont octroyés à des clients trop risqués et ayant déjà enregistré des impayés, voire des défauts de paiement ;

– institué un « bureau de crédit » qui est opérationnel depuis fin octobre 2009 et qui est de nature à réduire davantage les asymétries d'information, dont peuvent être victimes les établissements de crédit, et ce en constituant un outil important pour leurs décisions d'octroi de crédit. Il permet également à Bank Al Maghrib de mieux suivre le risque crédit, notamment de façon transversale. Ce registre permet également d'éviter le surendettement des clients.

2.1.4. Règle de division des risques : il y'a lieu de rappeler tout d'abord que le Comité de Bâle a publié, en avril 2014, un dispositif prudentiel pour la mesure et le contrôle des grands risques et qui s'applique aux banques actives à l'international. Il part d'un constat selon lequel, « L'un des principaux enseignements tirés de la crise financière est que les banques n'ont pas toujours su mesurer, agréger et contrôler de façon systématique les expositions qu'elles détenaient envers une contrepartie unique ou un groupe de contreparties liées entre elles sur l'ensemble de leurs portefeuilles et activités. »[328]

Ce dispositif est alors de nature à compléter les normes de fonds propres fondées sur les risques. En effet, le Comité estime « … que le dispositif de fonds propres existant fondé sur le risque n'était pas suffisant pour compenser entièrement le risque microprudentiel associé aux expositions, dont le montant est élevé en comparaison des fonds propres d'une banque. Il est nécessaire de le compléter par un dispositif simple applicable aux grands risques, à même de protéger les banques contre les pertes immenses provoquées par le défaut soudain d'une contrepartie individuelle ou d'un groupe de contreparties liées entre elles. »[329]

Au Maroc, la circulaire fixant la règle de division des risques existe depuis le début des années 90 et a été amendée à plusieurs reprises, la dernière en date l'a été en 2012. Elle vise une limitation des risques du portefeuille de crédit par contrepartie, et ce de manière à prévenir toute concentration de nature à mettre en péril la pérennité d'un établissement de crédit, du fait de la défaillance de ladite contrepartie.

Ainsi, pour pousser les établissements de crédit à mieux gérer le risque de concentration de leurs engagements, cette règle prudentielle de division des risques leur impose le respect en permanence d'un coefficient maximum de division des risques de 20 %. Ce ratio est défini comme étant un rapport entre d'une part, le total des engagements sur un même bénéficiaire, affectés d'un taux de pondération en fonction de leurs degrés de risques et d'autre part, leurs fonds propres prudentiels. Les fonds propres et les pondérations sont les mêmes que ceux et celles pris en compte pour le calcul du ratio de solvabilité.

Dans l'esprit de cette circulaire, un « même bénéficiaire » est constitué de :

– toute personne physique ou morale ;

– l'ensemble des personnes physiques ou morales constituant un groupe de clients liés soit parce que l'une d'elles exerce sur les autres un pouvoir de contrôle soit, même en l'absence de contrôle, ont des liens tels qu'il est probable que, si l'une d'entre elles est confrontée à des problèmes financiers, l'autre ou toutes les autres connaîtraient des difficultés de financement ou de remboursement.

---

[328] Comité de Bâle sur le contrôle bancaire, « Normes : Dispositif prudentiel pour la mesure et le contrôle des grands risques », avril 2014, p. 1.

[329] *Ibid.*, p. 2.

Ce coefficient est très contraignant pour les banques, particulièrement celles de petite taille qui ne peuvent pas financer les grandes entreprises qui sont structurées, donc présentent un bon profil de risque, et ce du moment que leurs fonds propres sont d'un montant très faible et la limite de 20 % est facilement dépassée.

Même les grandes banques en souffrent et n'ont cessé de le réclamer. C'est d'ailleurs à leur demande que ce coefficient a été amendé pour le relever de 10 % à 20 %.

Pour contourner cette contrainte, les banques recourent souvent à la technique de consortialisation de leurs prêts avec d'autres confrères.

Comme pour toutes les règles d'ordre quantitatif, les manquements au coefficient maximum de division des risques donnent lieu à des sanctions pécuniaires, sauf en cas de situation de force majeure ; auquel cas, un établissement peut être autorisé à y déroger à titre exceptionnel et provisoire, sous réserve, toutefois, de la présentation d'un planning des actions à entreprendre pour rétablir la situation.

Ainsi, le contrôle des grands risques a été nettement renforcé. L'expérience a, en effet, montré qu'une concentration excessive des engagements entraînait toujours des sinistres importants. Pour cela, tous les risques portés sur un même bénéficiaire doivent être déclarés chaque trimestre aux services chargés du contrôle permanent, et ce dès lors qu'ils atteignent 5 % des fonds propres prudentiels de l'établissement assujetti. C'est la notion de « grands risques ».

De même, ces grands risques font l'objet d'une surveillance rapprochée par les équipes chargées des contrôles sur place.

D'autre part, les banques sont obligées d'adresser un autre reporting mensuel qui donne la ventilation de leurs crédits par secteur d'activité, et ce pour permettre à Bank Al Maghrib de surveiller également leurs expositions sectorielles.

Par ailleurs, Bank Al Maghrib a publié, en 2016, une directive relative aux éléments d'information devant être requis par les établissements de crédit dans le cadre de l'instruction des dossiers de crédit des contreparties relevant de groupes.

2.1.5. Règle de liquidité : Le Maroc est l'un des rares pays à avoir établi une règle prudentielle, sous forme d'une norme quantitative, pour la mesure et le suivi du risque de liquidité des établissements de crédit. Elle a été instituée bien avant la loi bancaire de 1993, avant de procéder à sa refonte après la publication de ladite loi. Elle a pour objet de contenir les risques de transformation à court terme, et ce en permettant de s'assurer que les établissements disposent en permanence de ressources suffisantes pour faire face aux engagements qui viennent à échéance dans les trente jours à venir.

Comme on l'a déjà souligné, cette règle a été complètement modifiée pour l'adapter aux recommandations issues de l'Accord Bâle III, et ce par l'institution du ratio LCR.

Par ailleurs, en vue de limiter l'usage de la monnaie fiduciaire par les agents économiques, Bank Al Maghrib a placé, parmi ses priorités, l'amélioration du taux de bancarisation, notamment au niveau de la population à bas revenus. Ainsi, à son instigation, le secteur bancaire s'est inscrit dans une dynamique de bancarisation plus poussée, et ce à travers des programmes d'ouverture d'agences et une diversification de l'offre de services mieux adaptés à cette catégorie de clientèle. Cette dynamique s'est accompagnée de la diversification de la gamme de produits offerts à la clientèle, en particulier dans le domaine de la monétique. Ce mouvement devrait être accéléré et élargi, compte tenu de l'importance de la population rurale non bancarisée.

La hausse du taux de bancarisation est, en effet, de nature à améliorer la liquidité des banques.

2.1.6. Règles des positions de change : parallèlement à l'institution d'un marché de change au début des années 1990, le dispositif prudentiel a été renforcé avec la publication, en mars 1996, d'une circulaire relative aux positions de change. Cette règle vise à contrôler l'exposition des établissements de crédit au risque de variation des cours des monnaies, et ce en les amenant à maintenir en permanence un équilibre entre leurs avoirs et leurs engagements libellés en devises. À cet effet, cette règle a fixé des limites pour les positions en devises, exprimées en pourcentage des fonds propres prudentiels.

Ainsi, en vertu de cette circulaire, les établissements de crédit doivent observer de manière permanente :

– un coefficient maximum de 10 % entre la position de change longue ou courte par devise et leurs fonds propres nets

– et un coefficient maximum de 20 % entre le total des positions de change longues ou celui des positions courtes et leurs fonds propres nets.

Les dépassements des niveaux maxima des positions de change, qui sont enregistrés en fin de journée, doivent faire l'objet d'un nivellement auprès de Bank Al Maghrib, et ce par achat ou vente de devises avant 15 h 30. Pour cela, les banques sont obligées de lui adresser un reporting quotidien sur leurs positions afin de lui permettre de contrôler le respect de ces règles.

D'un autre côté, toute position dans une devise donnée, enregistrant une perte de change de plus de 3 %, doit immédiatement être déclarée à Bank Al Maghrib qui peut alors exiger dudit établissement de procéder à la liquidation de ladite position.

*

*   *

Toutes ces règles d'ordre quantitatif doivent être respectées à la fois sur base individuelle et consolidée et font l'objet d'un reporting régulier adressé aux responsables du contrôle sur documents. Elles font également l'objet d'un examen et d'une vérification lors de chaque mission menée par les contrôleurs sur place. Par ailleurs, une circulaire, publiée au début des années 1990 et amendée à plusieurs reprises, fixe les montants des sanctions pécuniaires à appliquer pour chaque infraction, aux règles prudentielles et comptables, constatée.

2.2. Règles d'ordre qualitatif : la gouvernance bancaire

La réglementation prudentielle repose sur une combinaison de règles quantitatives et qualitatives. Si les normes quantitatives doivent être respectées dès leur entrée en vigueur, celles d'ordre qualitatif nécessitent parfois un délai pour leur implémentation. C'est dans ce sens que les actions engagées par les établissements, pour se conformer à ces dispositions, ont été suivies de très près par Bank Al Maghrib, et ce à travers des reportings réguliers, des entretiens et des vérifications sur place.

En effet, la solidité et la pérennité de tout système bancaire reposent, en grande partie, sur la capacité des banques à anticiper les retournements de conjoncture et à absorber les pertes qui peuvent en découler. Dans cette perspective, Bank Al Maghrib continue à œuvrer pour rehausser la gestion des risques au sein des établissements au niveau des meilleurs standards internationaux.

La crise ayant montré du doigt les déficiences au niveau de la gouvernance, le régulateur marocain a introduit des dispositions légales et réglementaires pour mettre les établissements de crédit en position de faire face aux nouveaux enjeux, notamment en matière de gestion des risques et d'obligation de transparence.

Ainsi, en plus des règles d'ordre quantitatif, les établissements de crédit sont tenus d'observer des normes qualitatives qui requièrent une organisation présentant des garanties suffisantes pour un mode de gouvernance sain et efficient et une gestion efficiente de leurs risques. Ils doivent, pour cela, disposer de systèmes de contrôle interne et de gestions des risques rigoureux.

Par ailleurs, sous les effets de Bâle II et en vertu des 29 principes édictés par le Comité de Bâle, le contrôle interne des banques devrait être davantage renforcé ; en effet, les exigences de mesures des risques, en particulier des approches avancées, placent l'audit et les fonctions de contrôle au cœur de ce dispositif. Le succès de ces deux chantiers nécessite certes beaucoup de ressources, mais dépend également de l'implication et de l'engagement effectifs des organes de gouvernance des banques.

Dans cette perspective, les banques ont été incitées à mettre en place des dispositifs de gestion des risques plus rigoureux, et ce pour une meilleure sélection de leurs engagements, une diversification de leurs expositions et en vue d'affiner leurs outils de gestion des risques.

Pour cela, Bank Al Maghrib a édicté plusieurs circulaires et directives couvrant, notamment :

– le système de contrôle interne ;

– la gouvernance des banques ;

– les dispositifs à mettre en place pour la gestion des différents risques.

2.2.1. S'agissant de la circulaire sur le dispositif de contrôle interne, elle a été publiée en 2001, renforcée courant de l'année 2007 avant de procéder à sa refonte avec la publication de la loi bancaire de 2014. L'objectif étant d'assurer une plus grande convergence avec les normes prévues en la matière par le Comité de Bâle, notamment celles découlant de l'Accord sur les fonds propres (Bâle II), des 29 principes fondamentaux pour un contrôle bancaire efficace ainsi que des recommandations en matière de bonnes pratiques de gouvernance.

Les principaux aménagements apportés à l'ancienne règle sont déclinés ci-après :

– amélioration de la gouvernance au sein des établissements de crédit, et ce en renforçant, notamment, le rôle des comités d'audit et des risques ainsi que celui de l'audit interne dans la surveillance du dispositif de contrôle interne. Ainsi, les attributions du comité d'audit ont été mieux précisées et son champ d'intervention élargi à de nouvelles compétences. Relèvent ainsi de ses responsabilités et pouvoirs, l'approbation de la charte d'audit, l'évaluation du programme annuel d'audit interne, la définition de zones de risques minimales devant être couvertes dans ce cadre ainsi que l'appréciation de la qualité de l'audit interne et de l'adéquation des moyens humains et matériels alloués à cette fonction ;

– la fonction d'audit interne a fait, elle aussi, l'objet d'aménagements qui prévoient, notamment, son rattachement direct à l'organe d'administration. L'élaboration d'une charte d'audit interne est, en outre, érigée en obligation, et ce pour mieux définir les attributions de la fonction d'audit interne tout en les étendant à de nouveaux domaines en liaison, notamment, avec l'implémentation de Bâle II.

À ce titre et avant d'engager des opérations bancaires, il appartient à chaque établissement de crédit de disposer, notamment :

– d'une stratégie globale, adaptée à la fois à son profil de risque, aux degrés d'aversion et d'appétence aux différents risques, à sa taille et son importance systémique, à la complexité de ses activités, à son assise financière et tenant compte des conditions macroéconomiques et de marché. Cette stratégie doit être déclinée sur le plan opérationnel par risque, bien documentée, approuvée par l'organe d'administration et mise à jour annuellement si nécessaire. Elle repose sur des politiques et des procédures qui permettent de mesurer, maitriser et surveiller les risques ;

– d'une structure organisationnelle efficiente avec une définition claire des responsabilités et des attributions de chaque entité chargée de la gestion des activités dont elle a la charge ; une séparation doit être clairement établie entre les différents compartiments et des délégations doivent être formalisées avec une définition précise du champ de compétences et des transactions autorisées ;

– d'une expérience probante et des compétences appropriées pour l'exercice des activités ;

– de schémas comptables conformes aux prescriptions du plan comptable des établissements de crédit ;

– d'un système d'information et outils informatiques performants avec un « back up » ;

– d'un reporting interne exhaustif et de qualité qui est adressé régulièrement aux instances de gouvernance ;

– d'outils pour assurer un rapprochement permanent des comptes et un suivi des suspens et leur apurement ;

– de politiques appropriées et des contrôles suffisants visant à prévenir les conflits d'intérêts réels ou potentiels et à défaut, à les gérer dans le respect des droits et obligations qui incombent aux différentes parties concernées ;

– de procédures formalisées, de limites internes bien définies et des niveaux de perte tolérés ainsi que de limites par contreparties et par secteur d'activité. Toutes ces procédures doivent s'appuyer sur une définition claire des responsabilités (fiches de poste) ainsi que sur des consignes qui fixent les modalités d'engagement, d'enregistrement et de traitement de chaque opération. Il est aussi fondamental que ces procédures soient à la disposition des opérationnels et effectivement appliquées ;

– d'une culture de risque et de contrôle et d'un système de contrôle efficace (suivi et contrôle des niveaux de risques autorisés, contrôle inopiné, contrôle a posteriori, etc.) ;

– d'une fonction qui veille à la conformité de toutes les opérations pratiquées à la réglementation en vigueur et aux politiques et procédures internes.

Le système de contrôle interne doit permettre de s'assurer que :

– les différents risques sont correctement identifiés, évalués et maitrisés ;

– des processus d'évaluation interne de l'adéquation globale des fonds propres au regard de ces risques sont mis en place.

Les étapes de ce processus sont résumées comme suit :

– Identification des risques : étant exposées à des risques multiples et multidimensionnels, les banques doivent alors les identifier (élaboration d'une cartographie des risques). Les performances d'une banque peuvent, en effet, être menacées par des facteurs internes ou externes ; il est alors essentiel que tous les risques soient identifiés. Pour cela, il faut collecter en permanence des informations sur les risques auxquels la banque est exposée, et ce aussi bien existants que potentiels, internes qu'externes ;

– Mesure et analyse des risques : ces risques sont ensuite analysés en vue de comprendre leur nature, leurs effets potentiels et le besoin de les maitriser. Tout cela doit se baser sur des modèles et méthodes de quantification et de calcul de défaut, permettant de vérifier les expositions aux risques courants par rapport aux objectifs et limites évoqués ci-dessus. Les fonds propres économiques doivent être considérés comme l'indicateur le plus approprié pour donner une vision intégrée des risques, mais les responsables en fonction peuvent employer d'autres critères additionnels. En effet, quand on dit qu'il faut mesurer les risques, on ne se situe pas dans le cadre du pilier I qui permet à chaque banque de choisir l'une des méthodes proposées ; on est dans l'esprit du pilier II qui complète en quelque sorte le pilier I et qui exige que les banques disposent d'un système de contrôle interne leur permettant de maitriser tous les risques, y compris ceux non pris en compte par le pilier I. Le dispositif de gestion des risques assuré par le pilier I ne prend en compte que la dimension technique, alors que l'esprit du pilier II s'intéresse à la dimension organisationnelle et humaine et où le management joue un rôle clé.

– Planification des risques : définir le profil de risque (degrés d'appétence et d'aversion à chaque type de risque) et traduire cela sur le plan opérationnel par des limites fixées pour chaque centre d'exploitation ;

– Définition et mise en œuvre d'actions correctives : élaborer des suggestions et recommandations afin de limiter les expositions aux risques dans les limites des tolérances aux défauts ou modifier ces tolérances.

Le processus organisé comme décrit ci-dessus permet d'identifier, d'évaluer et de maitriser les risques en permanence. L'objectif consiste alors à aider l'établissement à prendre en compte les changements affectant la nature, la taille des affaires et la situation sur le marché.

Ainsi, la gestion des risques doit comprendre un ensemble de moyens, de comportements, de procédures et d'actions adaptés aux caractéristiques de chaque banque, permettant aux dirigeants de maintenir les risques à un niveau acceptable.

Le management des risques constitue alors un prolongement du contrôle interne et une composante majeure du dispositif de gouvernement d'entreprise. Le contrôle interne s'inscrit ainsi dans le contrôle des comportements et des actions.

2.2.2. D'autre part, Bank Al Maghrib a procédé à la publication de plusieurs directives depuis 2007, date d'entrée en vigueur de Bâle II. Il s'agit des directives relatives :

– à la gouvernance ;

– à la fonction de conformité ;

– à la gestion des différents risques ;

– au plan de continuité de l'activité ;

– au processus d'évaluation interne de l'adéquation des fonds propres (ICAAP).

En plus d'une directive sur la pratique des stress tests par les banques.

2.2.2.1. S'agissant de la directive sur la gouvernance, elle a été instituée en 2007 et révisée en 2014. Sa révision a pour objectif la prise en compte des recommandations les plus récentes du Comité de Bâle en la matière ainsi que sa mise en cohérence avec les nouvelles dispositions de la nouvelle circulaire sur le contrôle interne.

Elle traite des relations et rapports que doivent entretenir les différents acteurs au sein de l'établissement de crédit ainsi que leur interaction. Tous ces rapports et interdépendances doivent être assurés d'une façon transparente et dans le respect des dispositions légales et réglementaires en vigueur.

Sont ainsi fixées les attributions de l'organe d'administration et celles des organes qui vont l'assister dans sa mission tels que les différents comités (d'audit, des risques, de nomination et de rémunération) et la fonction d'audit interne.

De même pour l'organe de direction et les organes qui lui sont rattachés tels que le responsable du contrôle interne, le responsable de la fonction de conformité, les différents responsables chargés de la gestion des risques spécifiques : risque crédit, de marché, opérationnel et la gestion actif/passif (asset and liability management, ALM) ainsi que le responsable de la fonction de gestion et de contrôle des risques qui doit chapeauter et superviser le tout.

Concernant la gestion du risque de liquidité, cette directive est venue compléter les dispositions de la circulaire ayant le même objet et qui imposent un ratio LCR de 100 %, et ce par des dispositions à caractère qualitatif. Ainsi, en vertu de cette directive, les établissements de crédit sont tenus de mettre en place des politiques et procédures afin de contrôler le risque de liquidité et l'encadrer dans des limites acceptables. Ils doivent également se doter d'un dispositif permettant de mesurer en permanence les besoins nets en liquidité, d'apprécier le niveau d'exposition à ce risque et d'assurer une surveillance efficace de la situation de liquidité.

Pour le risque opérationnel, cette directive met l'accent sur la nécessité, pour les établissements de crédit, d'avoir une compréhension parfaite de ce risque et d'en établir une cartographie précise, tout en prévoyant, au niveau du système de contrôle interne, des dispositifs spécifiques visant à surveiller périodiquement l'efficience du système de gestion du risque opérationnel. Les établissements de crédit doivent également mettre en place des dispositifs de mesure, de maitrise et de surveillance de ce risque et disposer d'un plan de continuité d'activité de nature à permettre de s'assurer du fonctionnement continu des activités de l'établissement, limitant ainsi les pertes en cas de perturbations dues aux évènements majeurs liés aux risques opérationnels. Pour cela, les établissements doivent désigner un responsable du plan de continuité d'activité, chargé de la mise en œuvre des mesures qui s'y rapportent.

S'agissant du risque global de taux d'intérêt et de transformation, cette directive exige des établissements de crédit de mettre en place des politiques et procédures clairement définies pour atténuer et contrôler ce risque et délimiter les niveaux de responsabilités et d'engagements relatifs à la prise de décision. Ils doivent également mettre en place un système approprié de limites permettant aux entités opérationnelles de contrôler l'exposition aux différentes sources du risque de taux d'intérêt et de mesurer la position effective de ce risque par rapport aux seuils de tolérance fixés par les organes d'administration et de direction.

Pour ce qui est du dispositif de gestion des risques sur produits dérivés, cette directive fixe les principes fondamentaux pour une saine gestion des risques liés à ces produits, à savoir :

– une surveillance appropriée du processus de gestion des risques par l'organe d'administration, l'organe de direction et par l'unité responsable de la gestion des risques ;

– des politiques et procédures adéquates de gestion des risques ;

– un système de mesure et de contrôle des risques ;

– un système approprié de contrôle et d'audit interne.

2.2.2.2. Quant à la directive sur le risque pays, elle oblige les banques ayant des engagements sur l'étranger à se doter d'un dispositif de gestion de ce risque. Elles doivent alors identifier, mesurer et maitriser les risques liés à leurs engagements à l'égard des contreparties étrangères.

Le risque pays est défini, par ladite directive, comme étant la possibilité qu'une contrepartie souveraine d'un pays donné ne soit pas en mesure (ou refuse) et que les autres contreparties de ce pays ne soient pas en mesure de remplir leurs obligations à l'égard de l'étranger, et ce pour des considérations qui peuvent être d'ordre sociopolitique, économique ou financier.

Pour cela, l'organe de direction doit :

– définir la politique du risque pays ;

– élaborer les règles et les procédures nécessaires à sa mise en œuvre ;

– désigner les personnes autorisées à prendre des positions à risque ;

– mettre en place un dispositif de contrôle du respect de ces règles et procédures.

Il doit également veiller à doter l'entité chargée de la gestion de ce risque de moyens humains et matériels appropriés pour l'exercice de ses tâches.

De son côté, l'organe d'administration doit approuver la politique du risque pays établie par l'organe de direction et en réexaminer périodiquement l'adéquation et l'efficacité.

Par ailleurs, les banques doivent être en mesure d'identifier les engagements au bilan (prêts de toutes natures, titres de créances, titres de participations) et en hors bilan comportant un risque pays et de suivre l'évolution de leur valeur.

Elles doivent également fixer des limites à leurs engagements par pays, et ce compte tenu de l'appréciation et de la répartition de leurs risques ainsi que de la diversification de leurs portefeuilles.

L'organe d'administration doit être tenu régulièrement informé en cas de dépassements autorisés à ces limites ainsi que des raisons les ayant motivés. Pour cela, les banques veillent à fixer des règles régissant les exceptions et à désigner les instances habilitées à autoriser les éventuels dépassements.

2.2.2.3. Les stress tests imposés ont pour objet d'anticiper la survenance de situations de crise (retournement de conjoncture économique, perturbations affectant le marché des changes, crises de liquidité, etc.), permettant ainsi aux banques de s'y préparer et de prévoir les mesures adaptées à chaque évènement. Ces stress tests doivent couvrir toutes les lignes métiers de l'établissement et les risques y afférents, y compris ceux nés de ses positions hors bilan ainsi que de ses expositions au titre de produits complexes.

Quant au programme relatif aux stress tests, chaque établissement doit effectuer les diagnostics nécessaires pour déterminer les scénarii qui pourraient constituer une menace pour sa viabilité, et ce en vue d'identifier les vulnérabilités potentiellement non décelées ou les incohérences dans ses stratégies de couverture.

2.2.2.4. La directive relative au dispositif d'évaluation interne de l'adéquation des fonds propres dit ICAAP (internal capital adequacy assessment process) présente les principaux aspects devant être observés pour la mise en place de ce processus. Elle présente les lignes directrices pour le développement d'approches et de méthodologies individualisées.

En vertu de cette directive, les établissements de crédit sont tenus de se doter de stratégies définissant leurs objectifs en matière de fonds propres internes et de mettre en place les dispositifs appropriés pour évaluer et maintenir en permanence le niveau de leurs fonds propres en adéquation avec leur profil de risque.

La mise en place du processus d'évaluation interne de l'adéquation des fonds propres requiert une définition explicite de la stratégie de l'établissement à l'égard des risques. Cette stratégie doit se baser sur une politique effective globale de gestion des risques qui permet de s'assurer en permanence et sur un horizon lointain de l'adéquation des fonds propres de l'établissement tant par rapport à la réalisation de ses objectifs stratégiques qu'en regard des risques réels et potentiels. Tout ceci doit se baser sur un cadre de travail transparent et consensuel pour la mise en œuvre de l'ICAAP.

La directive relative aux stress tests considère que ce processus d'évaluation doit faire partie intégrante du dispositif de gouvernance et de gestion des risques de chaque établissement et que les organes d'administration et de direction doivent s'assurer de l'efficacité et de la cohérence des programmes des stress tests établis.

*

*   *

Toutes ces règles font l'objet d'un reporting sous forme de rapports annuels adressés aux responsables du contrôle sur documents et vérifiés lors de chaque mission par les contrôleurs sur place, et ce à travers des entretiens avec les responsables concernés.

D'un autre côté, pour une meilleure surveillance du respect de ces règles prudentielles, les commissaires aux comptes des établissements de crédit sont tenus, en vertu de la loi bancaire, de procéder, outre à la certification des comptes, à l'évaluation du système de contrôle interne et de s'assurer du respect de la réglementation prudentielle, et ce dans les conditions fixées par une circulaire du Wali de Bank Al Maghrib et qui précise leurs missions et responsabilités.

Ainsi, en vertu de cette circulaire, les commissaires aux comptes sont tenus d'adresser à Ban Al Maghrib, outre le rapport de certification des comptes, un rapport détaillé dans lequel ils consignent leur appréciation sur tous ces aspects qualitatifs. Ils doivent également lui faire part de toutes autres observations et anomalies significatives relevées au cours de leurs investigations.

C'est dans ce sens que Bank Al Maghrib peut s'opposer au renouvellement du mandat d'un commissaire aux comptes si elle n'est pas satisfaite de la qualité de ses diligences. D'ailleurs, toute nomination est soumise à son accord préalable.

Conclusion à la section II

Comme l'a révélé la crise des subprimes, les aspects quantitatifs seuls ont montré leur limite, et ce quel que soit leur degré de sophistication. De même, comme on l'a vu, s'agissant de la gouvernance bancaire, les caractéristiques et les spécificités de la firme bancaire font que la dimension externe de la gouvernance (constituée essentiellement de la réglementation) est insuffisante pour donner une garantie rassurante quant à la maitrise des risques au sein de chaque banque. C'est plutôt la dimension interne, constituée justement par de saines pratiques en matière de gouvernance, qui est à même d'offrir cette assurance.

Ainsi, au Maroc et depuis la publication de la circulaire sur le contrôle interne en 2001, le cadre réglementaire marocain a évolué pour se baser essentiellement sur les aspects qualitatifs, s'inscrivant ainsi dans l'esprit du pilier II ; sans, pour autant, négliger, bien entendu, les règles d'ordre quantitatif. Ce cadre réglementaire, tout en étant amélioré et consolidé au fur et à mesure par la publication des différentes directives, dont celle sur la gouvernance, a été complété par des reportings permettant à Bank Al Maghrib de contrôler le respect de toutes ces dispositions ainsi que par des contrôles et des vérifications sur place.

De même, en matière de prévention du risque systémique, la réglementation érige, comme objectif principal, l'incitation de tous les participants au système financier à maitriser, eux-mêmes, leurs expositions aux risques. Ils ne doivent pas être incités à une prise excessive de risques.

C'est dans ce sens que, pour préserver la solvabilité et la viabilité des banques, la réglementation vise une amélioration de la gestion et du contrôle des différents risques par les établissements eux-mêmes, et ce en généralisant une culture de risque et de contrôle dans tous les métiers et à tous les échelons.

Ainsi, les dispositions de l'article 19 de la circulaire sur le contrôle interne stipulent que « Les membres de l'organe d'administration et de l'organe de direction veillent à promouvoir, au sein de l'établissement, une culture forte de contrôle qui met l'accent particulièrement sur la nécessité, pour chaque agent, d'assumer ses tâches dans le respect des dispositions législatives et réglementaires en vigueur et des directives internes établies par les organes compétents. »

En effet, le dispositif de contrôle interne à mettre en place vise, dans une optique de prévention, à ce que chaque collaborateur renforce la conscience de la nécessité d'une maitrise des risques que son activité peut faire courir à l'établissement. De même, au-delà des processus et des dispositifs eux-mêmes, cette culture commune constitue le meilleur garant de la qualité de la gestion des risques de la banque.

On retrouve ici l'esprit du pilier II de l'Accord Bâle II ; toutes ces circulaires et directives ont pour but d'inciter les banques à mettre en place des dispositifs de gestion des risques plus rigoureux, et ce pour une meilleure sélection de leurs engagements, une diversification de leurs expositions et en vue d'affiner leurs outils de gestion de l'ensemble de leurs risques.

De même, comme on va le voir dans la section suivante, Bank Al Maghrib considère que ce pilier, qui porte sur la surveillance prudentielle, constitue désormais le canal privilégié pour un dialogue structuré et structurant entre elle et les établissements de crédit, et ce sur la qualité de l'évaluation interne de l'adéquation des fonds propres à leur profil de risque.

En effet, comme on va le détailler dans la section suivante, le dispositif de supervision bancaire va s'inscrire également dans le même esprit. On verra que l'articulation des deux contrôles sur documents et sur place, par l'intermédiaire du système d'aide à la notation des établissements de crédit (SANEC), constitue une méthode de supervision proactive permettant de détecter de façon précoce les insuffisances ou les manquements qui risquent de dégrader la solvabilité d'un établissement, évitant ainsi que cette situation ne se transforme en risque systémique.

D'autre part, comme on va le voir également, des sanctions (pécuniaires et disciplinaires) peuvent être prononcées par Bank Al Maghrib à l'encontre des établissements qui enfreignent ces dispositions prudentielles, qu'elles soient d'ordre quantitatif ou qualitatif.

Il est à souligner que tout ceci a fait que d'importantes avancées ont été ainsi réalisées par les établissements de crédit marocains en matière organisationnelle et de contrôle interne, notamment la généralisation des comités d'audit et la mise en place des fonctions d'audit interne et de conformité.

SECTION III : Le dispositif de surveillance : une supervision bancaire proactive fondée sur les risques

Le dispositif de supervision bancaire comporte deux aspects :

– l'élaboration d'un cadre légal et réglementaire (loi bancaire et règles comptables et prudentielles)

– et le contrôle, par le régulateur, du degré de respect de toutes ces dispositions légales et réglementaires par les assujettis.

On a déjà traité du premier aspect, on va maintenant s'atteler au second et qui consiste à décrire les mesures et les moyens mis en place par Bank Al Maghrib et les méthodes adoptées en vue de suivre de très près la situation financière, prudentielle et organisationnelle des établissements de crédit.

Par ailleurs, ce deuxième aspect de surveillance comporte deux volets :

– lorsque l'un ne s'intéresse qu'à l'évaluation de la situation financière, prudentielle et organisationnelle de chaque établissement de crédit pris individuellement **(paragraphe I)**

– l'autre s'inscrit plutôt dans une optique de stabilité financière de tout le système dans son ensemble **(paragraphe II).**

Autrement dit, alors que le premier est de nature microprudentielle, l'autre s'inscrit dans une optique macroprudentielle.

Paragraphe I : Supervision microprudentielle

L'analyse financière d'un établissement de crédit consiste à établir un diagnostic précis de sa situation et de ses performances passées, présentes et futures, et ce à partir d'informations disponibles de nature comptables, extracomptables et prudentielles et de celles recueillies lors d'inspections sur place ou auprès d'autres sources (réunions avec les responsables des établissements à tous les niveaux, rapports des commissaires aux comptes, etc.). Ceci doit se faire selon une approche méthodologique spécifique. L'objectif final étant de protéger les déposants et d'assurer la stabilité du système bancaire dans son ensemble.

Comme son nom l'indique, ce dispositif consiste à suivre la situation financière, prudentielle et organisationnelle de chaque établissement de crédit pris individuellement. On retrouve la base légale de ce dispositif dans le Titre V de la loi bancaire.

Ainsi, on peut lire dans son article 80 que Bank Al Maghrib est chargée de contrôler le respect, par les établissements de crédit, des dispositions de la loi bancaire et des textes pris pour son application, et ce en vérifiant l'adéquation de l'organisation administrative et comptable et du système de contrôle interne de ces établissements et veille à la qualité de leur situation financière.

Pour ce faire, en plus de l'article susvisé, les dispositions des articles 81 et 82 de ladite loi habilitent Bank Al Maghrib à user de tous les moyens pour accomplir sa mission. Ainsi, elle est habilitée à effectuer, par ses agents ou par toute autre personne commissionnée, à cet effet, par le Wali de Bank Al Maghrib, les contrôles sur place et sur documents de ces établissements.

De même, en plus des états de synthèse que les établissements de crédit sont tenus de lui communiquer, elle est habilitée à leur demander de lui communiquer tous documents et renseignements qu'elle estime nécessaires à l'accomplissement de sa mission ; et c'est elle qui en détermine la liste, le modèle et les délais de transmission.

1.1. Une supervision proactive se basant sur les risques

Pendant longtemps, la seule conformité avec les réglementations en vigueur, qu'il s'agisse de bons principes de gouvernance, de contrôle interne ou de normes prudentielles telles que les règles de solvabilité et de liquidité, était considérée comme suffisante pour garantir la solidité financière et la continuité d'exploitation des banques.

Toutefois, cette approche s'est révélée incomplète, car reposant trop largement sur l'analyse d'une situation actuelle, voire déjà passée. Les crises successives, vécues par plusieurs systèmes financiers et les faillites bancaires, ont rendu caduque cette démarche. En effet, une supervision bancaire efficace doit, plus que jamais, anticiper les difficultés bancaires, et ce en étant capable d'identifier de manière précoce les risques inhérents à l'activité d'une banque, d'estimer leur probabilité de se matérialiser, d'évaluer leurs coûts et leurs impacts sur sa solvabilité pour, finalement, arrêter les mesures et les actions à prendre pour éviter ou, du moins, limiter la matérialisation de ces risques.

La nécessité d'une telle supervision basée sur les risques a émergé depuis plusieurs années, notamment à la suite des défaillances bancaires et des crises financières des années 90.

Pour promouvoir cette approche à l'échelle internationale, le Comité de Bâle a édicté un certain nombre de recommandations que l'on retrouve en particulier dans les « 29 principes fondamentaux pour un contrôle bancaire efficace » ainsi qu'au niveau du pilier II de Bâle II. De même, les institutions financières internationales, notamment le FMI et la Banque mondiale, incitent fortement les pays à mettre en œuvre ce modèle de supervision. L'objectif étant d'identifier les établissements vulnérables ou à caractère systémique et d'y concentrer les moyens du superviseur.

L'évaluation par l'autorité de contrôle du profil de risque des banques ainsi que la qualité de leurs dispositifs de contrôle interne et de gestion des risques constitue le point de départ de ce processus. Elle permet, en effet, de positionner et de comparer les banques les unes par rapport aux autres, et ce comme le proposent d'ailleurs les approches cognitivistes de la gouvernance.

Au Maroc, depuis la publication par le Comité de Bâle du document annonçant « les 25 principes fondamentaux pour un contrôle bancaire efficace », Bank Al Maghrib a adhéré pleinement et volontairement à cette démarche ; il a même trouvé dans ces recommandations l'occasion d'être aidée et accompagnée pour moderniser son dispositif de supervision bancaire. Pour cela, parallèlement à la mise à niveau du cadre légal, prudentiel et comptable, elle s'est attelée à développer un cadre opérationnel de contrôle répondant aux exigences d'une supervision proactive se basant sur les risques.

Ainsi, dans un univers bancaire en mutation constante, la surveillance exercée par Bank Al Maghrib a un caractère préventif, elle intervient avec le souci de prévenir des crises. En effet, les crises bancaires survenues dans plusieurs pays ont montré que les coûts liés à la déficience de la supervision bancaire peuvent s'avérer plus élevés que ceux induits par la mise en place d'une structure dédiée au contrôle des banques.

C'est dans ce sens que Bank Al Maghrib essaie d'agir dans le cadre des dispositions législatives qui régissent ses interventions pour résoudre, avant qu'il ne soit trop tard, des situations de crises latentes.

Cette prévention des crises bancaires, comme des difficultés individuelles des établissements de crédit, s'appuie sur le respect de la réglementation prudentielle qui évalue l'adéquation des moyens mis en œuvre face aux différents risques qu'ils soient d'ordres financiers (niveau de fonds propres, liquidité, etc.) ou humains et organisationnels (gouvernance, fiabilité du contrôle interne, etc.).

Pour cela, le contrôle exercé par Bank Al Maghrib se base, à l'instar des standards internationaux en matière de supervision bancaire, sur deux approches complémentaires : le contrôle permanent, qui est effectué sur la base des documents transmis par les établissements de crédit, et le contrôle sur place exercé périodiquement à l'occasion de missions conduites au sein de ces établissements et selon un programme annuel validé par le Wali (le gouverneur) de Bank Al Maghrib.

Ces deux formes de contrôles sont complémentaires et sont assurées par des équipes distinctes. Toutefois, la fonction du contrôle permanent contribue de plus en plus à des contrôles sur place, et ce pour mieux prendre connaissance du fonctionnement des établissements.

Le contrôle permanent a pour mission d'assurer le suivi, sur base individuelle et consolidée, de la situation des établissements de crédit et de veiller au respect, par ceux-ci, des dispositions légales et réglementaires les régissant. Il s'exerce sur la base d'informations codifiées et qui sont communiquées périodiquement par télétransmission. Il vise à déceler les dysfonctionnements majeurs au sein de ces établissements qui pourraient conduire Bank Al Maghrib à exiger d'eux de prendre des mesures correctives et à leur appliquer, le cas échéant, des sanctions en rapport avec les infractions constatées.

Le processus de contrôle des documents comptables et prudentiels est complété par l'examen annuel des rapports exigés par les différentes circulaires et directives.[330]

La surveillance permanente se base également sur les résultats des réunions qui se tiennent régulièrement avec les responsables des établissements de crédit. Il y a lieu de signaler que ces rencontres sont organisées dans les locaux de Bank Al Maghrib, et ce pour examiner des questions ayant trait, principalement, à la stratégie, à la gouvernance, aux systèmes de contrôle interne et de gestion des risques, à la qualité des actifs ainsi qu'à des problèmes auxquels ils sont confrontés et des mesures de redressement à prendre en cas d'insuffisances relevées.

Tous ces échanges sont primordiaux dans le cadre de la mise en œuvre du pilier II de Bâle II et qui vise l'amélioration, par les établissements de crédit, de leurs dispositifs de gestion des risques.

L'avantage de la surveillance permanente est, comme son nom l'indique, d'être permanente ; la situation de l'établissement de crédit (sur les plans financier, prudentiel et organisationnel) est suivie de façon permanente, et ce par l'intermédiaire de reportings réguliers. Toutefois, son inconvénient est de se baser sur les documents communiqués par ces établissements sans un contrôle préalable pour s'assurer de leur exhaustivité, de leur véracité, de leur exactitude et par conséquent, de leur fiabilité. Que ce soit intentionnel ou non, les établissements de crédit peuvent envoyer des informations erronées ou insuffisantes.

---

[330] Il s'agit des rapports sur « les activités du contrôle interne », « les activités de la fonction de conformité », « la gestion des différents risques », « le plan de continuité d'activité - PCA », « le plan de redressement pour les banques d'importance systémique », en plus des rapports des commissaires aux comptes.

D'autre part, il y'a des aspects qu'il est impossible de contrôler à distance, sur documents. C'est le cas, par exemple, de la classification des créances en souffrance et leur provisionnement, du suivi des grands risques et des aspects qualitatifs, notamment.

Pour cela, le contrôle sur place complète le contrôle permanent, et ce en procédant à des investigations ciblées avec pour objectifs :

– d'une part, d'apprécier les aspects de la gestion des établissements de crédit qui ne peuvent pas être évalués à distance, notamment l'adéquation des dispositifs de contrôle interne et de gestion des risques, la gouvernance ainsi que les perspectives des établissements de crédit et leurs choix stratégiques

– et d'autre part, de vérifier la sincérité des informations financières et prudentielles communiquées et le respect de la réglementation comptable et prudentielle.

Les rapports produits à l'issue des missions de contrôle sur place sont communiqués par le Wali de Bank Al Maghrib aux dirigeants des établissements de crédit concernés et le cas échéant, à l'organe d'administration.

Ces vérifications sur place donnent lieu à des recommandations pour l'amélioration du processus de gestion des risques bancaires et le cas échéant, à des sanctions. Ainsi, à titre d'exemple, lorsque les conclusions des différents contrôles le justifient, le Wali peut, conformément aux dispositions de la loi bancaire, enjoindre l'établissement en cause à prendre, dans un délai déterminé, toutes les mesures nécessaires pour le rétablissement de sa situation financière ou rectifier ses méthodes de gestion.

L'avantage du contrôle sur place est, comme on l'a dit, de se baser sur un contact direct avec les responsables des établissements de crédit à tous les niveaux, mais aussi, d'avoir un accès direct au système d'information de l'établissement.

Toutefois, son inconvénient est de ne pas être permanent, et ce du moment que les missions sur place se programment, auprès de chaque établissement de crédit, une fois tous les quatre ou cinq ans, et ce dans la mesure où Bank Al Maghrib ne dispose pas de ressources humaines suffisantes tant en nombre qu'en profil adéquat.

C'est pour cela que la loi bancaire a prévu un troisième contrôle effectué chaque année par les commissaires aux comptes. Comme on l'a déjà vu, ce contrôle ne se limite pas à une simple certification des comptes, la mission des commissaires aux comptes est plus large.

En effet, la loi bancaire a dérogé aux dispositions du titre VI de la loi n°17-95 relative aux sociétés anonymes, et ce en exigeant également des commissaires aux comptes de consigner, dans le rapport qu'ils adressent à Bank Al Maghrib, leurs appréciations sur l'adéquation et l'efficience du système de contrôle interne de l'établissement eu égard à sa taille, à la nature des activités exercées et aux risques auxquels il s'expose. Ils doivent également faire part à Bank Al Maghrib de toutes observations et anomalies relevées dans le cadre de la vérification de la sincérité des informations destinées au public et leur concordance avec les comptes.

Une surveillance prudentielle efficace du système bancaire se base alors sur une collaboration de toutes ces parties prenantes.

En effet, les risques doivent être contrôlés ex ante par ceux qui les prennent (organes de direction des établissements de crédit), ex post par ceux qui les subissent (actionnaires par l'intermédiaire des organes d'administration) et par ceux qui les surveillent (autorités de contrôle et commissaires aux comptes). Les déposants, quant à eux, n'ont, bien entendu, aucun moyen pour le faire.

Par ailleurs, le contrôle permanent, aidé en cela par les conclusions des missions de contrôle sur place, procède à la notation des établissements de crédit, et ce sur la base d'un « système d'aide à la notation des établissements de crédit », baptisé SANEC.

Cette notation s'effectue sur une échelle allant de la note 1 la plus favorable à 5 la plus défavorable. Le processus de notation repose sur une analyse à la fois quantitative et qualitative des risques. Il s'appuie sur un outil informatique qui permet de gérer les dossiers de notation d'une manière interactive entre les différents intervenants à ce processus et de mettre à leur disposition toutes les données nécessaires tant quantitatives que qualitatives.

L'évaluation s'effectue sur la base de dix-huit critères de risque, quantitatifs et qualitatifs, regroupés en six domaines :

– la qualité des actifs ;

– la solvabilité et la qualité des fonds propres ;

– la liquidité et le risque de taux d'intérêt global ;

– la rentabilité ;

– la gouvernance et la gestion des risques ;

– la sensibilité aux risques de marché.

Les résultats de SANEC et les notes qui en découlent sont présentés annuellement aux dirigeants des banques.

Ce système a permis d'améliorer le processus de supervision bancaire et de structurer le dialogue avec les établissements assujettis. En effet, SANEC se situe désormais au centre des relations avec les établissements de crédit, et ce comme l'exigent les recommandations du pilier II de Bâle II ; il permet ainsi d'atteindre plusieurs objectifs, à savoir :

– refléter, de façon synthétique, la solidité financière, la qualité du management ainsi que la gouvernance de chaque établissement de crédit, définissant ainsi son profil de risque et partant, les mesures à entreprendre ;

– constituer un dispositif d'alerte, accroissant ainsi la nature prévisionnelle du contrôle (l'ancienneté n'est plus un critère pour programmer une mission de contrôle sur place) ;

– systématiser la méthode de contrôle ; ainsi, dès que la note descend à 3 selon l'échelle SANEC, une surveillance rapprochée est déclenchée et renforcée : programmation des missions de contrôle sur place régulièrement jusqu'au redressement de la situation ;

– rendre les méthodes de contrôle plus qualitatives ;

– rationaliser l'affectation des moyens techniques et humains, et ce en les affectant en priorité aux établissements présentant un profil de risque élevé et à l'intérieur desdits établissements, aux zones de risque détectées (qualité des actifs, gouvernance, etc.). Ceci est de nature à réduire les coûts de la supervision ; les ressources étant toujours insuffisantes, cela permet, en effet, à Bank Al Maghrib de les affecter de façon rationnelle vers les banques les plus vulnérables et, à l'intérieur de chaque banque, vers les zones de risque qui doivent être identifiées le plutôt et le plus en amont possible.

SANEC constitue ainsi un outil d'analyse et de prévention qui aide à asseoir une supervision proactive fondée sur les risques. Il constitue en outre un outil de gestion en interne permettant de dimensionner l'intensité de la surveillance permanente, de décider des missions de contrôle sur place et d'engager des actions correctives. De ce fait, lorsque la note atteint un seuil prédéfini, les mesures appropriées sont déclenchées comme on va le voir, et ce conformément aux directives prévues dans « le manuel de traitement des difficultés des établissements de crédit ».

Avec l'entrée en vigueur de Bâle II, en particulier son deuxième pilier, la relation avec les établissements de crédit a été structurée autour du système SANEC. Ainsi, il appartient aux établissements de crédit de convaincre Bank Al Maghrib de l'adéquation du niveau de leurs fonds propres, et ce au regard de leurs expositions aux différents risques et de la qualité des dispositifs mis en place pour leur gestion. De même, lorsque le profil de risque d'un établissement le justifie, le superviseur peut exiger un supplément de fonds propres. On retrouve ici la notion de fonds propres économiques.

Ce suivi quotidien des actions de correction exigées des banques par Bank Al Maghrib représente une charge de travail très importante. Elle recouvre une multitude d'interventions préventives, allant de nombreux entretiens ou échanges de lettres avec les établissements à un suivi très fin de la trésorerie d'entités plus fragiles ou à l'examen préalable de certains montages financiers. C'est en cas d'infraction ou à la suite d'une série d'actions et d'interventions très diverses et si ces dernières ne sont pas suivies d'effets que Bank Al Maghrib recoure à des sanctions pécuniaires ou disciplinaires.

Dans le cadre de ce processus, Bank Al Maghrib a mis en place une panoplie d'outils lui permettant d'identifier, de manière précoce, les difficultés des établissements de crédit, et ce en vue d'intervenir avant que la situation ne s'aggrave, risquant ainsi de devenir systémique.

Étant donné que l'analyse financière d'un établissement de crédit est censée se baser sur une approche méthodologique spécifique, Bank Al Maghrib a mis en place un dispositif de contrôle proactif articulé autour du système SANEC et basé sur une plus grande proximité avec les organes de gouvernance et à tous les échelons opérationnels.

Ce système a largement contribué à l'amélioration de l'efficacité des vérifications sur place, et ce en facilitant l'identification des zones de vulnérabilité des établissements de crédit. Les contrôles sont axés sur les facteurs de risque considérés comme étant les plus importants ou qui sont en passe de le devenir tels que le risque de défaut ou de concentration du crédit, le risque de liquidité, le risque de taux d'intérêt ainsi que les opérations hors bilan. En effet, le contrôle sur place s'appuie sur les résultats de SANEC et les notes qui en découlent pour l'élaboration d'une fiche pré-audit, et ce avant le début de chaque mission. De même, les résultats et les conclusions du contrôle sur place aident, en retour, les analystes de la surveillance permanente à alimenter l'outil SANEC pour la note suivante.

Sur le plan opérationnel, ce système est appelé à évoluer pour répondre plus efficacement aux exigences qu'impose le pilier II de Bâle II, et ce en permettant d'aider à mieux appréhender les risques bancaires, en particulier ceux non pris en compte par le pilier I, notamment le risque de concentration et le risque global de taux d'intérêt. Ce qui permettrait à Bank Al Maghrib de fixer l'exigence de fonds propres économiques selon le profil de risque de chaque établissement. Toutes les catégories et les zones de risque sont ainsi examinées, de même que les mesures prises par les établissements pour les identifier, les mesurer, les maitriser et les surveiller (opérations de crédit et de change, système d'information, dispositif de contrôle interne, conformité, fonctionnement des organes de gouvernance, etc.). Tout ceci est de nature à aider pour identifier les forces et les faiblesses de chaque banque et de définir les mesures correctives qu'elle devra appliquer selon un calendrier déterminé.

Cette supervision proactive, basée sur les risques, constitue alors une composante indispensable pour parvenir à un modèle de surveillance bancaire permettant de mieux anticiper les difficultés des établissements de crédit.

En effet, en intervenant de plus en plus en amont, Bank Al Maghrib sera en mesure de réduire le nombre de défaillances bancaires, d'en limiter les coûts pour la collectivité et de mieux contenir leur impact sur la stabilité financière et le fonctionnement de l'économie.

1.2. Traitement des difficultés individuelles des établissements de crédit

On a déjà souligné que le dispositif de supervision proactive mis en place permet, grâce au système SANEC, de systématiser la méthode de contrôle ; par conséquent, il systématise également le processus de traitement des difficultés des établissements de crédit.

Il y'a lieu de souligner tout d'abord que c'est à Bank Al Maghrib que reviennent la responsabilité et la charge de ce processus, et ce selon un cadre juridique fondé, notamment, sur les dispositions de la loi bancaire ainsi que celles prévues, en la matière, par le Code de commerce.

Les établissements qui enfreignent les dispositions législatives ou réglementaires ou au sein desquels des dysfonctionnements sont relevés, à l'occasion des contrôles sur place ou sur documents, sont tenus de prendre les mesures nécessaires pour corriger ces manquements et risquent, le cas échéant, de faire l'objet de sanctions pécuniaires ou disciplinaires, et ce en rapport avec la gravité des infractions constatées.

Ainsi, lorsque des faiblesses ou des manquements constatés ne sont pas de nature à compromettre la viabilité et la pérennité de l'établissement, les principales actions peuvent consister en l'exigence de la prise de mesures correctives, dont le suivi est assuré à travers des mises au point trimestrielles ou semestrielles avec son management.

Toutefois, lorsque les conclusions du contrôle sur place ou sur documents le justifient et qui sont reflétées par la notation SANEC, une mise en garde, une injonction ou un avertissement peuvent être adressés à l'établissement contrevenant à l'effet de prendre, dans un délai déterminé, toutes les mesures nécessaires pour le rétablissement de sa situation financière ou rectifier ses méthodes de gestion. Dans ce cadre, Bank Al Maghrib peut faire appel au soutien des actionnaires pour recapitaliser l'établissement.

Aux termes de l'article 86 de la loi bancaire, un établissement de crédit est considéré comme étant en difficulté lorsque sa gestion ou sa situation financière n'offrent pas de garanties suffisantes sur le plan de la solvabilité, de la liquidité ou de la rentabilité, ou que ses dispositifs de contrôle interne et de gestion des risques présentent des lacunes graves.

En d'autres termes, les difficultés auxquelles peuvent se trouver confrontés les établissements de crédit peuvent provenir, notamment :

– d'une gestion imprudente qui se traduit par des prises excessives de risques, notamment de crédit et de marché ;

– d'un système de contrôle interne inapproprié caractérisé, notamment, par une faible implication des organes de gouvernance ou d'un manque de transparence ;

– d'une stratégie inadaptée à la nature de l'activité de l'établissement.

Sur l'échelle de SANEC, un établissement de crédit ayant une note 4 se caractérise par des faiblesses importantes qui, à moins d'être corrigées, peuvent compromettre sa viabilité et sa pérennité. Un établissement de crédit ayant une note 5 se caractérise par un risque élevé de défaillance.

Ces niveaux constituent le point de départ, pour Bank Al Maghrib, en vue de résoudre les difficultés auxquelles peuvent être confrontés les établissements de crédit, et ce à cause de la détérioration de l'un des critères prévus par SANEC.

Dans ce cas, Bank Al Maghrib peut, en vertu de l'article 86 susvisé, adresser audit établissement une injonction et exiger, de lui, la communication d'un plan de redressement. Ce plan doit être établi en fonction du diagnostic réalisé et doit spécifier, jusqu'au moindre détail, notamment les mesures correctives minimales suivantes :

– les dispositions déjà prises par l'établissement, les actions qu'il envisage d'entreprendre ainsi que le calendrier de leur mise en œuvre ; tout cela doit être envisagé dans une optique de réaction à d'éventuels chocs extrêmes. L'objectif final étant de limiter l'impact sur le système financier ;

– les niveaux de fonds propres susceptibles d'être atteints à la fin de chaque phase du plan de redressement ;

– la stratégie à adopter par le management de l'établissement pour réaliser ses objectifs, notamment en matière de gestion des risques et d'allocation des fonds propres.

Bank Al Maghrib procède périodiquement au suivi et à l'évaluation de la mise en œuvre, par l'établissement, des mesures prévues dans son plan de redressement.

À la suite de cela, plusieurs situations peuvent se présenter :

– l'établissement de crédit applique les mesures correctives dans leur intégralité et les résultats escomptés sont en train de se matérialiser ;

– l'établissement de crédit applique les mesures correctives dans leur intégralité, mais le plan de redressement n'aboutit pas aux résultats escomptés. Dans ce cas, Bank Al Maghrib fait appel au soutien financier des actionnaires ou accorde un délai supplémentaire à l'établissement concerné pour proposer d'autres mesures de redressement, appuyées en cela par un rapport établi par un expert indépendant ;

– l'établissement de crédit n'applique pas les mesures correctives dans leur intégralité, telles qu'approuvées par Bank Al Maghrib, ou ne respecte pas les délais impartis soit pour l'application des mesures correctives, soit pour la soumission d'un plan de redressement ; auquel cas, Bank Al Maghrib adresse un avertissement audit établissement en vue de renforcer sa situation financière. L'avertissement peut être assorti de l'obligation de présenter un plan de redressement appuyé, le cas échéant, par un rapport établi par un expert indépendant.

Les dispositions de la loi bancaire offrent également à Bank Al Maghrib une multitude d'autres moyens d'action. Ainsi, elle peut, après avis de la Commission de discipline des établissements de crédit :[331]

– suspendre un ou plusieurs dirigeants de l'établissement de crédit en cause ;

– interdire la distribution de dividendes. On retrouve ici l'esprit du « volant de conservation » de fonds propres qui est même inscrit au niveau de la loi bancaire dans son article 91;

– interdire ou restreindre l'exercice de certaines opérations, notamment celles susceptibles d'entraîner un risque excessif pour l'établissement de crédit en cause ;

– désigner un administrateur provisoire.

En vertu des dispositions de l'article 115 de la loi bancaire, l'administrateur provisoire doit présenter à Bank Al Maghrib, dans un délai fixé par elle, un rapport dans lequel il précise la nature, l'origine et l'importance des difficultés dudit établissement ainsi que les mesures susceptibles d'assurer son redressement.

Au vu dudit rapport, deux situations peuvent se présenter :

---

[331] Pour rappel, la commission de discipline des établissements de crédit est une instance légale prévue par les dispositions de l'article 28 de la loi, bancaire ; elle est chargée d'instruire les dossiers disciplinaires dont elle est saisie et de proposer au Wali de Bank Al Maghrib les sanctions disciplinaires à prononcer à l'encontre des établissements de crédit.

– l'administrateur provisoire estime que l'établissement de crédit dispose de sérieuses possibilités de redressement ; auquel cas, il présente à Bank Al Maghrib les scénarii de redressement qu'il juge appropriés ;

– l'administrateur provisoire estime que la situation de l'établissement de crédit est irrémédiablement compromise et qu'il doit faire l'objet d'une liquidation.

Dans ce cas, le Wali de Bank Al Maghrib décide, après avis de la Commission de discipline des établissements de crédit, le retrait d'agrément audit établissement.

Lorsque le retrait d'agrément est prononcé à la suite de la situation irrémédiablement compromise de l'établissement de crédit ou à titre de sanction disciplinaire, le Wali de Bank Al Maghrib saisit le président du Tribunal en vue de prononcer le jugement de liquidation judiciaire.

Toutefois, conformément aux dispositions de l'article 145 de la loi bancaire et par dérogations à celles de l'article 568 du Code de commerce, le liquidateur est nommé par le Wali de Bank Al Maghrib.

Le liquidateur procède aux opérations de liquidation conformément aux dispositions du titre III du livre V de la loi n°15-95 formant Code de commerce. Il soumet à Bank Al Maghrib un rapport trimestriel sur ces opérations, et ce conformément aux dispositions de l'article 146 de la loi bancaire.

Par ailleurs, une fois que Bank Al Maghrib a constaté qu'un établissement de crédit adhérent au fonds collectif de garantie des dépôts[332] (FCGD) n'est plus, pour des raisons liées à sa situation financière, en mesure de restituer les dépôts et que rien ne laisse prévoir que cette restitution puisse avoir lieu dans des délais proches, elle décide, après avis du comité des établissements de crédit, de faire intervenir le fonds pour l'indemnisation des déposants.

À titre préventif et exceptionnel, ce fonds peut également accorder des concours remboursables à l'un de ses membres, dont la situation laisse craindre à terme une indisponibilité des dépôts ou de tout autre fonds remboursable, à condition qu'il présente des mesures de redressement jugées acceptables par Bank Al Maghrib.

---

[332] Le FCGD est institué par les dispositions de l'article 128 de la loi bancaire. Il est financé par les établissements de crédit recevant des fonds du public, et ce par le versement d'une cotisation annuelle égale à 0,20 % des dépôts et autres fonds remboursables collectés. La gestion de ce Fonds est assurée par une société qui établit et publie chaque année une situation comptable retraçant l'ensemble des opérations du Fonds.

Depuis son institution par la loi bancaire de 1993, ce fonds n'a pas eu à intervenir dans une quelconque opération d'indemnisation de déposants ou de financement d'un établissement de crédit en difficulté.

D'un autre côté, toujours dans le cadre de ce processus, un traitement spécifique a été réservé aux banques publiques qui, comme on l'a déjà vu, étaient, à un moment donné, exclues du champ d'application de la loi bancaire. En effet, après les y avoir intégrées, Bank Al Maghrib a entrepris un certain nombre d'actions visant à mettre ces banques à niveau, et ce quant à leurs systèmes d'information et à leur gouvernance. De même, dans un environnement économique défavorable, l'extension des règles prudentielles et comptables à ces banques les a mises en situation de crise, les obligeant ainsi à se soumettre à plusieurs plans de redressement.

Ce processus d'assainissement des banques publiques a consisté, pour Bank A Maghrib, à procéder à un suivi très rapproché de ces banques, et ce en raison de l'importance des risques auxquels elles sont exposées : faiblesse de leurs fonds propres, systèmes d'information défaillants, dispositif de contrôle interne insuffisant, passif important en matière de créances en souffrance à déclasser et à provisionner, etc.

À l'issue de ce processus, le pôle bancaire public, qui représentait le point faible du système bancaire marocain, est redressé et a renoué avec la rentabilité. De plus, ces banques ont procédé à un repositionnement stratégique de leurs métiers avec, pour certaines, l'ouverture même de leur capital à des partenaires privés.

Paragraphe II : Supervision macroprudentielle : gestion et prévention du risque systémique

2.1. Comme on l'a vu, la supervision microprudentielle constitue un préalable indispensable pour éviter toute défaillance bancaire qui risque de devenir systémique ; elle représente déjà un premier rempart pour lutter contre l'instabilité financière. Toutefois, elle n'est pas suffisante à elle seule pour endiguer un risque systémique ; encore faut-il qu'elle soit complétée par une approche macroprudentielle.

Par ailleurs, même si la supervision microprudentielle arrive à s'assurer que la situation de chaque acteur du système financier, pris individuellement, présente toutes les garanties suffisantes quant à sa solidité sur les plans financier, prudentiel et organisationnel, elle ne peut pas garantir la stabilité de l'ensemble du système dans sa globalité. La dernière crise en est une illustration manifeste.

Comme on l'a déjà vu, cette approche de la régulation est radicalement inefficace en cas de risque systémique, lorsque le secteur est menacé dans sa globalité. Plus grave encore, on a déjà vu que les règles microprudentielles sont de nature procyclique et contribuent à un « effet boule de neige » qui alimente la crise systémique.

Par contre, la supervision macroprudentielle vise à analyser les chocs, non pas sur une seule entité, mais sur l'ensemble du secteur bancaire, et ce en cherchant à assurer la stabilité du système financier dans sa dimension globale. Elle vise alors à prévenir ou à contenir le risque systémique, c'est-à-dire à limiter le risque de détresse financière impliquant des pertes significatives pour l'économie dans son ensemble. Elle relève alors d'une logique de bien public, si l'on admet que la stabilité financière est un bien public.

2.2. Le risque systémique n'est pas clairement identifié dans la réglementation financière, et ce à la différence des risques microéconomiques plus classiques (risque crédit, de marché et opérationnel, etc.).

La Banque centrale européenne le définit comme étant : « … le risque que l'instabilité financière devienne telle qu'elle empêche le bon fonctionnement du système financier au point d'impacter négativement la croissance et le bien-être ».

Pour la Banque des règlements internationaux, « … c'est un évènement à l'origine de pertes économiques importantes ou d'une perte de confiance, ce qui suscite des inquiétudes, sur la situation d'une partie importante du système financier, suffisamment sérieuses pour avoir des effets négatifs sur l'économie réelle ».[333]

La définition la plus souvent retenue pour une crise systémique est la suivante : « c'est une rupture dans le fonctionnement des services financiers :

– causée par la dégradation de tout ou partie du système financier et

– ayant un impact généralisé sur l'économie réelle ».

Que doit-on retenir de ces définitions ?

Les crises « systémiques » qui requièrent toute l'attention sont alors celles qui :

– trouvent leur origine au sein de la sphère financière

– et qui impactent significativement la sphère réelle.

Autrement dit, une crise bancaire qui reste circonscrite dans le secteur bancaire, sans affecter l'économie réelle, n'est pas systémique ; le risque

---

[333] BRI, « Group of ten : Report on consolidation in the financial sector », janvier 2001, p. 126.

systémique correspondrait alors aux externalités négatives (ou coûts) que fait supporter le secteur financier à l'économie réelle en cas de crise.

En effet, le risque systémique est par définition une externalité, c'est-à-dire que chaque institution financière gère ses propres risques, sans considérer ceux que ses décisions font subir au système dans son ensemble. Comme le souligne MINSKY, la somme de plusieurs comportements, le plus souvent rationnels, peut conduire à une instabilité financière.

D'autre part, s'il est relativement aisé de mesurer un risque systémique en train de se matérialiser, il est par contre très difficile de faire des prédictions quant à sa survenance.

On ne peut que procéder à une analyse historique, et ce en partant des vulnérabilités passées pour formuler des recommandations pour une meilleure résilience future. Il est toujours difficile de prendre conscience d'un risque systémique avant qu'il ne produise ses effets. On ne peut savoir qu'il s'agit d'un risque systémique que lorsqu'il est déjà trop tard.

Tout ce que l'on peut faire, c'est confectionner des indicateurs d'alerte précoce « early warning », permettant d'identifier la montée des vulnérabilités et ainsi signaler au régulateur le moment le plus approprié pour activer les outils macroprudentiels devant éviter la matérialisation du risque de système. En plus de cela, les banques doivent concevoir et mettre en place des stress tests pour identifier leurs vulnérabilités et évaluer leur solvabilité et leur liquidité. C'est la démarche adoptée par Bank Al Maghrib.

2.3. En effet, en partant de ces réalités, Bank Al Maghrib est consciente de l'urgence de compléter l'approche microprudentielle par une régulation prudentielle reposant sur une autre logique macroprudentielle et visant à assurer la stabilité du système financier dans sa globalité.

Ainsi, en plus du contrôle individuel exercé sur chaque établissement et qui constitue déjà un véritable rempart, Bank Al Maghrib a également inscrit ses actions dans une perspective plus large visant la stabilité financière.

Cette approche s'inscrit dans l'esprit des travaux, ayant été menés à l'échelle internationale, pour forger les règles qui doivent présider à la mise en place, par chaque pays, d'un dispositif macroprudentiel efficace pour faire face à l'ensemble des risques financiers à caractère systémique. Il s'agit des différents travaux et forums du « Conseil de stabilité financière ».

Partant des enseignements tirés de la crise financière mondiale ayant montré l'importance de procéder à de nouvelles réformes réglementaires et institutionnelles accompagnant la mise en place d'une supervision macroprudentielle, Bank Al Maghrib a, dans cette perspective, engagé la révision des textes régissant son statut et la loi bancaire, et ce en vue, notamment, d'organiser la surveillance des risques systémiques. Cette démarche s'inscrit alors dans une vision globale de stabilité financière, mais visant, également, à asseoir une étroite coordination entre les trois autorités du secteur financier.

À cet égard, compte tenu de la tendance à l'interpénétration entre les activités bancaires et celles des autres compartiments du secteur financier (assurances et marché des capitaux), qui se reflète d'ailleurs à travers les liens commerciaux et de capital, le processus de supervision bancaire marocain s'est renforcé par l'instauration d'une supervision macroprudentielle du secteur financier. Celle-ci est basée sur un échange plus poussé d'informations entre les autorités de contrôle de chaque compartiment des marchés financiers, et ce en vue de la surveillance des risques systémiques. Dans ce cadre, des réformes importantes d'ordre légal et institutionnel ont été introduites au niveau des autorités chargées du contrôle des assurances, avec la création de l'autorité marocaine du contrôle des assurances et de prévoyance sociale (AMCAPS) ainsi qu'au niveau du marché des capitaux avec l'autorité marocaine du contrôle du marché des capitaux (AMCMC) qui a succédé au conseil déontologique des valeurs mobilières (CDVM), et ce pour leur donner plus d'autonomie et de moyens.

De même, comme on l'a déjà signalé, la loi bancaire a institué, dans son article 108, un « comité de coordination et de surveillance des risques systémiques », constitué de ces trois autorités et chargé d'assurer la surveillance macroprudentielle du secteur financier.

Par ailleurs, en convergence avec les recommandations du Comité de Bâle relatives au traitement des banques d'importance systémique, Bank Al Maghrib a élaboré des règles devant encadrer ces établissements et qui couvrent trois principales composantes :

– l'identification des banques d'importance systémique ;

– les exigences prudentielles à leur appliquer ;

– la préparation d'un plan de redressement de crise interne.

S'agissant de l'identification des banques d'importance systémique, elle s'est basée strictement sur la méthodologie édictée par le Comité de Bâle en la matière.[334]

Généralement, on reconnaît un établissement d'importance systémique par la combinaison de trois facteurs principalement :

---

[334] Comité de Bâle sur le contrôle bancaire, « Banques d'importance systémique mondiale : méthodologie d'évaluation et exigence de capacité additionnelle d'absorption des pertes », Texte des Règles, novembre 2011.

– la taille, mesurée par son total bilan, mais également par sa part de marché ;

– la substituabilité qui est liée à la taille. En effet, plus un établissement de crédit a une part de marché très élevée, plus il est peu probable que les autres établissements de crédit puissent, en cas de faillite dudit établissement, prendre le relais pour subvenir aux besoins de financement de ses clients ;

– l'interconnexion qui décrit les liens qu'il entretient avec les autres établissements de crédit.

Quant aux exigences prudentielles, elles visent le renforcement de la capacité d'absorption des pertes des établissements identifiés comme systémiques. À cet effet, en vertu des dispositions de l'article 79 de la loi bancaire, les établissements de crédit présentant un profil de risque particulier ou revêtant une importance systémique :

– sont soumis à des exigences prudentielles plus contraignantes en matière, notamment, de ratios de fonds propres ;

– doivent présenter un plan de redressement de crise interne en temps normal et pouvant être appliqué en cas de difficultés.

Les modalités d'élaboration de ce plan sont fixées par une circulaire et s'inscrivent en convergence avec les standards internationaux en matière de gestion de crise, notamment ceux édictés par le Conseil de stabilité financière. Elles s'insèrent également dans la mise en place d'un cadre pour le traitement des défaillances des établissements de crédit. Ce plan de redressement de crise interne vise à inciter les banques à identifier les nouvelles sources permettant d'accroître les niveaux de fonds propres et de liquidité, d'anticiper et faciliter la cession rapide d'actifs ou de lignes de métiers et de définir une stratégie de redressement en cas de défaillance, y compris les éventuels obstacles à la mise en place de cette stratégie.

Ces établissements seront également soumis à des obligations plus contraignantes en matière de reporting réglementaire et feront l'objet d'une surveillance davantage renforcée.

Toutefois, il y'a lieu de souligner que le succès de la surveillance des établissements d'importance systémique dépend également et largement de la complexité induite par l'incertitude liée à la résolution d'une institution en difficulté et qui risque d'alimenter les mouvements de paniques ; les capacités de résolution des crises des pouvoirs publics ont, en effet, une influence sur le risque systémique. Les cas de Northern Rock et Lehman Brothers en sont deux exemples édifiants. C'est dans ce sens que, parallèlement au renforcement de la supervision des banques d'importance systémique, Bank Al Maghrib, en coordination avec le ministère chargé des finances et avec l'assistance de la

Banque mondiale, a adopté un régime juridique de résolution des crises bancaires, et ce en ligne avec les normes internationales.

Ainsi, dans le cadre du dispositif de gestion des crises, Bank Al Maghrib s'est dotée d'un manuel interne de résolution des crises. Ce dispositif a été mis en place à la suite des résultats et des enseignements tirés de deux exercices de simulation de crises ayant été conduits avec l'assistance de la Banque mondiale et avec la participation du ministère chargé des finances, de l'autorité marocaine du contrôle du marché des capitaux et de l'autorité marocaine du contrôle des assurances et de prévoyance sociale. Après un premier exercice conduit en 2009, Bank Al Maghrib a organisé un second exercice en mai 2014. Le scénario de crise a couvert plusieurs chocs pour que la crise ait une dimension systémique.

Les conclusions du dernier exercice ont été largement positives, et ce selon l'avis même de la Banque mondiale.

De même, sur le plan institutionnel, des avancées importantes ont été accomplies à l'effet d'une part, de mettre en place un cadre de prévention des risques systémiques pouvant peser sur la stabilité financière et d'autre part, de renforcer les mécanismes de coordination en matière de résolution des crises financières. Ainsi, Bank Al Maghrib a institué en son sein un comité de stabilité financière chargé d'évaluer les risques et les menaces pesant sur la stabilité financière et d'examiner les mesures visant leur atténuation.

D'autre part, une cartographie des risques systémiques a été élaborée ; l'objectif étant de développer une approche intégrée de suivi et de scoring des indicateurs de risque qui sont susceptibles de mettre en perspective et d'identifier les principales tendances et vulnérabilités du système financier ainsi que les canaux potentiels de contagion.

En complément de cette cartographie, des stress tests sont conduits afin de chiffrer plus précisément les impacts des risques qui auront été identifiés comme étant significatifs pour la stabilité du système financier.

D'un autre côté, à l'initiative de Bank Al Maghrib, la communauté bancaire s'est dotée de deux codes d'éthique ayant trait aux financements des actifs immobiliers et financiers. L'adoption de ces codes vise à affermir les pratiques déontologiques, et ce en vue de garantir un financement sain[335] et

[335] On rappelle ici les trois types de financement mis en exergue par MINSKY :
– le financement couvert « hedge financing », dans lequel le paiement des intérêts et du principal de la dette est couvert par le rendement attendu de l'investissement ;
– le financement spéculatif « speculative financing », où le rendement anticipé de l'investissement ne couvre que le paiement des intérêts, le principal étant constamment reconduit ;

approprié de ces actifs et de prévenir toute surenchère dans ces deux domaines pouvant conduire à la formation de bulles financières.

En parallèle, Bank Al Maghrib suit de très près l'évolution des risques dans le secteur immobilier et approfondit sa connaissance du marché à travers des enquêtes auprès des différents intervenants dans ce secteur.

Par ailleurs, sur le plan des mesures prises pour suivre les effets de la crise des subprimes, il est à noter que dès la manifestation des premiers signes de cette crise, une cellule de veille a été instituée pour assurer le suivi de l'évolution de la situation.

Toujours dans le cadre de la supervision macroprudentielle, les dispositions de l'article 21 de la loi bancaire définissent les exigences à observer par un conglomérat financier et qui est défini, par la loi bancaire, comme étant tout groupe remplissant les trois conditions suivantes :

– être placé sous contrôle unique ou influence notable d'une entité d'un groupe ayant son siège social ou activité principale au Maroc ;

– deux au moins des entités dudit groupe doivent appartenir au secteur bancaire et/ou au secteur de l'assurance et/ou au secteur du marché des capitaux ;

– les activités financières exercées par le groupe sont significatives.

En vertu des dispositions de cet article, les conglomérats financiers sont tenus de publier leurs états de synthèse, établis sur une base individuelle et consolidée ou sous-consolidée, de disposer d'un mode de gouvernance, d'un système de contrôle interne et de gestion des risques, de communiquer aux autorités concernées tous documents et renseignements nécessaires à l'accomplissement de leur mission et de désigner deux commissaires aux comptes.

Enfin, Bank Al Maghrib publie un rapport annuel sur la stabilité financière.

Conclusion au chapitre IV : Résilience du système bancaire marocain

On a vu que, depuis la publication de la circulaire sur le contrôle interne en 2001, le cadre légal et réglementaire marocain a évolué pour se baser essentiellement sur les aspects qualitatifs, s'inscrivant ainsi dans l'esprit du pilier II ; sans négliger, bien entendu, les règles d'ordre quantitatif. Ce cadre réglementaire, tout en étant amélioré et consolidé au fur et à mesure par la

---

– le financement à la Ponzi « Ponzi financing », où les revenus de l'investissement ne permettent même pas de couvrir les charges d'intérêt, la survie du projet dépendant de la possibilité de s'endetter encore plus, ou de vendre des actifs.

publication des différentes directives, dont celle sur la gouvernance, a été complété par des reportings et des contrôles et vérifications sur place, permettant de contrôler le respect de toutes ces dispositions.

Sur le plan opérationnel et parallèlement à la mise à niveau du cadre prudentiel et comptable, Bank Al Maghrib a mis en place des instruments lui permettant, à travers une supervision proactive se basant sur les risques, de détecter, de façon précoce et le plus en amont possible, les zones de risque au niveau de chaque établissement de crédit, pris individuellement, et ce avant que sa situation ne dégénère en risque systémique. Le système SANEC, en aidant à définir une procédure claire et précise pour le traitement des banques en difficulté, constitue déjà un rempart pour endiguer, dans la mesure du possible, les faillites bancaires qui risquent de se transformer en risque systémique, menaçant ainsi la stabilité de tout le système.

À cet effet, les contrôles permanents et sur place ont permis à Bank Al Maghrib de procéder à un suivi rapproché des pratiques de gouvernance des établissements de crédit, des plans d'action mis en place et des mesures engagées pour se conformer aux nouvelles exigences réglementaires en la matière.

Ces contrôles ont porté, notamment, sur :

– le fonctionnement des instances de gouvernance des banques (organe d'administration et les différents comités institués en son sein, organe de direction avec les responsables désignés pour l'assister) ;

– la présence d'administrateurs indépendants ;

– les politiques de nomination, de rémunération et de gestion des conflits d'intérêts ;

– ainsi que l'articulation des dispositifs de gestion des risques et de contrôle interne dans le système de gouvernance des groupes bancaires.

Conséquence de tout cela, la consolidation de la gouvernance des établissements de crédit s'est poursuivie, et ce en vue d'une plus grande convergence avec les standards internationaux. Dans cette perspective, ils ont mis en place des dispositifs de gestion des risques plus rigoureux, leur permettant de procéder à une meilleure sélection de leurs engagements, à une diversification de leurs expositions et à une amélioration et un renforcement de leurs outils de gestion des risques.

Toutes ces réformes entreprises et ces mesures adoptées ont fait que le système bancaire marocain présente aujourd'hui de nombreux atouts :

– des institutions financières rentables et présentant une solidité confirmée ;

– une concentration relativement élevée qui a donné naissance à d'importants groupes financiers disposant d'une bonne assise financière et présents sur différents métiers leur assurant une bonne diversification des risques. Ceci a permis à ces groupes de s'implanter dans plusieurs pays, dont une vingtaine en Afrique ;

– un secteur ouvert sur l'étranger avec des participations significatives de groupes étrangers de renommée internationale ;

– les banques ont peu d'expositions sur les contreparties étrangères, et ce en raison d'une part, de la réglementation des changes qui encadre les opérations des résidents avec l'étranger et d'autre part, du fait d'une politique prudente dont font preuve les dirigeants qui, en adoptant une approche conservative dans ce domaine, n'ont jamais eu d'actifs toxiques dans leurs portefeuilles. En effet, l'activité des institutions financières est principalement orientée vers le marché local qui présente des gisements de croissance très importants. Le secteur bancaire demeure pour l'essentiel tourné vers les opérations de détail, moins sensibles aux fluctuations financières que les activités de marché, et qui lui assurent une rentabilité, certes, relativement moins importante, mais pérenne.

Par ailleurs, en plus de cette supervision microprudentielle, qui constitue une condition nécessaire et un véritable rempart pour assurer la stabilité financière, Bank Al Maghrib a également inscrit ses interventions dans une optique de stabilité financière, et ce en adoptant également une approche macroprudentielle se basant sur :

– un renforcement de la coopération entre les autorités de supervision du secteur financier ; dans ce cadre, des réformes importantes ont été introduites au niveau des autorités chargées du contrôle des assurances et du marché des capitaux, et ce pour leur donner plus d'autonomie et de moyens ;

– un suivi rapproché des risques systémiques à travers la collecte d'informations et leur analyse ;

– l'élaboration d'un cadre pour la gestion des crises systémiques, conforme aux standards internationaux en la matière ; dans ce sens, des exercices de simulation de crise systémique ont été réalisés ;

– un développement des outils pour les stress tests de sensibilité et les macro stress tests.

Tout ceci se reflète dans la résilience dont a fait preuve le système bancaire marocain face à la crise financière de 2008. Cette résilience est, bien entendu, le fruit d'un long processus de réformes continues du dispositif légal et réglementaire l'ayant aligné sur les meilleurs standards. Le cadre de supervision bancaire, en convergeant avec les standards internationaux, a permis également d'assurer une veille efficace sur la stabilité du système.

Ces évolutions qualitatives ont d'ailleurs été confirmées par les conclusions de la dernière mission d'évaluation du secteur financier (FSAP) conduite par la Banque mondiale et qui considèrent le secteur bancaire marocain comme étant globalement solide, rentable et affichant une capitalisation appropriée au regard des risques.

En effet, après les précédentes missions d'évaluation du système financier, conduites en 2002 puis en 2007, une troisième mission a été effectuée en 2015. Étant précisé que les deux dernières l'ont été à la demande de Bank Al Maghrib.

Les conclusions de cette dernière mission ont été largement favorables. Ainsi, on peut lire dans ce rapport, notamment, que :

– les réformes légales et réglementaires majeures entreprises au Maroc, et ce à travers, notamment l'adoption de la loi bancaire de 2014 et l'institution de nouvelles règles relatives à la gestion des risques bancaires ainsi que ceux liés à la stabilité financière, ont fait que le système bancaire marocain présente aujourd'hui une solidité et une résilience à un ensemble de scénarii de stress tests et de résolution de crise ;

– sur le plan opérationnel, le Maroc se situe au niveau des meilleures pratiques internationales en matière de supervision bancaire ; des progrès appréciables ont été réalisés dans la préparation d'instruments macroprudentiels, avec la mise en place d'une cartographie des risques systémiques ainsi que l'institution d'un comité chargé de la politique macroprudentielle. Tout ceci fournit un bon cadre pour l'exercice de cette mission ;

– de même, sur le plan de la résolution des crises bancaires, la mission a noté avec satisfaction les avancées réalisées au cours des dernières années, notamment les mécanismes juridiques introduits dans la loi bancaire et l'élaboration d'un manuel interne à Bank Al Maghrib retraçant sa vision en matière de gestion d'un processus de résolution des crises.

CONCLUSION GÉNÉRALE

Comme on a pu le constater, si le secteur bancaire est fortement réglementé, c'est parce que cette réglementation est une nécessité ; elle se justifie par les spécificités et les caractéristiques de la firme bancaire.

D'abord, le législateur lui a confié le monopole de l'exercice de certaines opérations (collecte de dépôts, distribution de crédits, mise à la disposition de la clientèle de moyens de paiement et leur gestion). De même, il l'a dotée d'un pouvoir de création monétaire ex nihilo. Toutes ces fonctions et ces missions relèvent du domaine des services publics.

D'autre part, comme on l'a vu, on ne peut comprendre l'existence des banques que par rapport à l'incomplétude et aux imperfections des marchés financiers.

S'agissant de l'incomplétude des marchés financiers, ceux-ci ne pourront jamais faire face à tous les besoins de financement de tous les agents économiques et dans toutes les circonstances ; sans un système bancaire solide, une bonne part de la consommation des ménages et de l'investissement des entreprises et de l'État n'aura pas lieu, et ce pour les raisons suivantes :

– d'abord, les ménages et les PME/TPE ne peuvent se financer que par crédit bancaire ; ils ne peuvent pas accéder aux marchés financiers ;

– ensuite, l'épargne est toujours insuffisante, à cela s'ajoutent la prépondérance de la monnaie fiduciaire dans le total de la masse monétaire et la faiblesse des marchés financiers qui sont encore peu développés, particulièrement dans des pays à « économie d'endettement » comme le Maroc. Tout cela fait que même les grandes entreprises n'arriveront pas à satisfaire la totalité de leurs besoins de financement. En raison de leur pouvoir de création monétaire, les banques peuvent suppléer ces insuffisances et assurer ex post l'égalité indispensable entre l'épargne et l'investissement.

Quant aux inefficiences des marchés financiers, les banques sont les seules à pouvoir réaliser une transformation positive, et ce en transformant des échéances courtes et à vue en investissements à long terme qui sont les plus rentables. Ce faisant, elles améliorent le bien-être social.

D'autre part, en raison de la nature des relations qu'elles entretiennent avec leurs clients et d'une expertise accumulée pendant des années, elles sont les seules capables de réduire les asymétries d'information qui caractérisent le marché du crédit.

Toutefois, revers de la médaille, il y'a une autre raison, peut-être la plus déterminante et qui justifierait que le secteur bancaire est et doit être fortement réglementé, c'est que les banques peuvent également être destructrices pour une économie dans son ensemble et avec la mondialisation, pour l'économie mondiale. La crise des subprimes en est une parfaite illustration.

Elles peuvent être destructrices, dans la mesure où :

– non seulement elles sont intrinsèquement fragiles, et ce en raison de la structure singulière de leur bilan, la taille de l'hors bilan et la multitude et la nature des risques générés par leurs activités ;

– mais, notamment parce qu'elles sont de nature systémique.

Toutes ces considérations dépassent, on l'a vu, les arguments que les différentes théories ont essayé d'avancer pour donner une certaine rigueur scientifique et partant, une légitimité à la réglementation bancaire élaborée au sein du Comité de Bâle.

Cependant, si la nécessité d'une réglementation applicable aux banques apparaît évidente, le contenu de cette réglementation est loin de faire l'unanimité, et ce que ce soit au sein des économistes ou de la profession ; en témoigne la succession des différents Accords depuis 1988.

En effet, les faillites et les crises bancaires se succèdent (on peut même dire qu'elles se ressemblent) et chaque fois on se rend compte que cette réglementation, aussi sophistiquée et contraignante soit-elle, n'arrive toujours ni à les éviter ni à les réduire. D'autre part, cette réglementation occasionne des coûts pour les assujettis, ce qui les pousse d'ailleurs à essayer de la contourner et à profiter de toutes sortes d'arbitrages réglementaires, la titrisation et le « shadow banking » en sont une manifestation.

Par conséquent, au lieu de se focaliser sur l'utilité et la nécessité de la réglementation, le débat doit plutôt s'orienter vers les formes que doit revêtir cette réglementation. Il faut que, finalement, on centre le débat sur l'efficacité de la réglementation, et ce en opposition à son impact sur le « business model » des banques, donc sur la croissance et le bien-être social.

C'est cet esprit qui nous a guidés tout au long de ce travail, et ce en formulant une problématique, à savoir celle de chercher à trouver une réglementation optimale, c'est-à-dire la plus efficace et la moins contraignante possible pour les assujettis. Il s'agit alors de s'orienter vers une réglementation ayant pour objectif d'essayer de maintenir en permanence un certain équilibre entre l'exigence d'améliorer le bien-être social, assurée par une réglementation la moins contraignante possible, et la stabilité financière à même de nous épargner toutes les externalités négatives que le secteur financier est de nature à faire subir à nos économies respectives.

En effet, les Accords se succèdent et même s'ils ne se ressemblent pas, ils ont au moins trois points en commun :

– ils ont tendance à renforcer et à resserrer davantage les exigences réglementaires d'ordre quantitatif ; on assiste toujours au même réflexe, durcir les contraintes d'ordre quantitatif qui pèsent sur les banques ;

– ces règles imposées sont de plus en plus sophistiquées, compliquées et complexes, et ce dans la mesure où elles nécessitent le recours à des formules mathématiques et aux calculs de probabilités, et ce par le biais d'une modélisation des données historiques. Tout ceci n'est compris et maitrisé, finalement, que par des lauréats de grandes écoles ; elles échappent, bien entendu, aux régulateurs, aux organes d'administration et même aux dirigeants des banques ;

– ces Accords n'arrivent pas à convaincre quant à leur efficacité, ni sur le plan théorique ou logique, ni sur le côté pratique ou opérationnel ; chaque Accord ne fait que mettre le doigt sur les lacunes et les insuffisances des précédents.

Alors il est temps de changer de mentalités qui guident la conception de la réglementation bancaire au sein du Comité de Bâle. Comme la réglementation a deux aspects, quantitatif et qualitatif, il s'agit alors de trouver un bon dosage entre les deux.

S'agissant de la réglementation d'ordre quantitatif, il faut la rendre à la fois plus simple, pour la décliner facilement et au moindre coût sur le plan opérationnel, et moins contraignante, pour ne pas sacrifier l'efficacité productive. Cette exigence est plus accentuée dans le cas des banques des pays où le secteur bancaire reste le pourvoyeur essentiel des fonds prêtables pour l'économie.

Quant aux aspects qualitatifs, ceux-ci doivent être contraignants et faire l'objet d'un suivi rapproché et être passibles de sanctions dissuasives en cas d'infraction. Cela suppose, bien entendu, un dispositif de supervision bancaire adéquat et un superviseur puissant et indépendant.

Autrement dit, il faut instaurer une réglementation qui définirait les contours de ce que devraient être les saines pratiques de gouvernance bancaire. Pour cela, on a survolé les différentes théories de la gouvernance et on est arrivé à la conclusion selon laquelle, le phénomène de délégation, en induisant une séparation entre la propriété et la gestion au sein des banques, implique forcément des conflits d'intérêts, chose qui nécessite alors un contrôle des décisions et comportements des managers et un encadrement de leurs actions.

Sur ce point également, on a vu que ce contrôle revêt deux aspects, l'un externe constitué essentiellement par la réglementation prudentielle, l'autre interne et correspond aux saines pratiques de gouvernance. Toutefois, plusieurs études, dont les résultats sont d'ailleurs étayés par l'expérience, montrent qu'en raison des spécificités et des caractéristiques de la firme bancaire, la dimension externe, même si elle est indispensable, s'avère inefficace et qu'il faut alors privilégier la dimension interne.

Le cas de la Société Générale France montre que, tant que l'on n'a pas réglé le problème de la gouvernance au sein des institutions financières, on ne pourra jamais éviter les difficultés, les faillites et les crises vécues par le passé. Les actionnaires de cette banque, à l'image d'ailleurs de ceux de Daiwa après la faillite de Barings, n'ont pas tiré les leçons des expériences de ces deux banques ; cela prouve que la réglementation doit, plus que jamais, se focaliser sur les aspects qualitatifs ; les ratios ont montré leurs limites, et ce depuis 1988.

En effet, étant donné le risque d'une course effrénée des dirigeants aux rendements élevés, le régulateur peut difficilement contraindre efficacement les banques au moyen d'une norme de fonds propres. Tout dépend, en fin de compte, de leurs préférences individuelles en matière de risque ; autrement dit, du degré de leur appétence aux différents risques

Cette idée maitresse a déjà été annoncée par la théorie du choix de portefeuille pour qui, l'effet attendu par le régulateur ne dépend pas finalement de la réglementation elle-même, mais plutôt des préférences et des choix individuels de chaque banque. Des dirigeants risquophiles peuvent conduire la banque à la faillite, et ce quel que soit son niveau de capitalisation. Au contraire, ceux qui se montrent prudents (en mettant en place des dispositifs de contrôle interne et de gestion des risques rigoureux) peuvent éviter la faillite même avec une banque moyennement capitalisée.

Car que signifie respecter un ratio de 8, 9, 10 % ou plus ? Ce n'est, finalement, qu'un rapport qui rapporte les fonds propres aux risques. Si le numérateur ne présente aucun problème, d'ailleurs on a vu comment la définition des fonds propres a évolué ; du côté du dénominateur, cela pose de sérieux problèmes que l'on a déjà vus et présentés. En effet, on a vu comment Bâle I a essayé de résoudre le problème sans succès, Bâle II est venu pour rectifier le tir, sans y parvenir non plus. Bâle III a introduit des modifications. Pour que, finalement, Bâle IV vienne asséner le coup fatal et tirer la conclusion que les banques sous-estiment le dénominateur de leur ratio, et ce en raison des méthodes utilisées, lesquelles méthodes sont censées, il faut le rappeler, être validées par leurs organes de gouvernance et par le régulateur.

En d'autres termes, dans la pratique, une banque peut survivre avec un ratio largement inférieur à la norme de 8 %, et ce tant qu'elle se donne la peine de mettre en place des dispositifs de contrôle interne et de gestion des risques rigoureux. À cela doit s'ajouter, bien entendu, une implication de l'organe d'administration, aidé en cela par les organes qui l'assistent, et qui doit veiller à ce que les décisions prises par l'organe de direction soient en phase avec les orientations stratégiques qu'il a lui-même validées.

Par contre, à l'opposé, si une banque n'a rien fait pour encadrer le comportement des opérationnels pour éviter qu'ils ne prennent des risques inconsidérés, alors, quel que soit le ratio atteint, cette banque ne sera jamais à l'abri de pertes qui peuvent lui être fatales. D'ailleurs, des études ont montré que des banques, présentant un ratio de solvabilité élevé avant la crise, ont fait faillite.

De même, plusieurs économistes ont pointé du doigt l'incapacité de la réglementation prudentielle, notamment le ratio de solvabilité, à sonner l'alarme dès que les premiers signes de la crise se sont manifestés.

Une banque ne fait pas faillite parce qu'elle présente un ratio de solvabilité inférieur à la norme, mais parce qu'elle n'a pas pu bien gérer les risques auxquels elle s'est exposée et qui se sont matérialisés en pertes. Sinon pourquoi le ratio de solvabilité n'a-t-il pas alerté les organes d'administration et les régulateurs ?

De même, on a vu que le Comité de Bâle reconnaît lui-même que les fonds propres ne sont pas le seul moyen de réduire les risques, la gouvernance peut en être un excellent moyen. C'est cet esprit, celui du pilier II de Bâle II, qui doit guider les membres du comité lors de l'élaboration de la réglementation.

C'est, finalement, un problème de gouvernance qui est censée se forger les instruments permettant de détecter, de façon précoce, les signes annonciateurs de difficultés et de problèmes, en vue de prévoir des mesures pour en limiter les dégâts. Pour cela, il faut encadrer la prise de risques par les managers ; cela doit se faire, en premier lieu, en amont à travers une définition claire et précise des degrés d'appétence et d'aversion aux différents risques, et ce par des orientations stratégiques dûment validées par l'organe d'administration.

Ainsi, comme le souligne CASSOU, « Chacun s'accorde à reconnaître que la crise financière actuelle a, notamment, pour origine des insuffisances marquées dans la gouvernance des banques et d'autres institutions financières. » Pour étayer cela, il cite les conclusions du Conseil de stabilité financière qui ressortent d'un document de 2012 : « La crise financière globale a révélé nombre de manquements et de faiblesses dans la gouvernance des institutions financières, notamment des structures et des procédures inappropriées dans les conseils, des systèmes de gouvernance des risques inadéquats ainsi que des structures organisationnelles et des activités indûment complexes ou opaques. Ces nombreuses insuffisances ont été soulignées et documentées dans différents rapports publiés depuis 2008. »[336]

De même, pour LÉVY-LANG, « Plus que par le passé, les autorités de contrôle des banques devront intégrer la qualité de gouvernance dans leur mission de surveillance et décider, au cas par cas, ce qui relève de l'autodiscipline et ce qui peut faire l'objet de règles imposées. »[337]

Pour notre part, on a souligné et insisté sur le fait que cette réglementation doit s'inscrire dans l'esprit du pilier II de Bâle II et prendre appui sur les recommandations que le Comité a publiées en la matière.[338]

En effet, on a estimé qu'en plus des raisons évoquées ci-dessus concernant l'importance de la gouvernance, le pilier II est appelé à durer, et ce contrairement au pilier I qui ne cesse de subir des modifications et des transformations sans que l'on puisse s'arrêter une fois pour toutes sur un cadre fixe et immuable, permettant aux banques d'être fixées sur leur sort et d'adapter leur « business model » de façon définitive. Une fois que de saines pratiques de gouvernance ont été mises en place, cela va mettre l'organisation à l'abri d'une prise de risque excessive et inconsidérée de la part des opérationnels, et ce à tous les niveaux.

Toutefois, cela demande, bien entendu, du temps et beaucoup d'efforts en matière d'organisation et de temps consacré à la mise en place des différentes structures indispensables que cela requiert.

Alors que pour respecter le ratio de solvabilité, cela suffit d'agir sur les deux termes du rapport ; soit augmenter les fonds propres, soit agir sur le dénominateur, et il a fallu attendre Bâle IV pour dénoncer cette pratique.

Bien entendu, ces recommandations sont d'ordre général et il appartient à chaque autorité nationale de les transposer sur son référentiel légal et réglementaire. C'est dans ce sens que, pour illustrer tout ça, on a consacré le dernier chapitre à l'expérience marocaine.

Notre choix du Maroc a été, en effet, l'occasion pour nous de présenter un cas concret qui a fait ses preuves en matière de résilience, y compris lors de la dernière crise. Cette résilience, saluée par toutes les organisations financières internationales, est justement le fruit du dispositif de supervision bancaire mis en place avec toutes ses composantes : cadre légal et réglementaire et cadre

---

[336] CASSOU Pierre-Henri, « Quelques réflexions sur les règles de gouvernance bancaire », in *rapport moral sur l'argent dans le monde 2013*. Mis en ligne par aef.asso.fr.
[337] LÉVY-LANG André, « Repenser la gouvernance bancaire ? », *op.cit.*
[338] Comité de Bâle sur le contrôle bancaire, « Orientations : Principes de gouvernance d'entreprise à l'intention des banques », juillet 2015.

opérationnel avec ses deux approches, supervisions microprudentielle et macroprudentielle.

Ce dispositif de supervision est également conforté par la démarche de concertation très étroite avec la profession ; chose qui a permis de réaliser cet équilibre entre efficacité bancaire et stabilité financière.

Par ailleurs, l'un des éléments de la solution est à chercher en premier lieu sur le plan théorique. En effet, les économistes doivent faire preuve d'imagination, et ce parce qu'à ce jour, on n'a rien à se mettre sous la dent.

Il faut alors s'orienter vers un vrai fondement théorique qui est capable d'une part, d'intérioriser, dans son cadre d'analyse, les spécificités de la firme bancaire et d'autre part, d'éviter d'être prisonnier, donc de s'inscrire, dans le schéma du système bancaire américain.

Les fondements théoriques de la réglementation bancaire doivent, en effet, intégrer, dans leur cadre d'analyse, les spécificités nationales ; en particulier celles des pays à « économie d'endettement » comme le Maroc, caractérisés par des systèmes financiers peu développés et où le financement se fait essentiellement par crédit bancaire. À cela s'ajoutent une insuffisance de l'épargne, notamment longue, et un taux de bancarisation encore très faible, constituant ainsi un manque à gagner pour le financement de leurs économies respectives.

Enfin, un dernier point et non des moindres, il faut que L'ÉTHIQUE recouvre la place qui est la sienne au sein de la profession, et ce pour que celle-ci soit et reste au service du financement de la croissance et non d'une spéculation débridée.

À titre d'exemple, en plus des cas déjà cités, comme les agissements des traders de la Barings, de Daiwa et de la Société Générale, certains acteurs opérant dans la finance ont inventé un concept diabolique et infernal, avec ces différents instruments : CDO (collateralized debt obligations), ABS (asset-backed securities), MBS (mortgage-backed securities) créés à l'occasion de chaque opération de titrisation.[339]

On a déjà expliqué, dans une note de bas de page, que toutes ces appellations ont la même signification ; ce sont des titres de dettes, donc des obligations, qui sont adossés (backed) ou garantis par des actifs. Ils naissent lors de chaque opération de titrisation. Dans le cas des subprimes, ces titres étaient adossés à des crédits hypothécaires (mortgage), d'où leur nom « MBS ».

---

[339] On renvoie le lecteur à un autre excellent film américain, *The Big Short* ou *Le Casse du siècle,* réalisé par McKay Adam et sorti en 2015.

Tout le monde sait que les crédits hypothécaires classiques sont faiblement rémunérés, et ce dans la mesure où ils sont assortis d'un risque très faible ; ils sont moins risqués d'une part, en raison de l'hypothèque donnée comme garantie et d'autre part, parce qu'historiquement tout le monde rembourse son crédit logement. Alors, ces acteurs ont développé un autre type de crédits à l'habitat et qui est destiné à un type particulier de contreparties, en l'occurrence celles présentant un risque très élevé. Ces crédits sont alors assortis d'une rémunération trop élevée. Cette rémunération a été davantage boostée, et ce grâce à un nouveau procédé qui est également diabolique et infernal et qui consiste à :

– emprunter à très court terme, bénéficiant ainsi d'un taux d'intérêt le plus faible du marché ;

– prêter à des clients à haut risque et à très long terme, profitant ainsi d'une rémunération doublement trop boostée, et ce d'une part, en raison du profil de risque de ces clients et d'autre part, du fait des maturités de ces crédits qui sont du très long terme ;

– se débarrasser de ces crédits « toxiques » tout de suite, la maturité de leurs ressources étant à très court terme (quelques jours), et ce en les transférant à des investisseurs par l'intermédiaire d'entités créées ad hoc (special purpose vehicle ou SPV) ;

– recourir aux services des sociétés d'assurances pour garantir ces titres, et ce par le canal des CDS (credit default swap) ; l'objectif étant d'obtenir un AAA, sésame nécessaire pour placer ces titres ;

– agir à l'ombre de toute réglementation et de tout contrôle de la part du régulateur.

D'autre part, on a également inventé ces CDS. Ils sont censés servir de couverture contre un risque crédit ou de contrepartie (défaillance d'un client ou baisse du rating d'un titre émis par lui). Toutefois, dans la crise des subprimes, ils ont été utilisés pour spéculer et gagner des sommes inespérées et à très court terme.

C'est comme si vous achetez une maison sachant pertinemment qu'elle va bientôt s'effondrer, pour une raison ou une autre, donc à un prix symbolique ; après, vous souscrivez à une police d'assurance en fixant dans le contrat un prix 10, 20, 50… fois le prix d'achat. Après la catastrophe qui ne tardera pas à survenir, vous empochez une indemnité colossale, et ce sans le moindre effort ni contrepartie ni service rendu. Avec cette technique, des acteurs ont gagné des sommes faramineuses en spéculant (en « shortant ») sur la baisse des notations des MBS.

Toutes ces pratiques relèvent de la ruse et de la « finance casino », totalement déconnectées de la sphère réelle. Les crédits subprimes ressemblent, finalement, à un virus créé dans un laboratoire et qui a contaminé le monde entier.

Alors, il est temps que l'on cesse d'essayer de nous convaincre, après chaque faillite ou crise, que c'est toujours la responsabilité de la réglementation de ne pas avoir pu confectionner des règles plus contraignantes censées éviter ce genre de catastrophe, prétexte toujours avancé pour durcir davantage les règles prudentielles d'ordre quantitatif.

BIBLIOGRAPHIE ET WEBOGRAPHIE

– AKERLOF George A., « The Market for "Lemons": Quality Uncertainty and the Market Mechanism » in The Quarterly Journal of Economics, Vol. 84, n° 3. (Aug., 1970).

– AKERLOF G. A. et SCHILLER Robert J., « Les esprits animaux - comment les forces psychologiques mènent la finance et l'économie », in Observatoire du Management Alternatif, HEC Paris.

– ANGORA Alain et TARAZI Amine, « Crises bancaires dans les pays de l'UEMOA : un système d'alerte avancée fondé sur une approche logit Multinomiale ».

– ARROW Kenneth J., « Uncertainty and the Welfare Economics of Medical Care », in American Economic review, n° 53

– ARTUS Patrick, BETBÈZE Jean-Paul, DE BOISSIEU Christian et CAPELLE-BLANCARD Gunther, « La crise des subprimes », in Rapport établi in La Documentation française.

– Bank Al Maghrib, les différentes circulaires et directives ainsi que les différents rapports annuels de supervision bancaire. Mis en ligne sur www.bkam.ma.

– BARBOT Gildas, « L'utilité sociale de la banque en question. Quelques réflexions pour l'après-crise », in Vie & Sciences de l'entreprise, 2013/3-4, nos 185 et 186.

– BAUMOL William Jack, « Business Behavior, Value and Growth », in New York, The Macmillan Company, 1959.

– BERLE Adolf A. et MEANS Gardiner C., « The Modern Corporation and Private Property », in New York, Macmillan Co.

– BETBEZE Jean-Paul, « Les six ressorts et les six resorts de la crise actuelle », in Revue d'économie financière, Année 2008, pp. 107-111. Fait partie d'un numéro thématique, « Crise financière : analyses et propositions ».

– BISIGNANO Joseph, « qui ont été les privilégiés de Cooke ? : Perdants et gagnants de la réglementation des fonds propres », in Revue d'économie financière, Année 2003/73, pp. 77-96. Fait partie d'un numéro thématique, « Bâle II : Genèse et enjeux ».

– BOURVEN Monique et ZEHR Yves, « La crise bancaire et la régulation financière », in Rapport présenté au Conseil Économique, Social et Environnemental français en 2009.

– BROSSARD Olivier, « L'instabilité financière selon Minsky : l'incertitude et la liquidité au fondement du cycle ? », in Revue économique, Année 1998, 49-2, pp. 407-435.

– CASSOU Pierre-Henri, « Quel champ pour la régulation bancaire et financière ? », in Revue d'économie financière, Année 2011, n° 101.

– CASSOU Pierre-Henri, « Quelques réflexions sur les règles de gouvernance bancaire », in rapport moral sur l'argent dans le monde 2013, Association d'économie financière.

– CHIAPPORI Pierre-André et YANELLE Marie-Odile, « Le risque bancaire : un aperçu théorique », in Revue d'économie financière, Année 1996/37. Fait partie d'un numéro thématique, « Le prix du risque ».

– COASE R.H., « The Nature of the Firm », in Economica, New Series, Vol. 4, n° 16, (Nov. 1937).

– COASE Ronald H. « The problem of social cost », in the journal of law and economics, Oct. 1960. Traduit en français, sous le titre « le problème du coût social », par RAGNI L. et P. M. ROMANI in Revue française d'économie, Année 1992.

– COISSARD Steven, « Paul Krugman ou la théorie au service de la politique économique », in l'Économie politique, 2009/1, 41.

– COLANDER David, FÖLLMER Hans, HAAS Armin, GOLDBERG Michael, JUSELIUS Katarina, KIRMAN Alan, LUX Thomas et SLOTH Brigitte, « The Financial Crisis and the Systemic Failure of Academic Economics », in Kiel Institute for the World Economy, n° 1489 | February 2009.

– Comité de Bâle sur le contrôle bancaire, « Gestion des engagements hors bilan des banques sous l'angle du contrôle bancaire » (mars 1986).

– Comité de Bâle sur le contrôle bancaire, « Convergence internationale de la mesure et des normes de fonds propres », juillet 1988, mise à jour en d'avril 1998.

– Comité de Bâle sur le contrôle bancaire, « Cadre pour les systèmes de contrôle interne dans les organisations bancaires », septembre 1998.

– Comité de Bâle sur le contrôle bancaire, « Convergence internationale de la mesure et des normes de fonds propres », Dispositif révisé juin 2006.

– Comité de Bâle sur le contrôle bancaire, « Bâle III : dispositif réglementaire mondial visant à renforcer la résilience des établissements et systèmes bancaires », décembre 2010 (document révisé juin 2011).

– Comité de Bâle sur le contrôle bancaire, « Principes fondamentaux pour un contrôle bancaire efficace », septembre 2012.

– Comité de Bâle sur le contrôle bancaire, « Banques d'importance systémique mondiale : méthodologie révisée d'évaluation et exigence additionnelle de capacité d'absorption des pertes », juillet 2013.

– Comité de Bâle sur le contrôle bancaire, « Normes : Dispositif prudentiel pour la mesure et le contrôle des grands risques », avril 2014.

– Comité de Bâle sur le contrôle bancaire, « Orientations : Principes de gouvernance d'entreprise à l'intention des banques », juillet 2015.

– Comité de Bâle sur le contrôle bancaire, « NORME : Exigences minimales de fonds propres en regard du risque de marché », janvier 2016.

– Comité de Bâle sur le contrôle bancaire, « Bâle III : finalisation des réformes de l'après-crise », décembre 2017.

– CORIAT Benjamin et WEINSTEIN Olivier, « Les théories de la firme entre "contrats" et "compétences" », in Revue d'économie industrielle, 129-130| 1er et 2e trimestre 2010, document 4.

– COUPPEY-SOUBEYRAN Jézabel et MADIES Philippe, « L'efficacité de la réglementation prudentielle des banques à la lumière des approches théoriques », in Revue d'économie financière, Année 1997, Vol. 39, n° 1.

– COUPPEY-SOUBEYRAN Jézabel, GARNIER Olivier et POLLIN Jean-Paul, « Le financement de l'économie dans le nouveau contexte réglementaire », in Rapport présenté au Conseil d'analyse économique.

– DE BOISSIEU Christian, « Implications de la crise pour la régulation bancaire et financière », in Revue d'économie financière, Année 2008, H-S 7. Fait partie d'un numéro thématique, « Crise financière : analyses et propositions ».

– DE LIMA Pascal, *Économie bancaire et croissance économique* : *Vers une macroéconomie renouvelée,* Année 2012, Collection : Eco Sup, *Éd. Dunod.*

– DE VAUPLANE Hubert et Amicie, « La gouvernance des banques à l'issue de la crise du système financier », in Mélanges en l'honneur de Philippe Bissara, Paris, le 10 octobre 2012.

– DIAMOND Douglas Warren, « Financial Intermediation and Delegated Monitoring », in Review of Economic Studies, Vol. 51, n° 3 (Jul. 1984).

– DIETSCH Michel, « De Bâle II vers Bâle III : les enjeux et les problèmes du nouvel accord », in Revue d'économie financière, Année 2003, n° 73. Fait partie d'un numéro thématique, « Bâle II : Genèse et enjeux ».

– EMBRECHTS Paul, « Mieux appréhender l'incertitude liée aux modèles ». Cité dans le Dossier, « Vers Bâle IV ? Les banques dans l'incertitude », réalisé par LEBOUCHER Séverine, in Revue banque, n° 795, avril 2016.

– ETOUGHE FAM'ELLA Stéphano Zico et ZAISHENG Zhang, « La théorie des jeux et de la décision en présence d'asymétrie d'information du crédit bancaire », in World Academic Journal of Business & Applied Sciences (WALJBAS), 2013, Vol. 1, n° 1.

– FARES M'Hand et SAUSSIER Stéphane, « Coûts de transaction et contrats incomplets », in Revue française d'économie, Année 2002, Volume XVI, n° 3.

– FOURNIER Audrey, « De Herstatt à Lehman Brothers : trois accords de Bâle et 35 ans de régulation bancaire », in *Le Monde*, le 03.10.2011.

– GABILLON Emmanuelle et ROCHET Jean-Charles, « Banque - Économie de la banque », in Dictionnaire de l'Économie Encyclopaedia universalis, 2007.

– GARNIER Olivier, « Du bon usage de la notation financière externe », in Revue d'économie financière, Année 2008, H - S 7. Fait partie d'un numéro thématique : « Crise financière : analyses et propositions ».

– GHANEM Darine et SALAMEH Majed, « Effet de la régulation bancaire sur les crises bancaires dans les pays émergents : Une analyse empirique », ResearchGate, mars 2013.

– GILBOA Itzhak, « Les citrons d'Akerlof, ou comment raisonnent les économistes », in Paris innovation review, Lundi 3 décembre 2012.

– GODARD Romain et HARZI Adel, « Bâle IV : quels impacts pour les banques ? », in Lettre d'actualité réglementaire | Banque, 14 avril 2018 PwC.

– GODLEWSKI Christophe J., « Étude de la cohérence des ratings de banques avec la profitabilité de défaillance bancaire dans les pays émergents », in Working Paper 65, Laboratoire de recherche en Gestion et Économie, Université Rober Schuman.

– GOURIÉROUX Christian, « Bon ou mauvais usage des notations », in Revue d'économie financière, Année 2008, H – S 7. Fait partie d'un numéro thématique : « Crise financière : analyses et propositions ».

– GROSSMAN Sanford J. et HART Oliver D., « The Costs and Benefits of Ownership : A Theory of Vertical and Lateral Integration », in Journal of Political Economy, 94 (4).

– HABIB-DELONCLE Louis, « Les acteurs des pays émergents face à la crise », in Revue d'économie financière, Année 2008. Fait partie d'un numéro thématique, « Crise financière : analyses et propositions ».

– HART Olivier et MOORE John, « Property Rights and the Nature of the Firm », in Journal of Political Economy, 98 (6).

– HARZI Adel, « Bâle IV : Un nouveau tsunami réglementaire ? », in Lettre d'actualité réglementaire | Banque, 1er janvier 2018, PwC.

– HUBAUD Benoît, « Les agences de notation à leur juste place ? ». Fait partie du Dossier : « Agences de notation : En finir avec l'oligopole », in Revue Banque, n° 749.

– Institut pour l'Éducation Financière du Public (IEFP), « L'impact de Bâle III sur le secteur bancaire et sur le financement de l'économie », in La finance pour tous, le site pédagogique sur l'argent et la finance.

– JAPELLI Tullio et PAGANO Marco, « Saving, growth and liquidity constraints », in Quarterly Journal of Economics, Année 1994, n° 109.

– JENSEN Michael C. et MECKLING William H., « Theory of the firm : managerial behavior, agency costs and ownership structure », in Journal of Financial Economics 3, Q North-Holland Publishing Company, University of Rochester, Rochester, July 1976.

– KAPAN Tümer et MINOIU Camelia, « les atouts pour prêter », in Finances & Développement, septembre 2013.

– LABYE Agnès, « La crise financière actuelle : une application du modèle de Minsky », in Association d'Économie Financière, 2011/2, n° 102.

– LANDIER Augustin, « Les nouvelles frontières de la gouvernance du risque », in Revue d'économie financière, Année 2008. Fait partie d'un numéro thématique, « Crise financière : analyses et propositions ».

– LANDIER A. et THESMAR David, « La finance des évènements rares », in *Les Échos* le 28 févr. 2008.

– LAVASTRE Olivier, « Les Coûts de Transaction et Olivier E. Williamson : Retour sur les fondements », in Faculté des Sciences de l'administration Université Laval Québec.

– LEBLANC Robert, « Rémunérations et crise bancaire », in Revue d'économie financière, Année 2008. Fait partie d'un numéro thématique, « Crise financière : analyses et propositions ».

– LEBOUCHER Séverine, « Vers Bâle IV ? Les banques dans l'incertitude », in Revue Banque, n° 795, avril 2016.

– LÉVY-LANG André, « Repenser la gouvernance bancaire ? », in Revue d'économie financière, Année 2008. Fait partie d'un numéro thématique, « Crise financière : analyse et proposition ».

– LIONS Pierre-Louis, « Évaluation des modèles mathématiques utilisés en Finance », in Initiative de Recherche.

– LOMBARD Éric et MUCHERIE Mathieu, « La crise financière, les assureurs et l'économie de l'information », in Revue d'économie financière, Année 2008. Fait partie d'un numéro thématique, « Crise financière : analyses et propositions ».

– LUBOCHINSKY Catherine, « Transfert du risque crédit : de l'ingéniosité bancaire à l'instabilité financière », in Revue d'économie financière, Année 2008. Fait partie d'un numéro thématique, « Crise financière : analyses et propositions ».

– MARTIN Pierre, « Les crises économiques : éternel retour ? », in Revue d'économie financière, Année 2008. Fait partie d'un numéro thématique, « Crise financière : analyses et propositions ».

– MASCIANDARO Donato et NIETO Maria J., « Gouvernance du Mécanisme de supervision unique : quelques réflexions », in Revue d'économie financière, 2013/4, n° 112.

– MINSKY Hyman P., *Stabiliser une économie instable, Ed. Les Petits Matins*, 2016.

– NOUY Danièle, « Le champ du risque opérationnel dans Bâle II et au-delà », in Revue d'économie financière, juin 2006/84.

– NOUY D., « Bâle II face à la crise : quelles réformes ? », in Revue d'économie financière, Année 2008. Fait partie d'un numéro thématique, « Crise financière : analyses et propositions ».

– OCDE, « Principes de l'OCDE relatifs au gouvernement d'entreprise », in Réunion du Conseil de l'OCDE au niveau ministériel, 1999.

– PANIZZA Ugo, « La finance et le développement économique », in Revue internationale de politique de développement, 3/2012.

– PENNEQUIN Maxime, « la mise en place d'un modèle risques opérationnels AMA au sein d'un groupe bancaire international », in Revue D'économie financière, 2006, 84.

– PERSAUD Avinash, « The Inappropriateness of Financial Regulation », in VOX, CEPR Policy Portal (https://voxeu.org), mai 2008.

– PLIHON Dominique, « Minsky, théoricien de l'instabilité financière », in Les Possibles, n° 10, juin 2016.

– PLIHON D., « Minsky, une interprétation prémonitoire des crises … », in Institut Veblen pour les réformes économiques, 18 octobre 2016.

– POZSAR Zoltan, TOBIAS Adrian, ASHCRAFT Adam et BOESKY Hayley, « Shadow Banking », in Federal Reserve Bank of New York, Staff Reports.

– ROCHET Jean-Charles, « Le futur de la réglementation bancaire », in Toulouse School of Economics, notes TSE n° 2,12/2008.

– ROCHET Jean-Charles, « Comment réformer la réglementation prudentielle : les leçons à tirer de la crise des subprimes », in Revue d'économie financière, Année 2008. Fait partie d'un numéro thématique, « Crise financière : analyses et propositions ».

– RODARIE Hubert, « La crise financière de 2007 doit produire de nouveaux modèles de risque », in Revue d'économie financière, Année 2008. Fait partie d'un numéro thématique, « Crise financière : analyses et propositions ».

– ROSIER Bernard, *Les Théories des crises économiques*, Paris, *Ed. La Découverte*, 2003.

– ROTHSCHILD Michael et STIGLITZ Joseph, « Equilibrium in Competitive Insurance Markets : An Essay on the Economics of Imperfect Information » in The Quarterly Journal of Economics, Vol. 90, n° 4 (Nov. 1976), The MIT Press.

– SCHUMPETER Joseph : *Capitalisme, Socialisme et Démocratie, Ed. Traduction française,* 1942.

– SEGOND Valérie, « 11 Septembre : la politique "laxiste" de la Fed à l'origine de la crise actuelle ? » in La Tribune, 08/09/2011.

– SPENCE Michael, « Job Market Signaling », in The Quarterly Journal of Economics, Vol. 87, n° 3. Aug. 1973.

– SPENCE M., « Market Signaling : Informational transfer in hiring and related screening Processes », in Cambridge : Harvard University Press, juillet 1974.

– SPENCE M., « Competitive and Optimal Responses to Signalling : Analysis of Efficiency and Distribution », in Journal of Economic Theory, Volume 7, Issue 3, mars.

– SPENCE M., « Signaling in retrospect and the informational structure of markets », in The American Review, Vol. 92, n° 3, juin 2002.

– STIGLITZ J. E. et WEISS Andrew, « Credit Rationing in Markets with Imperfect Information », in The American Economic Review, Vol. 71, n° 3, Jun. 1981.

– STIGLITZ J. et WEISS A., « Credit rationing with collateral », in Bell Communication Research Inc, Economics Discussion Papers, vol.12, 1985.

– STRAUS André, « Le retour des crises financières est-il inéluctable ? », in Revue d'économie financière, Année 2008. Fait partie d'un numéro thématique, « Crise financière : analyses et propositions ».

– The economic collapse blog, « Armes financières de destruction massive ». Mis en ligne par businessbourse.com.

– THESMAR D., « L'insoutenable rareté des catastrophes financières », in Revue d'économie financière, Année 2008. Fait partie d'un numéro thématique, « Crise financière : analyses et propositions ».

– TOUMI Sirine, « L'impact des mécanismes de gouvernance dans la gestion des risques bancaires et la performance des banques : Cas de la France, l'Allemagne et le Japon », in HAL Archives ouvertes.

– ÜLGEN Faruk, « Les innovations financières s'inscrivent-elles dans un processus schumpetérien de destruction créatrice ? », in Revue Interventions économiques, 46/2012.

– WILLIAMSON Oliver E., « Markets and Hierarchies : Analysis and Antitrust Implications », in Free Press, a division of Macmillan, Inc., New York, 1975.

– WILLIAMSON O. E., « Economic Organizations : Firms, Markets, and Policy Control », in Brighton, Wheatsheaf Books LTD.

– WILLIAMSON O. E., « The logic of economic organization », in Journal of Law, Economics and organization, 1988.

– WILLIAMSON O. E., « The firm as a nexus of treaties », in SAGE Publications, London, Newbury Park, New Delhi, 1990.

– WILLIAMSON O. E., « Comparative Economic Organization : The Analysis of Discrete Structural Alternatives », in Administrative Science Quarterly, vol. 36, n° 2, juin 1991.

– WILLIAMSON O. E., « The Economic Analysis of Institutions and Organization. In general and with respect to country studies », in Working Paper, University of California, Berkeley, September 1992.

– WILLIAMSON O.E., « Strategy Research : Governance and competence perspectives », in Strategic Management Journal, Vol. 20, 1999.

Revue « Marché et Organisations »
L'Harmattan

Cahiers d'économie et de gestion thématiques dont le but est de promouvoir la recherche originale sur les relations de plus en plus étroites qui se tissent entre le marché et les organisations. Les acteurs économiques de taille, de puissance et de pouvoir différents dont les intérêts peuvent être convergents, complémentaires ou, le plus souvent, antagoniques, ont tendance à organiser les marchés. La raison du marché, pourtant, est la référence stratégique pour l'entreprise ainsi que pour les institutions publiques de décision économique.

Numéros parus :

N°1 : Artisanat. La modernité réinventée, 2006
N°2 : La petite entreprise, elle a tout d'une grande. De l'accompagnement aux choix stratégiques, 2006
N°3 : Tourisme et Innovation. La force créative des loisirs, 2007
N°4 : Le travail. Formes récentes et nouvelles questions, 2007
N°5 : Les universités et l'innovation. L'enseignement et la recherche dans l'économie des connaissances, 2007
N°6 : Entrepreneuriat et accompagnement. Outils, actions et paradigmes nouveaux, 2008
N°7 : Développement durable des territoires. Economie sociale, environnement et innovations, 2008
N°8 : Développement durable et responsabilité sociale des acteurs, 2009
N°9 : Gouvernance : exercices de pouvoir, 2009
N°10 : Le travail collaboratif. Une innovation générique, 2009
N°11 : Economie sociale et solidaire. Nouvelles trajectoires d'innovations, 2010
N°12 : Relations à la marque et marques de la relation. Regards croisés sur le management relationnel de la marque, 2010
N°13 : Les contrats au service de la recherche ?, 2011
N°14 : Le potentiel économique de l'Afrique subsaharienne, 2011
N°15 : Management de la distribution, 2012
N°16 : Territoire Vert. Entreprises, Institutions, Innovations, 2012
N°17 : Eco-conception, conception et innovation. Les nouveaux défis de l'entreprise, 2013
N°18 : Intelligence économique : entreprises et territoires, 2013
N°19 : La finance globale. Un monde fini, 2013
N°20 : La crise du « développement », 2014
N°21 : La Chine innove. Politiques publiques et stratégies d'entreprise, 2014
N°22 : Go East! Nouvelles Economies de Marché, 2015
N°23 : L'économie du changement, 2015
N°24 : Le temps des artisans. Permanences et mutations, 2015
N°25 : Innovations de proximité et esprit d'entreprise, 2016
N°26 : L'avenir des économies du Maghreb : entre inertie structurelle et envie de rupture, 2016/3 (n° 27)
N°27 : Le sport aux frontières du marché du travail, 2016
N°28 : Dynamiques internationales des entreprises, 2017
N°29 : L'univers du risque, 2017
N°30 : Les petites entreprises dans l'histoire industrielle, 2017
N°31 : Economie sociale et *social business* ? Au défi d'entreprendre et se financer, 2018
N°32 : Éducation et fertilisation des économies africaines, 2018
N°33 : L'entrepreneuriat innovant dans les pays du Maghreb, 2018
N°34 : L'entrepreneuriat scientifique : institutions et innovation, 2019
N°35 : Le champ économique de la culture, 2019
N°36 : Economie sociale et solidaire ? Modèles d'innovation et modes de gouvernance, 2019
N°37 : Rethinking Luxury Business, 2020
N°38 : La santé connectée. Nouvelles technologies et réorganisation des soins, 2020
N°39 : Options stratégiques et systèmes complexes d'innovation, 2020
N°40 : Les services : intégration des systèmes productifs et lien social, 2021
N°41 : Crise pandémique, crise globale. Réalité et controverses théoriques, 2021

Collection « L'esprit économique »

fondée par Sophie Boutillier et Dimitri Uzunidis en 1996

Dernières parutions

► ***Série Economie et Innovation***

N. ANIDO FREIRE, *Tradition et innovation : de l'opposition à la complémentarité*, 2018.
C. BERGHMANS (dir.), *Intelligence et compétences émotionnelles en entreprise : perspectives multiples*, 2018.
T. MICHAUD, *La réalité virtuelle : de la science-fiction à l'innovation*, 2018.
B. LAPERCHE, M. LIMA, E. SEULLIET, B. TROUSSE (dir.), *Les écosystèmes d'innovation. Regards croisés des acteurs clés*, 2019.
S. MONNERIE, *L'économie digitale révolutionne le monde. Innovation et total design*, 2019.
T. MICHAUD, *Le projet spatial européen, entre pragmatisme et imagination*, 2020.
J.-P. SCHMITT, N. RAVIDAT, *Management conjoint de la technologie et de la personne. Pour performer et croitre*, 2020.
Y. EL YAHYAOUI, *Economie des plateformes numériques. Captation de la valeur, pouvoir de marché et communs collaboratifs*, 2021.

► ***Série Le Monde en Question***

M. AMAN, *Currency board* (caisse d'émission) à Djibouti. Quelles implications économiques ?, 2018.
M. BENALI, A. EL BOUHADI, *Accès aux services financiers, inclusion et durabilité économique en Afrique*, 2020.
F. FAURE, *Empowerment et finance. La démocratie au service de l'investissement socialement responsable*, 2021.

► ***Série Krisis***

G. MINART, *Benjamin Constant, économiste*, 2019.
M. RAMEAUX, *Le tao de l'économie. Du bon usage de l'économie de marché*, 2020.
B. TONGLET, *Innovation et dynamique discontinue au bas Moyen Age. Pour une autre approche de l'histoire économique*, 2020.
J.-C. MOREL, *La nécessaire valorisation de la richesse ou intégrer le capital humain au bilan*, 2020.
V. LAURE VAN BAMBEKE, *La valeur du travail humain. Essai sur la refondation de l'expression monétaire de la valeur-travail*, 2021.

► **Série *Clichés***

S. BOUTILLIER, D. UZUNIDIS (dir.), *La Russie européenne. Du passé composé au futur antérieur*, 2008.
R. VOLPI, *La négociation. Pain, paix, liberté*, 2009.

► ***Série Cours Principaux***

S. FREZAL, *Quand les statistiques minent la finance et la société. Risque, responsabilité et décision*, 2018.
O. ESNEU, *Le droit du transport routier de marchandises (TRM)*, 2018.
G. DUTHIL, *Economie publique et métamorphoses sociales*, 2019.
R. SANTENAC, *Le cycle des crises financières. Une étude approfondie des causes, des impacts et de la fréquence*, 2020.
B. LANDAIS, *Macroéconomie efficace. Croissance et crises*, 2020.

► ***Série L'économie formelle***

A. BELMADANI, *Monnaie et systèmes de paiement. Mutations, enjeux et risques*, 2019.
É. CHAUMETON, *Pour une économie au service de la personne. Pistes d'avenir pour l'économie, la monnaie et la fiscalité*, 2019.
K. B. KOUASSI, *Pauvreté des Nations. Une critique de l'économie politique*, 2019.
F. NEUVILLE, *Comment gagner de l'argent en Bourse*, 2020.
S. A. DJELHI-YAHOT, *La théorie des finances publiques optimales. une approche gagnante pour l'Afrique*, 2020.
A. EL ALAOUI, *Modèle d'équilibre général calculable. Présentation théorique et application empirique*, 2020.
H. AMAAZOUL, *Responsabilité sociétale des entreprises et performance financière. Étude appliquée aux entreprises marocaines*, 2021.
Marc BERTONECHE, *Chroniques économiques de notre temps*, 2021.

Structures éditoriales du groupe L'Harmattan

L'Harmattan Italie
Via degli Artisti, 15
10124 Torino
harmattan.italia@gmail.com

L'Harmattan Hongrie
Kossuth l. u. 14-16.
1053 Budapest
harmattan@harmattan.hu

L'Harmattan Sénégal
10 VDN en face Mermoz
BP 45034 Dakar-Fann
senharmattan@gmail.com

L'Harmattan Cameroun
TSINGA/FECAFOOT
BP 11486 Yaoundé
inkoukam@gmail.com

L'Harmattan Burkina Faso
Achille Somé – tengnule@hotmail.fr

L'Harmattan Guinée
Almamya, rue KA 028 OKB Agency
BP 3470 Conakry
harmattanguinee@yahoo.fr

L'Harmattan RDC
185, avenue Nyangwe
Commune de Lingwala – Kinshasa
matangilamusadila@yahoo.fr

L'Harmattan Congo
67, boulevard Denis-Sassou-N'Guesso
BP 2874 Brazzaville
harmattan.congo@yahoo.fr

L'Harmattan Mali
ACI 2000 - Immeuble Mgr Jean Marie Cisse
Bureau 10
BP 145 Bamako-Mali
mali@harmattan.fr

L'Harmattan Togo
Djidjole – Lomé
Maison Amela
face EPP BATOME
ddamela@aol.com

L'Harmattan Côte d'Ivoire
Résidence Karl – Cité des Arts
Abidjan-Cocody
03 BP 1588 Abidjan
espace_harmattan.ci@hotmail.fr

Nos librairies en France

Librairie internationale
16, rue des Écoles
75005 Paris
librairie.internationale@harmattan.fr
01 40 46 79 11
www.librairieharmattan.com

Librairie des savoirs
21, rue des Écoles
75005 Paris
librairie.sh@harmattan.fr
01 46 34 13 71
www.librairieharmattansh.com

Librairie Le Lucernaire
53, rue Notre-Dame-des-Champs
75006 Paris
librairie@lucernaire.fr
01 42 22 67 13

www.ingramcontent.com/pod-product-compliance
Lightning Source LLC
LaVergne TN
LVHW011438061026
849535LV00004BA/863
* 9 7 8 2 3 4 3 2 2 9 0 1 0 *